GUERRE DE 1870-1871

FRŒSCHWILLER

1er JUIN — 6 AOUT 1870

avec trois cartes des opérations militaires

PAR

ALFRED DUQUET

PARIS
BIBLIOTHÈQUE-CHARPENTIER
EUGÈNE FASQUELLE, ÉDITEUR
11, RUE DE GRENELLE, 11

1909

GUERRE DE 1870-1871

FRŒSCHWILLER

OUVRAGES DU MÊME AUTEUR

DANS LA **BIBLIOTHÈQUE-CHARPENTIER**

à 3 fr. 50 le volume.

La Guerre d'Italie (**1859**), avec 8 cartes des opérations militaires . . . . 1 vol.

Frœschwiller, Châlons, Sedan, avec 5 cartes des opérations militaires (*Epuisé*) . . . . 1 vol.

METZ

Les Grandes Batailles, avec 5 cartes des opérations militaires . . . . 1 vol.

Les Derniers Jours de l'Armée du Rhin, avec 2 cartes des opérations militaires . . . . 1 vol.

PARIS

OUVRAGES COURONNÉS PAR L'ACADÉMIE FRANÇAISE, PRIX BERGER

Le Quatre-Septembre et Châtillon, avec 4 cartes des opérations militaires. . . . . 1 vol.

Chevilly et Bagneux, avec 2 cartes des opérations militaires. . . . . 1 vol.

La Malmaison, Le Bourget et le Trente-et-un-Octobre, avec 2 cartes des opérations militaires, 1 plan de l'Hôtel-de-Ville et 1 fac-similé . . . . 1 vol.

Thiers, le Plan Trochu et L'Hay, avec 1 carte des opérations militaires. . . . . 1 vol.

Les Batailles de la Marne, avec 5 croquis et 1 carte des opérations militaires. . . . . 1 vol.

Second Échec du Bourget et Perte d'Avron, avec 3 cartes des opérations militaires. . . . . 1 vol.

Le Bombardement et Buzenval, avec 2 cartes des opérations militaires. . . . . 1 vol.

La Capitulation et l'Entrée des Allemands . . 1 vol.

La Victoire à Sedan, avec 4 cartes des opérations militaires. Témoignage préliminaire par JULES CLARETIE (Albin Michel, édit.). . . . . 1 vol.

La Faillite du Cuirassé (Chapelot, édit.). . . . . . 1 vol.

Paris. — L. MARETHEUX, imprimeur, 1, Cassette. — 20601.

GUERRE DE 1870-1871

FRŒSCHWILLER

1er JUIN — 6 AOUT

avec trois cartes des opérations militaires

PAR

ALFRED DUQUET

PARIS
BIBLIOTHÈQUE-CHARPENTIER
EUGÈNE FASQUELLE, ÉDITEUR
11, RUE DE GRENELLE, 11

1909

IL A ÉTÉ TIRÉ DE CET OUVRAGE :

10 exemplaires numérotés sur papier de Hollande

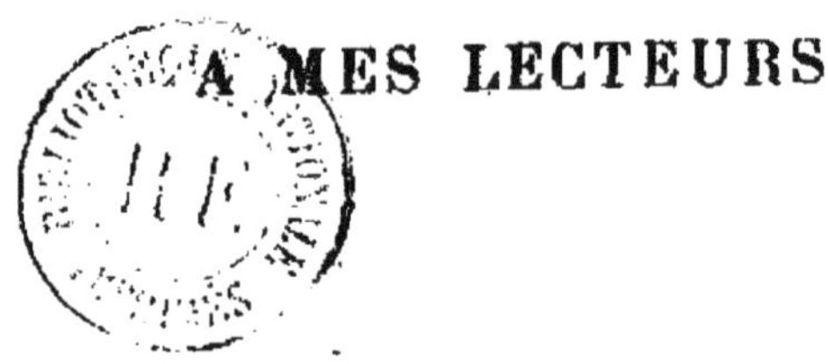

A MES LECTEURS

Lorsque j'écrivis, en 1879, mon premier livre sur la Guerre franco-allemande, sous le titre : *Frœschwiller, Châlons, Sedan*, je n'avais pas l'intention de raconter toute l'histoire de cette guerre; c'était seulement un épisode que j'avais étudié à fond et dont je désirais donner connaissance au public.

Les lecteurs ayant bien accueilli mon travail, je fus encouragé à le continuer, et parurent, successivement, d'après un même plan, deux volumes sur Metz et huit sur le siège de Paris, auxquels l'Académie française décerna le plus gros de ses prix, le prix Berger.

Mais, alors, le livre de *Frœschwiller, Châlons, Sedan* n'avait plus ni la disposition ni les proportions de ceux qui l'avaient suivi; seuls, par exemple, les préliminaires de la bataille de Sedan y étaient racontés; on n'y trouvait rien du combat, rien de la capitulation.

J'ai donc pensé qu'il était bon, avant de publier les douloureux et instructifs récits de la Guerre en province, de mettre au point la première partie de la lutte entre la France et l'Allemagne, celle qui se termine à la chute de l'Empire, et de changer *Frœschwiller, Châlons, Sedan*, incomplet, inachevé, en trois volumes, sous les titres :

Frœschwiller
Châlons et Beaumont
Sedan.

De cette façon, l'ouvrage se présentera dans toute son ampleur et les treize premiers volumes de la série :

Frœschwiller
Châlons et Beaumont
Sedan

Metz, Les Grandes Batailles
Metz, Les Derniers Jours de l'Armée du Rhin

Paris, Le Quatre-Septembre et Châtillon
Paris, Chevilly et Bagneux
Paris, La Malmaison, Le Bourget et le Trente-et-un-Octobre
Paris, Thiers, le Plan Trochu et L'Hay
Paris, Les Batailles de la Marne

Paris, Second Échec du Bourget et Perte d'Avron
Paris, Le Bombardement et Buzenval
Paris, La Capitulation et l'Entrée des Allemands

formeront, avec ceux qui suivront, l'histoire complète et définitive de la néfaste Guerre de 1870-1871, si pleine de leçons cruelles mais lumineuses, pour les civils et pour les militaires.

Alfred Duquet.

Villa Le Logis, en Trestraou, Perros-Guirec (Côtes-du-Nord), le 28 septembre 1908.

FRŒSCHWILLER

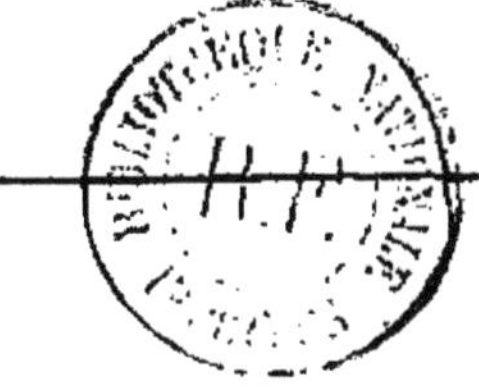

TOUTE LA VÉRITÉ

Lorsque des événements militaires ont des conséquences aussi grandes que ceux de 1815, de 1871 et de 1905 ont exercées sur le monde ; lorsque son équilibre est aussi radicalement changé qu'il le fut par la défaite de Napoléon, par le triomphe de la Prusse et l'établissement de la République en France, par les victoires du Japon, il est bon de rechercher les causes de ces changements de fortune, de cet abaissement de certains peuples, de cette élévation des autres. On peut alors en tirer la salutaire leçon qui permettra aux vaincus de l'heure présente, n'ayant pas encore la soif de la servitude, croyant encore à leur action sur la terre, n'étant pas encore tombés dans les illusions ou les lâchetés du pacifisme, ayant encore du cœur, de se reprendre, de se préparer et de recouvrer la superbe place que les sophismes des flatteurs de la populace, l'égoïsme des repus et des friands de jouissance, l'incapacité des gouvernements et des chefs militaires ont fait perdre à la France, en un jour de malheur. « L'humanité est toujours dans un état primitif où la bête se nourrit de la bête, où le lion dispute sa proie au tigre, où le loup dévore la brebis, où le plus fort accable et détruit le plus faible. Un peuple est l'ennemi-né d'un autre peuple, surtout de son voisin (1) », et si, par impossible, les guerres étrangères disparaissaient, on verrait, immédiatement, la guerre civile désoler, ruiner et détruire les Etats. « Malheur à qui s'arrête dans l'effort continu des nations, la victoire est à ceux qui marchent à l'avant-garde, aux plus savants, aux plus sains, aux plus forts (2). »

Que Napoléon III ait été un brave homme, désireux de faire le bien, de rendre notre pays heureux, puissant, glorieux, seuls, les sectaires qui nous ont valu l'affaiblissement de l'armée, en 1870, la Commune, en 1871, le socialisme, l'antimilitarisme, de nos jours, seuls ces gens-là oseraient le nier. Mais que le neveu de l'homme d'Austerlitz et de Waterloo n'ait pas été le plus triste des diplomates, le plus nul des généraux, le plus halluciné des souverains, voilà qui ne saurait faire doute pour tout esprit réfléchi, qui se détermine d'après les faits accomplis, non d'après ses désirs et ses passions politiques ou autres, d'après les raisonnements de son cerveau, non d'après les racontars de salons, de réunions publiques, de revues et de journaux. « Napoléon III, impérial et révolutionnaire,

(1) *Histoire de la Guerre de 1870*, par V. D***, officier d'Etat-major (général Derrécagaix) ; Paris, à la Direction du *Spectateur militaire*, 1871 ; pp. 23 et 24. — Nous rappelons que cette histoire est rédigée de manière à être lue sans se reporter aux notes. On ne devra les consulter que si le passage intéresse beaucoup le lecteur ou si l'on désire avoir la preuve du fait avancé, la justification des considérations émises.

(2) *La Débâcle*, par Emile Zola ; Paris, Bibliothèque-Charpentier, 1892 ; p. 67. — *Ibid*, p. 66.

autocrate et socialiste, le pire des songe-creux, une dupe prédestinée (1). »

Que la République, proclamée, le 4 septembre 1870, par les émeutiers ordinaires de Sa Majesté la Populace de Paris, soit venue compliquer une situation militaire déjà bien compromise, sinon perdue, aucun homme raisonnable ne saurait le contester. Se donner, en si tragique aventure, le luxe d'une révolution dépasse les limites de l'aberration politique. Nos pères de 89 avaient commencé par renverser la Royauté — car, dès la convocation des Etats-généraux, elle était frappée à mort — et n'avaient fait que se défendre, en attaquant, contre les monarques menacés par l'esprit nouveau ; mais ce n'était pas à la suite de défaites successives, quand le sol national était envahi par l'ennemi, que tout avait été retourné, changé : les hommes de la Révolution avaient plus de quinze jours devant eux pour prendre les mesures nécessaires à la Défense quand ils endossèrent la lourde responsabilité d'un changement de personnel et de gouvernement.

Nous ne voulons pas dire que le maintien de Napoléon III sur le trône fût possible après Sedan : lorsqu'un prince a commis de pareilles fautes, il en meurt. En France, plus que partout ailleurs, si le succès justifie tout, la défaite lamentable, incessante, n'est jamais pardonnée. Mais il était facile de suivre les conseils de Gambetta, de laisser la Chambre des Députés proclamer la déchéance et de nommer un Gouvernement de Défense nationale. C'eût été le salut : les socialistes, les exaltés ne voulurent rien entendre, eurent la fringale de

(1) Paul et Victor Margueritte, *Histoire de la Guerre de* 1870-1871 ; Paris, Chamerot ; p. 4.

'illégalité, firent leur coup d'Etat et les affaires de a Prusse en même temps (1).

Nous croyons donc qu'il faut raconter l'histoire de la guerre de 1870-1871 avec une loyauté, une brutalité sans égales, ne cachant rien, écrivant tout, ne se préoccupant que de la vérité, que de l'intérêt du pays. « S'il est, au monde, une douleur cruelle, sans cesse renouvelée et toujours vive, c'est celle qu'éprouve un homme de cœur à retracer les malheurs de sa patrie. Cependant, pour celui qui en sent la force, il y a un devoir à affronter cette douleur. Nous venons de le dire, il faut la vérité à notre infortuné pays ; il la lui faut tout entière, sans réticence, sans exagération et, si dure qu'elle soit à entendre, il nous faut l'écouter, sans colère, si nous voulons rester dignes et puissants. Si la nation ne connaît pas dans toute leur étendue ses erreurs et ses fautes, elle en commettra de nouvelles et se perdra sans retour (2). »

(1) Voir *Paris, Le Quatre-Septembre et Châtillon*, par Alfred Duquet ; Paris, Bibliothèque-Charpentier ; Nouvelle édition, pp. 18 et suivantes.

(2) Général Derrécagaix, p. 12. — « Il est si difficile à l'histoire de découvrir la vérité ! Les historiens qui écrivent, plusieurs siècles après les événements, ont, devant eux, le voile du temps qui leur en dérobe la connaissance ; et l'histoire contemporaine, ou aveuglée par la haine et l'envie, ou corrompue par la flatterie ou par la faveur, altère et déguise les faits. » (*Les vies des hommes illustres*, traduites du grec de Plutarque par Dominique Ricard ; Paris, Emler frères, 1829 ; p. 391.) — « *Ne quid falsi audeat ne quid veri non audeat historia,* dit une maxime célèbre. Beaucoup d'historiens sont fidèles à la première prescription de cette belle devise ; combien en est-il qui pratiquent la seconde dans sa sévère intégrité ? Ce n'est pas Alfred Duquet qu'on pourrait jamais accuser de ces lâches complaisances. Pensant, avec raison, que la vérité est le premier besoin des peuples vaincus, il ose toujours la dire tout entière, sans se soucier des ennemis qu'il laisse, derrière lui, tout le long de son chemin. » (*La Guerre de 1870 et son historien*, par Georges Poignant ; *Revue de la France moderne*, n° de mars 1895, p. 132.) — Voir Henri Haslan, *Légendes et Vérités* ; *Guerre franco-allemande* ; Paris, Société d'édit. litt. et art., 1902 ; pp. 57 et 58. — Lire aussi : *Le prix Berger*, par Lucien Descaves ; *L'Echo de Paris*, n° du 28 mars 1897.

Voilà, sans doute, une besogne ingrate, dangereuse pour celui qui l'entreprend. Tant pis ! Nous ne saurions mettre un bœuf sur notre langue, une courge au bout de notre plume ; nous nous en tenons farouchement, inexorablement, à la vieille devise française, qui détonne en ce temps de compromissions : « Fais ce que dois, advienne que pourra. »

POLITIQUE EXTÉRIEURE

DU SECOND EMPIRE

FAUTES DE NAPOLÉON III

La première faute de Napoléon III fut, assurément, cette guerre de Crimée, entreprise par amour-propre froissé, qui coûta tant d'or et de sang à la France et ne lui rapporta qu'une gloire limitée et la haine de la Russie (1).

La deuxième faute fut commise par l'Empereur le jour où, compromettant ce qu'il avait obtenu du tsar Alexandre II lors de la célèbre entrevue de Stuttgard, il se lança, à la suite du peuple et des journaux de France, dans une campagne morale en faveur de la Pologne insurgée. Ce sont là jeux imprudents ne manquant pas de blesser ceux qui s'y aventurent, et souvent en pure perte, car ce sont les peuples mêmes qui vous ont supplié de les secourir qui déclarent, quelques années après, qu'ils se soucient de leur patrie comme nos anti-

(1) « La politique de Napoléon III a toujours été stupide... La guerre de Crimée était diamétralement opposée aux intérêts de la France qui réclamait une alliance ou, tout au moins, une bonne entente avec la Russie. » (*Les Mémoires de Bismarck*, recueillis par Maurice Busch; Paris, Fasquelle, 1898; t. I, p. 30.)

militaristes de la France. Et, de fait, lors de l'insurrection qui a ensanglanté la Pologne à la fin de 1905, que disaient les révoltés? Qu'ils protestaient contre la nationalité polonaise, qu'ils ne réclamaient que la révolution sociale, que le reste leur importait peu (1)!

A ce sujet, quel exemple nous montre l'Angleterre! On a dit, autrefois, d'aucuns même répètent, maintenant, qu'elle déteste les Français. C'est une naïveté. L'Angleterre ne hait, n'aime personne ; elle ne connaît que ses intérêts, elle ne se détermine que par ses desseins, longuement étudiés, arrêtés par des hommes d'Etat qui ne sont pas des pantins manœuvrés par des Homais électoraux. De 1800 à 1815, c'était la France qui menaçait de soumettre l'Europe à sa domination : l'Angleterre a tout fait pour abattre Napoléon, soulevant les peuples et les rois contre l'homme de Brumaire et d'Iéna, les appuyant de son or, de ses flottes et de ses armées. En 1907, c'est l'Allemagne qui veut remplacer la France de 1808, c'est Guillaume II, le Napoléon sans victoires, selon le mot de Déroulède, qui cherche à recueillir la succession du grand empereur : les Anglais sont encore là, enrôlant les nations contre l'Allemagne, se proposant de faire jouer à la France de 1909 le rôle de l'Autriche de 1804, de la Prusse de 1806, de l'Espagne de 1808, tout prêts à dépenser leur dernier homme et leur dernier schelling afin d'empêcher l'Allemagne de s'établir, la France écrasée, à Rotterdam, Anvers et Trieste, c'est-à-dire, afin de l'empêcher de dominer le monde en asservissant sans pitié l'Angleterre (2).

(1) Voir tous les journaux de l'époque.
(2) Lire l'article *La Guerre fatale*, dans *L'Action*, n° du 15 février 1907, et l'article *Question de vie ou de mort*, dans *La Plume et l'Epée*, n° des 1er août-1er novembre 1907.

La troisième faute fut la guerre d'Italie, qui n'aurait eu d'excuse que si l'Empereur avait eu l'intention et le pouvoir de la mener jusqu'au bout, de créer le royaume d'Italie sous le sceptre de Victor-Emmanuel, avec Rome pour capitale, de manière à faire des deux peuples deux amis sincères, aux intérêts semblables, prêts à se secourir à la moindre atteinte portée à leurs droits. Mais, alors, il ne fallait pas ménager Rome et Turin, il ne fallait pas entretenir dans la Ville Eternelle une garnison destinée à contenir les nationales et légitimes aspirations des Italiens et perdre ainsi, d'un côté, ce que l'on avait gagné, de l'autre, en faisant restituer Milan et Venise, en favorisant l'insurrection qui chassa les Bourbons de Naples. « Qu'allions-nous faire à Magenta si nous ne voulions pas laisser prendre Rome (1)? » L'Italie était toute prête, en 1870, à se lier étroitement à la France contre la Prusse, mais « elle était impatiente de compléter son œuvre, Rome était le prix de son alliance (2) ». La passion religieuse fit rejeter le marché : «« Plutôt les Prussiens à Paris que les Italiens à Rome »», disaient les fanatiques dans les antichambres des Tuileries (3). » Ils eurent les deux!

Quoi qu'il en soit, l'Italie du signore Crispi, oubliant que la France avait versé son sang pour délivrer la Lombardie et la Vénétie, eut assez d'es-

(1) Jean Grimal, *La Guerre de 1870 et ses enseignements*, d'après le cours professé au 227e de ligne : *Les causes de nos revers*; Paris, Librairie universelle; p. 205.

(2) *L'Allemagne et l'Italie*, par G. Rothan, ancien ministre plénipotentiaire : *L'Italie*; Paris, Calmann-Lévy, 1885; p. 40. — « Seule, la question de Rome empêchait toute solution. » (Général Iung, *Stratégie, Tactique et Politique*; Paris, Bibliothèque-Charpentier, 1890; p. 205.) — Voir l'historique de ces négociations, *Ibid.*, pp. 202 à 209. — Général Iung, *La République et l'Armée*; Paris, Bibliothèque-Charpentier, 1892; pp. 64 et 195.

(3) *Ibid.*, p. 66.

tomac, longtemps après 1870, pour s'allier avec l'Allemagne afin de river les chaînes de l'Alsace-Lorraine. Après semblable palinodie, il n'y a plus à reprocher à l'Empire Rome retenue sous le joug papal; nous sommes quittes, en admettant que la France n'ait pas payé le triple de ce qu'elle devait. Heureusement, l'intérêt, seul mobile des peuples, pousse aujourd'hui les Italiens à se rapprocher de la France et de l'Angleterre afin de ne pas tomber tout à fait sous la domination prussienne, comme ils ont été sous la domination autrichienne; nos voisins du sud-est commencent à comprendre que la France à la merci de l'Allemagne, c'est Trieste port germanique, c'est la Vénétie et la Lombardie redevenues provinces teutonnes.

La quatrième faute de l'Empire fut cette absurde guerre du Mexique qui ne pouvait rien donner que des déboires financiers et militaires. Ce fut, en petit, la guerre d'Espagne de Napoléon; la France y dépensa ses hommes et son argent comme le grand Empereur avait gaspillé, des Pyrénées à Gibraltar, les belles armées qui lui auraient permis de résister à la poussée prussienne, autrichienne et russe. Non que nous veuillions dire que cette expédition malheureuse ait épuisé la France, car on n'y employa guère que 40 à 50000 hommes et une cinquantaine de canons. Quant à la dépense, s'élevant à 300 millions environ (1), c'était peu de chose pour une nation en pleine prospérité financière, qui put si facilement, quelques années après, verser cinq milliards aux Allemands, malgré les ruines de l'invasion (2). Néanmoins, en raison des clameurs de l'Opposi-

(1) Emile Ollivier, *L'Empire libéral*; Etudes, récits, souvenirs; Paris, Garnier frères, 1895; t. I, p. 2.
(2) Paul et Victor Margueritte, *Histoire de la Guerre de 1870-1871*, p. 5.

tion, ce fut une cause de faiblesse pour l'armée, puisque l'Administration de la Guerre ne remplaçait pas, en France, ce qu'elle expédiait au Mexique.

Nous ne ferons que mentionner, ici, cette poussière d'interventions militaires que Napoléon III répandait sur le monde avec une inconscience n'ayant jamais eu d'égale. C'était en Syrie, c'était en Chine, c'était dans les cinq parties du globe que nos soldats débarquaient, selon le coup de tête de l'impérial fantaisiste. De cette sorte, nous avions semé partout les défiances, les rancunes, les haines qui devaient pousser si vigoureusement et nous étouffer lors de la folle équipée de 1870.

Mais la faute capitale du fils de la reine Hortense fut son attitude au moment de l'agression de la Prusse contre le Danemark, son incompréhensible passivité, avant et après Sadowa, lui toujours si disposé à partir en guerre contre des ennemis réels ou faux. Le lendemain même de la défaite de l'Autriche, l'armée française aurait dû marcher vers le Rhin et empêcher, à tout prix, l'asservissement à la Prusse des États de l'Allemagne. « Bien que la France eût alors peu de troupes, l'addition de quelques régiments français eût suffi à faire des nombreuses troupes de l'Allemagne du Sud, qui avaient un matériel excellent, mais sans organisation, une très bonne armée, qui nous aurait aussitôt forcés de couvrir Berlin et de renoncer à tous nos succès en Bohême (1). » Non, le fantasque empereur semble ne pas comprendre la portée de ces victoires prussiennes : elles ne le touchent

(1) Discours prononcé par M. de Bismarck, au Landtag prussien, le 16 janvier 1874, reproduit dans le *Journal des Débats* du 20 janvier. Cité dans l'*Histoire générale de la Guerre de 1870-1871*, par L. Dussieux, professeur honoraire à l'École de Saint-Cyr; Paris, Lecoffre, 1881; t. I, p. 15.

point ! « Chose étrange, ces événements, dont la France à son tour devait être la victime après l'Autriche, après le Danemark, c'est la France qui les a rendus possibles, c'est par elle qu'ils ont pu s'accomplir pour retomber bientôt de tout leur poids sur elle (1). » Hélas! à l'exemple de Gribouille, Napoléon III prônait les grandes agglomérations de peuple, tout en déclarant qu'il ne consentirait jamais à la réunion des tronçons allemands! On sait le cas que M. de Bismarck fit de cette défense : la déroute diplomatique de l'Empire précédait, de trois ans, sa déroute militaire. « 1866 et 1867, telle est la véritable date fatidique du Second Empire. C'est dans ces années, à marquer éternellement de noir, qui ont vu le principe des nationalités abandonné et celui de la conquête ressuscité au profit de la Prusse, c'est dans ces années d'aveuglement, où une faute n'a été conjurée que par une faute plus grave, et où les défaillances du Pouvoir ont été rendues mortelles par les acharnements de l'Opposition ; c'est dans ces années maudites qu'est né le péril suprême de la France et de l'Empire. Si l'année 1870 est celle des désastres militaires, l'année 1866 est celle du désastre politique. Les Romains, d'après Cicéron, ont regardé la bataille de l'Allia comme plus funeste que la

(1) *La Guerre de France* 1870-1871, par Charles de Mazade ; Paris, Plon, 1875 ; t. I, p. 8. — « La mémorable abstention de 1866 fut le fondement de la grande Prusse et la source de toute sa puissance. » (*La France et la Prusse avant la Guerre*, par le duc de Gramont, ancien ministre des Affaires étrangères ; Paris, Dentu, 1872 ; p. 142) — Après Sadowa, « la France était de nouveau jouée. N'ayant pas, à ce moment, par suite de sa malencontreuse aventure du Mexique, cent mille hommes à mettre en ligne contre les quatre à cinq cent mille vainqueurs de l'Autriche, elle ne commit pas l'imprudence de prendre le verbe trop haut ». (*Relation historique et critique de la Guerre franco-allemande de* 1870-1871, par Ferdinand Lecomte, colonel fédéral suisse ; Paris, Tanera, 1872 ; t. I, p. 16.)

prise de Rome, parce que ce dernier malheur fut la suite du premier (1). »

« L'Empire, semblable à ces fils de riche famille qui dissipent leur fortune en toutes les aventures, avait gaspillé argent, soldats et alliances dans les guerres les plus diverses et les plus folles ; jamais il n'avait été donné d'observer une politique extérieure plus incohérente, plus déraisonnable et plus coupable que celle de l'impérial halluciné qui s'appela Napoléon III. En raison de boutades instantanées, nos soldats empourpraient de leur sang les marbres blancs de la vieille Rome, les sables des déserts africains, les neiges de la Crimée, les fleuves de la Chine, les plaines de la Lombardie et les forêts mexicaines. Il semblait qu'il n'y eût pas assez d'occasions de tuer des hommes et de dépenser des millions en pure perte, car il est à remarquer que ces guerres stériles, à l'exception de de la campagne de 1859 qui nous valut indirectement Nice et la Savoie, ne rapportèrent à la France qu'une gloire précaire, que des jalousies non dissimulées, que des défiances justifiées, que des haines terribles. L'Empereur ne savait profiter ni de ses propres guerres, ni de celles des autres et ses mains restaient aussi vides après Malakoff qu'après Sadowa (2). »

On voit quelle triste politique étrangère a été celle de Napoléon III. M. Emile Ollivier essaie de l'excuser par une cause qui ne nous semble pas

(1) Emile Ollivier, t. I, pp. 3 et 4. — Voir l'opinion de M. de Bismarck sur les guerres d'Italie et du Mexique et sur l'attitude de l'Empereur en 1866. (*Les Mémoires de Bismarck*, t. I, pp. 30 et 31.)

(2) *L'Armée allemande et l'Armée française*, par Alfred Duquet ; *Nouvelle Revue*, t. XVI, p. 20 (1882). — *Le comte de Bismarck et sa suite pendant la Guerre de France*, 1870-1871, par D. Moritz Busch, secrétaire particulier de M. de Bismarck ; traduit de l'allemand ; Paris, Dentu, 1880 ; p. 210.

acceptable : « L'incohérence apparente qui a permis d'accuser la politique de l'Empereur de duplicité (et de sottise), malgré son habituelle bonne foi, tient au conflit sourd qui exista presque constamment entre ses diplomates et lui (1). » Il n'avait qu'à choisir des instruments qu'il aurait eus bien en mains ; il était le maître et rien ne pouvait le contraindre à baisser pavillon devant un Persigny, un Drouin de L'Huys, un Thouvenel ou un Morny. Non, c'est lui, lui seul, qui a tourné à tous les vents, tenté toutes les alliances, ordonné toutes les volte-faces et lassé princes et peuples par son incohérence et ses contradictions. *Suum cuique.*

Oui, dès Sadowa, la guerre entre la France et la Prusse était inévitable : L'Empereur, berné par M. de Bismarck, ne pouvait pas, malgré ses répugnances, rester sous le coup du triomphe prussien ; l'Opposition lui faisait un crime de la reconstitution de l'Allemagne, tout en refusant de voter toutes dépenses militaires ; il fallait remettre la Prusse à sa place et délivrer la France du cauchemar de la prépondérance allemande sur l'Europe. « L'Empire avait fait l'unité germanique. Il reculait maintenant, épouvanté par son propre ouvrage (2). »

L'UNITÉ DE L'ALLEMAGNE

En effet, la cour de Prusse violait toutes ses promesses. Lors des préliminaires de Nickolsbourg, en 1866, elle avait promis de laisser aux États de l'Allemagne du Sud leur indépendance ; elle avait,

(1) Emile Ollivier, t. III, p. 118.
(2) *Campagne de* 1870 ; traduit du *Times*, par Roger Allou : Paris, Garnier frères, 1871 ; p. III.

aussi, accepté de rendre au Danemark, en consultant les populations, une partie du Schleswig; or, loin de là, elle avait forcé tous les pays de l'Allemagne à signer une alliance offensive et défensive, et, quant à rendre quelque chose de ce qu'elle avait volé aux Danois, elle n'y songeait guère et n'entendait pas qu'on lui rappelât ses engagements à cet égard (1). L'Empereur, peu friand de la guerre, souffrait en silence et n'osait pas protester contre la mauvaise foi de la Prusse.

L'affaire du Luxembourg, grand-duché que Napoléon III voulait acheter à la Hollande, faillit pourtant déchaîner la guerre en 1867. Grâce à la Conférence de Londres, le danger fut écarté par la déclaration de neutralité de ce petit pays (2).

Durant les années 1868 et 1869, la cour des Tuileries chercha bien à s'entendre avec celle de Vienne et celle de Florence, afin de former une triple alliance sous laquelle on écraserait l'œuf impérial allemand couvé par M. de Bismarck. Mais François-Joseph, le sempiternel « battu et content », oubliant les perfidies de 1866, ne se décidait pas à venger les défaites de Bohême; quant aux Italiens, ils ne pardonnaient pas l'occupation de Rome qui les empêchait de se souvenir de Magenta et de Solférino (3).

(1) *Ma Mission en Prusse*, par le comte Benedetti; Paris, Plon, 1871; pp. 388 et 389. — « La Prusse écrasait l'Autriche, annexait le Nassau, la Hesse électorale, le Hanovre, Francfort et les duchés de l'Elbe, organisait la Confédération de l'Allemagne du Nord, imposait des traités d'alliance offensive et défensive aux États de l'Allemagne du Sud, et disait fièrement qu'elle avait pour mission de fonder l'unité germanique. Napoléon III était humilié, dupé. » (Arthur Chuquet, *La Guerre*, 1870-1871; Paris, Chailley, 1895; pp. 1 et 2.)

(2) Voir *L'Affaire du Luxembourg*, par G. Rothan, ancien ministre plénipotentiaire; Paris, Calmann-Lévy, 1882.

(3) « L'Impératrice, au bord du gouffre, ne transige pas : plutôt Rome au pape que des alliés à la France. » (Paul et Victor Margueritte, *Histoire de la Guerre de* 1870-1871, p. 15.) — « Le Saint-

Une sorte de traité hybride fut élaboré aux termes duquel l'Autriche et l'Italie s'engageaient simplement à s'opposer à toute guerre entre la France et la Prusse. Au commencement d'août, François-Joseph et Victor-Emmanuel se demandaient de quelle manière ils allaient intervenir, quand les coups de tonnerre de Forbach et de Frœschwiller simplifièrent la situation ; les deux souverains subirent l'ascendant de la victoire, n'osèrent se risquer à combattre les vainqueurs de l'armée française, et se regardèrent comme trop heureux de ne pas être entraînés dans la sanglante bagarre (1),

Siège était convaincu que le départ de nos troupes ne signifiait, en aucune façon, l'abandon ni l'indifférence. » (Duc de Gramont, p. 349, note 1.) — C'était à la date du 26 juillet que M. de Gramont « s'efforçait d'obtenir des garanties pour le respect des droits du Saint-Siège » ! (*Histoire diplomatique de la Guerre franco-allemande*, par Albert Sorel ; Paris, Plon, 1875 ; p. 239.) — Dépêche à M. de Banneville, 29 juillet, Favre, *Rome*, p. 32. (*Ibid.*, note 2.) — « Le principal obstacle (à l'alliance avec l'Italie) n'avait cessé d'être et consistait toujours dans la question romaine. L'Italie demandait l'évacuation (définitive) des Etats de l'Eglise par nos troupes et le droit d'occuper Rome ; l'Autriche appuyait ces revendications. » (*La Guerre de* 1870-1871 (Récit de la section historique de l'Etat-major français) ; Paris, Chapelot, 1901 ; IV, p. 1.) — « Malgré ce que propose X..., malgré les instances de Napoléon (le prince Napoléon), je ne cède pas pour Rome. » (L'Empereur au duc de Gramont). (Pierre Lehautcourt (général Palat), *Histoire de la Guerre de* 1870-1871 ; Paris, Berger-Levrault et Cie, 1901 ; t. I, p. 378.)

(1) Voir général Palat, t. I, pp. 342 à 380, et Albert Sorel, t. I, pp. 226 à 246. — « Les efforts diplomatiques avaient été aussi inintelligents que les efforts militaires. » (*La Campagne de* 1870, traduit du *Times*, p. v.) — « Bismarck aurait dit à Hohenlohe : «« L'alliance de l'Italie avec la France n'a pour le moment aucune valeur. Les Italiens ne marcheraient pas, même si Victor-Emmanuel, capable de tout pour de l'argent et des femmes, voulait conclure un traité avec la France. »» (Propos du prince de Hohenlohe, cité par M. Emile Ollivier, t. XII, p. 291.) — « Victor-Emmanuel se tenait coi, encore frissonnant de l'inconséquence qu'il avait failli commettre. » (Ernest Denis, prof. d'hist. contemp. à l'Université de Paris, *La Fondation de l'Empire allemand*, 1852-1871 ; Paris, Armand Colin, 1906 ; p. 498.) — « Beust se résigna moins vite que Victor-Emmanuel. Encore après Sedan, il continuait ses armements, avec l'appui de la presse slave ; même en

qu'ils n'étaient, du reste, pas prêts à affronter (1).

Hongrie, une intervention en faveur de la France avait de nombreux et sincères partisans. » (*Ibid.*, p. 499.) — Pour les dispositions de la Russie et de l'Angleterre, voir *Ibid.*, pp. 500 et 501.) En somme, n'ayant rien signé, « ni l'Italie, ni l'Autriche ne se tenaient pour liées ». (*L'Allemagne et l'Italie*, par Rothan : *L'Italie*, p. 51.)

(1) « L'effectif de l'armée italienne était de 130 000 hommes, et il lui fallait au moins six semaines pour se préparer à une action quelconque..... L'Autriche n'avait ni l'argent ni les troupes nécessaires. » (*Un problème d'histoire*, dans *Le Correspondant*, article de M. Henri Welschinger, cité par *Le Censeur*, nº du 10 août 1907, p. 474.)

LA CANDIDATURE HOHENZOLLERN

LE COUP DE BISMARCK

M. de Bismarck, ayant manqué son coup avec l'affaire du Luxembourg, s'était mis en quête afin de trouver une autre pomme de discorde à jeter entre la France et l'Allemagne. Le trône d'Espagne était vacant : il y avait, peut-être, là, matière à complications. Il ne fallut pas de longues journées au triple brigand qu'était le tout-puissant ministre prussien pour s'entendre avec le soldat d'antichambre et de batailles pour rire, qui allait prononcer l'adjudication dudit trône au plus offrant et dernier enchérisseur, pour nouer l'intrigue avec le maréchal Prim et faire proposer le prince Léopold de Hohenzollern comme roi d'Espagne (1). « La candidature d'un Hohenzollern au trône d'Espagne devait, assurément, dans l'état des relations inter-

(1) Général Derrécagaix, p. 77. — « Est-ce le gouvernement français qui avait prié Bismarck et Prim d'organiser, à son insu, comme un complot, la candidature du prince prussien, contre laquelle Benedetti avait déjà protesté à Berlin en 1869? » Emile Ollivier, t. I, p. 9.) — « Prim, d'accord avec le gouvernement prussien... » (Baron Jehan de Witte, *Quinze ans d'histoire*, 1866-1881, d'après les mémoires du roi de Roumanie; Paris, Plon. 1905; p. 145.) — *Ibid.*, p. 160.

nationales, provoquer l'opposition résolue de la France. Sur ce point, la tradition constante de la politique nationale n'était que la reconnaissance inévitable d'un intérêt majeur permanent (1). »

« Ce nouveau coup, aussi soudainement porté que secrètement ourdi, était dur à la France (2). » — « C'était bien la Prusse qui avait mis sur pied la candidature Hohenzollern; c'était bien elle qui avait amorcé cette mine maintenant prête à sauter (3). » — « Je comptais, a écrit M. de Bismarck dans ses *Pensées et Souvenirs*, que le point d'honneur espagnol s'élèverait contre l'intervention française. Je ne m'attendais pas à ce qu'une nation pleine d'amour-propre, comme la nation espagnole, restât tranquillement, l'arme au pied, derrière les Pyrénées, à regarder les Allemands se battre à mort contre la France pour sauvegarder l'indépendance de l'Espagne et lui assurer la libre élection de son roi... Le noble Cid eût demandé compte à la

(1) *L'Angleterre pendant la Guerre de* 1870, par F. de Pressensé, député; *La Revue*, nº du 1er juillet 1908, p. 10. — *Ibid.*, pp. 11 et 12.

(2) Colonel Lecomte, t. I, p. 30.

(3) *La Dépêche d'Ems*, par Jean Heimweh; Paris, Armand Colin, 1894; p. 96. — Il n'est pas douteux que c'est M. de Bismarck qui a préparé la candidature Hohenzollern afin de déchaîner la guerre. Voir, à ce sujet, *La Prusse et la France devant l'histoire* (par Arsène Legrelle); Paris, 1874 (Bibliothèque nationale, Lb57, 1123bis); pp. 575 à 586. — « Le comte de Bismarck écrit une lettre au prince de Hohenzollern dans laquelle il insiste pour que la question d'Espagne soit de nouveau reprise. Il conseille au prince Charles-Antoine d'agir sans tarder sur le prince héréditaire pour que ce dernier abandonne toute hésitation et se décide, *dans l'intérêt de l'Allemagne*, à ceindre la couronne espagnole. » (Notes du roi à la date du 2 juin 1870.) Jehan de Witte, p. 143. — *Ibid.*, p. 144. — Dans une lettre que M. Emile Ollivier nous écrivait, le 29 septembre 1907, on peut lire : « Bismarck, dès 1866, a toujours voulu la guerre et il ne l'a différée que le temps nécessaire pour être complètement prêt. Se trouvant complètement prêt, il n'a été occupé que de préparer la machination qui devait amener l'explosion prochaine qu'il avait fixée à la fin de juin. » — Sur cette question, lire : Emile Ollivier, t. XIII, pp. 34 à 55, 544 à 618 et 636 à 644.

France de son intervention dans un moment où l'Espagne allait librement élire son roi, et il n'eût pas laissé à des étrangers le soin de défendre l'indépendance espagnole. »» Comment ne pas admettre, après avoir lu ces lignes où perce le dépit, que la candidature Hohenzollern ait été inventée, de longue main, par Bismarck pour amener une guerre où il espérait bien que la France se trouverait prise entre deux feux? » Quant à l'indépendance espagnole, Bismarck s'en souciait comme de celle du sultan de Zanzibar : la réussite de ses desseins ambitieux était sa seule préoccupation.

« Le nom de Hohenzollern fut prononcé à Vichy où Prim s'était rendu de Paris avec Silvela. *L'agent espagnol de Bismarck, Salazar,* était venu les y rejoindre. *Il essaya de gagner Prim à la combinaison.* Il paraît bien qu'à cette époque Prim ne dit ni oui, ni non, mais simplement : «« Allez aux renseignements et sachez ce que l'on peut attendre des princes de Hohenzollern. »» Il ne donna pas de lettre d'introduction, voulant que l'entreprise ne prît pas un caractère officiel et restât une affaire d'initiative privée. Salazar partit donc à tout hasard. *Mais il fallait de l'argent pour entreprendre le voyage et il était dépourvu de toute fortune : le fonds des reptiles de Bismarck y pourvut ; il put se mettre en route* (1). » Comme la candidature d'un Hohenzollern au trône d'Espagne était la guerre avec la France, en suscitant cette candidature, M. de Bismarck voulait donc jeter la France contre l'Allemagne prête à la recevoir.

Loin de nous l'intention de raconter ici les péripéties de cette candidature, de nous étendre sur l'effet produit en France par la perspective de voir

(1) Emile Ollivier, t. XII, pp. 65 et 66. — Voir, aussi, notamment, *Ibid.*, t. XII, pp. 319 à 325.

un Allemand régner à Madrid, avec la menace de se trouver pris entre deux feux, au nord et au midi. Nous ne nous arrêterons qu'aux points principaux de cette dramatique intrigue, en faisant remarquer que l'Opposition n'y vit qu'un moyen de combattre le Gouvernement; que M. Thiers n'en profita que pour commencer une campagne louche, où il ne se déclarait ni pour l'un ni pour l'autre; que le ministère, fort embarrassé, tâcha d'éviter la guerre, tout en n'abdiquant pas trop devant la Prusse; enfin que, — malgré l'imprudente déclaration lue par M. de Gramont, au Corps législatif, le 6 juillet, où il disait : « Pour empêcher qu'une puissance étrangère puisse placer un de ses princes sur le trône de Charles-Quint, nous comptons à la fois sur la sagesse du peuple allemand et sur l'amitié du peuple espagnol; s'il en était autrement, forts de votre appui et de celui de la nation, nous saurions remplir notre devoir sans hésitation et sans faiblesse (1) » — des négociations entamées avec l'Espagne, l'Angleterre et la Russie était résulté, grâce à l'habileté déployée par un diplomate de la vieille école, M. Benedetti (2), la renonciation du prince Léopold à la couronne.

Nombre de gens croyaient l'incident terminé. « Napoléon III ne cachait pas sa satisfaction (3). » M. Émile Ollivier était aussi heureux que son souverain. « Ils jugeaient, avec raison, qu'après la renonciation du prince Léopold, l'incident était

(1) Albert Sorel, t. I, p. 77. — « Ce n'était plus un exposé diplomatique, c'était un défi de guerre. » (Charles de Mazade, t. 1, p. 33.)

(2) Voir, à ce sujet, un article de la *Revue franco-allemande* (München, Türkenstrasse, 11), n° du 25 avril 1900.

(3) Arthur Chuquet, p. 5. — Charles de Mazade, t. I, p. 35. — Rüstow, *Guerre des frontières du Rhin*, 1870-1871; traduit de l'allemand par Savin de Larclause, colonel du 1er lanciers; Paris, Dumaine, 1871; t. I, p. 130. — *Histoire de Quatre-Ans* (1870-1873), par Théodore Duret; Paris, G. Charpentier, 1876; t. I, p. 109.

terminé, et terminé à la satisfaction de la France (1). »

Léopold avait reçu l'ordre formel du prince Antoine, son père, de se retirer et, malgré son dépit, malgré la fureur de sa femme, une princesse de Portugal qui brûlait d'être reine d'Espagne, il avait été contraint d'obéir, courbé sous la discipline de fer des Hohenzollerns.

Seulement, cette renonciation n'est pas annoncée par le prince lui-même, mais par son père, et le duc de Gramont, ministre des Affaires étrangères, sans consulter le Conseil des ministres, exige, maintenant, « cédant aux suggestions de l'entourage de l'Empereur (2) », que le roi de Prusse s'associe à cette renonciation par une lettre à Napoléon III (3). C'est vouloir la guerre, car le roi Guillaume, sur les instances de la Reine, du Prince royal et de la Princesse — tous les trois d'une grande bonté, ayant l'horreur des boucheries humaines (4) — a bien pu désobéir une fois à M. de Bismarck et ordonner au prince Léopold, par la

(1) L. Dussieux, t. I, p. 28. — *La Troisième Invasion*, par Eugène Véron; Paris, Librairie d'art, 1876; p. 39. — « La joie de M. Ollivier était extrême. » (*Ibid.*)

(2) Arthur Chuquet, p. 5.

(3) Duc de Gramont, p. 122. — *Ibid.*, p. 131.

(4) Jehan de Witte, p. 175. — Voir, à propos de la bonté de la reine Augusta et du Prince royal : Léon Barracand, *L'Invasion*; Paris, Alphonse Lemerre; pp. 16 à 19. — D'après M. Emile Ollivier, le kronprinz aurait, au commencement de l'intrigue ourdie par Bismarck, poussé le prince Léopold. (*L'Empire libéral*, t. XIII, pp. 552 et 554.) Mais M. Emile Ollivier nous a dit que, dans son idée, le kronprinz ne songeait nullement aux conséquences de cette candidature et, surtout, ne croyait pas qu'elle entraînerait une guerre sanglante; qu'il n'y voyait qu'un trône en perspective pour son « ami Léopold ». M. Émile Ollivier nous a encore fait remarquer que les propos tenus par le tsar, et qu'il rapporte à la page 559 de son tome XIII, ne prouvent pas que le Prince royal et sa femme fussent partisans de la guerre, car le tsar détestait la Princesse royale et ce qu'il en a dit est sujet à caution.

bouche du prince Antoine, de se désister (1); mais il ne faut pas trop tirer sur la corde, car cela suffira pour rejeter le vieux monarque dans la main de l'homme de fer et de sang, ce qui arrivera (2).

Et les négociations continuent alors sans suite, sans but précis, sans habileté, sans vigueur, sans modération : c'est l'incohérence même, et l'infortuné M. Benedetti ne sait plus ce que veut le gouvernement français; « l'opinion de l'Europe, qui, jusqu'alors, était avec nous, se prononce dès lors contre nous (3) ». A la Chambre des Députés, les Mamelucks, excités et conduits par le neveu de Napoléon Ier, le baron Jérôme David; dans la presse, M. Paul de Cassagnac, le pourfendeur impérial; d'autres journalistes poussent à la guerre avec une criminelle ardeur (4); il faudrait,

(1) « Que la renonciation du prince de Hohenzollern fût spontanée, conseillée ou ordonnée... » (Charles de Mazade, t. I, p. 35.) — « Il n'est point impossible que M. de Bismarck n'eût quelque regret de la concession que le Roi venait de faire. » (*Ibid.*, p. 39, note 1, dernier paragraphe.)

(2) « Au jugement de Bismarck, le plus grand défaut ou la pire faiblesse du Roi, ce sera la Reine, et, déjà, chez le Prince royal, c'est la Princesse. » (Charles Benoist, *Le Prince de Bismarck*; Paris, Perrin, 1900; p. 61.) — « Il est à peu près certain que le Roi ne désirait pas la guerre. » (*Der Ursprung des Krieges von 1870*, par Hans Delbrück; Berlin, 1893; cité par *Le Spectateur militaire*, 5e série, t. X, p. 100.) — « Le Roi craignait, étant données les dispositions de l'esprit français, des complications graves, et il n'en voulait pas. » (Emile Ollivier, t. XIII, p. 41.)

(3) L. Dussieux, t. I, p. 29.

(4) Albert Sorel, t. I, p. 94. — Rüstow, t. I, p. 132. — « Que Messieurs les Prussiens prennent tout leur temps : la France est prête. » (Paul de Cassagnac, *Le Pays*, n° du 9 juillet 1870.) — « Personne n'ignore qu'en ce moment nous avons vingt jours d'avance sur la Prusse; nous sommes prêts, ils ne le sont pas ! » (Paul de Cassagnac, *Le Pays*, n° du 12 juillet 1870.) — « Il y avait, dans le Gouvernement français, à la Cour, dans les Chambres et dans la presse, un parti qui voulait la guerre. L'Impératrice le dirigeait. » (L. Dussieux, t. I, p. 27.) — *Ibid.*, t. I, p. 32. — *Le Dossier de la Guerre de* 1870; préface par Emile de Girardin; Paris, Garnier frères; pp. 55 et 56. — Colonel Fabre, p. 36. — 1870, *Récits du temps*, par Paul de Jouvencel; p. 42.

à en croire M. de Cassagnac, franchir immédiatement le Rhin; le ministère qui négocie est « le ministère de la honte (1) ».

« Une chaude soirée de juillet poussait dans les rues une population avide de spectacle et d'émotions, dont l'imagination était gâtée par l'habitude du charlatanisme politique, pour laquelle la guerre était un drame et l'histoire un roman. On s'arrachait les journaux qui portaient l'exaltation dans la foule; on chantait les couplets de *La Marseillaise*; des bandes populacières, dirigées par des agitateurs mystérieux, grossies par des oisifs grisés de bruit et de chaleur, parcouraient les boulevards en criant : «« A Berlin ! »» Devant les cafés, la foule regardait passer ces déplorables mascarades et croyait y reconnaître l'avant-garde triomphale d'une nouvelle grande armée (2). » M. Albert Sorel ajoute qu'il ne croit pas que le Gouvernement ait provoqué ces démonstrations, mais qu'il « ne les condamna pas et ne chercha pas à les réprimer (3) ». Voyons, que veut dire M. Sorel? De quelle manière le ministère aurait-il pu les condamner ou les réprimer? Quand on émet une proposition, surtout lorsque l'on écrit l'histoire diplomatique, il ne faut pas aligner des mots pour ne rien exprimer; or, M. Sorel aurait-il voulu que la police chargeât les manifestants et les conduisît au poste? Non, *is fecit cui prodest* : l'or de M. de Bismarck, distribué par les bons Allemands de Paris, avait eu le pouvoir de rassembler toutes ces bandes « dirigées par des agitateurs

(1) *Le Pays*, n° du 13 juillet 1870. — « Dans les couloirs du Corps législatif, on déclarait que MM. Emile Ollivier et Chevandier de Valdrôme étaient des traîtres, des misérables. » (L. Dussieux, t. I, p. 32.)

(2) Albert Sorel, t. I, pp. 135 et 136.

(3) *Ibid.*, p. 136.

mystérieux » et de faire dégénérer en provocation pénible un mouvement tout patriotique : voilà la vérité. Mais laissons de côté ces tristes personnages et étudions, sans parti pris, la question, si grave, de la dépêche d'Ems.

LA DÉPÊCHE D'EMS

Le 12 juillet, vers 8 heures du soir, M. de Gramont reçut, de M. Benedetti, une dépêche, datée d'Ems, 6 heures du soir, dans laquelle notre ambassadeur annonçait qu'il venait de voir le roi de Prusse qui ignorait encore la renonciation du prince Léopold (1). Avec raison, M. de Gramont soutient que cette ignorance était jouée et qu'il est « impossible d'admettre que le prince de Hohenzollern n'ait pas prévenu le roi de Prusse du désistement de son fils, en même temps qu'il en informait le maréchal Prim, M. Olozaga et tant d'autres (2) ». Pour la réalisation de ses projets, M. de Bismarck avait enjoint à son souverain de faire l'ignorant « afin de tenir M. Benedetti en suspens (3) ».

Le même jour, l'Empereur approuvait la note remise à l'ambassadeur de Prusse, M. de Werther, à 3 heures du soir, note dans laquelle il était demandé au roi Guillaume de s'associer à la renonciation du prince Léopold (4). Immédiatement, à

(1) Duc de Gramont, p. 132. — Comte Benedetti, p. 365.
(2) Duc de Gramont, p. 133. — *Ibid.*, pp. 133 et 134.
(3) *Ibid.*, p. 135. — « Ces délais étaient le résultat d'un calcul, et il est impossible de n'y point reconnaître la main de M. de Bismarck. » (Albert Sorel, t. I, p. 148.) — M. Emile Ollivier nous a affirmé que le Roi ne connaissait pas la renonciation. Ce n'est pas notre avis. — Voir, *infrà*, p. 25, note 4.
(4) Duc de Gramont, pp. 136 et 137. — Albert Sorel, t. I, p. 138.

7 heures du soir, le ministre des Affaires étrangères télégraphiait à M. Benedetti de prier le Roi de « donner l'assurance qu'il n'autoriserait pas de nouveau la candidature du prince Léopold (1) ». Plus tard, d'accord avec le Garde des Sceaux, un télégramme était rédigé et expédié à M. Benedetti, le 13, à 1 heure 45 minutes du matin. Notre ambassadeur devra demander au Roi la promesse « qu'il ne permettra pas au prince Léopold de revenir sur la renonciation communiquée par son père, le prince Antoine (2) ».

Mais le ministre des Affaires étrangères reçut d'abord la réponse à sa dépêche du 12, 7 heures du soir. D'Ems, le 13, à 10 heures 30 minutes du matin, M. Benedetti annonçait que « le Roi avait absolument refusé de l'autoriser à transmettre à l'Empereur semblable déclaration (3) ». Cela ne promettait rien de bon pour la réponse au second télégramme, celui expédié le matin à 1 h. 45 minutes.

Il est évident que le roi de Prusse avait ordonné au prince Léopold de se désister; que le Roi considérait cet ordre, cette reculade, comme une douloureuse concession; que sa fierté répugnait à aller plus loin (4); que M. de Bismarck espérait bien

(1) Comte Benedetti, p. 369.

(2) Duc de Gramont, pp. 137 et 138.

(3) Comte Benedetti, p. 372. — Duc de Gramont. p. 154. — « Bismarck avait saisi la balle au bond. » (Arthur Chuquet, p. 6.)

(4) « Si le Roi s'emploie sous main à faire retirer le prince, il a grand soin d'agir de manière à ce que son intervention ne soit pas apparente. « (Théodore Duret, t. I, p. 110.) — « Le roi Guillaume avait prié le prince Antoine de détourner son fils de l'aventure espagnole. » (Dépêche de M. de Saint-Vallier, ministre de France à Stuttgard; citée par Jehan de Witte, p. 161, note 1.) — *Ibid.*, texte, p. 161. — « Sybel raconte, d'après un récit verbal de Weithern, que le prince Antoine aurait dit (à Salazar, envoyé de Prim) : » « C'est seulement au cas où le gouvernement espagnol me convaincrait que Napoléon III et le roi Guillaume seraient d'accord sur l'accession de mon fils au trône qu'il me serait possible de soumettre la question à un examen plus approfondi. » (Emile Ollivier, t. XII, pp. 67 et 68.)

que les exigences du parti de la guerre, en France, forceraient l'Empereur à réclamer davantage et que, de cette façon, la Prusse aurait l'air de vouloir la paix tout en désirant la bataille. Comme l'a dit un publiciste anglais : « Un des traits les plus remarquables de la stratégie diplomatique du comte de Bismarck est l'adresse avec laquelle il s'arrange généralement, de manière à rejeter sur son adversaire la responsabilité (*onus*) du complot qu'il a lui-même ourdi (1). » Comme il avait mangé le mouton danois, en 1864, d'accord avec son compère le loup autrichien; comme il avait croqué ce dernier, en 1866, pour remerciement de l'aide, aussi criminelle qu'imprudente, à lui prêtée lors du vol du Schleswig-Holstein, de même, le lion prussien, dont les griffes étaient pourtant presque complètement sorties, dont les crocs s'allongeaient d'une façon terrible, après avoir monté supérieurement l'intrigue Hohenzollern, accusait sans vergogne la France de troubler la paix européenne! « Après ce qui vient d'arriver maintenant, disait, sans rire, M. de Bismarck à lord Loftus, ambassadeur d'Angleterre à Berlin, nous devons exiger quelque assurance, quelque garantie que nous ne serons plus exposés à une soudaine attaque; il faut que nous sachions que cette difficulté espagnole une fois écartée, il n'y a pas quelque autre ténébreux dessein qui puisse éclater sur nous comme un coup de tonnerre (2). »

Tu la troubles, lui dit cette bête cruelle.

M. de Bismarck approchait donc de son but; la guerre pouvait surgir du moindre événement, du

(1) *Qui est responsable de la Guerre?*, par Scrutator; traduit de l'anglais par Alfred Sudre; Paris, Amyot, 1872; cité par le duc de Gramont, p. 185.
(2) *Ibid.*, pp. 185 et 186.

premier télégramme venu puisque, non seulement il n'allait plus autoriser son maître à promettre que le prince Léopold n'accepterait pas la couronne d'Espagne, mais que le Roi serait formellement invité à fournir des garanties qu'elle ne tenterait plus les ambitions prussiennes! Oui, sous la pression des violents du parti bonapartiste, commandés par l'Impératrice Eugénie, — cette néfaste étrangère qui, par sa petitesse d'esprit, par sa sécheresse de cœur, par son orgueil, a perdu son mari, son fils et la France — sous le coup de l'interpellation, adressée au ministère par MM. Clément Duvernois et de Leusse, « sur les garanties qu'il a stipulées, ou qu'il compte stipuler pour éviter un retour de complications successives avec la Prusse (1) », l'Empereur cède et va demander à Guillaume, d'une façon catégorique, ce que celui-ci ne lui donnera certainement pas. « L'Empereur, pris par l'Impératrice, les bonapartistes et les chauvins qui le poussent, et, à la fin, saisi par M. de Bismarck qui lui coupe toute retraite, s'est trouvé entraîné à la guerre sans l'avoir personnellement désirée (2) », puisqu'il

(1) Théodore Duret, t. I, p. 108. — Jehan de Witte, p. 165. — *L'Allemagne et l'Italie*, 1870 1871, par G. Rothan : *L'Allemagne*; Paris, Calmann-Lévy, 1884; p. 13.

(2) Théodore Duret, t, I, p. 174. — « On ne voit point, quand l'affaire Hohenzollern éclate, que l'Empereur soit possédé des passions belliqueuses qui se manifestent autour de lui. » (*Ibid.*, t. I, p. 173.) — Voir, au sujet de l'aversion qu'avait l'Empereur pour la guerre, les preuves qu'en fournit M. Emile Ollivier, t. XIII, pp. 548, 549 et 562. — « Après le plébiscite, lorsque cet Empereur honni, exécré, agonisant, venait d'obtenir un nombre de suffrages égal à celui de son intronisation, et que la persistance de sa force populaire était indéniable, personne ne pouvait plus honnêtement prêter à un souverain fatigué, vieux avant l'âge, la folle pensée de remettre en jeu la sécurité qui venait de lui être assurée et de la risquer dans le hasard d'une *guerre inutile.* » (Emile Ollivier, t. XIII, p. 545.) — « L'Empereur n'avait point l'intention d'anéantir complètement la Prusse. Au moment où le personnel de l'ambassade de Prusse quittait Paris, en 1870,

« ne la déclarera que sous la pression de la Cour (1) ».

En revenant de Saint-Cloud, — où il a été mandé par l'Empereur, le 13, à 8 heures du soir, sans prévenir le Conseil des ministres ni M. Emile Ollivier, — M. de Gramont, sur l'ordre de la camarilla, expédie au comte Benedetti un dernier télégramme lui prescrivant de demander au Roi de se porter simplement « garant de la parole du prince de Hohenzollern, car la France ne connaît pas le prince, car, devant le pays, notre garantie officielle est dans la parole du Roi (2) ».

Ainsi, en dépit des réponses, peu encourageantes, faites par M. Benedetti à toutes les demandes du jour et de la veille, les maladroits conseillers de Napoléon III insistent pour obtenir ce que M. Benedetti déclare ne pouvoir être accordé : c'est la guerre! Et le Conseil des ministres, nous le répétons, ne sait rien!

« Il était 11 heures du soir, nous a raconté M. Emile Ollivier, il faisait un temps superbe et je sortis avec ma femme afin de respirer un peu

M. de Gramont disait à un de nos diplomates qui partait, et en lui serrant la main : «« Adieu, mon cher..., j'espère qu'après quelques galantes batailles, nos souverains se tendront la main comme nous nous la tendons aujourd'hui. »» Il est évident que nous n'envisagions pas les choses de la même manière. » (Général prince de Hohenlohe, aide de camp de l'Empereur et Roi, *Lettres sur la Stratégie*, traduites par un officier d'infanterie; Paris, Louis Westhauser, 1887; t. I, pp. 292 et 293.) — *Ibid.*, t. I, p. 295. — *L'Allemagne et l'Italie*, par Rothan : *L'Allemagne*, p. 50. — Napoléon III ne connaissait pas ou avait oublié la maxime de Clausewitz : « La guerre a pour but l'anéantissement de l'adversaire. »

(1) Arthur Chuquet, p. 25. — « On a trouvé des lettres du maréchal Le Bœuf prouvant que l'Empereur avait de la répugnance pour la guerre, que M. Emile Ollivier la combattait aussi. » (*L'Indépendance belge*; citée par Fernand Giraudeau, *La vérité sur la campagne de* 1870; Paris, Amyot, 1871; p. 20. — *Ibid.*, pp. 27 et 28. — « Napoléon III inclinait à la paix. » (L. Dussieux, t. I, p. 27.)

(2) Duc de Gramont, p. 190. — Jehan de Witte, pp. 168 et 169.

l'air, le long de la Seine. Notre promenade se porta du côté du ministère des Affaires étrangères; j'aperçus, éclairées, les fenêtres du cabinet du ministre; nous montâmes pour savoir s'il y avait du nouveau, ce que je ne croyais pas, puisque l'on considérait l'affaire comme terminée. Introduit auprès de M. de Gramont, celui-ci, embarrassé, m'annonce l'envoi de la demande en garantie, formulée dans une dépêche, expédiée à M. Benedetti, il n'y a pas encore deux heures. Je bondis : «« Comment! Un télégramme d'une importance si capitale sans en informer le Conseil des ministres! »» Hélas! le mal était fait et, le lendemain, à 9 heures du matin, quand le Conseil se réunit, il ne put que constater la désolante réalité (1). »

Mais, le même jour, 13 juillet, à 11 heures moins le quart du soir, était arrivée, au quai d'Orsay, une dépêche de M. Benedetti dont le Gouvernement aurait pu se servir afin d'éviter la guerre, pourvu qu'il ne s'entêtât pas à exiger une garantie spéciale du roi Guillaume. Voici la première phrase de cette dépêche : « Ems, le 13 juillet 1870, 4 h. 25 du soir. Le Roi a reçu la réponse du prince de Hohenzollern; elle est du prince Antoine et annonce à Sa Majesté que le prince Léopold, son fils, s'est désisté de sa candidature à la couronne d'Espagne. *Le Roi m'autorise à faire savoir au gouvernement de l'Empereur qu'il approuve cette résolution* (2). » Il était facile de profiter de cette déclaration pour assurer au Corps législatif que la France possédait la parole du Roi, qu'elle avait satisfaction. Sans doute, l'escadron de Mamelucks, où caracolaient les Jérôme David,

(1) Voir, aussi, Jehan de Witte, pp. 169 et 171. — « Une partie du ministère ignorait ce que faisait l'autre. » (Eugène Véron, p. 40.)

(2) Duc de Gramont, p. 191.

les Cassagnac, les Clément Duvernois, aurait crié à la déchéance, à l'humiliation devant le Teuton; sans doute, Jules Favre, Jules Simon et les autres, si hostiles à la guerre quand Napoléon III paraissait devoir la faire, n'auraient pas manqué de signaler aux électeurs la nouvelle défaite diplomatique, l'abaissement de l'Empire, mais le Gouvernement n'en aurait pas eu moins en main cent moyens d'adoucir les premiers et, quant aux seconds, il était facile à M. Emile Ollivier, avec son éloquence, de montrer le jeu contradictoire de politiciens qui ne se souciaient que de l'intérêt de leur parti et non de celui du pays (1).

Le ministère, entraîné par le maréchal Le Bœuf, l'Empereur, poussé au gouffre par sa femme, qui ne voyait la consolidation de la dynastie que dans une guerre heureuse (2), n'aperçurent pas la

(1) En France, quand le Gouvernement était à la paix, une Opposition systématique, ardente et aveugle poussait à la guerre. Quand le Gouvernement semblait mené à la guerre, l'Opposition ne parlait plus que de paix et faisait diminuer les budgets de l'armée et de la marine. » (Colonel Ferdinand Lecomte, t. I, p. 17.) — « Le petit groupe (de gauche) était infiniment plus attaché à la République qu'à la France, » (Arsène Legrelle, p. 601.)

(2) Arthur Chuquet, p. 8. — « Dans toute cette affaire, Napoléon III paraît avoir joué un rôle passif, on pourrait presque dire inerte. » (*La Guerre franco-allemande de* 1870-1871; rédigée par la section historique du Grand Etat-major prussien; traduction par le capitaine E. Costa de Serda, de l'Etat-major français; Paris, Dumaine, 1874; 1re partie, p. 11.) — Des ennemis de l'Empire ont répandu le bruit que l'Impératrice avait dit : « C'est ma guerre; je la veux. » Nous n'avons trouvé nulle part trace de cette calomnie. Que l'Impératrice ait désiré cette guerre, nous en sommes convaincu; mais qu'elle ait prononcé cette monstrueuse parole, nous ne le croyons pas. (Voir, sur la question. Dr Cabanès, *Les Indiscrétions de l'histoire*, 2e série; Paris, Albin Michel; pp. 217 et 218.) — « Ce mot est vraisemblablement apocryphe et fabriqué après coup. » (*Ibid.*, p. 218.) — C'est bien légèrement, et sans preuves, que le prince de Hohenlohe l'attribue à l'Impératrice, en l'aggravant encore : « Tout le monde se rappelle les paroles qu'une autre personne prononçait, en se frottant les mains : «« C'est ma guerre à moi, ma jolie petite guerre. »» (Prince de Hohenlohe, *Lettres sur la Stratégie*, t. I, p. 291.) — Dans le même sens : L. Dussieux, t. I, p. 27.

perche si heureusement tendue ou, s'ils la virent, ne surent pas la saisir et, tous, coururent à la noyade suprême. « Comme la reine de Prusse en 1806, l'Impératrice Eugénie dominait son époux, et le même ascendant qui avait conduit la Prusse à Iéna, conduisit la France à Sedan (1) ».

Trois heures après le fatal envoi de la dépêche de 8 heures du soir, où la garantie du Roi était exigée, à 11 heures, arrive un autre télégramme de M. Benedetti. Il était conçu en ces termes : « Ems, le 13 juillet, 7 h. 3/4 du soir. A ma demande d'une nouvelle audience, le Roi me fait répondre qu'il ne saurait consentir à reprendre avec moi la discussion relative aux assurances qui devraient, à notre avis, nous être données pour l'avenir. Sa Majesté me fait déclarer qu'elle s'en réfère, à ce sujet, aux considérations qu'elle m'a exposées ce matin, dont je vous ai fait connaître la substance par mon premier télégramme de ce jour et que j'ai développées dans un rapport que vous recevrez demain matin. Le Roi a consenti, m'a dit encore son envoyé, à donner son approbation entière et sans réserve au désistement du prince de Hohenzollern ; il ne peut faire davantage. J'attendrai vos ordres avant de quitter Ems (2). »

Là, encore, il était possible, puisque l'on n'était pas en mesure de faire la guerre, de s'accrocher à la planche de salut que le courant des événements apportait à l'Empire sous les espèces de cette « approbation entière et sans réserve donnée par le Roi au désistement du prince de Hohenzollern ».

Hélas! l'anarchie, résultant du conflit des volontés, continuait à régner dans le Gouvernement. « Les guerriers répondaient de la victoire, et les

(1) Jean Grimal, p. 41.
(2) Duc de Gramont, p. 193.

conseillers intimes du souverain lui reprochaient de céder à une prudence mesquine (1). » M. Emile Ollivier voulait la paix : « Le parti de la paix, ignorant que le roi de Prusse donnerait une satisfaction directe à la France, était disposé à se contenter d'un expédient. Mais le parti de la guerre, soutenu par tous les adversaires du cabinet Ollivier, considérait que M. de Gramont avait été joué et que le roi de Prusse refusait la concession qu'on lui avait demandée (2). » Les pacifiques étaient assurément la majorité, mais les belliqueux faisaient un tel bruit qu'ils paraissaient les plus nombreux et les modérés du Gouvernement tremblaient devant ces hurleurs. En attendant, le 14, dans la journée, on appelait les réserves, puis on se décidait, fort sagement, à recourir à un congrès des puissances qui trancherait la question ; puis on contremandait l'appel des réservistes ; puis on ne décidait plus rien et l'on s'agitait sans rien voir ni prévoir (3).

Le congrès aurait été, non la dernière planche de salut, mais le bateau de sauvetage qui eût recueilli l'Empire prêt à sombrer ; la duplicité de M. de Bismarck eût été paralysée par la réunion des grandes puissances en tribunal juge du différend. Aussi, nous ne nous expliquons guère pourquoi M. Albert Sorel, à ce propos, a écrit : Quand M. de Gramont proposa un congrès, « l'Empereur avait été saisi d'une émotion extraordinaire «« qui alla jusqu'aux larmes sensibles (4) »». Un congrès! *C'était une des chimères que son esprit avait tou-*

(1) Albert Sorel, t. I, p. 94.
(2) *Ibid.*, p. 128. — « La plupart des ministres, M. Ollivier surtout, auraient été heureux d'échapper à la guerre. » (*Ibid.*, p. 139.) — *Ibid.*, p. 141.
(3) Duc de Gramont, pp. 219 à 221. — Albert Sorel, t. I, pp. 169 et 170.
(4) *Rapport Saint-Marc Girardin et Considérations.*

jours caressées; il en accueillit l'idée comme un moyen de salut (1) ».

En l'espèce, ce n'était pas une chimère, mais une excellente réalité; c'est si vrai que M. Albert Sorel le reconnait, quelques lignes plus loin, quand il écrit: « Un projet de communication aux cours européennes fut rédigé séance tenante; il était ainsi conçu: «« Nous croyons que le principe adopté tacitement par l'Europe a été d'empêcher, sans une entente préalable, aucun prince appartenant aux familles régnantes des grandes puissances de monter sur un trône étranger, et nous demandons que les grandes puissances européennes, réunies en congrès, confirment cette jurisprudence internationale. »» Un instant, on put croire que le ministère allait être habile, que l'Empire allait s'abstenir d'une faute et déjouer, au moins une fois, les combinaisons de son adversaire. *Cette proposition de congrès eût été un coup de maître.* L'Angleterre s'y serait prêtée, la Russie, qui venait de proposer une conférence, y aurait adhéré sans aucun doute; la France pouvait compter sur l'Autriche, l'Italie et l'Empire turc; quant à la Prusse, *elle se serait trouvée dans le plus grand embarras.* M. de Bismarck se croyant désormais sûr d'être provoqué, se précipitait vers la guerre: au moment où l'on délibérait à Paris, il écartait une tentative d'intervention de l'Angleterre. Ce congrès aurait surpris la Prusse et dérouté ses calculs; il l'aurait compromise devant l'Europe et forcée d'accepter l'arbitrage des puissances ou de perdre leur appui moral (2) », qui lui était alors indispensable pour amener à elle les Etats de l'Allemagne du Sud.

(1) Albert Sorel, t. I, p. 170.
(2) *Ibid.*, t. I, pp. 170 et 171.

Si « cette proposition du congrès eût été un coup de maître », si « elle aurait surpris la Prusse et dérouté ses calculs », ce n'eût donc pas été une « chimère ». Mais le maréchal Le Bœuf semble avoir protesté contre cette proposition, aveuglé qu'il était par l'idée qu'il se faisait de la valeur des mitrailleuses, auxquelles il pensait que rien ne pouvait résister, tandis qu'en sa qualité d'artilleur il aurait dû comprendre que, ne portant qu'à 1.200 mètres, elles seraient tout de suite démolies par les excellents canons prussiens portant à 2.000 mètres et plus loin encore. L'Empereur hésita; le temps, si précieux, se passa en discussions; l'Impératrice, toujours malfaisante, appuya le maréchal Le Bœuf; bref, le 14, à 6 heures du soir, le conseil des ministres était pour la paix, à 10 heures pour la guerre, sans plus de raisons sérieuses pour une décision que pour l'autre.

En revanche, avec une infernale habileté, M. de Bismarck continuait à tendre le filet dans lequel il comptait prendre le naïf empereur.

Derrière la coulisse, il donnait des ordres au Roi, aux ministres, aux diplomates, et tout le monde lui obéissait avec une discipline merveilleuse. Croyant le moment venu de brusquer les événements, le maître-bandit fait donc succéder la raideur à la politesse diplomatique dans les rapports entre son souverain et l'ambassadeur de France, M. Benedetti. On va comprendre que le parti de forcer la France à déclarer la guerre est pris quand on lira les deux télégrammes suivants adressés, d'Ems, à M. de Gramont, le 14 juillet, le premier à midi et demi, le second à 3 h. 45 minutes du soir.

1° J'ai reçu, dans la nuit, votre télégramme d'hier soir 9 heures 45 minutes. Après la déclaration que le

Roi m'a faite hier par un de ses aides de camp, je ne pouvais de nouveau m'adresser à Sa Majesté. J'ai profité ce matin d'un entretien que j'ai eu avec le ministre de l'Intérieur pour bien préciser, en m'inspirant de vos dernières déclarations, comment nous entendions l'assurance que nous demandons au Roi, et les formes diverses dans lesquelles elle pourrait nous être donnée. Le ministre m'a exprimé l'intention de soumettre mes observations à Sa Majesté, et il m'a même promis de me revoir. Il vient cependant de me faire uniquement savoir qu'il n'a rien à m'apprendre.

Afin de ne pas manquer aux convenances, j'ai prié l'aide de camp de service d'annoncer au Roi que je partais ce soir, et j'ai exprimé le désir de prendre congé de Sa Majesté. Le Roi m'a fait répondre qu'il me verra dans le salon qui lui est réservé à la gare quelques instants avant son départ. Sa Majesté part en effet à 3 heures, pour aller, dit-on, à Coblentz, faire une visite à la Reine. Reviendra-t-il, dans la soirée, comme on l'annonce, ou bien quitte-t-il définitivement Ems pour rentrer à Berlin? Je ne saurais vous le dire.

Un télégramme daté d'ici, publié par la *Gazette de Cologne*, et que la télégraphie privée nous rapporte ce matin, raconte que le Roi a chargé hier un de ses aides de camp de me déclarer qu'il ne prendrait aucun engagement pour l'avenir, et qu'il avait refusé de me recevoir pour continuer avec moi la discussion à ce sujet. Comme je n'en avais fait la confidence absolument à personne, je suis autorisé à croire que ce télégramme est parti du cabinet du Roi. Il me revient que, depuis hier, on tient dans son entourage un langage regrettable.

Je serai à Paris demain matin à 10 heures 15 minutes et je me rendrai directement au ministère. Je ne pourrais pas arriver plus tôt en prenant un train spécial (1).

2° Je viens de voir le Roi à la gare. Il s'est borné à me dire qu'il n'avait plus rien à me communiquer, et

(1) Comte Benedetti, pp. 385 et 386. — Duc de Gramont pp. 221 et 222.

que les négociations qui pourraient encore être poursuivies seraient continuées par son gouvernement. Sa Majesté m'a confirmé que son départ pour Berlin avait lieu demain matin (1).

Il est clair que la publication, dans la *Gazette de Cologne*, du refus, par le Roi, de recevoir l'ambassadeur de France, et l'annonce, par le télégraphe, de cette grossièreté à toutes les agences du monde, devenaient des jets de pétrole lancés sur le brasier encore mal allumé du conflit franco-prussien. Bien mieux, le 13, à 9 heures du soir, des crieurs, d'après les instructions de M. de Bismarck, avaient déjà distribué, *gratuitement*, un supplément de la *Gazette de l'Allemagne du Nord* contenant, en gros caractères, le télégramme suivant, daté d'Ems : « Après que la nouvelle de la renonciation du prince de Hohenzollern a été officiellement donnée au gouvernement français par celui de Madrid, l'ambassadeur français a fait demander au roi Guillaume de l'autoriser à télégraphier à Paris que Sa Majesté le Roi s'obligeait, pour l'avenir, à ne jamais donner son consentement aux Hohenzollerns, dans le cas où ceux-ci reviendraient sur leur renonciation. Sa Majesté a refusé de recevoir encore une fois l'ambassadeur français, auquel il a fait savoir, par l'aide de camp de service, qu'il n'avait plus rien à lui communiquer (2). »

« Le soir même, la dépêche d'Ems habilement mise au point, était communiquée, par Bismarck, sous une forme officieuse, à la presse et aux représentants de la Confédération du Nord à l'étranger. Des affiches, placardées sur les murs, des feuilles

(1) Comte Benedetti, p. 387. — Duc de Gramont, p. 223. — « Il n'y a donc eu, de la part du Roi à l'égard de notre ambassadeur, ni insulte, ni injure. » (Eugène Véron, pp. 49 et 50.)

(2) Albert Sorel, t. I, p. 159. — L. Dussieux, t. I, pp. 34 et 35.

distribuées *gratuitement* dans les rues de Berlin, la reproduisaient avec de perfides commentaires qui enflammèrent les colères de la foule. Le bruit se répandit que Benedetti avait insulté le Roi, de même que, le lendemain, on raconta, en France, que le Roi avait insulté notre ambassadeur. Le chancelier de fer, en excitant l'honneur national germanique et en piquant l'amour-propre français, rendait le conflit inévitable.

« Ainsi qu'il l'avait bien prévu, raconte-t-il dans ses *Mémoires*, «« la dépêche d'Ems, *non seulement par son texte, mais par la façon dont elle avait été lancée*, produisit sur le taureau gaulois l'effet du drapeau rouge »» et, le lendemain, tandis qu'à Berlin la foule s'amassait devant le palais royal en chantant la *Wacht am Rhein*, le peuple de Paris, exalté par la lecture de quelques organes ultra-chauvins, parcourait les boulevards aux cris de : «« A Berlin ! »» (1).

De même, en 1806, « des officiers prussiens impudents demandaient, en Saxe et en Thuringe, le chemin de Paris (2) ».

Oui, comme l'espérait M. de Bismarck, « le grand falsificateur prussien (3) », les partisans de la guerre allaient, en France, profiter de l'injure pour rendre toute nouvelle tentative d'apaisement impossible : il faudrait, afin de combattre les machinations du tout-puissant ministre prussien, tenant bien en mains toutes les ficelles et cordes

(1) Jehan de Witte, pp. 180 et 181. — « Cette animation des esprits, que M. de Gramont prenait pour l'opinion publique, n'était que la manifestation des impatiences du parti de la guerre que poussaient et excitaient les agents de M. de Bismarck. » (Eug. Véron, p. 43.)

(2) Baron Colmar von der Goltz, *Rosbach et Iéna*; traduit par le commandant Chabert; Paris, Hinrischen, 1890; p. 83.

(3) Paul Déroulède, 70-71, *Nouvelles Feuilles de route*; Paris, Félix Juven, 1907; p. XXVII.

de sa criminelle diplomatie, un homme impassible rendant ruses pour ruses, perfidies pour perfidies; or, nous le savons, l'Empereur ne possédait pas la santé physique et morale nécessaire pour mener à bien cette terrible aventure, et ses ministres, divisés entre eux, combattus à outrance par les partis de droite et de gauche, n'avaient pas les moyens de parer les coups de leur implacable adversaire.

Or, cette dépêche d'Ems, cause de l'immense incendie qui allait s'allumer, était une abominable falsification de la dépêche originale, qui n'aurait suscité aucune colère chez les Français raisonnables — et c'était la majorité — si elle avait été publiée textuellement, car la forme n'en était nullement blessante. Qu'on en juge; la voici : Sa Majesté a reçu, depuis, une lettre du prince (de Hohenzellern). Comme Sa Majesté avait dit au comte Benedetti qu'elle en attendait une, elle a décidé, d'après ce qui a été dit plus haut (1) et sur la proposition du comte Eulenbourg et la mienne, de ne plus recevoir le comte Benedetti, mais de lui faire dire seulement, par un aide de camp, que S. M. avait reçu du prince la confirmation de la nouvelle que Benedetti avait déjà eue de Paris et qu'elle n'avait plus rien à dire à l'ambassadeur. S. M. laisse votre Excellence libre de communiquer si elle le juge à propos, à nos représentants comme à la presse, la nouvelle exigence de Benedetti et son rejet (2).

Rien de plus acceptable. Cela ne faisait pas les

(1) Nous donnerons plus loin le texte intégral du télégramme.

(2) Télégramme du 13 juillet, à 3 h. 50 m. du soir, arrivé à 6 h. 9 m. à Berlin. Discours du général de Caprivi au Reichstag, 23 novembre 1892. (Oncken, *Unser Heldenkaiser*, p. 129.) Cité par le général Palat, t. I, pp. 295 et 296. — Voir Jean Heimweh, p. 103, note 1.

affaires ni de M. de Bismarck ni de M. de Moltke; aussi, quand le premier ministre prussien avait reçu le télégramme, après l'avoir lu au chef du Grand Etat-major, il se mit à une table et, au crayon, le falsifia et le changea en la seconde dépêche qui fut adressée immédiatement aux journaux allemands et qui mit le feu aux poudres. Chose extraordinaire, à Paris, « on s'excita et on fit exciter les autres, sur cette nouvelle de l'insulte, sans en demander la confirmation au comte Benedetti... et l'on procéda avec cette précipitation, sans exemple, non par suite d'une préméditation secrète, mais en toute bonne foi, parce qu'on croyait que la chose était réellement arrivée (1) ». Or, ce n'était qu'une sinistre comédie de M. de Bismarck.

M. de Beust, malgré sa réserve diplomatique, laisse fort bien percer son opinion sur la responsabilité de l'homme de Warzin : « Du côté français on a toujours prétendu que le télégramme d'Ems avait été l'œuvre de M. de Bismarck lui-même, et que c'était un piège, où l'on n'a pas manqué de tomber. Un fait certain résulte de mes informations à Paris, qui concordent d'ailleurs avec ce que m'a dit, en 1871, à Gastein, l'empereur Guillaume, lui-même : c'est que M. Benedetti n'a jamais reçu d'offense, qu'il se trouvait à la gare au départ du Roi, ce dont il se serait certainement abstenu s'il eût reçu une offense aussi grave, que la dépêche de cette prétendue offense ne venait pas de lui, mais de Munich et de Stuttgard (2). »

(1) *Mémoires du comte de Beust*, ancien chancelier de l'Empire d'Autriche-Hongrie; Paris, Louis Westhauser, 1888; t. II, p. 347.

(2) *Ibid.* — « A son départ d'Ems, le monarque ne croyait pas encore à toute la gravité de la situation; il avait même tendu très amicalement la main à M. Benedetti en prenant congé de lui à la gare; il ne considérait donc en aucune façon sa dignité comme atteinte par les démarches pressantes de l'ambassadeur. » (Louis Schneider, *L'Empereur Guillaume*; Souvenirs

Aussi bien, ***habemus confitentem reum***. On lit dans *Pensées et Souvenirs du prince de Bismarck* : Je dînais avec Moltke et Roon. « On m'annonça qu'une dépêche chiffrée, d'environ 200 groupes était arrivée d'Ems, signée du conseiller intime Abeken. On m'apporta bientôt la traduction d'où il résultait qu'Abeken avait rédigé et signé la dépêche sur l'ordre de Sa Majesté. Je la lus à mes hôtes qui furent si atterrés qu'ils en oublièrent de boire et de manger. En étudiant plusieurs fois le document, je m'arrêtai à l'autorisation que me donnait Sa Majesté et qui impliquait un mandat de communiquer aussitôt, tant aux ambassadeurs qu'aux journaux, la nouvelle exigence de Benedetti et le refus qui lui avait été opposé. Je posai à Moltke quelques questions au sujet de son degré de confiance dans l'état de nos armements, ou plutôt au sujet du délai qu'ils nécessiteraient encore, la guerre étant soudainement devenue imminente. Il répondit que si nous devions faire la guerre, il n'attendait pour nous aucun avantage d'un ajournement de l'ouverture des hostilités. Quand même, tout d'abord, nous ne serions pas assez forts pour protéger contre une invasion française les pays de la rive gauche du Rhin, notre rapidité à entrer en campagne serait bien vite supérieure à celle de la France, tandis que, plus tard, cet avantage serait amoindri... En présence de l'attitude de la France, le sentiment de l'honneur national, à son avis, nous forçait à la guerre (1). » — « Dans cette conviction, j'usai de l'autorisation du Roi de publier

intimes revus et annotés par l'Empereur sur le manuscrit original; traduit de l'allemand par Charles Rabany; Paris, Berger-Levrault, 1888; t. II, p. 137.)

(1) Mémoires authentiques du prince de Bismarck : *Pensées et Souvenirs*, par le prince de Bismarck; seule édition française autorisée, par E. Jaeglé, professeur à l'École de Saint-Cyr; Paris, Le Soudier, 1899; t. II, pp. 104 et 105.

le contenu de la dépêche. En présence de nos deux hôtes, sans ajouter ni changer un mot, *je fis quelques suppressions*. . La différence dans l'effet que devait produire le texte *abrégé* d'Ems, comparé à celui qu'eût produit l'original, ne provenait pas d'expressions plus fortes. *Il tenait seulement à la forme qui donnait à cette déclaration le caractère d'un règlement définitif de la question*, tandis que la rédaction d'Abeken n'aurait paru que comme un fragment d'une négociation encore en suspens et qui devait être continuée à Berlin.

« Je lus à mes deux hôtes la rédaction qui *condensait* la dépêche. Molke fit alors la remarque : «« Voilà qui sonne tout autrement maintenant; auparavant on eût cru entendre battre la chamade, à présent c'est comme une fanfare en réponse à une provocation. »» Je crus devoir ajouter ceci : «« Ce texte n'apporte aucunes modifications, aucunes additions à la dépêche. Si, exécutant le mandat de Sa Majesté, je le communique aussitôt aux journaux et si, en outre, je le télégraphie à toutes nos ambassades, il sera connu à Paris avant minuit. Non seulement par ce qu'il dit, mais aussi par la façon dont il aura été répandu, il produira, là-bas, sur le taureau gaulois, l'effet d'un drapeau rouge. Il nous faut nous battre, si nous ne voulons pas avoir l'air d'être battus sans qu'il y ait eu seulement de combat. Le succès dépend cependant avant tout des impressions que l'origine de la guerre provoquera chez nous et chez les autres. Il est essentiel que nous soyons les attaqués; la présomption et la susceptibilité gauloises nous donneront ce rôle, si nous annonçons publiquement à l'Europe, autant que possible sans l'intermédiaire du Reichstag, que nous acceptons sans crainte les menaces publiques de la France. »»

« Cette explication que je venais de donner provoqua chez les deux généraux un brusque changement dans leur état d'esprit. De morose qu'il était, il passa à une gaieté dont la vivacité me surprit. Ils avaient retrouvé tout à coup l'envie de manger et de boire et causaient d'un ton joyeux. Roon disait : «« Le Dieu des anciens jours vit encore et il ne nous laissera pas succomber honteusement. »» Molke sortit de sa passivité froide, oublia sa circonspection ordinaire de langage jusqu'à dire, en regardant gaiement le plafond et se frappant la poitrine de la main : «« S'il m'est donné de vivre assez pour conduire nos armées dans une pareille guerre, que le diable emporte aussitôt après cette vieille carcasse(1). »»

N'est-il pas révoltant de voir ces trois hommes ne songer qu'à leur ambition, se réjouir parce qu'ils pensent qu'elle va être satisfaite et godailler honteusement sans que l'idée des milliers de malheureux qui vont mourir, de leur fait, trouble un instant leur plaisir! Ces trois bouchers préparant l'abattoir en buvant le champagne et en avalant leurs victuailles ne font-ils pas horreur? Ce sont des monstres, ce Moltke, surtout, déserteur, félon, vendu à l'étranger, qui a conduit les soldats teutons contre ses compatriotes qu'il a écrasés sans l'ombre d'un remords(2)! Comme l'a dit M. Lieb-

(1) Prince de Bismarck, *Pensées et souvenirs*, pp. 107 à 109. — *Nouvelle Presse libre* (de Vienne), n° du 20 novembre 1892. Voir *Le Temps*, n° du 23 du même mois.

(2) « C'est ainsi que les trois personnages attablés, qui présidaient alors aux destinées de l'Allemagne, tranchèrent allègrement, sans perdre un coup de fourchette, le fil auquel tenait la vie de centaines de mille hommes. » (Jean Heimweh, p. 105.) — « De la révélation de M. de Bismarck il résulte que les expressions employées par le souverain n'avaient point le caractère agressif et blessant que prit, quelques heures plus tard, sous la plume de M. de Bismarck, cette dépêche devenue historique. Le grand chancelier a, par ce fait, assumé une responsabilité terrible devant la postérité. On l'a appelé *faussaire*. Il n'y aurait rien de

necht, à ce propos : « La fondation de l'empire d'Allemagne repose sur un faux (1)! » Mais qu'importe aux bons et loyaux Allemands! *Beati possidentes!*

M. de Bismarck essaie de se défendre d'avoir fait œuvre de faussaire : « J'étais autorisé, dit-il, à faire les ratures qui me paraissaient absolument nécessaires(2). » Voici la réponse à sa prétention :

« En se prévalant, pour agir ainsi, de l'autorisation que le Roi lui donnait de communiquer aux ambassades et à la presse le contenu de la dépêche Abeken (la dépêche d'Ems), Bismarck n'a pas commis le faux matériel dont on l'accuse souvent. Mais on peut dire qu'il a commis un *faux moral*, car le document ainsi modifié faisait croire à une

surprenant à ce que l'histoire lui conservât ce titre. » (*La Dépêche d'Ems*, par F.-Th. de Guymarais; *Le Spectateur militaire*; 5e série, t. X, p. 97.) — Capitaine Emile Imhaus, *Tactique de l'infanterie*; préface de M. de Mahy, député; Paris, Quantin, 1895; p. 181, note 1. — Colonel R. Henry, *L'Esprit de la guerre moderne d'après les grands capitaines et les philosophes*; Paris, Berger-Levrault, 1894; p. 40, note 1. — « Je n'ai pas à renouveler le récit de la trop fameuse dépêche d'Ems et de sa falsification. Bismarck s'est vanté, cyniquement, de ce crime. » (F. de Pressensé, *La Revue*, no du 1er juillet 1908, p. 22.) — Le texte de cette dépêche, « *falsifié par M. de Bismarck, de son propre aveu, en vue de déchaîner la guerre* ». (*Ibid.*, p. 23.) — « Par une retouche opportune, Bismarck recréa les chances de guerre. » (*Le Prince de Bismarck*, par Charles Andler; Paris, Bellais, 1899; p. 136.) — « Bismarck s'enorgueillit de l'œuvre faite, avec raison. Mais cela n'empêche pas que cette œuvre n'ait, à son origine, la fraude grossière, l'astuce et la brutalité. » (*Ibid.*, p. 141.) Après pareils aveux, faits par un chaud ami de l'Allemagne, pasteur des étudiants français à Berlin, en 1908, il n'y a plus à insister.

(1) Discours prononcé au Reichstag, le 2 décembre 1892. (Jean Heimweh, p. 107.) — « Est-ce le gouvernement français qui avait prié Bismarck de sophistiquer un télégramme et de remplir les cités, les journaux et les chancelleries de la nouvelle que le roi de Prusse avait refusé de recevoir notre ambassadeur et rejeté nos demandes? » (Emile Ollivier, t. I, p. 9.) — Paul et Victor Margueritte, *Histoire de la Guerre de* 1870-1871, p. 12.

(2) *Nouvelle Presse libre* (de Vienne), no du 20 novembre 1892. — *Le Temps*, no du 23 du même mois. — Voir, aussi, *suprà*, pp. 40 et 41, la déclaration de M. de Bismarck.

rupture qui n'était pas encore consommée. On peut en juger en lisant ci-dessous les deux textes en regard :

RÉDACTION ABEKEN.

Ems, 13 juillet 1870, 3 heures 50 minutes après-midi.

Sa Majesté m'écrit :

Le comte Benedetti m'a arrêté à la promenade pour me demander, d'une façon finalement fort indiscrète, de l'autoriser à télégraphier tout de suite que je m'engageais pour l'avenir à ne plus donner mon consentement si une nouvelle candidature des Hohenzollerns venait à se produire. J'ai fini par le rembarrer d'un ton assez sévère, en disant qu'on ne doit pas et qu'on ne peut pas prendre ainsi des engagements *à tout jamais*. Naturellement, j'ajoutai que je n'avais encore rien reçu et que, puisqu'il était, par Paris et par Madrid, informé plus tôt que moi, c'était bien la preuve que mon gouvernement était hors de cause.

Sa Majesté a reçu, depuis, une lettre du prince Antoine. Comme Sa Majesté avait dit au comte Benedetti qu'Elle attendait des nouvelles du prince, Elle a résolu, sur la proposition du comte Eulenbourg et la mienne, de ne pas recevoir Benedetti, à cause de sa prétention, et de lui faire dire simplement, par un aide

RÉDACTION BISMARCK.

La nouvelle du renoncement du prince héritier de Hohenzollern a été officiellement communiquée au gouvernement impérial français par le gouvernement royal espagnol. Depuis, l'ambassadeur français a adressé, à Ems, à Sa Majesté le Roi, la demande de l'autoriser à télégraphier à Paris que Sa Majesté le Roi, s'engageait à tout jamais à ne point permettre la reprise de la candidature. Là-dessus, Sa Majesté le Roi a refusé de recevoir encore l'ambassadeur et lui a fait dire, par l'aide de camp de service, qu'Elle n'avait plus rien à lui communiquer.

de camp, que Sa Majesté avait reçu du prince confirmation de la nouvelle que Benedetti avait déjà eue de Paris, et qu'Elle n'avait plus rien à dire à l'ambassadeur. Sa Majesté laisse à Votre Excellence le soin de décider si la nouvelle exigence de Benedetti et le refus qui lui a été opposé ne doivent pas être aussitôt communiqués à nos ambassadeurs et à la presse (1).

Il est facile de voir, en lisant la dépêche d'Abeken, que « ce document était sous forme confidentielle, en un style familier, ne concluant pas à une rupture avec la France (2). » Nous venons de raconter comment M. de Bismarck en avait dénaturé le texte, puisqu'il en avait enlevé une partie, et l'esprit, puisque d'une « chamade » il en avait fait une « fanfare ».

M. de Bismarck, qui aimait tant à faire parade de ses connaissances théologiques, devait savoir que l'on pèche aussi bien par omission que par action. Oui, peu importe la forme des télégrammes, c'est le fond qu'il faut considérer; or, de l'aveu du coupable, l'un, le vrai, c'était la paix; l'autre, le faux, c'était la guerre. En falsifiant la dépêche d'Ems, M. de Bismarck a donc déclaré la guerre; ce n'est pas Napoléon qui est responsable de l'abominable aventure, c'est l'homme de fer et de sang. « Au mois de juillet 1870, l'Allemagne était prête, la France ne l'était pas : toutes les raisons de la guerre franco-allemande se réduisent à celle-là. Le coup de crayon, donné sur la dépêche d'Ems,

(1) Johan de Witte, p. 179.
(2) *Ibid.*

ne le fut que parce que c'était l'heure... C'est pourquoi M. de Bismarck a voulu cette guerre, pourquoi il l'a préparée, pourquoi il l'amenée (1) ».

« L'Empereur, malade au point de ne pouvoir se tenir à cheval sans d'atroces souffrances, ce qui rend peu belliqueux, eût-il souhaité, en effet, une guerre pour sauver sa dynastie, naguère consolidée par huit millions de suffrages, il n'avait pas à attendre un prétexte qu'on aurait pu ne pas lui fournir. Il en tenait un sous la main, toujours à sa disposition et d'un effet certain : il lui suffisait de réclamer l'exécution du traité de Prague au profit des Danois du Schleswig (2) ».

En janvier 1871, Michelet, qu'on ne saurait soupçonner de complaisance envers l'Empire, « publiait, à Florence, un opuscule (*La France devant l'Europe*), dans lequel éclatent ses révoltes contre la sèche Prusse de fer. Il persévère dans ses partis pris contre le plébiscite et l'Empereur, mais, ce qui est l'essentiel, il affirme, sous toutes les formes, notre bon droit. Il s'indigne de ce mot : c'est la France qui l'a voulu, les Français ont commencé; il rappelle les engagements violés, les provocations constantes pendant quatre années, l'espionnage militaire, les ingénieurs, les officiers surpris sur nos forteresses dont ils relevaient les plans. Il montre «« Bismarck depuis trois ans, préparant une diversion militaire parce qu'il sentait que, sans son aveugle bouillonnement, il ne pourrait jamais museler l'Allemagne »»... Loin de condamner l'Empereur d'avoir enfin relevé la tête, il lui reproche de l'avoir trop longtemps tenue baissée, «« d'avoir lâchement enduré l'engloutissement du Hanovre, de la Hesse, de Nassau, de

(1) Charles Benoist, pp. 102 et 103.
(2) Emile Ollivier, t. I, pp. 9 et 10. — *Ibid.*, pp. 12 et 13.

Francfort dans la Prusse, d'avoir été sourd à leurs cris »». Après «« ce lâche service »», ajoute-t-il, «« on ne ménagea plus rien. Tous les jours, on le provoquait. Les Prussiens, ivres, venaient nous défier dans Strasbourg. Comme dans les poèmes de Renaud, on voyait un Charlemagne dormir profondément, en France, sur un trône où l'étranger lui faisait impunément la barbe avec un tison (1) »».

« Toute l'habileté de M. de Bismarck a été de savoir abandonner à propos cette candidature Hohenzollern, de profiter des fautes de ses adversaires, de leur laisser toutes les apparences de la provocation, en se réservant de leur fermer la retraite par un acte qui, sans être une insulte, était un coup d'aiguillon de plus, un moyen de plus d'intéresser l'orgueil allemand à sa cause (2). »

La Prusse voulait la guerre pour atteindre son but : la résurrection de l'Empire d'Allemagne à son profit. Depuis 1866, elle s'y préparait. Nous ne pouvons, ici, en apporter toutes les preuves, ce serait trop long et nous contenterons de celle-ci : Mme de Pourtalès disait, en octobre 1868, au général Ducrot : « Ces gens-là (les Prussiens) nous trompent indignement et comptent bien nous surprendre désarmés. Oui, le mot d'ordre est donné; en public, on parle de paix, du désir de vivre en bonnes relations avec nous; mais lorsque, dans l'intimité, l'on cause avec tous ces gens de l'entou-

(1) Cité par Emile Ollivier, t. I, pp. 15 et 16. — Voir, aussi, *La Vérité sur la campagne de* 1870, par Fernand Giraudeau.

(2) Charles de Mazade, t. 1, p. 39. — « La guerre, jugée indispensable pour unifier l'Allemagne, se trouvait engagée dans les conditions requises. Elle était déclarée par la France. » (Jean Heimweh, pp. 100 et 101.) — Jehan de Witte, p. 157, note 1, *in fine*. — *L'Allemagne et l'Italie*, par Rothan : *L'Allemagne*, p. 16. — L. Dussieux, t. I, pp. 33 et 37.

rage du Roi, ils prennent un air narquois : «« Est-ce que vous croyez à tout cela? Ne voyez-vous pas que les événements marchent à grands pas, que rien, désormais, ne saurait conjurer le dénouement? »»... Le ministre de la maison du Roi, M. de Schleinitz, a osé me dire qu'avant dix-huit mois, notre Alsace serait à la Prusse! Et si vous saviez quels énormes préparatifs se font de tous côtés, avec quelle ardeur ils travaillent pour transformer et fusionner les armées des États récemment annexés, quelle confiance dans tous les rangs de la société et de l'armée (1). »

Et, pendant ce temps, l'opposition républicaine se portait forte des sentiments pacifiques de M. de Bismarck et se refusait à voter toutes dépenses militaires!

La France fut jouée comme aurait pu l'être un enfant. « Le sang-froid allemand sut utiliser tous les incidents pour se rallier les bonnes apparences et paraître subir la guerre tout en y poussant et s'y préparant, tandis que, du côté opposé, on s'étourdissait de vain bruit, de colères menaçantes sans préparatifs correspondants (2). » En 1866, « la Prusse attaqua l'Autriche au mépris de toutes les formes et en pratiquant ouvertement les doctrines de son modèle le grand Frédéric. On ne sait

(1) Lettre du général Ducrot, commandant à Strasbourg, adressée au général Frossard, le 28 octobre 1868, rapportant sa conversation avec Mme de Pourtalès. — *Papiers et correspondance de la famille impériale*; Paris, Imprimerie nationale, 1870; t. I, pp. 226 et 227. — Lettre écrite par le général Ducrot au général Trochu, en décembre 1866; *Ibid.*, t. I, p. 7. — *Batailles sur la Lauter, la Sauër et la Sarre*, par Paul Martin; Paris, au *Spectateur militaire*, 1891; pp. 29 et 30. — « Benedetti avait prédit que les plus obstinés des particularistes s'effaceraient et se tairaient au début d'une guerre contre la France, que le peuple allemand tout entier seconderait la Prusse avec une sorte d'exaltation, que les masses regarderaient la lutte comme nationale. » (Arthur Chuquet, p. 26.)

(2) Colonel Lecomte, t. I, p. 32.

pas assez que, dans ses *Mémoires*, ce souverain, que la postérité a trop admiré comme tous les hommes de guerre, renouvelant à son usage les théories de Machiavel, a dicté à ses successeurs des principes qui consacrent la duplicité et la fourberie. «« Ce qui est une mauvaise action pour un particulier, a-t-il écrit, peut être un acte méritoire pour un monarque, quand il s'agit du bien du peuple. »» Toute la politique des Hohenzollerns est dans ces mots (1) », en changeant « bien du peuple » en « bien des rois de Prusse ».

Du reste, M. de Bismarck a reconnu ses crimes d'une façon expresse puisqu'il a dit : « Sans moi, trois grandes guerres n'auraient pas eu lieu ; quatre-vingt mille hommes n'auraient pas péri ; des pères, des mères, des sœurs ne seraient pas plongés dans le deuil... maintenant, j'ai cela à régler avec Dieu (2). »

On saisit, alors, quelle autorité il faut accorder à l'accusation d'un poète surfait, grand fabricant de pathos et de galimatias, dans l'œuvre duquel on ne saurait découvrir deux mots vrais, partis du cœur, girouette ayant tourné à tous les vents de son orgueil et de ses intérêts, qui n'a pas craint d'écrire, aux Allemands, le 9 septembre 1870, lorsque la France gisait dans le sang : « Cette guerre, c'est l'Empire qui l'a voulue. » Et, récidivant, dans une lettre aux Français, le 17 du même mois de septembre, on lisait : « L'Empereur a attaqué l'Allemagne à l'improviste, en traître ! » Oui, M. Hugo a osé baver pareille infâmie ! Sa coupable joie de contempler l'Empire à bas lui

(1) Général Derrécagaix, p. 22. — *Ibid.*, p. 27. — *Enq. parlem. sur les actes du Gouvernement de la Défense nationale*, déposition de M. de Chaudordy, p. 9.

(2) Moritz Busch, *Unser Reichs Kantzler*, t. I, p. 115 ; Cité par Emile Ollivier, t. I. p. 25.

faisait oublier bien aisément la patrie égorgée (1)! Mais, laissons là ce charlatan de rimes.

M. de Bismarck, grâce à son faux, a rendu la guerre inévitable pour des impulsifs comme les Français, qui vont, de plus, se trouver exaspérés par les cris : « Au Rhin! A Paris! » que pousse le peuple de Berlin (2), car il n'y a pas que sur les bords de la Seine qu'on joue de la foule patriote, et les « A Berlin! » ne sont que l'écho des « A Paris! » Alors, c'est un déchaînement de rage, de provocations, de menaces, dans partie de la presse parisienne et de la presse prussienne : la *Gazette nationale* de Berlin annonce que « l'ambassadeur français a été mis à la porte par l'adjudant de service (3) ». Et l'insulte est reproduite à l'envi par maints et maints journaux. Le sort en est jeté : c'est la guerre!

En réalité, c'était la Prusse qui, par ambition, allait faire couler des ruisseaux de sang, car, comme dit Montesquieu, « le véritable auteur de la guerre n'est pas celui qui la déclare, mais celui qui la rend nécessaire ».

« Si Berlin avait voulu éviter sérieusement la guerre, il eût repoussé tout de suite la candidature Hohenzollern (4). » — « A cette époque, en jugeant le différend sans parti pris, on eût été forcé de donner tort à la Prusse... Si la France, plus tard, changea le beau rôle pour le mauvais par la façon dont elle demanda au roi Guillaume la renonciation du prince Léopold et par la déclaration de

(1) *Paris, La Capitulation et l'Entrée des Allemands*; Paris, Bibliothèque-Charpentier, 1899; pp. 349 et 350. — *L'Intermédiaire des chercheurs et curieux*, nº du 30 avril 1908, pp. 661 à 664, et nº du 10 mai 1908, pp. 719 et 720.

(2) Article du *Times*, reproduit par le duc de Gramont, p. 226.

(3) Albert Sorel, t. I, p. 163.

(4) *Mémoires du comte de Beust*, t. II, p. 330. — « Il y avait provocation. » (*Ibid.*, p. 329.)

guerre, ce sont là des faits qui se produisirent ultérieurement, mais, primitivement, l'opinion publique, en Europe, était plus sympathique à la France qu'à la Prusse (1). » Rien de plus clair. « Il n'y aurait vraiment, dans le monde, ni justice, ni loyauté, ni bon sens, si, en présence de tels faits, on se demandait encore de qui est venue la provocation à la terrible guerre (2). »

En ce qui concerne la responsabilité de la défaite, si elle retombe lourdement sur le gouvernement et l'Etat-major français, qui n'avaient pas su préparer cette lutte gigantesque, qui n'avaient pas compris les prophétiques avertissements que leur adressait, de Berlin, le colonel Stoffel, attaché militaire français (3), elle pèse, plus lourdement encore, sur l'opposition républicaine qui avait tout fait pour affaiblir l'armée, au point de vue moral et au point de vue matériel, comme les socialistes le font de nouveau, si criminellement, de nos jours. Oui, les Jules Favre, les Jules Simon, les Picard et les autres gauchers, oublieux de *Quatre-*

(1) *Ibid.*, t. II, pp. 329 et 330. — « Bismarck, sinon son maître, avait préparé la mèche, à laquelle il espérait bien que la main imprudente de la France elle-même viendrait mettre le feu. C'était un moyen excellent de provoquer le conflit qu'il croyait nécessaire et fatal et dont il jugeait l'ajournement fâcheux, de rejeter sur l'ennemi le tort apparent de l'initiative. » (F. de Pressensé, *La Revue*, nº du 1er juillet 1908, p. 17.)

(2) Emile Ollivier, t. XIII, p. 47. — *Ibid.*, pp. 636 à 638.

(3) Le colonel Stoffel, si perspicace quand il s'agissait de prédire le succès des armes prussiennes, était au-dessous de tout quand il s'agissait de juger la question politique et étrangère. Il trompa lamentablement l'Empereur en lui affirmant que la Prusse voulait la paix (en juillet 1870) et qu'elle n'attaquerait jamais la France. (Voir Emile Ollivier, t. XII, pp. 328 et 329.) — Voir, aussi, *L'Intermédiaire des chercheurs et curieux*, nº du 10 octobre 1907, pp. 519 et 520. — Nous donnons, *infrà*, p. 53, une phrase du colonel Stoffel qui prédit, au contraire, la guerre fatale entre la France et la Prusse. — « Le colonel Stoffel, a dit le prince de Hohenlohe, connaissait exactement notre organisation et nos moyens. » (Prince de Hohenlohe, *Lettres sur la Stratégie*, t. I, p. 298.)

vingt-douze et des glorieuses années militaires qui suivirent, ont rendu possibles des désastres qui ne se seraient pas produits, malgré l'incapacité de nos généraux, si l'on n'avait pas tant lésiné pour l'armement de nos soldats. Qu'on lise les débats législatifs sur toutes les propositions concernant l'armée, et l'on aura opinion faite à ce sujet (1).

Hélas! que voyait-on, en France, à la fin de l'Empire? Ecoutons le colonel Stoffel qui fait, en ces termes, le tableau du Corps législatif : « Une Chambre se vantant de représenter le pays, et qui en est bien l'image, en effet, comme inconséquence et légèreté, témoin sa loi sur la Garde nationale mobile et son obstination à ne point voir, du côté de l'Allemagne, le nuage qui grossit sans cesse et qui menace de crever; une majorité, formée presque entièrement de médiocrités, d'hommes sans caractère, sans élévation et sans aucune des connaissances qui font le législateur; une opposition où dominent des avocats ambitieux et vains, qui n'ont pas d'autre patriotisme que leurs récriminations haineuses ou leurs rancunes calculées, qui cachent leur incapacité et leur impuissance sous les fleurs du langage, qui se prétendent seuls soucieux des intérêts du pays, et qui, pour conquérir une popularité factice, disputent au gouvernement jusqu'à un soldat et un écu. Hommes qu'on ne pourrait qu'exécrer s'ils avaient conscience de leur criminelle conduite, car, en cherchant à affaiblir la France, ils la trahissent au bénéfice de son plus redoutable ennemi. C'est à eux que s'appliquent si bien ces paroles d'un homme de guerre : «« Nouveaux Thersites, ils sont mordants par le langage, mais faibles de cœur et de

(1) Lire, aussi, notamment, Urbain Gohier, *L'Armée nouvelle*; Paris, Stock, 1897; p. 77. — Fernand Giraudeau, pp. 135 à 171.

bras, plus faits pour parler que pour combattre... »» Quant à la presse, elle s'efforce de jeter l'indiscipline et la démoralisation dans l'armée et pousse l'aberration jusqu'à demander des réductions d'effectifs ou un désarmement, quand la France n'aurait pas trop de toutes ses forces, de toute son énergie, de l'union de tous les partis pour soutenir une lutte, prochaine peut-être, et dans tous les cas formidable (1). »

Ces lignes prophétiques, écrites avant 1870, ne sont-elles point la description, singulièrement adoucie, de la situation de la France à l'heure cruelle où nous écrivons? Les députés de l'Empire étaient des sénateurs de la grande époque romaine à côté des hôtes actuels du Palais-Bourbon! Et qui oserait aussi comparer l'armée de 1908, si misérablement livrée aux politiciens, qui l'ont abaissée au niveau où elle croupit, à celle de 1867? Certes, les généraux de Napoléon III ne valaient guère, mais ceux d'aujourd'hui, sauf quelques exceptions, en ont l'incapacité sans les qualités militaires et l'habitude du combat réel. Ne parlant pas des soldats de l'armée impériale, qui étaient excellents, rien qu'en sous-officiers quelle différence entre les troupes de Frœschwiller et de Saint-Privat et celles de la République actuelle? Où

(1) *Rapports de M. le baron Stoffel sur les forces militaires de la Prusse*, adressés au gouvernement français en 1868, 1869 et 1870; Paris, 1870, Lacroix, Verboeckhoven et Cie; pp. 90 et 91. — « Nos empoisonneurs d'esprit public, nos crieurs de : «« Vive la paix! »» et nos rédacteurs d'articles contre l'armée et contre la guerre ont bien autrement contribué à la défaite de la France que les fautes du commandement et l'incapacité des généraux. » (Paul Déroulède, 70-71, *Nouvelles Feuilles de route*, p. 170.) — Capitaine Henri Choppin (Charles Delacour), *L'Armée française*, 1870-1890; Paris, Albert Savine, 1890; pp. 71 à 79. — *Guerre de 1870*, par le comte de Carneville, pp. 14, 15 et 19. Sans nom d'éditeur ni d'imprimeur; paru en 1896. — Général Derrécagaix, p. 73. — Depuis la querelle de Casablanca, un mouvement, avant-coureur de la résurrection, se fait remarquer dans le peuple et dans l'armée.

trouver les vieux sergents des glorieux régiments de Magenta et de Rezonville? Or, ce sont eux qui sont les os d'une armée, dont les soldats sont la chair, les officiers les nerfs, et l'état-major le cerveau. Mais nous oublions qu'il s'agit d'exposer clairement les catastrophes de l'année maudite, non celles de la guerre future, et fatale, et prochaine. « La première cause qui fait perdre les nations c'est de négliger l'art de la guerre, de même que l'excellence dans cet art est le plus sûr moyen d'acquérir et de conserver les Etats (1). » Revenons à 1870.

Comment ne pas terminer l'historique de cette néfaste candidature Hohenzollern, sans s'arrêter à la question capitale qu'elle soulève? Fallait-il, devant la provocation de la dépêche d'Ems, courber la tête et accepter le soufflet sans rien dire? Fallait-il relever le défi et venger l'insulte?

Il n'est pas douteux qu'il fallait négocier afin de conjurer l'arrivée d'un prince prussien sur le trône d'Espagne ; il ne fallait pas plus, pour la France, d'un Hohenzollern à Madrid que, pour l'Allemagne, d'un Orléans à Bruxelles. Quant à l'insulte, résultant de la publication de la notification de la fausse dépêche d'Ems, elle était réelle et, selon l'expression de M. Emile Ollivier, c'était un soufflet sur la joue de la France. « Alors, il n'y avait plus qu'à tirer l'épée », nous répétait-il encore, en juin 1907.

(1) Machiavel; Cité par le colonel Henry, p. 62. — « Un écrivain trouva moyen de populariser la lâcheté et fit école, grâce aux dispositions entretenues dans l'esprit public par des conférences sur la suppression des armées permanentes. Des orateurs de talent se firent applaudir en vantant la tendresse de nos bons voisins d'outre Rhin, qui ne demandaient qu'à nous serrer dans leurs bras, et en s'écriant qu'au bout du compte, s'ils s'avisaient de nous chercher noise, nous les mettrions en fuite rien qu'en prenant cha un un fusil pour courir à la frontière. » (*Les Transformations de l'armée française*, par le général Thoumas ; Paris, Berger-Levrault, 1887 ; t. II, pp. 637 et 638.)

C'est aussi l'avis de M. Arsène Legrelle : « Il eût fallu vraiment que la fierté française fût tombée bien bas pour accepter cette impudente comédie sans froncer le sourcil et mettre enfin la main sur la garde de son épée. De la part d'un ministère, *qui croyait avoir en main la force nécessaire pour se faire respecter*, c'eût été une lâcheté que de ne pas trahir le ressentiment d'une offense aussi froidement infligée. Il nous en a coûté notre puissance, *il nous en coûtera probablement notre existence nationale*, mais il nous en eût coûté notre honneur d'agir autrement (1) ».

Notre réponse sera très nette :

Oui, il aurait fallu se battre quand même, si l'insulté avait été un simple particulier. En allait-il pareillement pour une nation? Oui, si les forces étaient égales ou faiblement inférieures à celles de l'insulteur. Non, dans le cas contraire, car un peuple, pris à l'improviste, a le devoir de ne pas risquer son existence dans un duel manifestement disproportionné. En pareille aventure, il doit lâcher de la corde, dissimuler et préparer, sans un instant de répit, une vengeance qui sera d'autant plus terrible qu'elle se sera fait attendre plus longtemps. Oui, « il nous en eût coûté notre honneur », si nous avions perdu la volonté de rendre coup pour coup, si nous avions accepté le soufflet sans esprit de représailles, comme il nous en coûte l'honneur et la vie, à l'heure actuelle, d'accepter le vol de l'Alsace-Lorraine sans tout faire pour recouvrer nos vaillantes provinces. Mais il ne fallait pas jouer l'existence du pays alors que l'ennemi avait tous les atouts en main ; il fallait, nous le répétons, prudemment, intelligemment *passer*, comme on dit au jeu de cartes, et remettre

(1) Arsène Legrelle, p. 594.

la partie suprême à un moment meilleur. La Prusse n'aurait pas osé, devant l'Europe méfiante, devant l'Allemagne du Sud hostile, imposer la guerre à la France et nous aurions eu le loisir de la préparer formidablement. Nous avons la conviction que l'Empereur et M. Emile Ollivier n'auraient pas manqué d'agir de cette sorte, s'ils « n'avaient cru avoir en main la force nécessaire pour se faire respecter ». En effet, ce n'est pas seulement devant les Chambres que le ministre de la Guerre affirmait que la France était prête, c'était également au Conseil des ministres, et nous pensons que le maréchal Le Bœuf, en s'exprimant ainsi, croyait ce qu'il disait.

On enseigne, sans scrupules, qu'il faut dissimuler pour régner; *à fortiori* faut-il avaler des couleuvres pour écraser son ennemi. On n'est pas un lâche quand on est prudent, et jamais le ministère Ollivier, en dépit des folles excitations de l'Impératrice et de sa suite abominable, n'aurait risqué la fortune de la France dans une aventure où il aurait craint qu'elle pût sombrer (1).

Mais, « M. Emile Ollivier avait une foi aveugle dans les assurances que lui donnait le maréchal Le Bœuf (2) ». Quant au ministre des Affaires étrangères, nous allons montrer un échantillon de sa folle confiance en reproduisant le passage suivant d'un livre écrit par un de ses agents diplomatiques :

« Le duc de Gramont ne me reçut que le surlendemain 23 juillet. Je le trouvai superbe dans ses

(1) « A un million d'hommes, parfaitement organisés et instruits, la France ne pouvait en opposer que 300 000 en première ligne et 100 000 dans les dépôts : il ne fallait pas faire la guerre. » (*La Campagne de* 1870 *jusqu'au* 1er *septembre*, par un officier d'état-major de l'armée du Rhin; Bruxelles, Rozez, 1871; p. 18.) — Voir *Un problème d'histoire*; *Le Censeur*, no du 10 août 1907, p. 474.

(2) *L'Allemagne et l'Italie*, par Rothan : *L'Allemagne*, p. 49.

allures, hautain dans ses appréciations. Il croyait à la vertu des mitrailleuses; elle paraissait être, à ce moment, le dernier mot de sa science diplomatique. Il voyait la Prusse écrasée, implorant la paix et, l'Europe émerveillée, sollicitant nos bonnes grâces, si bien qu'il dédaignait les alliances. «« Nous aurons, après nos victoires, me disait-il, plus d'alliés que nous n'en voudrons. »» Il entendait avoir ses coudées franches au moment de la paix. Il en était à se féliciter de l'évolution de la Bavière et du Wurtemberg. «« Vous aviez tort de croire, disait-il à M. de Saint-Vallier, que nous souhaitions la neutralité des royaumes du Sud; nous n'en voulons pas, elle gênerait nos opérations militaires, il nous faut les plaines du Palatinat pour développer nos armées (1). »

On voit que les diplomates et les militaires de Napoléon III étaient dignes les uns des autres. Pourtant, « l'Empereur ne partageait pas l'imperturbable quiétude de son ministre des Affaires étrangères. Il avait une haute idée de l'armée prussienne, de ses chefs et de son patriotisme. Il prévoyait «« que la guerre serait longue et meurtrière »» et il lui coûtait de l'entreprendre sans alliés. «« N'exposez jamais la France à un conflit sous aucun prétexte sans de solides alliances »», lui avait dit souvent le maréchal Niel (2). » De plus, les rapports que lui avait envoyés de Berlin le colonel Stoffel, n'avaient pas été sans le troubler. Le 12 août 1869, celui-ci lui faisait parvenir un rapport dans lequel on lisait : « La guerre est inévitable et à la merci d'un incident... La Prusse, aussi bien par ambition que par conscience de sa force, se regarde depuis longtemps comme pré-

(1) *L'Allemagne et l'Italie*, par Rothan. *L'Allemagne*, p. 40. — Arthur Chuquet. p. 12.
(2) *L'Allemagne et l'Italie*, par Rothan : *L'Italie*, p. 63.

destinée à unifier et à dominer l'Allemagne... La nation prussienne considère la France comme son ennemie séculaire (1). » Et il laissait son entourage et ses ministres le précipiter dans la fournaise des batailles sans un seul traité en mains!

Au point de vue matériel, « jamais guerre ne fut préparée plus complètement, plus soigneusement, plus minutieusement de la part de l'Allemagne, engagée avec plus de légèreté et d'incurie du côté des Français (2) ».

Quos vult perdere Jupiter dementat.

(1) Colonel Stoffel, *Rapports*, pp. 77, 78 et 79.
(2) *M. de Moltke*, par Charles Malo ; Paris, Berger-Levrault, 1891 ; p. 31.

LA DÉCLARATION DE GUERRE

DEVANT LES CHAMBRES

Voilà donc la guerre décidée par MM. de Bismarck, de Moltke et de Roon, en dépit des répugnances du roi Guillaume, que la reine Augusta, le prince Frédéric et la princesse Victoria poussent à la conciliation, à la paix, comme l'ambassadeur de Prusse à Paris, M. de Werther, que M. de Bismarck rappelle brutalement à Berlin et auquel il ne pardonnera jamais son attitude nettement pacifique.

Le 14 juillet, à Paris, le parti de la guerre, conduit par les Cassagnacs, est parvenu à ameuter une foule inconsciente autour du Palais-Bourbon. « Des cris stridents, des excitations violentes et désordonnées, des protestations contre toute idée de négociation étaient lancées et acclamées par la foule, sur tout le parcours du quai et jusqu'aux Tuileries. «« L'excitation et l'irritation étaient telles, écrivait, le même jour, lord Lyons à lord Granville, qu'il devenait douteux que le Gouvernement pût résister au cri poussé pour la guerre, même s'il était en mesure d'annoncer un succès diplomatique décidé. On sentait que, lorsque l'article prussien paraîtrait dans les journaux du soir, il serait difficile d'arrêter la colère de la nation, et l'on pensait généralement que le Gouvernement se verrait obligé d'apaiser l'impatience, en déclarant formellement son intention de tirer vengeance de la conduite de la Prusse (1) »». — « C'est l'histoire de 1806, d'Iéna, qui va recommencer et, cette fois, contre la France (2) ».

En même temps, le gouvernement français apprenait la mobilisation des armées prussiennes et le rappel de M. de Werther. Il n'y avait plus à se leurrer; aussi les réserves furent-elles immédiatement appelées et, dans une longue communication, lue le 15 juillet aux deux Chambres, la situation de guerre, créée par l'attitude de la Prusse, fut-elle clairement exposée.

Au Sénat, l'approbation fut unanime. Au Corps législatif, l'Opposition se serait bien gardée de ne pas dauber sur le ministère français et de ne pas défendre les agissements de M. de Bismarck : quoi que le cabinet des Tuileries eût décidé, il est certain qu'elle aurait déclaré qu'il fallait faire le contraire. C'est la règle de toutes les oppositions françaises passées, présentes et futures.

Quelques jours auparavant, en juin, à propos du percement du Saint-Gothard, « pendant que MM. de Gramont et Emile Ollivier cherchaient à étouffer ce commencement d'incendie, les orateurs de la gauche y versaient l'huile à pleines mains : «« Majorité de Sadowa! » s'écriait M. Jules Ferry (3) »».

Donc, se conformant à ce triste usage, M. Thiers d'abord, le grotesque Emmanuel Arago ensuite, enfin la troupe Garnier-Pagès, Jules Favre, Des-

(1) Dépêche de lord Lyons, du 14 juillet 1870. Documents anglais de 1870, 1er cahier, nº 60. (Duc de Gramont, p. 211.)
(2) Charles de Mazade, t. I, p. 2.
(3) Fernand Giraudeau, p. 22. — *Ibid.*, p. 23.

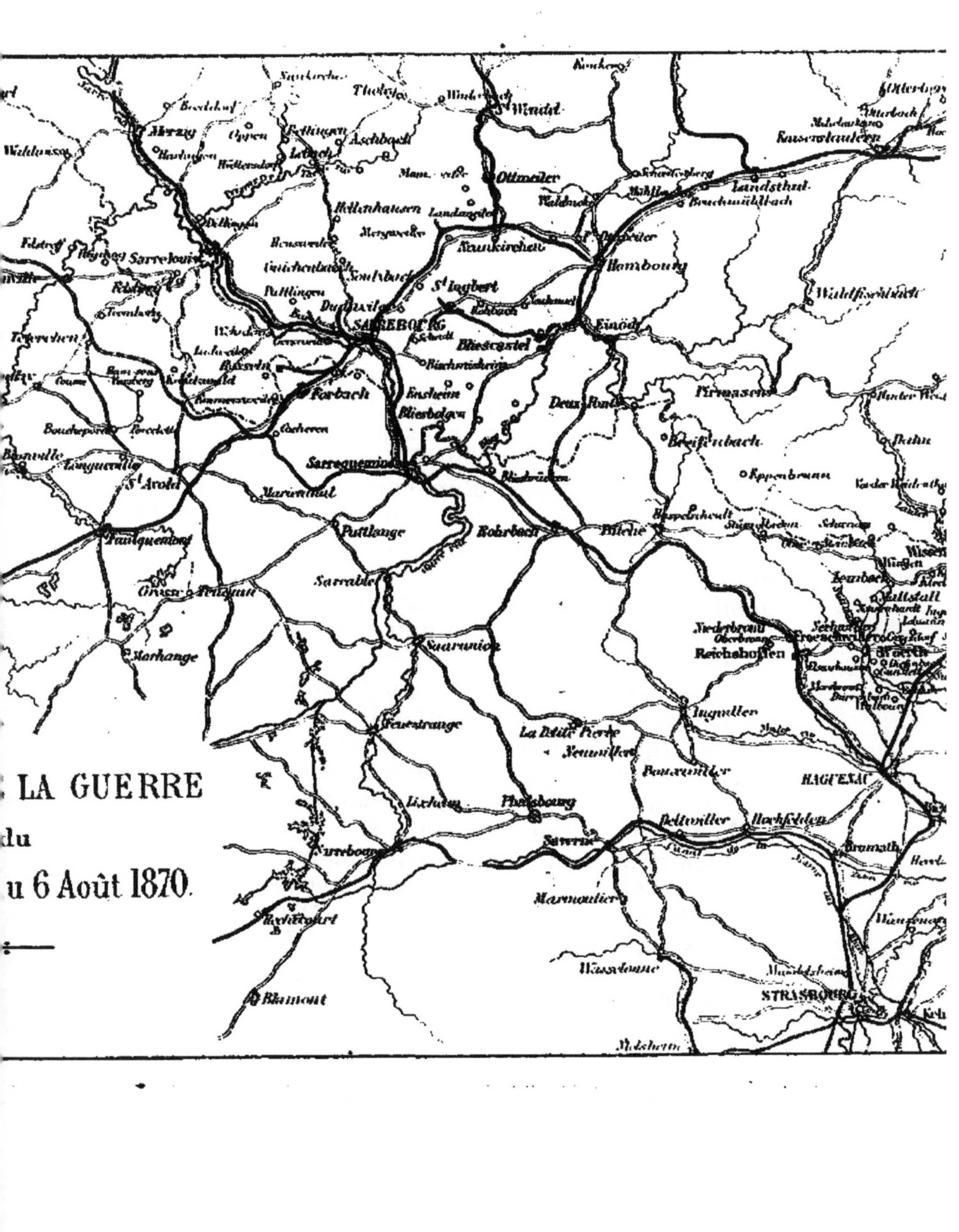LA GUERRE
du
u 6 Août 1870.
Merzig
Wendel
Ottweiler
Kaiserslautern
Landstuhl
Sarrelouis
Neunkirchen
Hombourg
St Ingbert
SARREBOURG
Bliescastel
Einöd
Forbach
Deux Ponts
Pirmasens
Sarreguemines
St Avold
Faulquemont
Puttlange
Rohrbach
Bitche
Sarralbe
Sarrunion
Niederbronn
Frœschwiller
Reichshoffen
Wœrth
Morhange
Fénétrange
La Petite Pierre
Ingwiller
Bouxwiller
HAGUENAU
Phalsbourg
Saverne
Hochfelden
Brumath
Marmoutier
Blamont
STRASBOURG

seaux et autres lumières s'en prennent à M. Emile Ollivier. Celui-ci, très ému, quoi qu'il en dise, prononce la fameuse phrase : « Oui, de ce jour, commence pour les ministres mes collègues, et pour moi, une grande responsabilité. (*Oui ! à gauche.*) Nous l'acceptons, le cœur léger... (*Vives protestations à gauche.*)

M. Bauduin. — Dites attristé.

M. Esquiros. — Vous avez le cœur léger, léger ! et le sang des nations va couler !

M. le garde des sceaux. — Oui, d'un cœur léger, et n'équivoquez pas sur cette parole, et ne croyez pas que je veuille dire avec joie ; je vous ai dit moi-même mon chagrin d'être condamné à la guerre ; je veux dire d'un cœur que le remords n'alourdit pas, d'un cœur confiant, parce que la guerre que nous ferons nous la subissons... parce que nous avons fait tout ce qu'il était humainement et honorablement possible de tenter pour l'éviter et enfin parce que notre cause est juste et qu'elle est confiée à l'armée française (1) ».

Rien n'était plus vrai : il n'y avait pas besoin du commentaire dont le premier ministre a fait suivre immédiatement le sensationnel « cœur léger » pour comprendre qu'il avait voulu dire : « cœur sûr de son droit, sans remords ».

Mais l'Opposition redouble ses attaques. Elle interrompt les ministres à chaque mot. Et M. Emile Ollivier, outré de cette attitude, de cette intolérance, fond sur ses adversaires : « D'où sont venues les excitations contre la Prusse ? N'est-ce pas de vous, Messieurs de l'Opposition, vous qui, depuis 1866, n'avez cessé de représenter l'œuvre de Sadowa comme une déchéance intolérable qu'il

(1) Séance du 15 juillet 1870, Compte rendu sténographique officiel.

fallait effacer... (*C'est vrai! c'est vrai!*) qu'il fallait détruire? N'est-ce pas vous qui, toutes les années, une fois au moins par session, vous êtes levés pour répéter cette humiliante démonstration, que la France était descendue de son rang, qu'elle devait préparer la lutte qui le lui rendrait (1)? »

Abasourdi par cette charge étincelante, M. Thiers — qui, le 30 juin, avait prononcé un excellent discours pour s'opposer au désarmement réclamé avec tant d'à-propos par M. Jules Favre et ses amis politiques (2) — balbutie une réplique piteuse, ne se rapportant pas au reproche formulé par le Garde des Sceaux : « Je demande s'il peut entrer dans la pensée d'un homme de bon sens que la Prusse, après la campagne qu'elle vient de faire et qui lui a valu le retrait de la candidature du prince de Hohenzollern, retrait qui est certainement peu brillant pour elle, que la Prusse, dis-je, veuille reproduire cette candidature (3)? » Et la discussion continue, violente, incohérente, imprudente. On suspend la séance, on la reprend et une discussion pénible et humiliante recommence sur des points de détails insignifiants.

Enfin Gambetta déclare qu'il veut bien voter les crédits réclamés par le ministre de la Guerre s'il est prouvé que la Commission a pris connaissance

(1) Séance du 15 juillet 1870, Compte rendu sténographique officiel.

(2) Séance du 30 juin 1870, Compte rendu sténographique officiel. — M. Thiers avait eu le tort de se porter fort de la volonté de M. de Bismarck de conserver la paix, tout en appuyant son opinion sur une idée juste, à savoir : la crainte de voir les États de l'Allemagne du Sud se tourner contre la Prusse si elle déclarait la guerre. On sait comment M. de Bismarck s'y est pris pour forcer la France à l'attaquer et décider ainsi les États du Sud à se ranger sous la bannière prussienne. Enfin, M. Thiers, dans son discours, s'était grandement illusionné sur la force des armées françaises en juin 1870.

(3) Séance du 15 juillet 1870, Compte rendu sténographique officiel.

de toutes les pièces diplomatiques. Les ministres affirment que cette communication a été faite. Et le tumulte recommence.

« Ce marchandage, si contraire à la majesté des circonstances, finit par lasser la Chambre. Un député obscur, M. Chagot, trouve le mot juste : «« La continuation de cette discussion est indigne d'une Chambre française... »» Un autre, M. Zorn de Bulach, député alsacien : «« Je suis sûr qu'on ne tiendrait pas un pareil langage (celui de l'Opposition) dans une Chambre prussienne et je proteste au nom de mon pays (1) »».

« Avant le sentiment national, avant la prudence qui lui commandait de ne pas affaiblir l'élan français, la gauche a fait passer ses rancunes, ses appréhensions. Les paroles de M. Arago pèseront certainement, un jour ou l'autre, sur lui et sur ceux qui les ont approuvées. Quant à M. Thiers, mieux eût valu, pour sa mémoire, que sa carrière fût achevée avant la fin de cette journée du 15 juillet (2). »

À défaut de patriotisme, si l'Opposition avait eu le moindre sens de la situation, elle eût compris que M. de Bismarck voulait la guerre quand même et que, sous un prétexte ou sous un autre, il cinglerait la France de tels coups de cravache qu'il la forcerait à se cabrer. « La dépêche d'Ems (falsifiée par M. de Bismarck) montrait que la Prusse était irrévocablement décidée à la guerre (3). » Voilà ce

(1) Général Palat, t. I, pp. 331 et 332.

(2) *L'Opinion nationale*, n° du 16 juillet 1870 ; Mme Carette, II, 80 ; Cité par le général Palat, t. I, p. 333, note 1.

(3) *Enquête parlementaire sur les actes du Gouvernement de la Défense nationale* ; Versailles, Cerf et fils ; rapport de M. Saint-Marc-Girardin ; t. II, p. 86. — Sans doute, les pièces réclamées par Gambetta n'auraient pas prouvé l'insulte soi-disant faite à M. Benedetti ; mais la dépêche d'Ems était, elle, une insulte et tout le monde avait pu la lire dans les journaux français et étrangers.

qu'un véritable homme d'Etat, n'ayant en vue que la grandeur, que le salut de son pays, aurait dû comprendre. En d'autres termes — et, ici, nous reprenons les mots mêmes du général Palat : « Les déclarations de M. Thiers, et celles de ses collègues de gauche, Gambetta, Favre, Arago, étaient venues trop tard. Depuis le soir du 13 juillet, l'Allemagne était toute à la guerre. Dès lors, puisqu'elle n'était plus évitable, mieux valait la recevoir avec le sérieux et la résolution qu'elle nécessitait. Des protestations comme celles de M. Thiers ou de Gambetta, émises en séance publique, ne pouvaient qu'entamer notre énergie et même frayer la voie aux discordes prochaines » (1).

Gambetta, cependant, était opposé à tout mouvement insurrectionnel et comprenait que la chute de l'Empire, à ce moment, était un danger pour le pays. A ce sujet, on lit dans la déposition de M. Testelin, commissaire civil, en 1870, des quatre départements du Nord :

« Immédiatement après Frœschwiller, j'allai à Paris; j'y vis plusieurs hommes politiques, entre autres Gambetta, qui nous dit : «« Dites bien à vos amis des départements de ne pas faire la sottise de bouger; engagez-les à rester tranquilles; vous n'avez qu'une chose à faire, c'est de vous préoccuper de la défense et de seconder les autorités de tout votre pouvoir; tâchez de maintenir l'ordre; qu'on n'ait pas à vous reprocher l'ombre d'un acte qui puisse entraver la défense; *le plus grand malheur qui puisse arriver ce serait un mouvement à Paris.* »» Voilà ce qu'a dit M. Gambetta quand je suis venu à Paris, trois semaines avant le 4 septembre. Je lui ai rappelé ces paroles au mois de

(1) Général Palat, t. I, pp. 332 et 333.

janvier; il m'a dit : «« C'est une opinion que j'ai conservée ; cinq minutes avant l'envahissement de l'Assemblée, je faisais tous mes efforts pour l'empêcher. »»

« M. LE PRÉSIDENT. — C'est vrai ! (1) »

La terrible leçon que la France a reçue en 1870 n'a pas assagi notre Parlement puisque, à l'heure où nous écrivons ces lignes, quand les masses teutonnes peuvent, d'une minute à l'autre, se répandre de nouveau sur notre infortuné pays et le ruiner pour jamais, nos députés ne sont occupés qu'à leur préparer le chemin, en retirant leurs armes à nos soldats ou en leur refusant celles dont ils auraient besoin afin de repousser l'envahisseur, mais, surtout, en les réduisant à l'impuissance par la suppression de la plus grande force des armées : la discipline (2) !

Hélas ! retournons à 1870 : la honteuse discussion, le « marchandage » a un terme. A minuit, les quatre lois demandant : 50 millions pour le ministère de la Guerre, 16 millions pour le ministère de la Marine, l'appel de la Garde mobile et les engagements volontaires sont votées : la première par 245 voix contre 10 opposants, MM. Emmanuel Arago, Desseaux, Esquiros, Jules Favre, Gagneur, Garnier-Pagès, Glais-Bizoin, Jules Grévy, Ordinaire, Eugène Pelletan et 7 abstentionnistes : MM. Crémieux, Girault, Raspail, colonel Réguis, Henri Rochefort, Schneider, Werlé ; la deuxième,

(1) *Enq. parlem. Déf. nationale*, déposition de M. Testelin, t. III, p. 562. — *Paris, Le Quatre-Septembre et Châtillon*, par Alfred Duquet, pp. 27 à 31.

(2) « La presse révolutionnaire, pour enlever à l'Empire l'appui de l'armée, ne cessait de jeter parmi les soldats les idées d'indiscipline, de désordre et de désertion : elle préparait ainsi la défaite de 1870, en détruisant dans la troupe le respect, l'obéissance et jusqu'au patriotisme. » (L. Dussieux, t. I, p. 17.) Aujourd'hui, c'est en grand que cette jolie besogne se brasse.

par 245 voix contre un opposant, M. Glais-Bizoin; la troisième et la quatrième, par 243 voix contre 1 opposant, le même Glais-Bizoin (1).

Nous répétons que les opposants ne se doutaient nullement de la faiblesse de l'armée française et que le seul mobile de leur vote était leur haine de l'Empire et la crainte qu'il (2) se consolidât par des victoires que tout le monde considérait alors comme certaines.

Le lendemain, le Sénat adoptait à l'unanimité les quatre lois : c'était la guerre. La déclaration en était faite le 17 juillet, en l'absence de M. Benedetti, par M. Le Sourd, premier secrétaire de l'ambassade de France. Le Rubicon était passé, il ne restait plus que le Rhin à franchir. Malheureusement, l'aveugle historien de César avait follement dissipé sa fortune au Mexique et à Sadowa; l'impuissant empereur, malade et hébété, n'allait pas courir à la victoire, mais au plus épouvantable désastre militaire que l'histoire ait peut-être enregistré.

CHEFS ET SOLDATS

La France allait opposer une seule armée aux masses allemandes qui se préparaient à l'envahir. Cette armée, appelée Armée du Rhin, qu'elle ne devait même pas apercevoir, était placée sous les ordres suprêmes de Napoléon III, avec le maréchal Le Bœuf comme major général. Par malheur, le généralissime français n'était guère à la hauteur de sa

(1) *Journal officiel*, n° du 16 juillet 1870.

(2) C'est volontairement que nous supprimons l'absurde *ne* explétif, toutes les fois que nous pouvons le faire sans trop choquer les habitudes.

tâche, ni comme stratège ni comme tacticien. En Italie, il s'était montré piètre général, et nos victoires avaient été gagnées par les soldats, non par les chefs de corps. En 1870, le génie de son oncle légal ne s'était pas révélé jusqu'alors chez lui, et il n'y avait pas de chance qu'il apparût dans la campagne qui allait commencer, en raison de la cruelle maladie qui le torturait. Et de fait, depuis 1864, il souffre de la vessie, il a la pierre, les crises sont intolérables. « Mais sa force d'âme est grande, il se raidit contre la douleur et ne se plaint que très rarement (1). » Nos malheureux soldats vont combattre la plus redoutable armée du monde avec un chef « pour qui le moindre déplacement est un supplice atroce, qui se traîne en voiture dans les somnolences de ses douleurs, auquel il faut un courage surhumain pour se tenir à cheval, qui n'a pas la force de donner des ordres, qui risque tout au plus des conseils (2) ».

« La guerre demande une constitution forte et robuste, et les infirmités ne s'accordent guère avec

(1) Général Palat, t. II, p. 17. — « Une maladie cruelle le ronge, l'annihile. » (Paul et Victor Margueritte, *Histoire de la Guerre de* 1870-71, p. 17.) — Emile Ollivier, t, XII, pp. 60 et 61, et t. XIII, pp. 613 à 617 et 653 à 656.

(2) *Souvenirs du général du Barail*, t. III. p. 231; Cité par le général Palat, t. II, p. 19. — Pour tous les détails de la maladie de l'Empereur, voir *Ibid.*, pp. 15 à 21. — Voir, aussi, Dr Cabanès, pp. 194 à 230, et *Papiers et correspondance de la famille impériale*, t. II, pp. 59 à 61. — Moritz Busch, pp. 381 et 382. — « Napoléon III, affaibli, n'était plus en état de supporter les fatigues d'une campagne. » (*Opérations des armées allemandes depuis le début de la guerre jusqu'à la catastrophe de Sedan et à la capitulation de Strasbourg*, par le colonel A. Borbstaedt; traduit de l'allemand par E. Costa de Serda, capitaine au corps d'Etat-major; Paris, Dumaine, 1872; p. 203.) — « Rongé par une cruelle maladie, il semblait avoir perdu toute volonté ferme. » (Arthur Chuquet, p. 25.) — *Histoire de la Guerre de* 1870-1871, par le général baron Ambert, ancien député, ancien conseiller d'Etat; Paris, Plon, 1873; t. I, p. 49. — Jean Grimal, p. 193. — L. Dussieux, t. I, p. 27.

les secousses de corps et d'esprit auxquelles on est constamment exposé. La bonne volonté ne suffit pas : il faut que la machine ne se refuse point au jeu des ressorts qu'on demande d'elle (1). » — « L'adage célèbre : *Mens sana in corpore sano*, résume la condition essentielle que doit remplir celui qui est appelé à diriger ou à exécuter une action militaire (2). »

Quant au maréchal Le Bœuf, à celui qui aurait dû tenir la place de général en chef, qu'en dire? C'était un brave homme et un homme brave, qui passait pour bon officier d'artillerie, mais qui n'avait même pas su prévoir la supériorité du canon prussien sur le canon français, supériorité qui annula les mitrailleuses et le fusil Chassepot bien meilleur que le Dreysse ! « Pour plaire à une Chambre avide d'économies (militaires, comme aujourd'hui), il avait consenti à diminuer le budget de la Guerre et à réduire de 10 000 hommes le contingent annuel. Il avait multiplié les congés... Il disait qu'on avait toujours trop de canons (3) ! » C'est de cet aimable homme et de ce stratège nul que le général Ducrot a dit : « J'ai causé longuement avec le général Le Bœuf, qui est d'excellent conseil en ce qui touche les questions militaires, et j'ai constaté avec plaisir qu'il avait obtenu un véritable succès dans l'exercice de son commandement. En assistant à une grande manœuvre, j'ai pu m'assurer que ce succès était fort légitime. Il est impossible de diriger des troupes avec une entente plus parfaite du jeu des différentes armes, de donner des ordres avec plus de calme, de clarté, de préci-

(1) Frédéric le Grand, cité par le général Pierron, *Les Méthodes de guerre actuelles et vers la fin du* XIX*e siècle*; Paris, Baudoin, 1886; t. I, 1re partie, p. 75.
(2) Colonel Henry, p. XIII.
(3) Arthur Chuquet, p. 4.

sion. Ajoutez à cela que Le Bœuf est un homme d'une intelligence supérieure, sorti de l'Ecole Polytechnique le premier de sa promotion ; qu'il a pris part d'une manière brillante à toutes nos guerres d'Afrique, de Crimée et d'Italie (1). » Que le maréchal Le Bœuf ait été un bon tacticien, sa conduite à Saint-Privat n'est pas pour en faire douter ; seulement *ne sutor ultra crepidam* : il est relativement aisé de diriger rationnellement un corps d'armée ; il est très difficile de coordonner ensemble les mouvements de plusieurs corps et de trouver les combinaisons de marche et d'attaque qui troubleront, dérouteront, écraseront le généralissime adverse. Or, Le Bœuf n'a même pas su amener ses troupes devant l'ennemi et a laissé déclarer la guerre, bien mieux, a demandé l'ouverture des hostilités sans avoir tout son monde en main (2).

En ce qui concerne les généraux, « on sait qu'il y en eut trop peu d'admirables, pas assez de bons, beaucoup trop de mauvais » (3). On trouvera, dans les différents volumes de cette histoire, nos appréciations sur les grands chefs et nous nous contenterons, maintenant, de déclarer que les uns, les forts, regardaient la guerre comme une affaire mathématique lorsque c'est pure œuvre d'imagination, et que les autres pensaient qu'elle consistait à donner plus de coups qu'à en recevoir, sans se

(1) *La Vie militaire du général Ducrot*, d'après sa correspondance (1839-1871) ; Paris, Plon, 1895 ; t. II, pp. 258 et 259.

(2) « On peut être bon stratégiste sans être excellent tacticien et certains officiers, très habiles dans la tactique, sont incapables de comprendre et d'appliquer convenablement la stratégie. » (Colonel Henry, p. 422.) — Félix Bouvier, *Bonaparte en Italie*, 1796 ; Paris, Léopold Cerf, 1899 ; p. 46.

(3) Paul et Victor Margueritte, p. 17. — Commandant Emile Manceau, *Notre Armée* ; Paris, Bibliothèque-Charpentier, 1901 ; p. 190. — Général Ambert, t. I, p. 49.

préoccuper de chercher les moyens de mettre le plus de chances possible de son côté.

« Une qualité peu appréciée et, pourtant, indispensable au généralissime, c'est l'*imagination*, faculté si négligée par nos méthodes d'éducation actuelles (1). » — « Jomini vante longuement cette qualité chez Napoléon; il y trouve le secret de la rapidité et de la facilité avec lesquelles Napoléon arrêtait toutes ses dispositions. Il avait constamment devant les yeux la position de ses corps, de ses divisions, de ses brigades. Aussi n'oubliait-il jamais rien; il ne manquait aucune occasion favorable à ses desseins; il pensait à des choses qui auraient échappé à un autre; ses inspirations étaient fécondes. Tout cela est, en grande partie, l'œuvre de l'imagination (2). » — « La guerre est un art plus encore qu'une science; c'est pourquoi les inspirations qui révèlent et marquent les grands stratèges, les conducteurs d'hommes, en forment l'élément imprévu, la partie divine (3). » — « Nous apprendrons, d'après les maîtres, à nous méfier de la mathématique et de la dynamique matérielle, appliquées aux choses du combat (4). » — La

(1) Colonel von der Goltz, *La Nation armée*: traduit par le capitaine Monet; Paris, Louis Westhauser, 1891; p. 77. — *Ibid.*, p. 428.

(2) *Ibid.*, p. 78. — « On n'apprécie généralement pas non plus à sa juste valeur l'importance d'une *bonne mémoire* pour le général en chef. » (*Ibid.*, p. 79.) — Voir, sur la science de la guerre, les opinions de Folard, du maréchal de Saxe, de Frédéric le Grand, de Turpin, de l'archiduc Charles, de Jomini, de Napoléon, de Marmont, de Morand, de Rüstow, de Desaix, citées par le général Iung, *La Guerre et la Société;* Paris, Berger-Levrault, 1889; pp. 61 à 64. — *Ibid.*, p. 68, 179 et 267. — « Il faut que le chef combine tout, par imagination, en vue du but final, le choc. » (*Ibid.*, p. 268.)

(3) Colonel Ardant du Picq, *Etudes sur le combat*; préface de M. Ernest Judet; Paris, Chapelot, 1903; pp. IX et X.

(4) *Ibid.*, pp. 3, 103, 143, 161 et 217. — *Stratégie et Grande Tactique*, par le général Pierron; Paris, Berger-Levrault, 1890; t. II, p. 245.

guerre de 1870 à peine déclarée, « on s'aperçut que les calculs de nos états-majors ne répondaient pas à la réalité » (1). Ils avaient pourtant fait la preuve! — « Quant au *coup d'œil militaire* et au *jugement*, ces deux qualités maîtresses sans lesquelles il est impossible à un homme de diriger la moindre opération de guerre, ils ne s'acquièrent ni sur les bancs de l'école (Polytechnique ou de Saint-Cyr), ni à la caserne; ils sont le résultat d'une aptitude naturelle, cultivée par l'observation, par la lecture raisonnée et par la méditation des choses de la guerre (2). » — « Richard Cobden a dit que l'Ecole Polytechnique tuerait la France, et sa prédiction a failli se réaliser en 1870. Il y avait alors des polytechniciens partout (3). »

« La France, dit-on avec raison, a été lancée dans la guerre de 1870 sans *préparation*, et, par cette expression, on entend communément le manque d'hommes, de chevaux, de matériel, d'instruction, etc. Or, notre plus grande faiblesse était encore du côté de la *préparation intellectuelle* : aucune notion de la guerre moderne; ignorance absolue de la conduite des armées; des idées fausses et artificielles...; tel était le bilan de nos connaissances. Il est pénible de le répéter, mais il faut que l'on sache de quelle importance est l'Esprit dans la préparation de la guerre (4). »

(1) *L'Allemagne et l'Italie*, par Rothan : *L'Allemagne*, p. 41.

(2) Colonel R. Henry, p. XIV. — *Ibid.*, pp. XIII, XVII, XVIII et XIX. — Voir l'opinion de Rüstow, Folard, Jomini, Desaix, de Puységur, Chanzy, Frédéric II, Napoléon et de Brack, citée par le colonel Henry, pp. 4, 8, 9, 10, 85, 86. 92 et 93.

(3) *L'Armée sans chef*; Paris, Champion, 1891; p. 248. — *Ibid.*, pp. 249 à 252.

(4) *Eléments de la guerre*, par le colonel L. Maillard, ex-prof. de tactique générale à l'Ecole sup. de guerre : Paris, Baudoin, 1891; pp. 129 et 130. — Voir, à ce sujet, *Paris, Second Echec du Bourget et Perte d'Avron*, par Alfred Duquet; Paris, Bibliothèque-Charpentier, 1896; pp. 313 à 322. — Voir, aussi, notre article

— « La bataille est une œuvre d'art et de l'espèce la plus délicate. Car son plan général seul peut être arrêté à l'avance et l'*improvisation est la loi même de sa production* (1). » On a follement compliqué l'étude de la guerre, qui ne ressortit qu'au bon sens. « Napoléon a dit, un jour, au maréchal Gouvion Saint-Cyr que, s'il venait à rédiger les principes de la guerre, on serait étonné de leur simplicité. Malheureusement, il n'a pas exécuté son projet (2). »

« A l'Académie de Berlin, comme à l'Ecole supérieure de Guerre, on considère l'*étude de l'histoire militaire comme la base de l'enseignement théorique ayant pour but de donner aux officiers des notions précises sur les opérations de guerre*. Le général de Pencker s'exprime à ce sujet dans les termes suivants : «« Plus l'expérience de la guerre fait défaut à une armée, plus il importe d'avoir recours à l'histoire de la guerre comme instruction et comme base de cette instruction. Bien que l'histoire de la guerre ne soit nullement en état

Trop d'examens, dans *La Patrie* du 16 novembre 1904. — « C'est dans la solitude et la méditation » que Jomini et Bonaparte, « sans avoir jamais fait la guerre » ont « trouvé les principes de la guerre moderne » et « déduit de l'étude des guerres passées le système de la guerre de masses ». (*La guerre de masses*, Ire partie; Paris, Baudoin, 1890; p. III. L'auteur est le lieutenant-colonel Camon.) — « J'ai toujours détesté les formules algébriques dont on tire l'inconnue par des tours de passe-passe. *On ne saurait trop se méfier de tout ce qui tend à supprimer le raisonnement.* Au lieu de ce matériel encombrant, deux ou trois principes de gros bon sens éclairent bien mieux l'esprit et lui sont une plus précieuse ressource lorsqu'il lui faut prendre une décisive résolution. » (*Ibid.*, p. 14.) — Général Iung, *Stratégie, Tactique et Politique*, pp. 131, 136, 137, 139 et 250 à 252. — *Le Spectateur militaire*, 5e série, t. XXIV, p. 38, et numéro du 1er mai 1893, p. 189. — Colonel Henry. p. 295.

(1) *La Bataille napoléonienne*, par H. Camon, chef d'escadron d'artillerie; Paris, Chapelot, 1899; p. 5.

(2) *Minerva*, no du 1er octobre 1902, p. 323, article du général Bonnal.

de remplacer l'expérience acquise, elle peut pourtant *la préparer*. En paix, elle devient le vrai moyen d'apprendre la guerre, de déterminer les principes fixes de l'art. Elle est indubitablement la source immédiate de toutes les connaissances utilisables à la guerre (1). »» Oui, c'est la première des connaissances à exiger chez un chef d'armée et mieux vaudrait qu'il fût nul en mathématiques et fort en histoire que fort en mathématiques et nul en histoire.

Enfin, abandonnant ces hautes considérations, revenons au mois de juillet 1870.

L'armée française formait d'abord huit corps, plus une grosse réserve de cavalerie. C'étaient :

1° La Garde Impériale, commandée par le général Bourbaki, et comprenant 20 bataillons d'infanterie, 1 bataillon de chasseurs, 24 escadrons, 12 batteries.

2° Le 1ᵉʳ corps, maréchal de Mac-Mahon, comptant: 48 bataillons d'infanterie, 4 bataillons de chasseurs, 28 escadrons, 20 batteries.

3° Le 2ᵉ corps, général Frossard, comptant : 36 bataillons d'infanterie ; 3 bataillons de chasseurs, 16 escadrons, 15 batteries.

4° Le 3ᵉ corps, maréchal Bazaine, comptant les mêmes forces que le 1ᵉʳ corps.

5° Le 4ᵉ corps, général de Lamirault, comptant les mêmes forces que le 2ᵉ corps.

6° Le 5ᵉ corps, général de Failly, comptant les mêmes forces que le 4ᵉ corps.

7° Le 6ᵉ corps, maréchal Canrobert, comptant : 48 bataillons d'infanterie, 1 bataillon de chasseurs, 24 escadrons, 20 batteries.

8° Le 7ᵉ corps, général Félix Douay, comptant.

(1) *Ibid.*, p. 344. — Urbain Gohier, pp. 118 et 119. — Folard, cité par le colonel Henry, p. 91.

36 bataillons d'infanterie, 2 bataillons de chasseurs, 20 escadrons, 15 batteries.

La réserve de cavalerie se composait des divisions du Barail, de Bonnemains et de Forton (1).

La Garde Impériale, les sept corps d'armée et les réserves de cavalerie et d'artillerie, au grand complet, ayant reçu les réservistes et les hommes en congé, auraient fourni 260 000 hommes ; mais, les régiments étant partis sur le pied de paix, on ne peut porter à plus de 200 000 hommes le nombre des troupes françaises en ligne, au commencement d'août (2).

Cependant le maréchal Le Bœuf présente le chiffre officiel de 243 171 hommes, le 1er août 1870, et porte, notamment, l'effectif du 1er corps à 41 156 hommes, celui du 5e à 25 073 et celui du 7e à 20 341 (3) ; mais il y a là de l'exagération.

Enfin, puisque la guerre était résolue, il fallait se tirer le mieux possible de ce mauvais pas, concentrer ces 200 000 combattants à Strasbourg ou à Metz et les jeter, dès la fin de juillet, sur les Allemands. Qui sait le résultat d'une semblable hardiesse ? Peut-être que l'ennemi surpris, battu d'abord, n'aurait pu accomplir convenablement sa mobilisation, rallier à lui les hésitants de l'Allemagne du Sud ; peut-être les Autrichiens se seraient-ils déclarés pour la France, peut-être aussi l'exaltation des Français, en se voyant vainqueurs sur le sol allemand, eût-elle atteint des proportions qui auraient rendu nos soldats invincibles, alors que le découragement se serait glissé dans les rangs prussiens (4) ? « Qui peut dire ce qui serait

(1) Voir la pièce justificative n° I.
(2) Rüstow, t. I, p. 146.
(3) *Enq. parlem. Défense nationale*, déposition du maréchal Le Bœuf, pièce justif., n° IV, annexée à cette déposition ; t. I, p. 72.
(4) *Le Spectateur militaire*, 5e série, t. XXIII, p. 425.

arrivé si le commandement de l'armée eût été dans les mains d'un général comme le général Bonaparte, alors que les premières divisions françaises touchaient déjà les frontières allemandes sans défenses (1)? » « Les Français avaient laissé s'écouler, sans en tirer parti, des journées précieuses, pendant lesquelles ils eussent pu mettre à profit leur concentration précipitée (2). » Et les Prussiens la redoutaient et s'attendaient à l'invasion du territoire allemand : «« Pour le moment, dit le Roi, donnez-moi la grande carte de l'Etat-major du pays de Bade ; c'est là, sans doute, qu'auront lieu les premières rencontres. »» Il conserva cette opinion jusqu'à son départ pour le quartier-général, persuadé que les Français enva-

(1) *La Campagne de* 1870 ; traduit du *Times*, p. 16. — *Ibid.*, p. 17.

(2) *Mémoires du maréchal de Moltke* : *La Campagne de* 1870, par le maréchal comte de Moltke ; édition française par E. Jaeglé, prof. à l'Ecole de Saint-Cyr ; Paris, Le Soudier, 1891 ; p. 13. — « L'Etat-major prussien admettait la possibilité d'une surprise de l'Allemagne par la France. » (Rüstow, t. I, p. 186. — « Les Français pouvaient, sans contredit, jeter rapidement au delà de la frontière allemande leurs troupes réunies au camp de Châlons, ainsi que les trois corps d'armée, complètement formés, de Paris et de Lyon ; leur invasion pouvait venir troubler notre mobilisation. » (Colonel Borbstaedt, p. 178.) — *Ibid.*, p. 230. — Voir, aussi, *Ibid.*, le croquis de la page 229. — *La Guerre franco-allemande*, 1re partie, p. 147. « Contre toute attente, l'adversaire était resté inactif. » (*Ibid.*, p. 154.) — Général Palat, t. II, pp. 316 et 317. — « On croyait à quelque marche soudaine et irrésistible sur le Rhin. » (Charles de Mazade, t. I, p. 57.) — « Il eut probablement suffi d'un mouvement offensif vigoureusement dirigé contre le front de la Saar, vers Saarbourg ou Saarlouis, par les 4e et 2e corps (Saint-Avold), pour rompre, de ce côté, les combinaisons de transport et de marche des Prussiens vers la frontière et pour désorienter gravement la concentration des autres armées. » (*Le Service des renseignements en temps de guerre*, par le général Bourelly ; *La Revue hebdomadaire*, n° du 26 mai 1906, p. 415.) — *Du commandement des armées françaises*, par A. C. (commandant Amédée Cordier) ; Paris, Baudoin, 1887 ; p. 21. — « Les Allemands s'attendaient à nous voir venir. » (*Les transformations de l'armée française*, par le général Thoumas, t. I, p. 566.) — Général Derrécagaix, pp. 97 et 98.

hiraient rapidement les pays rhénans et le grand duché de Bade (1). » Du reste, la meilleure preuve que M. de Moltke s'attendait à une invasion de l'Allemagne c'est qu'il fit sauter le pont de Kehl, sur le Rhin, « dont la destruction empêcha, pendant toute la durée de la guerre, les armées allemandes de mettre complètement à profit le réseau des voies ferrées de l'Allemagne du Sud (2) ».

« Oui, dit M. de Bismarck au grand vizir du shah de Perse, nous avons eu de beaux succès en 1870, mais nous avons été bien inquiets au début. M. de Moltke me disait : «« Avec ces diables de Français, il faut s'attendre à tout, s'ils venaient se jeter comme des fous au milieu de notre mobilisation, je ne sais pas trop ce qui arriverait. »» Ce n'est que le jour où tous les mouvements de concentration ont été terminés que nous avons été tranquilles. De Moltke, au moment du déjeuner, s'est avancé vers moi en se frottant les mains : «« Maintenant, m'a-t-il dit, je les tiens (3) ! »»

Il aurait fallu « prendre résolument l'offensive avec les troupes immédiatement disponibles et s'en servir comme d'une forte armée d'avant-garde ou, plutôt, de corps expéditionnaire, pour troubler la concentration allemande et la rejeter sur la rive droite du Rhin (4). »

Le 14 juillet, M. Rothan, représentant de la

(1) Louis Schneider, t. II, p. 146. — « Le Roi disait : «« En ce moment (31 juillet), nous n'avons besoin que de la carte de Bade, de celle du Palatinat et de la partie occidentale du Wurtemberg ainsi que de la Hesse rhénane. »» (*Ibid.*, t. II, p. 155.) — *Ibid.*, t. II, pp. 158, 159, 171 et 174.)

(2) Lieutenant-général prussien von Hanneken, cité par le général Pierron, *Stratégie et Grande Tactique*, t. II, p. 489.

(3) *Mes souvenirs, La guerre contre l'Allemagne*, 1870-1871, par le général baron Faverot de Kerbrech ; Paris, Plon-Nourrit et Cie, 1905 ; p. 21.

(4) *La guerre de masses*, 2e partie, p. VII. — *Ibid.*, pp. 65 à 69, 79 et suivantes. — L. Dussieux, t. I, p. 101.

France à Hambourg, écrivait à son ministre : « les appréhensions sont vives tout le long du Rhin ; on ne doute pas que toutes nos dispositions ne soient prises pour envahir instantanément le midi de l'Allemagne, aussitôt la guerre déclarée. On s'attend à l'occupation immédiate du grand-duché de Bade ; cette mesure serait d'un effet considérable ; l'occupation de Calsruhe, qui est le siège des agitateurs prussiens, exercerait sur le Wurtemberg et la Bavière, encore perplexes, une action peut-être déterminante (1). »

L'offensive immédiate était d'autant plus commandée à l'armée française que, malgré les mensonges de M. de Bismarck affirmant à l'Allemagne du Sud que les Français étaient agresseurs, la Bavière, la Saxe, le Wurtemberg, la Hesse, Bade allaient au feu comme des chiens qu'on fouette. « Les premiers avis qui parvinrent au service des renseignements de Metz (si admirablement tenu au courant des gestes de l'ennemi par M. Schnœbelé, commissaire à Thionville), s'accordaient pour signaler les landwehriens de la Saxe et de la Moselle comme mal disposés à répondre à la convocation, même comme récalcitrants ; à Saarlouis ils brisèrent trois wagons. Cet état d'esprit, qui se serait accentué dangereusement après une défaite, ne devait se modifier dans un sens favorable qu'à la suite des premiers succès de l'armée allemande (2). »

(1) *L'Allemagne et l'Italie*, par Rothan : *L'Allemagne*, p. 23. — *Ibid.*, p. 8. — Arthur Chuquet, p. 29. — Voir, à ce sujet : Colonel Ferdinand Lecomte, t., I pp. 218 à 221.

(2) Général Bourelly, *La Revue hebdomadaire*, nº du 26 mai 1906, p. 414. — Avant la déclaration de guerre, « les populations wurtembergeoises ne manifestaient pas moins que les Bavarois leurs sentiments anti-prussiens » (Emile Ollivier, t. XII, p. 310.) — *L'Allemagne et l'Italie*, par Rothan : *L'Allemagne*, pp. 5 et 23.

Pourquoi, aussi, n'essaya-t-on pas, à défaut de colonnes d'infanterie, un raid immense de cavalerie? « Si l'armée française ne pouvait tenter une opération générale, on aurait pu, du moins, a-t-on dit, utiliser les 132 escadrons qui se trouvaient en Lorraine, les 10 000 chevaux qui restaient immobiles en Alsace et les lancer sur le territoire ennemi pour couper les lignes de chemins de fer et de télégraphie, réquisitionner des vivres et se procurer des nouvelles de l'armée allemande (1). » Hélas! les savants professionnels de 1870 ne firent même pas passer la frontière à un escadron de peur que l'uniforme d'un de ces beaux cavaliers fût abîmé!

En tous cas, même dans l'état d'indigence où se trouvait l'armée française, qui manquait de tout, « de fortes reconnaissances auraient dû être poussées au delà de la frontière, les voies ferrées, à Neunkirchen, Hombourg et Saarbrück, être coupées et détruites (2) ».

Le premier plan français, le seul, car, après les premiers revers, on alla, tout de suite, au petit malheur, « consistait à réunir les forces disponibles évaluées à 250 000 hommes, en deux masses, l'une

(1) *Les Transformations de l'armée française*, par le général Thoumas, t. I, p. 553. — « Sans aller jusqu'à dire que ces escadrons n'auraient trouvé aucun obstacle, il est certain que, jusqu'à la fin du mois de juillet, la route resta ouverte. » (*Ibid.*, t. I, p. 566.) — Charles Malo, pp. 35 et 38.

(2) Henry Brackenbury, capitaine de l'artillerie anglaise, prof. d'histoire militaire à l'Académie royale de Woolwich, *Les Maréchaux de France*; étude de leur conduite de la Guerre de 1870; Paris, Lachaud, 1872; p. 55. — Colonel Ferdinand Lecomte, t. I, p. 221. — *Ibid.*, t. I, p. 222. — Le regretté capitaine Gilbert estimait que, si nous avions franchi la Sarre vers la fin de juillet nous n'aurions pas réussi à couper les IIe et IIIe armées allemandes et à les surprendre en pleine formation. (*Essais de critique militaire*, par G. G. (capitaine Gilbert); Paris, Librairie de la *Nouvelle Revue*, 1890; p. 97.) Nous pensons, au contraire, que, sans être absolument décisifs, les résultats d'une invasion de l'Allemagne à cette époque eussent été désastreux pour l'ennemi.

la plus forte, près de Metz, l'autre, près de Strasbourg ; à faire ensuite affluer celle de Metz vers l'autre et à exécuter, toutes forces réunies, la passage du Rhin près de Maxau entre Rastadt et Germersheim, en vue d'imposer la neutralité aux Etats du Sud. On marcherait ensuite à la rencontre des Prussiens. En même temps, un corps d'observation, formé au camp de Châlons, irait remplacer à Metz les troupes appelées en Alsace, et couvrirait la frontière du côté du Palatinat pendant la manœuvre du gros des forces sur la rive droite du Rhin. Ce plan, qui n'était pas sans valeur, de l'aveu même de nos ennemis, impliquait l'initiative des mouvements. Or, l'armée française était encore en voie de formation lorsque les Allemands firent irruption sur notre territoire (1). » — « En même temps, notre flotte, croisant dans la Baltique, aurait retenu et immobilisé dans le nord de la Prusse une partie des forces ennemies pour la défense des côtes menacées d'un débarquement (2). »

(1) Général Bonnal, *Frœschwiller* ; Paris, Chapelot, 1899 ; p. 3 Le général Bonnal a pris cet exposé du plan de campagne dans la brochure ci-après indiquée : *Campagne de 1870, Des causes qui ont amené la capitulation de Sedan*. — « Une puissance fortement constituée chez elle, qui n'a point de motifs de division ni de craintes d'une agression tierce sur son propre territoire, trouvera toujours un avantage réel, à porter les hostilités sur le sol ennemi. D'abord, elle évitera le ravage de ses provinces, ensuite elle fera la guerre aux dépens de son adversaire, puis elle mettra toutes les chances morales de son côté en excitant l'ardeur des siens et frappant au contraire l'ennemi de stupeur, dès le début de la guerre. » (Jomini, cité par le colonel Henry, p. 19.)

(2) *Campagne de 1870, Des causes qui ont amené la capitulation de Sedan*, par un officier attaché à l'Etat-major général ; Bruxelles, Rozez ; p. 5. Cet attaché était Napoléon III lui-même ; c'est pourquoi le général Bonnal lui a emprunté le plan qu'il a révélé. Nous y avons ajouté la phrase concernant la coopération de la flotte dans la Baltique, omise par le général Bonnal. Voir, en ce qui concerne l'auteur de cette brochure, général Derrécagaix, p. 327, en note. — « Un sujet d'inquiétude particulière était la crainte de voir la flotte française entrer énergiquement en action sur nos côtes. » (Louis Schneider, t. II, pp. 163.) — *Ibid.*, t. II, p. 171.

En raison de la pénurie de vivres et de munitions, en raison des lenteurs de la mobilisation (1), en raison de l'impuissance de nos grosses escadres (2), ce plan d'invasion subite ne fut pas mis à exécution et l'on attendit follement aux alentours de Saint-Avold et de Haguenau la concentration de l'armée allemande (3).

Au 1er août, cette armée en formait trois, sous le commandement suprême du roi de Prusse, avec M. de Moltke comme chef d'état-major général.

La Première armée, commandée par le général de Steinmetz, comptait trois corps ; le Ier, le VIIe et le VIIIe.

La Deuxième armée, commandée par le prince Frédéric-Charles, comprenait : la Garde et les IIe, IIIe, IVe, IXe, X[e], XIIe corps.

Enfin la Troisième armée, sous les ordres du prince royal de Prusse, se composait des Ve, VIe XIe corps prussiens, des Ier et IIe corps bavarois et du corps wurtembergeois-badois (4).

Du roi de Prusse comme généralissime, nous n'avons rien à dire puisqu'il a toujours obéi aux

(1) Arthur Chuquet, pp. 15 et 16. — Colonel Ferdinand Lecomte t. I, p. 222. — « On n'était pas prêt. On n'avait que des quantités insuffisantes de chassepots, de canons, de munitions, de projectiles et de chevaux. Les places fortes manquaient absolument de tout. » Voir le rapport de M. le duc d'Audiffret-Pasquier sur les marchés, *Journal officiel*, n° du 5 mai 1872. (L. Dussieux, t. I, p. 39.) — *Ibid*, t. I, pp. 40. — « La cause première de nos désastres en 1870 a été le défaut de préparation. » (Général Faverot de Kerbrech, p. 35.) — *Ibid.*, pp. 35 et 36.

(2) « Déjà, en 1870, sans sous-marins, rien qu'au moyen de la torpille, les Prussiens ont paralysé la flotte française qui n'a pu s'approcher d'aucun de leurs ports, d'aucune de leurs côtes. » (Alfred Duquet, *La Faillite du cuirassé* ; Paris, Chapelot, 1906 ; p. 205.) — *La Réforme de la Marine*, par Gabriel Charmes ; Paris Calmann-Lévy, 1886 ; p. 10.

(3) Voir, pour le plan de campagne français, général Iung, *Stratégie, Tactique et Politique*, pp. 197 à 202, et général Iung, *La République et l'Armée*, pp. 59 à 61.

(4) Voir la pièce justificative n° II.

ordres de M. de Moltke ; cependant nous devons faire remarquer que, souvent, il eut une juste appréciation de la situation, qu'il en devina la gravité, notamment quand il s'est agi de forcer les Français à la guerre ; de même, à Metz et à Paris, lorsqu'il redoutait les petites sorties continuelles, la guerre de partisans. Ce n'est pas parce que l'*eventus* a donné raison à l'audace imprudente de MM. de Bismarck et de Moltke qu'il ne faut pas reconnaître la clairvoyance d'un homme de bon sens car, s'il n'avait pas rencontré devant lui un Mac-Mahon, un Bazaine, un Trochu et un Ducrot, nul doute que ses prévisions pessimistes se fussent réalisées.

Quant à M. de Moltke, « mercenaire consciencieux (1) », bon chef d'état-major, il n'était guère général en chef dont il n'avait aucune des qualités. Après nous (2), le général Palat, dans une brochure parue en 1903, l'a fort bien jugé : « Nos défaites sont imputables à nos propres fautes et surtout à nos éléments d'infériorité intrinsèques, beaucoup plus qu'au système de guerre mis en œuvre contre nous. Le maréchal de Moltke avait été grandi de toute la faiblesse des généraux qui lui étaient opposés. Aujourd'hui, son image ne revêt plus des proportions surhumaines ; s'il apparaît comme le type inimitable des chefs d'état-major, il n'est plus le stratège de génie qu'on avait cru voir en lui (3). »

(1) Général Th. Iung, *M. de Moltke et ses Mémoires sur la campagne de 1870* ; Paris, Charpentier et Fasquelle, 1892 ; p. 10.

(2) Deux ans avant la publication de la brochure du général Palat, nous avions résumé nos appréciations sur le maréchal de Moltke, contenues en maints et maints passages de nos volumes sur Metz et sur Paris, dans un article de *La Revue*, paru le 1er janvier 1901, sous le titre : *La Légende de Moltke*.

(3) Pierre Lehautcourt (général Palat), *Le premier déploiement stratégique des Allemands en 1870* ; Paris, Berger-Levrault, 1903 ; p. 3. — « Si M. de Moltke fut un remarquable administrateur militaire, il n'en resta pas moins un piètre stratégiste et un tacti-

Chef d'état-major inimitable est bien gros, mais le reste de l'appréciation est parfait.

« L'étude de la correspondance de Moltke, dans la période comprise entre la fin de juillet et le 6 août 1870, montre que ses conceptions ne s'élèvent pas au-dessus du niveau moyen. Ses instructions manquent de précision. Loin d'imposer ses volontés à l'adversaire, il est prêt à les subir ; un incident comme celui de Sarrebrück suffit à motiver chez lui un changement d'orientation. Il n'a rien du pouvoir de divination que l'on reconnaît d'ordinaire aux grands généraux. Bien qu'il ait pour lui une écrasante supériorité numérique et tous les avantages qui résultent de l'organisation, de la préparation, du commandement, il n'ouvre pas la campagne par le coup de tonnerre que Napoléon aurait certainement frappé en pareil cas. La bataille de Frœschwiller n'est pour nous une défaite que par suite de l'obstination de Mac-Mahon à se défendre sur place. Celle de Spicheren aurait dû être une victoire. Quand on songe que Moltke avait tous les atouts en mains, il est permis

cien absolument nul. » (Fin de notre article de *La Revue* du 1er janvier 1901.) — « Les 200 000 vétérans (français) que toute la prétendue *immense habileté* de M. de Moltke n'aurait pas entamés facilement. » (Alfred Duquet, *Frœschwiller, Châlons, Sedan* ; Paris, G. Charpentier, 1880 ; pp. 22 et 23.) — « M. de Moltke, froid, calme, méthodique, sans génie. » (Général Iung, *La République et l'Armée*, p. 62.) — « Personne ne songe à contester la grandeur scientifique de M. de Moltke... Il ne montra pas sa supériorité sur le champ de bataille car, même pendant la marche d'approche, il laisse faire ses lieutenants, leur abandonnant le soin d'appliquer pour le mieux ses directives. » (Karl Bleibtreu, *La Légende de Moltke* ; traduit de l'allemand par le capitaine Veling ; Paris, Charles Lavauzelle ; p. 77.) — « Bazaine et Mac-Mahon ont été les meilleurs collaborateurs de Moltke ; ils ont travaillé pour lui. » (*Ibid.*, p. 79.) — *Ibid.*, p. 88. — Charles Malo, pp. 39, 43, 46, 47 et 49. — *Paris, La Malmaison, Le Bourget et le Trente-et-Un-Octobre*, par Alfred Duquet ; Paris, Bibliothèque-Charpentier, 1893 : p. 53. — Général Iung, *Stratégie, Tactique et Politique*, p. 256.

de trouver ces résultats médiocres (1). Aussi bien, après Sedan, après Metz, après la destruction de toutes les forces régulières de la France, il lui a fallu près de trois mois pour en venir à bout (2) ! De fait, M. de Moltke, même s'il avait été un génie militaire, se trouvait trop vieux, en 1870, pour conduire une armée, et, s'il avait eu devant lui un jeune général, même ordinaire, il eût été battu à plate couture : « On n'a qu'un temps pour la guerre, disait Napoléon en 1805 ; j'y serai bon encore six ans, après quoi, moi-même, je devrai m'arrêter (3). » Et M. de Moltke n'était pas Napoléon !

En résumé, l'armée prussienne était prête ; elle avait, « au sommet, un vieillard, mais chef éprouvé, capable, respecté, Guillaume, qui, toute sa vie, s'était occupé des choses militaires. Des généraux d'armée qui ont fait leurs preuves en 1866 : le vieux, fougueux Steinmetz ; le dur « Prince Rouge », Frédéric-Charles ; et le Prince

(1) Général Palat, *Le premier déploiement stratégique des Allemands*, pp. 34 et 35. — « Nos cruels désastres sont dus plus à nos fautes qu'à l'excellence des procédés allemands. » (*La guerre de masses*, p. 11.)

(2) « Il est incontestable que les Allemands furent bien conduits par de Moltke et son grand état-major, mais l'immense supériorité numérique de l'armée allemande sur la nôtre lui permit bien des imprudences et, sans chercher à dénigrer de Moltke qui fut un grand homme de guerre, il y a lieu de s'étonner que les Allemands en aient fait depuis, un demi-dieu car, si, avec tous les atouts dans la main, il fut un bon joueur, son jeu sérieux et méthodique n'est pas comparable à celui de Napoléon sortant si souvent vainqueur de ses adversaires avec des forces égales ou même inférieures en nombre. » (Jean Grimal, pp. 289 et 290.) — « Un concours plus ou moins heureux d'événements indépendants de la volonté du vainqueur ont, pour le moins autant que les dispositions de celui-ci, contribué à fixer la victoire. » (Charles Malo, p. 18.)

(3) Colonel comte Yorck de Wartenburg, *Napoléon chef d'armée* ; traduit de l'allemand par le commandant Richert, de l'Ecole supérieure de Guerre ; Paris, Baudoin, 1899 ; 2e partie, p. 109. — Napoléon n'avait que quarante-quatre ans pendant la campagne de France, où il se ressaisit. — « Les grands talents pratiques de von Moltke n'arrivent pas jusqu'au génie ». (Henry Brackenbury, p. 30.)

royal, « notre Fritz ». Un ministre de la Guerre qui, depuis douze ans, est à la tâche, infatigable, Roon. Un chef d'état-major, depuis treize ans en place, tradition vivante, âme incarnée d'un demi-siècle de persistant labeur, Moltke, Danois devenu Prussien, visage glabre et ridé de Parque, aux yeux glacés, aux lèvres minces. A sa méthode rigoureuse, poussée à l'extrême, toute dans la « préparation des moyens et l'énergie des résolutions », est façonné l'Etat-major tout entier. Un corps d'officiers instruits, ayant le culte hautain de leurs fonctions. Un corps de sous-officiers à toute épreuve. Une infanterie solide, dont le fusil est inférieur au chassepot, mais qu'elle manie mieux (que les Français se servent du leur). Une cavalerie rompue à son métier. Une artillerie dont les canons valent deux fois les nôtres, en nombre et en portée. Des services administratifs incomparables (1). » MM. Paul et Victor Margueritte auraient dû ajouter : Une discipline de fer.

Après avoir lu cette description de l'armée prussienne de 1870, ne peut-on pas dire que jamais réquisitoire plus cruel fut dressé contre l'armée actuelle de la République française qui manque de toutes les qualités si justement reconnues aux vainqueurs de l'armée impériale.

Enfin, 200 000 Français allaient avoir à soutenir le choc de 600 000 à 800 000 Allemands (2) ! Or, ce n'était pas seulement comme quantité d'hommes que nous étions inférieurs à nos adversaires, mais alors que la Prusse avait muni ses soldats d'une excellente artillerie, alors que ses approvisionnements en munitions, vivres et vêtements étaient

(1) Paul et Victor Margueritte, pp. 20 et 21. — Karl Bleibtreu, p. 93.

(2) Général Derrécagaix, pp. 94 et 95. — *La Campagne de 1870 jusqu'au 1er septembre*, p. 18.

complets, nos malheureux troupiers allaient manquer de tout et voir leurs moindres mouvements paralysés par cette désastreuse pénurie! Nous en avons l'aveu de l'ennemi : « En France, au contraire, dès le début de la guerre, de grandes défectuosités se montrèrent dans l'organisation et l'administration et vinrent paralyser toute action énergique (1). »

Nous ne pouvons transcrire, ici, les innombrables dépêches démontrant l'incurie de l'état-major et du gouvernement français; en voici, cependant, deux, très courtes, qui sont typiques : « Intendant général à Blondeau, directeur Administration, Guerre, Paris, Metz, le 20 juillet 1870, 9 h. 50 m. du matin. Il n'y a, à Metz, ni sucre, ni café, ni riz, ni eau-de-vie, ni sel, peu de lard ou de biscuit. Envoyez d'urgence au moins un million de rations sur Thionville. » — « Général Michel à Guerre, Paris. Belfort, le 21 juillet 1870, 7 h. 30 m. matin. Suis arrivé à Belfort; pas trouvé ma brigade; pas trouvé général de division. Que dois-je faire? Sais pas où sont mes régiments (2). » En ce qui concerne les armes, c'était une pénurie navrante. Le 1er juillet 1870, la France possédait

(1) Borbstaedt, p. 179. — « L'armée française n'était nullement prête pour la guerre. » (*Ibid.*) — Voir, aussi, *Ibid.*, pp. 180 à 183. — *La Guerre franco-allemande*, 1re partie, pp. 39 à 42. — *Mémoires du maréchal de Moltke*, p. 6. — *Ibid.*, p. 13. — Arthur Chuquet, p. 24. — *Wœrth et Forbach*, par A. Grouard; Paris. Chapelot, 1905; p. 3.

(2) *Le Dossier de la Guerre de* 1870. pp. 62 et 63. — Au sujet de la non-préparation, consulter ce petit volume qui contient les pièces officielles les plus convaincantes. — Voir, aussi : Ludovic Halévy, de l'Académie française, *L'Invasion, Souvenirs et Récits*; Paris, Calmann-Lévy, 1885; p. 5. — *Section historique*, I. pp. 2 et 3. — « Le «« Nous sommes archiprêts »» de Le Bœuf, en 1870, assertion qui s'est si peu vérifiée. » (Prince de Hohenlohe, *Lettres sur la Stratégie*, t. I, p. 124.) — *Ibid.*, t. I, pp. 291, 299 et 301. — 1870, *Récits du temps*, par Paul de Jouvencel; Paris, Dentu, 1873; pp. 32 et 38.

1 019 264 fusils Chassepot alors qu'il lui en aurait fallu 3 000 000. Or, depuis cette époque jusqu'au 31 janvier 1871, le Gouvernement n'a pu, malgré tous ses efforts et sacrifices d'argent, s'en procurer plus de 157 629 (1) !

Quant aux places de guerre, elles étaient impropres à toute défense, si bien que le général Coffinières déclara, dans le conseil de guerre de Grimont, avant Noisseville, que, « sans l'appui de l'Armée du Rhin, Metz, elle-même, était hors d'état de soutenir un siège de quinze jours (2) ». — « Dans une semblable situation, les places fortes ne pouvaient être d'aucun secours à l'armée; c'était elle, au contraire, qui, au moins au début, allait avoir à les protéger (3). »

Dernier détail, qui serait comique s'il n'était si humiliant pour nous : l'Etat-major français « avait fait de grands envois de cartes, mais toutes se rapportaient aux territoires allemands ; en revanche, les feuilles de la frontière française, dont le besoin devait se faire sentir en premier lieu, personne n'y avait songé (4) ». On comprend le Sénat romain remerciant le consul Varron, le vaincu de Cannes, mais c'est à la condition de finir par chasser l'ennemi : il ne faut pas confondre la confiance en soi avec la présomption. Maintenant que nous sommes suffisamment instruits de la non-préparation de l'armée française, examinons, sans nous préoccuper

(1) Général Pierron, *Méthodes de guerre*, t. I, 1re partie, p. 759. — Karl Bleibtreu, p. 15.

(2) *La Guerre franco-allemande*, 1re partie, p. 42. — Voir, aussi, *Ibid.*, pp. 42 et 43. — *Metz, Les Derniers Jours de l'Armée du Rhin*, par Alfred Duquet; Paris, Bibliothèque-Charpentier, dernière édition, 1903; p. 23. — Borbstaedt, p. 179. — *De Frœschwiller à Sedan*; journal d'un officier du 1er corps; Tours, Hachette et Cie, novembre 1870; p. 11.

(3) *La Guerre franco-allemande*, 1re partie, p. 43.

(4) *Ibid.*, pp. 40 et 41. — Borbstaedt, p. 181. — Charles de Mazade, t. I, p. 81. — *Mémoires du maréchal de Moltke*, p. 6.

de ce qui s'est passé du côté de Metz (1), le terrain où seront livrés les premiers combats ; étudions rapidement ce territoire alsacien que nous n'avons plus, hélas ! le droit d'appeler français, et faisons-nous une idée de ses montagnes.

ESCARMOUCHES

L'Alsace du nord se compose d'une succession de belles plaines fertiles, coupées par de nombreux cours d'eau, se précipitant des Vosges et se jetant au Rhin. Des collines assez élevées, généralement couvertes de bois touffus, surgissent de tous côtés, et dessinent bizarrement le lit des rivières et des ruisseaux. A l'est, le grand fleuve coule tranquillement; à l'ouest, les Vosges bornent l'horizon de leurs croupes vert foncé.

La Lauter s'échappe des versants septentrionaux des Vosges, traverse Wissembourg et se perd dans le Rhin, à Lauterbourg, séparant l'Alsace de la Bavière rhénane. Plus au sud, on rencontre le Selzbach, puis la Sauër, qui passe à Wœrth et à Selz, puis enfin, le Schwarzbach, qui tombe, à Reichshoffen, dans le Falkensteinerbach, lequel mêle à son tour ses eaux au Zuitzelbach, à Uttenhoffen. Ces trois derniers ruisseaux grossissent la Moder, qui coule à Haguenau, à Bischwiller et qui rejoint le Rhin à Fort-Louis.

C'est dans les vallées arrosées par ces rivières et ruisseaux qu'auront lieu les plus horribles tueries ; ces eaux claires, d'un vert pâle, seront bientôt jaspées de longues traînées de sang.

(1) Voir *Metz, Les Grandes Batailles*, par Alfred Duquet ; Paris. Bibliothèque-Charpentier ; dernière édition, 1891.

Les deux armées sont à quelques lieues l'une de l'autre; aucune escarmouche n'a encore troublé le calme des campagnes, ni fait résonner l'écho bruyant des Vosges. Tout à coup, le 24 juillet, le comte Zeppelin, capitaine d'état-major wurtembergeois, part en reconnaissance avec trois officiers badois et trois dragons (1). Ces hardis cavaliers franchissent la Lauter au-dessus de Lauterbourg, rencontrent quelques chasseurs à cheval aux environs du Selzbach et poussent leur pointe jusqu'aux environs de Niederbronn où campe le général de Bernis à la tête du 12ᵉ chasseurs. Le lendemain, la petite troupe est surprise au village de Shirlenhof; le lieutenant Winsloe est tué, le comte Zeppelin parvient à s'échapper, les autres cavaliers sont faits prisonniers (2). Le hardi comte Zeppelin n'en a pas moins constaté « la lenteur, l'incohérence et les hésitations de nos préparatifs et combien la frontière est mal gardée » (3).

Encouragés par l'incurie des généraux français, qui permet ainsi aux Allemands de parcourir le pays depuis Lauterbourg jusqu'à Niederbronn, les ennemis repassent la Lauter, le 26, et constatent qu'il n'y a pas de grandes concentrations au nord de Wœrth, tandis qu'il y a des forces respectables à Stürzelbronn, à l'est de Bitche (4).

(1) Il y avait quatre officiers et vingt-cinq cavaliers, car le général de Bernis télégraphiait prétentieusement le lendemain : « Je viens de détruire une reconnaissance badoise composée de quatre officiers et de vingt-cinq cavaliers occupés à couper les télégraphes : ils sont tous tués, blessés ou prisonniers. » (A. Lefaure, *Histoire de la Guerre franco-allemande* de 1870-1871 ; Paris, Garnier frères, 1874 ; t. I, p. 91.) — Lire, au sujet de cette hardie reconnaissance : Masson-Forestier, *Forêt noire et Alsace* ; Paris, Hachette, 1903 ; pp. 301 à 314.

(2) *La Guerre franco-allemande*, 1ʳᵉ partie, p. 97. — Général Bonnal, *Frœschwiller*, pp. 28 et 29.

(3) Léon Barracand, p. 9.

(4) *La Guerre franco-allemande*, 1ʳᵉ partie, pp. 97 et 98.

Pendant que la IIIe armée allemande s'éclaire avec ce soin, que fait le duc de Magenta? Il est à Strasbourg, et, s'il donne des ordres pour que la cavalerie tâte le terrain de la rive gauche de la Lauter, ces ordres ne sont nullement exécutés.

Les dragons ennemis galopent en France et font 25 kilomètres au delà de la frontière ; les chasseurs de Mac-Mahon restent à Niederbronn et se gardent bien de passer la Lauter ou le Rhin (1). Aussi les paniques sont-elles continuelles. Les malheureux Alsaciens redoutent, à chaque minute, l'arrivée des coureurs allemands. C'est une confusion inexprimable dont les dépêches suivantes donneront une idée. Le 26 juillet, à 5 heures 10 minutes, l'inspecteur du chemin de fer télégraphie à Strasbourg :

Je rentre à l'instant à Haguenau avec le détachement en reconnaissance à Gundershoffen. Recevons dépêche de Reichshoffen ainsi conçue : Faites revenir les troupes immédiatement ; les Prussiens arrivent.

Autre dépêche envoyée le soir même à Strasbourg :

Reichshoffen est envahi par deux régiments prussiens. Je retiens le train S par ordre du général commandant. Deux bataillons de chasseurs partent pour Niederbronn.

Le maréchal de Mac-Mahon télégraphie alors à Reichshoffen :

(1) Pendant que l'ennemi opérait son mouvement de concentration en avant des frontières de Forbach et de Wissembourg, aucune tentative n'a été faite pour couper les voies de fer qui se dirigent sur ces deux points. La nature montagneuse du pays, les forêts dont il est couvert se prêtaient cependant bien à des tentatives de ce genre, tentatives que n'ont pas manqué de faire les Allemands sur le territoire français. » (Jacqmin, *Les Chemins de fer pendant la Guerre*; Paris, Hachette et Cie, 1872 ; p. 305.)

Urgence. Reichshoffen, de Strasbourg.

Maréchal, au capitaine Bosson, chez le maire.

Le général de Bernis mande à la même heure que vous que les gares de Gundershoffen et de Reichshoffen sont détruites. Vous me dites que c'est une panique. Mandez-moi immédiatement ce qu'il en est et si vous avez des renseignements faisant connaître que l'ennemi fait des mouvements pour couper le chemin de fer.

Heureusement, cette fois-là, le général de cavalerie de Bernis ignorait ce qui se passait à une lieue devant lui, et le maire de Reichshoffen, M. de Leusse, rassurait bien vite le Maréchal par cette dépêche :

Midi, 30. Reichshoffen, urgence, Strasbourg.

Maire à préfet, Strasbourg.

J'ai été à Frœschwiller, c'est une panique : on a pris des hussards bleus pour des Bavarois. Reichshoffen et environs sont complètement tranquilles et sans aucun ennemi (1).

Cependant ces alertes répétées, cet affolement des populations, cette inaction et cet aveuglement de notre cavalerie énervent les courages et préparent la lamentable et prochaine catastrophe. Du côté de Huningue et de Neuf-Brisach, les appréhensions sont les mêmes et les quelques soldats allemands jetés le long du Rhin excitent des alarmes perpétuelles. « Le trouble, l'incohérence de ces débuts furent inexprimables (2). »

(1) Ces dernières dépêches sont inédites et ont été communiquées à M. Le Faure par les détenteurs des originaux. (Le Faure, t. I, pp. 92 et 93.)

(2) Général Derrécagaix, p. 101. — « La cavalerie française ne s'opposait pas aux entreprises de l'adversaire. » (Edgar Hepp, *Wissembourg au début de l'invasion de* 1870, *Récit d'un sous-préfet*; Paris, Berger-Levrault, 1887; p. 11.)

Le 31 juillet, les deux armées occupent les positions suivantes :

Les divisions Ducrot, Abel Douay, de Lartigue, du 1er corps, sont à Strasbourg; la division Raoult, du même corps, est à Haguenau; des éclaireurs, ou, pour mieux dire, les premières troupes avancées de Mac-Mahon, sont à Selz, Hatten et Niederbronn. La division Guyot de Lespart, du 5e corps, campe à Bitche, sans éclaireurs. Les divisions L'Abadie et Goze, du même corps, entourent Sarreguemines. Les divisions Bataille, de Laveaucoupet, Vergé, du 2e corps, campent aux environs de Forbach. Les divisions de Castagny, de Montaudon, Metmann et Aymard, du 3e corps, bivouaquent à Saint-Avold. La division Grenier, du 4e corps, campe à Boulay; la division de Lorencez, du même corps, à Bouzonville; la division de Cissey, toujours du 4e corps, à Sierck. La Garde Impériale est rassemblée à Metz: la 3e division de cavalerie est à Pont-à-Mousson. Le 7e corps (Félix Douay) se forme à Belfort, et le 6e (Canrobert) à Châlons-sur-Marne.

Les Allemands sont échelonnés de Carlsruhe à Trèves, mais ce point extrême n'est occupé que par le VIIe corps. Toutes leurs forces sont massées de Mayence à Landau, et c'est autour de cette dernière place que s'es[t] concentrée la IIIe armée (Prince royal de Prusse) dont nous avons donné la composition plus haut (1).

On le voit, le maréchal de Mac-Mahon n'avait devant lui qu'un léger rideau de cavalerie, depuis l'extrême sud du grand-duché de Bade jusqu'à

(1) Voir *La Guerre franco-allemande*, 1re partie, supplément V. — Dans son histoire de la Guerre « le Grand Etat-major prussien ne s'est pas préoccupé des détachements envoyés dans toutes les directions et a indiqué Strasbourg comme lieu de rassemblement des divisions Ducrot, Abel Douay et de Lartigue », parce que c'est là que s'en trouvait le gros. (*Le Spectateur militaire*, 5e série, t. XXIII, p. 428.)

Carlsruhe. D'ailleurs, nous n'avons pas l'intention de critiquer son inaction au 31 juillet; à cette époque, puisque l'armée française n'avait pas encore pris l'offensive, elle ne pouvait plus la tenter, et le 1er corps moins que tous les autres, isolé comme il l'était. Ce que nous allons lui reprocher, tout à l'heure, c'est son insouciance à l'endroit de sa division avancée et le peu de soin qu'il mit à se renseigner sur les positions de ses adversaires.

Le 30 juillet, le télégramme suivant était expédié au prince royal de Prusse :

Sa Majesté considère comme opportun qu'aussitôt que la IIIe armée aura été ralliée par la division badoise et la division wurtembergeoise, elle s'avance vers le sud par la rive gauche du Rhin pour chercher l'ennemi et l'attaquer. De cette façon on empêchera l'établissement des ponts au sud de Lauterbourg et on protégera de la manière la plus efficace toute l'Allemagne du Sud.

Signé : DE MOLTKE (1).

Cet ordre de marche qui montre, par la crainte que les Prussiens ont encore à cette date, quel résultat aurait peut-être amené une brusque irruption des Français dans le grand-duché de Bade dès le lendemain de la déclaration de guerre, cet ordre de marche ne fut pas exécuté par le Prince royal, et ce n'est que le 4 août que la IIIe armée s'ébranla et vint se heurter à la poignée de braves qui occupait Wissembourg.

Cependant, les reconnaissances prussiennes se succédaient et fouillaient notre territoire dans tous les sens. Le 1er août, un détachement d'infanterie campait à Scheibenhard, à l'ouest de Lauterbourg,

(1) *La Guerre franco-allemande*, 1re partie, p. 102.

la moitié d'un escadron de hussards traversait la basse Lauter et gagnait Seltz où il était repoussé par notre cavalerie. A l'aile droite, un parti de 50 chevaux gravissait les montagnes françaises, s'engageait dans les gorges, au sud d'Eppenweyer, et galopait sur la route de Bitche à Wissembourg. Bientôt les Allemands rencontrent quelques fantassins français qui se réfugient sur les hauteurs et commencent un feu à volonté. Les cavaliers ennemis brûlent le pavé, forcent le passage, poussent jusqu'au delà de Stürzelbronn et rentrent à leur campement par un autre sentier de la montagne, ayant seulement quelques chevaux de blessés (1).

L'État-major prussien savait, de plus, que les Français avaient démoli le chemin de fer au sud de Wissembourg et qu'ils élevaient des retranchements à Ober-Steinbach et à Lembach, à l'ouest de Wissembourg. Un escadron de cavalerie et un peloton d'infanterie s'étaient risqués jusqu'à Selz, qu'ils avaient trouvé garni par nos troupes en nombre respectable. Pourtant cette grosse reconnaissance se retirait tranquillement; nos généraux ne s'en préoccupaient pas. Le 3 août, au matin, Wissembourg ne renfermait pas un seul soldat français et, si les portes avaient été ouvertes, les cavaliers ennemis y seraient entrés comme dans un moulin (2).

(1) *La Guerre franco-allemande*, 1re partie, p. 169.
(2) *Ibid.*, p. 170.

COMBAT DE WISSEMBOURG (1).

POSITIONS DES FRANÇAIS ET DES ALLEMANDS

On a vu qu'une sorte de paralysie avait frappé les différents corps de l'armée française dès le jour où la guerre avait été déclarée. Si cette paralysie se faisait sentir auprès de Metz, centre des rassemblements de l'Armée du Rhin, *a fortiori* la constatait-on en Alsace où les 1er et 7e corps étaient censés prêts à entrer en campagne. Sans doute, les troupes de Mac-Mahon étaient relativement en mesure de se battre, mais celles de Félix Douay, en quel état se trouvaient-elles? « Le 7e corps n'était pas prêt (2). » Quant au 5e corps, commandé par M. de Failly, il

(1) Les considérations et le récit que nous donnons, aujourd'hui, du combat de Wissembourg, ne diffèrent en rien de ce que nous avons publié, à ce sujet, en 1880, dans notre *Frœschwiller, Châlons, Sedan*. Les auteurs, militaires ou civils, qui ont raconté ce combat après nous, n'ont apporté aucun élément nouveau sur la question, notamment le général Palat, le général Bonnal et la *Section historique de l'Etat-major français* qui ont adopté nos appréciations et jugements, sauf sur l'heure où la retraite a été ordonnée. « Le critérium de la valeur d'une œuvre historique est que les découvertes ultérieures augmentent et complètent le livre initial mais ne le détruisent pas. » (*Un nouvel historien de Rome : M. G. Ferrero*, par Louis Batifol; *La Revue hebdomadaire*, n° du 12 mai 1906; p. 159.)

(2) *Section historique*, I, p. 58. — *Ibid.*, I, pp. 95, 96, 150 et 151. — Prince Bibesco, p. 19.

s'organisait péniblement. Aussi bien, avant d'entamer le récit du malheureux combat de Wissembourg, établissons les positions des forces françaises et allemandes, près de la rivière de la Lauter, le 3 août, veille de cette déplorable affaire.

La division Abel Douay est, seule, à Wissembourg. Nous écrivons *seule* parce que les troupes du général Ducrot, qui se tiennent à 10 kilomètres plus à l'ouest, près de Lembach, ne feront point un pas, le lendemain, pour aller soutenir la vaillante division aux prises avec des forces six fois supérieures. La brigade de cavalerie de Septeuil est aux côtés du général Abel Douay.

Devant cet infortuné général, qui ne possède pas une seule carte « susceptible de le guider (1) », se sont concentrés, dans le quadrilatère formé par Landau, Germersheim, Muhlburg et Bergzabern, à 10 kilomètres de Wissembourg, les Ier et IIe corps bavarois, les XIe et V^e^ corps prussiens, une division badoise, une division wurtembergeoise et 2 divisions de cavalerie (2). C'étaient donc 10 divisions d'infanterie et 2 de cavalerie qui allaient fondre sur une division d'infanterie et une brigade de cavalerie françaises!

Voici le malheureux ordre de marche qui amena la fatale affaire de Wissembourg.

Armée du Rhin 1er corps. Etat-major général, n° 4.

Au quartier général, à Strasbourg, le 2 août 1870.

La 1re division quittera ses positions le 4, au matin, pour aller s'établir à Lembach, où se trouvera l'état-

(1) Lettre au général Ducrot, 4 août, 7 heures du matin. (*Section historique*, V, p. 54, note 2.)

(2) *Campagne de France de* 1870-1871, étude d'ensemble, par Léonce Patry, capitaine adjudant-major au 67e d'infanterie; 1879; Imprimerie L. Couturier, à Soissons, et Grand-Rémy Hénon, Paris; planche du 3 août.

major de la division ; elle aura un régiment à Nothweiler, un bataillon à Ober-Steinbach et un régiment à Climbach. Il y aura à Lembach une brigade, le bataillon de chasseurs, l'artillerie et le génie.

Le général Ducrot donnera les ordres de détail pour les emplacements des troupes de toutes armes.

Il aura sous ses ordres la 2e division d'infanterie qui aura sa droite à Altenstadt *et occupera Wissembourg où se trouvera l'état-major de la division*, Weiler et les positions environnantes, ainsi que le col du Pigeonnier, par lequel elle se reliera avec la 1re division.

La 1re brigade de cavalerie, composée du 3e hussards et du 11e chasseurs, s'établira le même jour au Geissberg, de manière à se relier avec la 2e division d'infanterie et à l'éclairer sur sa droite jusqu'à Schleithal.

Le général de Septeuil recevra les instructions du général Ducrot, sur l'empacement que chaque corps doit occuper et sur le rôle qu'il devra jouer.

Le général Ducrot, connaissant le terrain de Wissembourg et des environs, se chargera d'indiquer les emplacements à assigner aux divers corps de la division Douay.

Le maréchal, commandant le 1er corps,

Par ordre, le général chef d'état-major,

Signé : COLSON (1).

Le matin du 4 août, voici donc quelles étaient les positions du 1er corps : division Abel Douay et brigade de Septeuil, à Wissembourg ; division Ducrot, entre Reichshoffen et Lembach ; division Raoult, à Reichshoffen ; division Lartigue, à Haguenau ; brigade de cavalerie de Nansouty, à Seltz ; division de cavalerie de Bonnemains et brigade de cuirassiers Michel, à Brumath (2).

Ajoutons que la division Conseil-Dumesnil, du

(1) *Wissembourg* ; réponse du général Ducrot à l'Etat-major allemand ; Paris, Dentu, 1873 ; pp. 10 et 11

(2) *La Guerre franco-allemande*, 1re partie, p. 176.

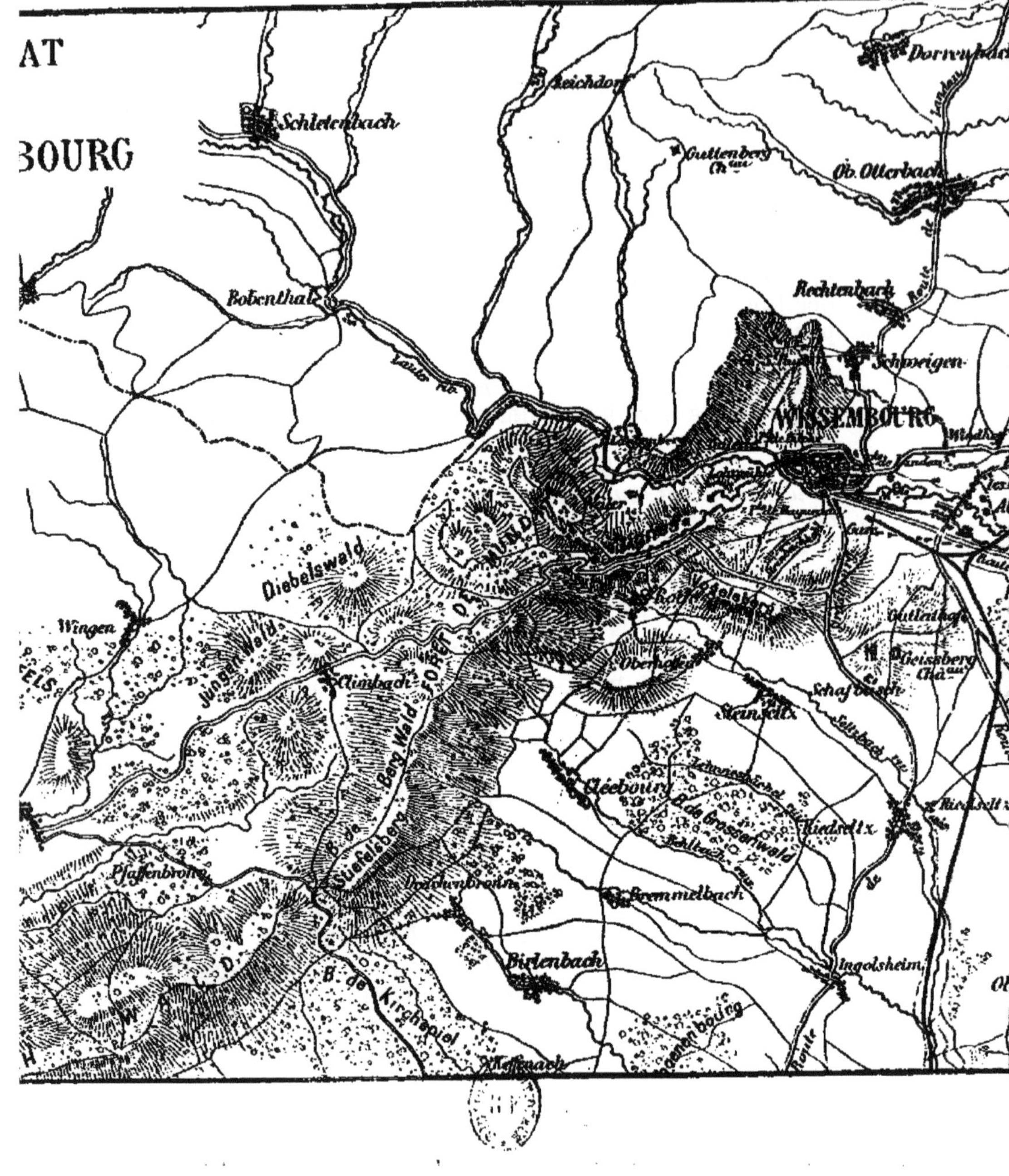
AT
BOURG
Schletenbach
Reichdorf
Dorrenbach
Guttenberg Châu
Ob. Otterbach
Bobenthal
Rechtenbach
Schweigen
WISSEMBOURG
Diebelswald
Wingen
Jungen Wald
Climbach
Berg Wald
Steinseltz
Geisberg Châu
Schafbusch
Cléebourg
Riedseltz
Pfaffenbronn
Bremmelbach
Birlenbach
Ingolsheim
B. de Kirchspiel

7e corps, n'avait pas encore quitté Colmar et que le 5e corps (de Failly) se tenait aux environs de Bitche.

Il est probable, d'après ces dispositions, que l'Empereur s'apercevant, un peu tard, il est vrai, de l'éparpillement de ses forces et de l'impossibilité où il était d'attaquer les Allemands concentrés au cœur du Palatinat, voulait ramener à lui, autour de Saint-Avold, les 5e, 1er et 7e corps, afin d'opposer aux ennemis ses 200 000 vétérans que toute la prétendue *immense habileté* de M. de Moltke n'aurait pas entamés facilement. Par malheur, le maréchal de Mac-Mahon exécuta son mouvement aussi lentement qu'il devait opérer sa marche sur Metz, un mois après, et, dans les deux circonstances, il fut surpris en l'air, battu et dispersé. Toutefois certains renseignements empêchent d'accorder à l'Empereur cet éclair d'intelligence, et le hasard seul aurait eu le privilège de commander en chef les vaillantes troupes de la France, depuis le mois de juillet jusqu'au 1er septembre.

Quel qu'ait été le dessein de Napoléon III, rien ne peut atténuer la bévue du commandant du 1er corps, qui lance une de ses divisions à Wissembourg, en flèche, sans la soutenir ni la relier à lui.

« C'était une faute grave, dont le Prince royal ne devait pas tarder à tirer parti (1). »

Oui, faute d'autant plus impardonnable « que le Maréchal avait reçu, pendant la nuit (celle du 3 au

(1) Camille Farcy, *Histoire de la Guerre de* 1870-1871 ; Paris, J. Dumaine, 1872 ; p. 39. — « A Wissembourg se trouvait la division Abel Douay, jetée à cinq lieues en avant des autres divisions du duc de Magenta, et à peu près complètement isolée. » (*Sedan*, par le général de Wimpffen ; Paris, Lacroix, Verbœckhoven et Cie, 1872 ; p. 81.) — « La surprise imbécile de Wissembourg. » (*La Débâcle*, par Emile Zola, p. 65.) — Alfred Duquet, *Frœschwiller, Châlons, Sedan*, p. 23.

4 août), de l'Empereur, une dépêche télégraphique ainsi conçue : «« Vous serez attaqué aujourd'hui ou demain (1). »»

Le maréchal de Mac-Mahon essaie de s'innocenter en déclarant que le général Abel Douay n'a pas exécuté les instructions qui lui avaient été données, en s'établissant à Wissembourg au lieu de couronner les hauteurs environnant cette ville, sa droite occupant le col du Pigeonnier, sa gauche se reliant à la division Ducrot dont le quartier général était près de la crête des Vosges, à Lembach. Mais le Maréchal avoue lui-même que, le 3 au soir, le général Abel Douay l'avait informé des dispositions qu'il avait prises, lui demandant de laisser, le lendemain, une partie de ses troupes à Wissembourg. Pour toute réponse, le Maréchal fit savoir à son lieutenant qu'il se rendrait, de sa personne, auprès de lui, le 4 au matin, et déciderait si la ville resterait occupée (2). Pourquoi donc le duc de Magenta ne s'y est-il pas rendu, le 4 au matin, après l'avoir annoncé au général ? Dans tous les cas il est bien sûr qu'il n'ignorait pas la situation précaire de la division Abel Douay, puisqu'il reconnaît ainsi en avoir été prévenu. Enfin l'ordre de marche du 2 août, que nous venons de lire, le convainc d'erreur : il avait parfaitement ordonné d'*occuper Wissembourg*, ce que le général Douay ne pouvait exécuter qu'en y laissant cinq à six cents hommes, comme il l'a fait.

Du reste, voici l'opinion du Grand État-major prussien relativement au danger que courait le général Douay.

(1) *De Frœschwiller à Sedan*, p. 14.

(2) « Le général Douay m'avait informé des dispositions qu'il avait prises..... Je lui répondis que, le lendemain matin, 4 août, je me rendrais à Wissembourg. » *Enq. parlem. Déf. nationale*, déposition du maréchal de Mac-Mahon, t. I, p. 34.

« La situation de la division Douay était assurément fort hasardée. De plus, elle n'avait sur place que 8 bataillons, 18 pièces et 8 escadrons, car son bataillon de chasseurs et un bataillon du 50e de ligne étaient attachés à la brigade de cavalerie de Nansouty, à Seltz, pendant que le 78e régiment avait été dirigé sur Climbach, au matin du 4 août, pour y relever le 96e, de la division Ducrot. On pouvait donc tout au plus compter, *dans le courant de la matinée*, sur le concours de ces 2 régiments, le reste du 1er corps se trouvant à une marche et au delà, sur les derrières (1). »

Mais la question est plus haute ; il faut montrer, ici, ce que le 1er corps aurait dû, aurait pu faire, en Alsace, le 4 août et les jours suivants. Le général Bonnal va nous l'exposer :

«« Le génie de la guerre de montagnes, a écrit Napoléon, consiste à occuper des camps, ou sur les flancs, ou sur les derrières de l'ennemi, qui ne lui laissent que l'alternative d'évacuer ses positions, sans combattre, pour en prendre d'autres en arrière, ou d'en sortir pour vous attaquer.

«« Dans la guerre de montagnes, celui qui attaque a du désavantage. Même dans la guerre offensive, l'art consiste à n'avoir que des combats défensifs et à obliger l'ennemi à attaquer. »»

(1) *La Guerre franco-allemande*; 1re partie, pp. 176 et 177. — C'est là une grave erreur ; le général Ducrot étant à Lembach, pouvait parfaitement venir au secours de la 2e division ; la faute du Maréchal et du général Ducrot est d'avoir abandonné cette division, en avant, sans se préoccuper de la soutenir énergiquement. — « Il fallait que Wissembourg fût occupé, mais il était prudent de ne pas isoler cette division. » (Général Ambert, t. I, p. 122.) — « Le maréchal de Mac-Mahon, imitant, dans le 1er corps, le fatal exemple qui avait été donné pour l'ensemble de l'armée, au lieu de grouper ses 4 divisions, leur assigna des emplacements tels, qu'elles étaient hors d'état de se soutenir mutuellement. » (*La Campagne de* 1870 *jusqu'au* 1er *septembre*, p. 33.) Sauf la division Ducrot qui pouvait appuyer la division Abel Douay. — Alfred Duquet, *Frœschwiller, Châlons, Sedan*, pp. 21 à 25.

« Qu'on imagine la IIIe armée allemande apprenant, à son arrivée sur la Zorn, que ses immenses convois ont été pillés, dispersés ou détruits par des troupes françaises venues de Lembach ou de Neehwiller !

« Cette armée se serait empressée de marcher contre les détachements français postés à Niederbronn, Zinswiller, Rothbach, Ingwiller, Weiterswiller, Dossenheim et Saverne.

« Divisée en plusieurs colonnes séparées, elle aurait refoulé, dans l'intérieur des défilés vosgiens, mais au prix de longs retards et de pertes sensibles, les détachements de couverture de l'armée du maréchal de Mac-Mahon, puis une de ces colonnes, en avance sur les autres, aurait commencé à déboucher à l'ouest du massif. Alors, le gros de l'armée du duc de Magenta, réuni préalablement entre Drulingen et Lorentzen, se serait porté à l'encontre de cette colonne, l'aurait attaquée du fort au faible, rejetée en désordre dans le défilé, et aurait recommencé la même manœuvre, le lendemain, contre une autre tête de colonne rapprochée.

« Deux ou trois de ces avantages auraient amené la retraite de l'ensemble, peut-être mieux, l'évacuation de la Haute-Alsace par la IIIe armée (1). »

Rien de plus admissible. Seulement, le général Bonnal a tort de qualifier pareilles opérations « de délicates, d'artistiques (2) ». En l'aventure, elles étaient tout indiquées et il n'y avait pas besoin de génie militaire, mais simplement de sens commun pour les deviner, pour les exécuter. Un homme, d'une intelligence ordinaire, le premier Artevelde venu, chargé de conduire le 1er corps en Alsace, au

(1) Général Bonnal, *Frœschwiller*, p. 71.
(2) *Ibid.*

commencement d'août 1870, aurait utilisé les rivières, montagnes, défilés et cols du pays pour s'opposer à la marche de l'ennemi et n'aurait pas commis la phénoménale bévue de disséminer ses forces et de les jeter en plaine, en avant de hauteurs protectrices, comme l'ont fait MM. Ducrot et de Mac-Mahon, à Wissembourg et à Frœschwiller (1) !

« Le maréchal Bugeaud avait donné, à l'avance, d'excellents conseils pour le cas de Wissembourg. Une division lancée en flèche devait, selon lui, se garder, de manière à pouvoir se replier à temps devant des forces supérieures qu'elle n'avait pas à combattre, et le meilleur moyen d'avoir des nouvelles de l'ennemi était d'envoyer un petit détachement sur ses communications (2). »

Quoi qu'il en soit, le 3 au soir, l'ordre suivant était adressé à tous les chefs de corps de la IIIe armée :

Quartier général de Landau, le 3 août.

Mon intention est de porter demain matin, l'armée jusque sur la Lauter et de franchir cette rivière avec les troupes avancées.

A cet effet, on traversera le Bien-Wald par quatre routes. L'ennemi devra être refoulé partout où on le rencontrera. Les diverses colonnes marcheront dans l'ordre ci-après :

1° La division bavaroise Bothmer, formant l'avant-garde, se dirigera sur Wissembourg et cherchera à s'en emparer. Un détachement suffisant flanquera sa droite par Bollenborn et Bobenthal..... 2° le reste du corps Hartmann viendra sur Ober-Otterbach... 3° la IVe division de cavalerie marchera jusqu'à 4000 pas à l'est d'Ober-Otterbach..... 4° le Ve corps se dirigera vers Kapsweyer..... 5° le XIe corps gagnera par Schaidt les

(1) Voir, *infrà*, pp. 185 à 195.
(2) *Aperçus sur la guerre : Les Transformations de l'armée française*, par le général Thoumas, t. II, p. 319.

Bienwalds-Hütte..... 6° le corps Werder (badois) atteindra Lauterbourg..... 7° le corps von der Tann bivouaquera à Langenkandel.....

Je me tiendrai, dans la matinée, sur les hauteurs entre Kapsweyer et Schweigen et j'établirai probablement mon quartier général à Nieder-Otterbach.

« FRÉDÉRIC GUILLAUME, prince royal (1).

On voit quelle masse de combattants allait envelopper la petite division Abel Douay! Aussi qui s'expliquera jamais l'idée du général Ducrot, sous les ordres duquel elle venait d'être placée, de lui prescrire, non seulement de demeurer à Wissembourg, mais d'accepter la bataille si elle lui était offerte (2)!

FAUTES DE MAC-MAHON ET DE DUCROT

« Dès la soirée du 3 août, le général Douay avait été prévenu, par des avis émanés des habitants, que de fortes colonnes ennemies s'avançaient des environs de Landau contre la frontière française. Les soutiens les plus voisins se trouvaient à 19 kilomètres en arrière, savoir : la division Ducrot à Wœrth, et à Soultz le général de Septeuil, avec une brigade de cavalerie et 2 bataillons d'infanterie. Le général Douay, qui sentait parfaitement tout le danger de cette position en l'air

(1) *La Guerre franco-allemande*, 1re partie, pp. 173 et 174.

(2) « Le général Ducrot avait non seulement prescrit à la division Douay de demeurer à Wissembourg, mais il lui avait encore enjoint d'accepter la bataille, le cas échéant. » (*Ibid.*, 1re partie, p. 177.) — Voir, *infrà*, pp. 106, 107, et 111 à 113. — « Il faut savoir refuser la bataille à moins que la possession d'un point n'importe au salut de l'armée. » (Général Ambert, t. I, p. 29.)

dans le cas où l'ennemi ferait un mouvement sur la Lauter, communiqua aussitôt ces inquiétantes nouvelles au général Ducrot, auquel le maréchal de Mac-Mahon avait temporairement confié le commandement de la 1re et de la 2e division. Le général Ducrot néanmoins lui envoya l'ordre — qui devait être si fatal à la division Douay — de rester à Wissembourg et d'y accepter le combat (1). » Cette résolution est absolument inconcevable quand on pense que, dans la soirée du 3, on savait à Wœrth, que de formidables colonnes ennemies s'approchaient de la frontière (2). De plus, le maréchal Le Bœuf « avait prévenu le maréchal de Mac-Mahon de se tenir sur ses gardes, parce qu'il était possible, lui écrivait-il, «« que les troupes qui sont devant vous, fassent un mouvement offensif (3) »». Le général Ducrot et son supérieur, le maréchal de Mac-Mahon, sont donc impardonnables d'avoir ainsi risqué le sort d'une première bataille, d'avoir causé une première défaite qui devait influencer, si fatalement pour nous, les deux armées en présence (4).

(1) Colonel Borbstaedt, p. 264. — « Les enseignements ressortent, nombreux, de la période du 3 au 6 août. Parmi ceux qui s'imposent avec une évidence souveraine, figure, en premier lieu, l'infériorité du commandement français. » (Général Palat, t. III, p. VI.) — « Ni les généraux, ni les états-majors français ne savent leur métier. » (*Ibid.*, t. III, p. VII.) — « Les Français avaient été attaqués par des forces supérieures dans une position *mal étudiée.* » (Général Faverot de Kerbrech, p. 26.) Mais qui donc avait envoyé et installé la division Abel Douay à Wissembourg, si ce n'est le héros de M. de Kerbrech : le général Ducrot?

(2) *La Guerre franco-allemande*, 1re partie, p. 177.

(3) *Section historique*, V, p. 101.

(4) « L'échec de Wissembourg, quoique glorieux pour nos malheureux soldats, n'en a pas moins exercé une influence funeste sur le sort de nos armes. » (Général Ducrot, *Wissembourg*, p. 19.) — *Causes des succès et des revers dans la Guerre de* 1870, par de Woyde, lieutenant-général de l'Etat-major général russe; traduit par le capitaine Thiry; Paris, Chapelot, 1900 : t. I, p. 187.

Il est vrai que le général Ducrot se défend d'avoir donné ces ordres et prétend que l'Intendance seule est responsable de l'occupation de Wissembourg, car elle aurait déclaré que, n'ayant plus à sa disposition la manutention et les vastes magasins de cette ville, on lui enlevait ainsi une partie de ses moyens d'approvisionnement et que, par suite, elle ne pouvait assurer les subsistances (1). L'Intendance a commis assez de fautes, au cours de cette triste guerre, pour qu'on n'augmente pas son bagage à plaisir (2).

Ce qu'il y a de certain, c'est que le Maréchal a eu le tort de faire réoccuper Wissembourg, et le général Ducrot, la négligence de ne pas s'inquiéter assez de la position des troupes exposées aux premiers coups de l'ennemi, avec lesquelles il aurait

(1) Général Ducrot, *Wissembourg*, p. 9. — « Mais alors pourquoi, le 30 juillet, le général Ducrot a-t-il écrit au Maréchal : «« Voulez-vous m'autoriser à placer 3 compagnies du 96e et 2 escadrons du 2e lanciers à Wissembourg? Cela nous permettra de mieux surveiller les mouvements de l'ennemi et tiendra ses patrouilles à distance. L'établissement du Pigeonnier, où nous nous établirons (*sic*) solidement, *donnera toute sécurité à ce détachement*. (Signé :) général Ducrot. »» Et le Maréchal, mieux inspiré, ce jour-là, qu'il le fut, le 2 août, ne consentait pas à l'occupation de Wissembourg et répondait au général Ducrot : «« Je ne vois pas de nécessité de mettre de l'infanterie à Wissembourg, *j'y vois même un danger, car il résulte de renseignements recueillis par le major-général, que l'ennemi aurait formé le projet d'enlever Wissembourg*, s'il avait été occupé. Bornez-vous à y envoyer de fréquentes patrouilles de cavalerie. (Signé :) maréchal de Mac-Mahon. »» (Le Faure, t. I, p. 60.)

(2) « La responsabilité ne remonte pas à l'Intendance; les fautes partent de plus haut, et j'affirme qu'à Lyon, par exemple, longtemps avant la guerre, l'Intendance avait prévenu que rien n'existait dans les magasins. Sous prétexte d'économie, aucune suite ne fut donnée aux demandes de l'intendant. *Suum cuique tribuere.* » (Général de Palikao, *Un ministère de la Guerre de 24 jours*; Paris, Plon, 1871; p. 58.) — « Ceux qui savent que la victoire est surtout préparée par les intendants et ces ingénieurs du champ de carnage qui s'appellent les officiers d'Etat-major... » (*Histoire de la révolution de* 1870-1871, par Jules Claretie; Paris, Librairie illustrée; t. I, p. 126.) — Colonel von der Goltz, pp. 483 et 484.

dû se relier étroitement, ainsi, du reste, que le Maréchal le lui avait commandé (1).

Quant à l'ordre, donné par le général Ducrot au général Douay, de défendre Wissembourg, les Prussiens en affirment l'existence; nous devons avouer que l'hypothèse allemande est plus vraisemblable que celle du commandant de la 1re division, étant admis, justement, le besoin de conserver Wissembourg pour approvisionner l'armée. Nous remarquerons enfin que l'ordre de marche du 2 août engage non seulement la responsabilité du duc de Magenta, mais encore celle du général Ducrot, *puisqu'il était chargé d'indiquer les emplacements à assigner aux divers corps de la division Douay* et qu'il ne s'est pas assuré de l'exécution de ces instructions.

Quelles dispositions le commandant de la 1re division prescrivit-il au général Douay?

« *Dans son ordre n° 4*, dit le général Ducrot, *le maréchal de Mac-Mahon avait indiqué l'occupation d'Altenstadt, de Wissembourg et de Weiler. Or ces positions, situées au fond de la vallée de la Lauter, sont de tous côtés dominées par des hauteurs et débordées à droite par les épaisses forêts du Bien-Wald et du Mundat..... de telle sorte que les Allemands, amenant leurs masses complètement à couvert, auraient pu prendre position sur nos lignes de retraite avant même que la division Douay, enfoncée dans cette sorte d'entonnoir, eût été informée de leur marche et de leur présence* (2). »

(1) Voir, *suprà*, p. 95 et 96, l'ordre de marche du 2 août. — « On aurait compris, étant donnée la grande connaissance du terrain que possédait le général Ducrot (qu'il croyait posséder, avec sa présomption ordinaire), qu'il se rendît de sa personne à Wissembourg et qu'il mît ses lumières à la disposition du général Douay. » (Capitaine Verdier (Jacques-Harmant), 1870-189?; *L'Esprit militaire*; Paris, Société libre d'édition des gens de lettres, 1896; t. I, p. 28.)

(2) Général Ducrot, *Wissembourg*, p. 11.

C'est pourquoi le général Ducrot envoya alors au général Douay les instructions suivantes :

1er corps, 1re division. Cabinet du général.

Reichshoffen, 3 août.

Mon cher général, comme je vous l'ai dit par ma dépêche de cette nuit, hier soir, à cinq heures, j'étais au Pigeonnier avec le colonel du 96e qui occupe cette position depuis quelques jours et a poussé des reconnaissances dans toutes les directions. *Je ne pense pas que l'ennemi soit en forces dans nos environs, du moins à une distance assez rapprochée pour entreprendre immédiatement quelque chose de sérieux* (1). Toutefois, pour parer à toute éventualité, je pense qu'il est convenable de prendre les dispositions suivantes :

Ainsi que vous en avez reçu l'ordre de Son Excellence le Maréchal, vous vous porterez sur Wissembourg avec votre division, le 3e hussards et deux escadrons du 11e chasseurs. Vous établirez votre première brigade sur le plateau du Geissberg, la 2e, à gauche, sur le plateau de Vogelsberg, occupant ainsi la ligne des crêtes qui, par la route de Wissembourg à Bitche, se relie avec le Pigeonnier. La cavalerie et l'artillerie seront en seconde ligne sur le versant sud-ouest du mouvement du terrain. Je pense d'ailleurs qu'il sera facile de défiler les troupes. « *Vous ferez entrer ce soir même un bataillon dans Wissembourg*; demain, de bonne heure, vous enverrez un régiment de la 2e brigade relever le 96e dans la position qu'il occupe entre Climbach, le Pigeonnier et Pfaffenschlick ; le 96e se portera en avant dans la direction de Nothweiler, un de ses avant-postes sera établi à droite, à Durrenberg, se reliant ainsi à la gauche de votre division vers Climbach ; ma gauche sera à Obersteinbach où elle se reliera avec la droite du 5e corps, à Hutzelhof.

Mon quartier général et le gros de ma division seront

(1) Le lendemain matin, toute la IIIe armée écrasait la division Abel Douay.

à Lembach : vous pouvez établir votre quartier général soit au Geissberg, soit à Oberhoffen, soit à Roth.

L'escadron du 3e hussards, qui est en ce moment à Climbach, y restera provisoirement, mais il est probable que je conserverai seulement un peloton *et que j'enverrai le reste après-demain* rejoindre le régiment.

Il est bien entendu que cette brigade de cavalerie est placée sous vos ordres immédiats et que vous l'utiliserez pour vous éclairer, soit en avant de Wissembourg, soit à droite dans la direction de Lauterbourg.

Aussitôt que Wissembourg aura été occupé par un de vos bataillons, je vous prie de faire examiner la situation de la manutention, de relever les accessoires qui peuvent y manquer, de les faire fabriquer sur place, ou à Strasbourg ou à Haguenau et d'organiser des brigades de boulangers avec les ressources qui peuvent se trouver dans vos régiments. Je crois que la dimension des fours permet de fabriquer 30000 rations en vingt-quatre heures, mais à la condition que le service soit bien organisé. Votre sous-intendant demandera immédiatement de la farine et l'on se mettra à l'ouvrage sans tarder, car *c'est de Wissembourg que nous devons tirer la majeure partie de nos subsistances*, et il y aura lieu aussi d'organiser un service de réquisition pour transporter les vivres à Lembach, Wingen, Obersteinbach et autres détachements. Votre sous-intendant devra s'entendre à ce sujet avec le sous-préfet.

Lorsque vous aurez eu le temps d'étudier le terrain et de vous renseigner sur la situation de l'ennemi, *vous apprécierez s'il serait utile d'occuper le fort Saint-Remy et les anciennes redoutes qui sont en avant d'Altenstadt*, mais la chose me paraît douteuse.

Signé : DUCROT (1).

« A cet ordre est joint un croquis indiquant les points les plus importants et les lignes de retraite. Le capitaine Bossan, qui en est porteur, doit y

(1) Général Ducrot, *Wissembourg*, pp. 12, 13 et 14. — Alfred Duquet, *Frœschwiller, Châlons, Sedan*, pp. 27 à 32.

ajouter des explications verbales, peut-être (probablement) de nature à restreindre encore la part si faible d'initiative laissée au général Abel Douay. Il commande une fraction isolée, dans une situation des plus délicates, et son chef provisoire lui indique le détail de ses emplacements, plus qu'il ne le ferait pour ses propres troupes! Mais, par une contradiction choquante, cet ordre, si détaillé en certains points, laisse dans l'ombre des questions capitales : ce qu'on sait de l'ennemi, le rôle à remplir par la 2e division, la conduite qu'elle aurait à tenir en cas d'attaque. Nouvel exemple qui montre combien nos généraux les plus distingués ignoraient la guerre. Ducrot est muet sur ces points essentiels. Le général Douay n'en va pas moins être entraîné, par les termes de cet ordre, à prêter une importance exagérée à Wissembourg. De là, l'idée de tenir énergiquement sous cette bicoque, au risque d'un échec grave (1). »

De fait, cette lettre démontre d'abord que le général Ducrot ne croyait pas à la présence des Allemands.

Je ne pense pas que l'ennemi soit en forces dans nos environs. Et plus loin : *J'enverrai le reste du régiment après-demain.* Ce qui le prouve encore, c'est la dépêche que le général Ducrot adressait, le 3 août, à 4 heures du soir, à Strasbourg : « La menace des Bavarois me paraît une pure fanfaronnade (2). » Et, ce même jour, M. Ducrot écrit au général Faure, sous-chef d'état-major de Mac-Mahon : « Je suis convaincu que l'ennemi n'est en forces nulle part à proximité (3). »

(1) Général Palat, t. III, p. 12.
(2) *Section historique*, V, p. 51. — Le Faure, t. I, p. 99. — Général Palat, t. III, p. 9, note 1. — Voir la justification : Alfred Duquet, *Frœschwiller, Châlons, Sedan*, pp. 30 et 32.
(3) *Section historique*, V. p. 10, note 1, *in fine*. — Ducrot conservait la belle confiance qu'il avait cinq ou six jours aupara-

« Le général Ducrot, tout en recommandant, dans ses instructions au chef de la 2e division, de se tenir en liaison, par le col du Pigeonnier, avec la 1re brigade de la 1re division, établie à Lembach, ne semble pas avoir exposé nettement au général Abel Douay le mode d'action qu'il y avait lieu d'adopter, en cas d'attaque par des forces très supérieures (1). » Car M. Ducrot ne veut pas croire à l'arrivée des Allemands.

Depuis quelques jours, le sous-préfet de Wissembourg, M. Hepp, qui fait prendre, avec la plus grande intelligence et le plus grand zèle, des renseignements sur la marche de l'ennemi, ne cesse de prévenir le grand quartier général de Metz et les généraux du 1er corps, surtout M. Ducrot, de l'approche des masses allemandes. Le général Ducrot le traiterait volontiers de poltron, en tout cas, de visionnaire; il écrit au général Faure : « C'est toujours M. Hepp qui jette l'alarme (2). » — « Le sous-préfet de Wissembourg, de nombreux habitants ont insisté auprès du commandement pour le tenir en éveil contre une attaque des Prussiens. Mais les habitants ont été

vant et qui lui faisait écrire à Mme Ducrot : « Nous continuons à jouir d'un calme parfait; toutes nos petites et grandes affaires s'organisent à merveille, et, bientôt, nous serons outillés de manière à pouvoir faire de bonne besogne. Ce matin, j'établis le 96e au Pigeonnier, au-dessus de Wissembourg, et nous déjeunerons à Lembach. » (*La Vie militaire du général Ducrot*, t. II, pp. 346 et 347.) — *Histoire de la Guerre de* 1870-1871, par Paul et Victor Margueritte, p. 26.

(1) Général Bonnal, *Frœschwiller*, p. 66. — « Les instructions que Ducrot adresse au général Douay, le matin du 3, ne sont pas plus explicites que celles du Maréchal. Elles vont, en outre, le confirmer dans sa sécurité. » (Général Palat, t. III, p. 10.)

(2) *Section historique*, V, p. 52. — Général Palat, t. III, p. 8. — « Ducrot ferme les yeux à la menace évidente qui résulte de l'accroissement continu des forces ennemies au nord de la Lauter. » (*Ibid.*, t. III, p. 68.) — « Une fois le parti adopté de rester en avant de Metz et de Strasbourg, il importait de rapprocher nos corps d'armée les uns des autres, de les mettre à portée

blackboulés, le sous-préfet a été blâmé de son insistance. De quoi se mêlaient-ils, ces pékins, qui avaient la prétention d'en remontrer aux militaires professionnels (1). » — « Le sous-préfet de Wissembourg, M. Hepp, un Strasbourgeois de ma connaissance, sonne l'alarme depuis plusieurs jours. Il doit être bien renseigné et il annonce que les Prussiens s'avancent en forces considérables de l'autre côté de la Lauter. On ne croit pas à ses renseignements (2) ».

Aussi, trompé par Ducrot, le duc de Magenta écrit-il, le 3, au maréchal Le Bœuf : « Les renseignements recueillis dans la matinée me donnent toute certitude que les craintes du sous-préfet de Wissembourg sont fort exagérées. Le général Ducrot n'a connaissance d'aucun détachement ennemi sérieux dans les environs (3). »

Le 3, au soir, quand le général Abel Douay entre dans Wissembourg et fait demander le sous-préfet, les premières paroles de celui-ci sont pour le prévenir du danger : « J'exposai au général, avec toute l'énergie d'une conviction bien arrêtée, la certitude du voisinage immédiat d'une force de plus de 80 000 hommes, à vingt-quatre heures au plus de la frontière..... Le général marquait un

de s'appuyer mutuellement, de ne pas les laisser, ainsi que l'a écrit le général Deligny, aventurés comme des brigades de douaniers. » (*Le Drame de Metz*, par Gustave Marchal; Paris, Firmin-Didot, 1890; p. 20.) — Que dire de « la bizarre dispersion de l'armée française tout le long de la frontière. aux premiers jours de la guerre, si contraire aux maximes et aux exemples de Napoléon ». (Commandant Amédée Cordier, p. 20.)

(1) Capitaine Verdier, t. I, p. 21.

(2) *Récits sur la dernière Guerre franco-allemande*, par C. Sarazin. médecin en chef de la 1re division du 1er corps à Wissembourg et à Frœschwiller; Paris, Berger-Levrault, 1887; p. 21. — Général de Wimpffen, p. 82. — L. Dussieux, t. I, p. 97. — *La Vie militaire du général Ducrot*, t. II. p. 356.

(3) *Section historique*, V, p. 10, note 1.

doute non dissimulé sur la réalité de mes allégations (1). »

Il nous semble que nous avons établi, d'une façon inattaquable, l'aveuglement militaire de M. Ducrot. Passons à la deuxième observation que fait naître la lecture de la lettre du 3 août.

Nous y trouvons l'ordre d'occuper Wissembourg. *Vous ferez entrer ce soir même un bataillon à Wissembourg.* Pourquoi, si ce n'est pour défendre la ville?... « Dans la pensée du général Ducrot, le bataillon envoyé à Wissembourg n'était pas une avant-garde, c'était la garnison d'un poste fortifié (2). » De plus, les dispositions prescrites pour la fabrication du pain, l'intérêt immense que le général attache à cette fabrication, indiquent clairement l'importance de Wissembourg, à ses yeux, et la nécessité de le disputer à l'ennemi (3).

(1) Edgar Hepp, p. 42. — « Vers 9 heures du soir, je reçus la visite de M. Liaud, commandant le 2e bataillon du 74e, en garnison, et du commandant du génie, M. Dhombres. Je ne réussis pas à les convaincre, pas plus que tous les autres, de la gravité de la situation : ils semblaient n'avoir pour mission que de me rassurer. » (*Ibid.*, p. 45.) — *Ibid.*, pp. 16, 37, 39, 45.

(2) Général Bonnal, *Frœschwiller*, p. 131. — « Douay, suivant les instructions du général Ducrot, laissait un seul bataillon du 74e de ligne à Wissembourg. » (Charles de Mazade, t. I, p. 91.

(3) Alfred Duquet, *Frœschwiller, Châlons, Sedan*, p. 32. — « Ducrot laisse voir à Douay qu'il attache à Wissembourg une importance de nature à influer sur ses résolutions. » (Général Palat, t. III, p. 13.) — « Les termes mêmes de sa lettre du 3 août impliquen qu'il attache une réelle importance à la possession de cette petite place, c'est-à-dire que Douay devra s'y défendre. » (*Ibid.*, t. III, p. 29.) — « Dans la journée du 3, a dit le général Lebrun, le général Douay avait fait savoir au général Ducrot que, s'il fallait s'en rapporter aux renseignements qu'on venait de lui donner, de très fortes colonnes ennemies étaient en marche, venant de Landau et se dirigeant vers la frontière. A cette communication, le général Ducrot s'empressa de répondre que la position de Wissembourg ne devait pas être abandonnée et qu'il fallait y accepter le combat, si l'ennemi venait à l'attaquer. » (*Souvenirs militaires*, p. 24.) Cité par la *Section historique*, V, p. 13, note 2, *in fine*. — « Le 3, au soir, le général Douay fut prévenu par un grand nombre d'habitants de Wissembourg que les Prussiens s'avançaient sur la ville en masses compactes, et qu'il serait dans l'im-

Bien mieux! Mac-Mahon ne songe pas à occuper Wissembourg et c'est le général Ducrot qui lui fait commettre la faute d'entrer dans cette bicoque. Ducrot l'avoue : « L'Intendance se trouvant dans l'impossibilité d'organiser ses services administratifs et, par suite, ne pouvant assurer les subsistances, nous dûmes faire observer au Maréchal les difficultés que nous rencontrerions pour faire vivre notre division sur le pays si notre séjour à Reichshoffen se prolongeait. *Ces considérations déterminèrent le Maréchal à porter la 1re et la 2e divisions en avant et à occuper Wissembourg* (1). »

Et il n'y a pas que les Francais pour croire à l'ordre formel de défendre Wissembourg, donné par le général Ducrot. Voici l'opinion non équivoque du Grand Etat-major prussien :

« Quand, dans la soirée du 3 août, on recevait, à Wœrth, la nouvelle que de grosses colonnes allemandes s'avançaient, de Landau, le général Du-

possibilité absolue de leur résister. Il communiqua ces renseignements au général Ducrot *et celui-ci lui donna l'ordre formel, au nom du Maréchal, de livrer combat.* » (*La Campagne de 1870 jusqu'au 1er septembre*, p. 34.) — « Lorsque le général Douay prévint son chef direct (Ducrot), le 3, au soir, de l'approche des Prussiens en masses compactes, on eut tort (ce chef direct eut tort) de lui prescrire formellement le combat. Telles furent les causes de notre premier échec. » (Général Derrécagaix, p. 108.) — « Le général Abel Douay reçut du général Ducrot l'ordre de tenir à Wissembourg. » (*Récits de la Guerre franco-allemande*, par le colonel Fabre; Paris, Plon, 1875; p. 24.) — Charles de Mazade, t. I, p. 94.

(1) Général Ducrot, *Wissembourg*, p. 9. — « La manutention et les magasins de Wissembourg n'ont pas été sans influence sur la réoccupation de cette mauvaise petite place frontière. » (*Ibid.*) — Edgar Hepp, p. 42. — « Ducrot obtient la réoccupation de Wissembourg. » (Général Palat, t. III, p. 67.) — Le général Ducrot avait « donné au général Douay l'ordre d'accepter le combat et de se maintenir sur sa position ». (Général de Woyde, t. I, p. 115.) — Le général Abel Douay devait croire que ceux qui l'envoyaient à Wissembourg étaient exactement renseignés sur les mouvements et la situation de l'ennemi. » (L. Dussieux, t. I, pp. 105 et 106.)

crot, non seulement prescrivait à la division Douay de demeurer à Wissembourg, mais il lui enjoignait encore d'accepter la bataille, le cas échéant (1). »

« M. de Moltke, prié, par le général Ducrot, «« de rectifier une erreur qui faisait peser sur lui la responsabilité d'un échec dont les conséquences ont été funestes pour le sort des armées françaises (2) »», a fait la sourde oreille, n'a rien rectifié et a laissé paraître l'édition française, un an après la prière du général Ducrot, sans changer un mot au texte primitif. C'était dire qu'il n'avait pas trouvé la prétention du général Ducrot justifiée (3). » De fait, plus de vingt ans après, un résumé de l'ouvrage du Grand Etat-major prussien, ayant paru avec son autorisation, ne contenait pas la rectification sollicitée par M. Ducrot et l'on peut y lire, au contraire : « Ce qu'il y a de plus remarquable c'est que le général Ducrot, sous les ordres duquel se trouvait la division Abel Douay, quoiqu'il connût son faible effectif et qu'il fût informé de la marche des troupes allemandes, donna l'ordre formel, non seulement de se maintenir dans la position, mais encore d'accepter la bataille (4). »

Ce n'est pas tout. Ducrot a formellement désobéi à son supérieur qui « avait prévenu le général Douay que le général Ducrot le rejoindrait, de sa personne, avant qu'il arrivât à Wissembourg, et lui indiquerait les positions à prendre »; lequel

(1) *La Guerre franco-allemande*, 1re partie, p. 177. — Colonel Borbstaedt, p. 264.

(2) Général Ducrot, *Wissembourg*, p. 3.

(3) *Le Spectateur militaire*, t. XXIV, p. 44.

(4) Major Scheibert, *La Guerre franco-allemande de* 1870-1871; traduit par Ernest Jæglé, prof. à l'Ecole de Saint-Cyr; Paris, Berger-Levrault, 1895; pp. 33 et 34. — « Le général Douay avait été averti par des gens de la localité que de fortes masses ennemies s'approchaient. Il en informa le général Ducrot et le Maréchal qui lui auraient répondu de résister autant que possible. » (Colonel Ferdinand Lecomte, t. I, p. 236.)

supérieur « avait écrit, en même temps, au général Ducrot pour l'inviter à rejoindre le général Douay sur la route de Wissembourg et lui indiquer les positions à prendre, sur les hauteurs, à l'ouest de la ville, de manière à pouvoir se relier avec les troupes de la 1re division (1) ». Et M. Ducrot, non seulement ne s'est pas rendu à Wissembourg, mais, énormité révoltante, a abandonné son lieutenant pendant toute la journée du 4 et l'a laissé écraser sans envoyer une seule fois aux nouvelles!

Comme l'a fort justement écrit le rédacteur de la *Section historique*, « le commandant des 1re et 2e divisions (M. Ducrot) n'ignorait pas que l'ennemi «« avait beaucoup de monde à Pirmasens et à Germesheim (2) »». La journée du 4 août était donc une période de crise pour les 1re et 2e divisions; elle nécessitait un service de sûreté et de reconnaissances particulièrement actif et il semble même que *le général Ducrot eût dû se tenir, dès le matin, sinon à Wissembourg, du moins au Pigeonnier* (3) ».

Il est impossible que l'ignorance où M. Ducrot s'est complu des mouvements de l'adversaire, son désintéressement du combat acharné que livrait la 2e division n'aient pas été volontaires (4).

(1) *Section historique*, V, p. 42. — « J'ai prescrit, en même temps, au général Ducrot (1re division) d'appuyer le mouvement du général Douay et de se relier, par les crêtes, avec les troupes de la 2e division. » (3 août, Dépêche du maréchal de Mac-Mahon au maréchal Le Bœuf, *Section historique*, V, p. 49.) — Le général Abel Douay « comptait être appuyé par la division Ducrot ». (L. Dussieux, t. I, p. 105.)

(2) « Note envoyée, du Pigeonnier, le 3 août, par le général Ducrot au général Douay (*La Vie militaire du général Ducrot*, t. II, p. 352.)

(3) *Section historique*, V, pp. 159 et 160.

(4) Ducrot, parti de bonne heure de Reichshoffen, arrive, vers midi, à Lembach, sans soupçonner que la 2e division a été attaquée. » (Général Palat, t. III, p. 63.) — On doit « relever l'ignorance, où le général Ducrot est resté, du combat qui se livrait à

« Le général Ducrot et sa division se trouvaient à Lembach, distance de 15 kilomètres de Wissembourg. Il semble qu'il serait venu à l'esprit de tout homme de se relier étroitement avec la division en flèche qui pouvait, à tout instant, être en butte aux attaques de l'ennemi. Un service d'estafettes bien organisé aurait facilement obtenu ce résultat. Eh bien, le général Ducrot n'a rien établi de semblable : il n'y avait pas un cavalier pour le renseigner sur ce qui se passait à quatre lieues de là! Aussi, le canon tonne, depuis 8 heures du matin, à Wissembourg; la ville est attaquée par des milliers d'Allemands, il est midi, et le général Ducrot n'a pas connaissance du combat acharné qui se livre à moins de 15 kilomètres de lui! Il a encouru, de ce chef, une terrible responsabilité.....

« Mais, à midi, le colonel de Franchessin, du 96e de ligne, annonce, de Climbach, au général Ducrot, que Wissembourg est attaqué de toutes parts (1). Là, encore, un vrai militaire aurait immédiatement donné des ordres pour que le 96e d'abord, puisqu'il était à 2 lieues du champ de bataille, la majeure partie de la 1re division ensuite, se portassent au secours des camarades engagés, afin de les soutenir ou de les recueillir. Ce n'est pas ce que fait le général Ducrot. « *Immédiatement*, nous fîmes mettre sac au dos, *prîmes nos dispositions pour marcher au premier signal* et, de notre personne, nous courûmes à la redoute du Pigonnier *d'où l'on découvre toute la vallée de la Lauter*. Nous y arrivâmes justement pour voir nos troupes débordées

12 kilomètres de lui..... Il n'a reçu aucun avis des mouvements de la division Douay, dont il avait cependant la direction supérieure ». (Edgar Hepp, pp. 65 et 66.) — Ducrot était « à 13 kilomètres » d'Abel Douay. (*Histoire de la Guerre de* 1870-1871, par Paul et Victor Margueritte, p. 27.)

(1) Général Ducrot, *Wissembourg*, pp. 15 et 16.

de toutes parts et obligées d'évacuer le Geisberg en se repliant dans la direction de Cléebourg et Pfaffenschlick (1). »

« Ainsi, de l'aveu même du général Ducrot, il laissa ses troupes au bivouac et se contenta de se rendre lui-même au Pigeonnier, *d'où l'on découvre toute la vallée de la Lauter!* Que n'avait-il donc placé, là, un officier intelligent avec ordre formel de l'instruire de ce qui se passait dans cette vallée? A 8 heures, cet officier lui aurait expédié la nouvelle de l'attaque de Wissembourg, qu'il aurait connue à 9 heures, puisqu'il y a à peine 2 lieues du Pigeonnier à Lembach. Mais voilà de ces choses auxquelles ne songe jamais le général Ducrot, c'est trop simple..... Le secours qu'il a apporté à la division Abel Douay a, par conséquent, consisté uniquement dans le transport de sa personne au Pigeonnier, en raison d'une allure de 4 kilomètres à l'heure : c'est peu et ne témoigne pas d'un grand empressement (2). »

Afin de l'excuser, les défenseurs de M. Ducrot, sans apporter l'ombre d'une preuve, ont prétendu que la division de ce général se trouvait à Climbach, à Lembach, et en marche, de Reichshoffen sur Lembach, et que le commandant de toutes ces forces était à la tête de ce dernier groupe (3); ils nous reprochent alors d'avoir écrit qu'il était à Lembach! Voici la réponse faite à cette étrange accusation :

« M. Duquet pouvait-il croire que le général Ducrot n'était pas à Lembach étant donnée une pareille situation des troupes, étant données les

(1) Général Ducrot, *Wissembourg*, p. 16.

(2) *Le Spectateur militaire*, 5e série, t. XXIV, pp. 44 à 47. — Voir, au sujet de Wissembourg, les nos des 1er et 15 mai 1893 du *Spectateur militaire*.

(3) *Journal des Sciences militaires*, octobre 1895, p. 96.

déclarations des acteurs du drame et les historiens? Comment! alors que la division Douay, mise sous ses ordres, est à Wissembourg, sur la frontière, devant l'ennemi, alors qu'un régiment de sa propre division, le 96e, est à Climbach, à deux heures de marche (à peine) de Wissembourg, alors que sa 1re brigade est à Lembach, à quatre heures de marche (à peine) de Wissembourg, le général Ducrot se tient, non près de la division la plus aventurée, non au centre de ses régiments disséminés, mais à l'arrière-garde, au milieu de la brigade la plus éloignée du danger! Jamais réquisitoire plus terrible n'a été prononcé contre le général Ducrot. M. Duquet ne lui a pas fait cette injure, car, en dépit des fautes reprochées, il ne lui croyait pas le caractère si prudent, à moins que l'on suppose qu'il ne voulait pas endosser la responsabilité d'une première rencontre (1)!

Or, si Ducrot avait été à son poste, il n'aurait pas manqué, à la vue des innombrables bataillons ennemis, d'ordonner la retraite, et c'était le salut. « Si cette retraite avait été entamée sans retard par le 1er tirailleurs, ce régiment conservait les trois quarts de son effectif, la 1re brigade n'aurait subi que des pertes infimes et la 2e division aurait obtenu, à peu de frais, l'avantage de faire déployer devant elle la majeure partie de la IIIe armée, en même temps que des renseignements précieux pour le maréchal de Mac-Mahon. Le combat de Wissembourg n'eût été qu'une manœuvre et la 2e division aurait rempli le rôle d'avant-garde que Napoléon définit en ces termes : «« Le devoir d'une avant-garde ne consiste pas à avancer ou à reculer, mais à manœuvrer..... L'art d'un général d'avant-garde ou d'arrière-garde est, sans se compromettre, de con-

(1) *Le Spectateur militaire*, t. XXIV, p. 50.

tenir l'ennemi, de le retarder, de l'obliger à mettre trois ou quatre heures à faire une lieue (1). »» Par son incurie, par son absence, par son silence, Ducrot changea la manœuvre en combat désastreux!

Le général Ducrot est donc le vrai coupable, et il l'a si bien senti que, pour s'innocenter après coup, il a produit une étrange dépêche dont il avait oublié de parler tout d'abord et dont il ne s'est souvenu que vingt-cinq ans après le combat, en 1895, seul moment où elle ait date certaine. Voici cette dépêche adressée par lui, le 3, au général Douay :

« Du Pigeonnier, où je fus placé (*sic*), je vois arriver des trains de chemin de fer, du côté de la Masau, qui amènent probablement des troupes. En prévision d'un effort de l'ennemi, qui a beaucoup de monde à Pirmasens et à Gemersheim, il est nécessaire, je crois, de modifier vos positions. Cela vous permettra de prendre plus facilement l'offensive ou de mieux garder la défensive suivant le cas. Je vous engage donc à faire appuyer toutes vos troupes à gauche, de manière à vous bien relier au Pigeonnier, en établissant le gros de vos forces derrière la grande route qui suit la crête, c'est-à-dire entre cette route et le village de Rott (2). »

Si cet ordre a été adressé par Ducrot à Abel Douay, comment n'en est-il pas question dans *Wissembourg*, travail rédigé par le général Ducrot pour répondre au Grand Etat-major prussien qui le rendait responsable de la première défaite française? Pourtant, Ducrot avait un intérêt capital à produire cet ordre qui atténuait sa lourde faute, sa présomption, son ignorance des mouvements de

(1) *Section historique*, t. V, p. 164.
(2) *La Vie militaire du général Ducrot*, t. II, p. 332. La première édition est de 1895.

l'ennemi? Il ne le signale point! Cet oubli est d'autant plus improbable que, dans *Wissembourg* même, se trouve une lettre du général Robert, ancien chef d'état-major d'Abel Douay, député à l'Assemblée nationale, qui affirme, par une déclaration, datée de Versailles, 15 février 1873, que son général n'a reçu que la longue lettre, datée de Reichshoffen, 3 août, dont nous avons donné plus haut la teneur (1). En effet, il écrit au général Ducrot : « Depuis votre lettre du 3 août, complétée par les renseignements apportés, *verbalement*, par le capitaine Bossan, dans cette même journée, jusqu'au moment où, le 4, vers 5 heures du soir, notre division marchant en retraite, vous rencontra sur la route de Climbach, aucun ordre de vous, j'en ai la certitude, ne parvint ni au général Douay, ni à moi-même, après le moment où, vers 9 h. 3/4 du matin, il fut mortellement atteint, ni, plus tard, au général Pellé, qui prit le commandement de la division vers 11 heures (2). » Comme les chemins étaient ouverts, comme les communications entre Lembach, Climbach, le Pigeonnier et Wissembourg n'ont pas été interrompues un seul instant pendant toute la durée du combat, *a fortiori* la veille, pourquoi la dépêche de Ducrot ne serait-elle pas parvenue au général Douay?

Enfin, si Ducrot, d'après cette dépêche-fantôme, craignait « un effort de l'*ennemi*, qui avait beaucoup de monde à Primasens et à Gemersheim », pourquoi écrivait-il, ce jour-là, 3 août, au général Douay : « Je ne pense pas que l'*ennemi* soit en forces dans nos environs (3) »?

Nous ne saurions donc accepter une dépêche

(1) Voir, *suprà*, pp. 106 et 107.
(2) Général Ducrot, *Wissembourg*, p. 25.
(3) Voir, *suprà*, p. 106.

fabriquée pour les besoins de la cause, et n'insisterons pas sur ce pénible sujet, trop heureux si l'on nous prouve que notre hypothèse n'est pas fondée.

DÉFENSE DE LA VILLE

La ville de Wissembourg a la forme d'un obus dont la pointe serait dirigée vers la France. Au Moyen âge, cette ville était entourée d'une muraille et d'un fossé, et, bien que cette enceinte ait été renforcée de quelques ouvrages en terre, elle n'est pas propre à soutenir le moindre siège. Cependant les remparts sont encore à l'abri de l'escalade; les fossés, dans lesquels la Lauter peut amener six pieds d'eau, sont d'une largeur de vingt à trente pieds. Les portes de Haguenau et de Landau sont voûtées; la porte de Bitche est formée d'une échancrure dans l'enceinte.

De chaque côté de la ville, partent les fameuses *lignes de Wissembourg*, que le général Hoche reprit à Wurmser, en décembre 1793. La Lauter traverse la ville et n'est pas guéable aux alentours; les hauteurs de la rive droite rendent le passage encore plus difficile, surtout celle du Geissberg, que couronne un château massif très bien disposé pour la défense. Cette dernière position domine le pays et ne peut aisément être tournée, protégée qu'elle est par les montagnes, à gauche, et le Niederwald, à droite. Aussi n'est-il pas douteux que, si le général Abel Douay avait été soutenu par le général Ducrot, les Allemands ne seraient pas parvenus à le déloger; en tout cas, la retraite était aisée dès qu'elle eût été reconnue nécessaire; malheureusement, nous l'avons déjà écrit, l'infortuné général était livré à lui-même, isolé des autres divisions du

1er corps, et ne put que lutter héroïquement contre la fourmilière d'ennemis qui le pressait.

Il est bon, ici, de faire observer que si de petites montagnes boisées s'élèvent au nord et à l'ouest de Wissembourg, il n'en est pas de même à l'est et au sud. De ces deux derniers côtés n'existent que des ondulations, plus ou moins fortes, dont les plus hautes sont celles du Vogelsberg et des Trois-Peupliers, l'une de 255, l'autre de 246. De ce côté, celui où se tiennent les Français, c'est une simple plaine légèrement mouvementée et il faut aller jusqu'aux environs du Pigeonnier pour trouver des cotes de 507. Wissembourg et les rives de la Lauter, dont les cotes sont, en moyenne, de 164, sont donc dominés de 91 et de 82 mètres par le Vogelsberg et par la colline des Trois-Peupliers, qui surplombe, de quelques mètres, le château du Geissberg.

Le général Douay avait donc chargé de la défense de la ville un bataillon du 74e de ligne et la garde nationale, ou, pour mieux dire, les habitants de bonne volonté. Il avait étagé ses autres troupes sur les hauteurs environnantes et le long des anciennes lignes de Wissembourg, mais le peu de monde dont il disposait l'avait contraint à laisser inoccupée l'importante position d'Altenstadt par où les Allemands passèrent facilement la Lauter et tournèrent les Français.

« L'occupation d'Altenstadt par une flanc-garde (une ou deux compagnies) détachant un poste au pont du chemin de fer de Landau, à 800 mètres en aval, nous paraîtrait aujourd'hui tout indiquée. On n'envoya même pas de ce côté une patrouille de combat (1). »

(1) Général Bonnal, *Frœschwiller*, p. 117. — *Ibid.*, pp. 132 et 133. — « Il faudrait tenir Altenstadt et Weiler, passages de la Lauter très voisins. » (Général Palat, t. III, p. 68.) — « Nous

Ducrot a répondu que c'eût été une faute d'établir la 2e division à Altenstadt, Wissembourg et Weiler, comme le demandait le duc de Magenta dans son ordre de mouvement du 2 août, en raison de la position aventurée de ces trois points (1). Oui, mais des « patrouilles de combat » ne sont pas des garnisons; elles permettent d'arrêter les avant-gardes de l'ennemi et de se renseigner sur ses mouvements. Certes, il était préférable de ne pas aller à Wissembourg; seulement, dès que des bataillons français occupaient la ville et les environs, la précaution, indiquée par le général Bonnal, s'imposait à nos généraux (2).

Enfin, le 4 août, de grand matin, une reconnaissance, dirigée par le colonel Dastugues, du 11e chasseurs à cheval, fut faite sur Altenstadt et Windhoff, sans même pousser jusqu'à Schweigen, par un bataillon de turcos, deux escadrons de chasseurs et une section d'artillerie; le colonel rentra, vers 6 heures et demie, ayant exécuté sa reconnaissance avec une telle habileté qu'il ne découvrit pas la présence de l'ennemi qui s'approchait pourtant en masses profondes. En effet, cette pseudo-reconnaissance, au lieu de pousser au delà de la frontière, où elle aurait aperçu les Bavarois, se contenta de caracoler dans Wissembourg, de marquer le pas, le long de la Lauter, à quelques mètres du pont d'Altenstadt (3)!

négligeons d'occuper Altenstadt, faute criante, car elle compromet notre flanc droit. » (*Ibid.*) C'est ce que nous soutenions dès 1880 : Alfred Duquet, *Frœschwiller, Châlons, Sedan*, pp. 29 et 33.

(1) Voir, *suprà*, p. 96.

(2) *Le Spectateur militaire*, 5e série, t. XXIV, pp. 35 et 36. — *Ibid*, p. 38.

(3) *Section historique*, V, p. 160. — « Si notre cavalerie avait alors connu son rôle, elle n'eût pas seulement longé la Lauter : elle se fût portée en avant jusqu'à l'ennemi et eût ramené des prisonniers. » (Colonel Maillard, pp. 474 et 475.) — « Personne ne

« C'est à Altenstadt que le bataillon de turcos aurait dû être placé, comme repli des deux escadrons du 11e chasseurs. Quant à ceux-ci leur rôle consistait à s'avancer jusqu'à Kapsweier pour y faire halte, pendant que des reconnaissances d'officiers, ou tout au moins des patrouilles, auraient rayonné à quelques kilomètres. A la vérité, les deux escadrons se seraient heurtés aux avant-postes bavarois avant d'atteindre Kapsweier. Mais, alors, le but de la reconnaissance était atteint puisqu'elle procurait le contact (1). » — « En 1870, à l'ouverture des hostilités, nous n'eûmes qu'une cavalerie insuffisante, mal organisée, ignorant absolument le service de sécurité et d'exploration (2). » Depuis le premier jour de la guerre jusqu'au dernier, « notre cavalerie, préoccupée d'une seule idée, la bataille, n'a pas songé un seul instant à l'exploration (3) ».

Pourquoi le général Douay n'a-t-il pas écouté les avis du sous-préfet de Wissembourg, des notables de la ville, qui lui affirmaient la présence de l'ennemi « à Schweigen et dans les autres localités entre Vosges et Bien-Wald (4)? » Non, il a préféré s'en rapporter à des officiers de cavalerie qui n'avaient pas l'idée de la mission à eux confiée!

s'éclaire; la cavalerie ne sert absolument à rien... il n'y a pas de reconnaissances faites au loin et à fond. » (L. Dussieux, t. I, p. 97.) — *Ibid.*, t. I, p. 106. — Général de Woyde, t. I, p. 117. — « Négligeant d'éclairer le terrain dans la direction de l'adversaire, ce qui, cependant, lui était possible, grâce aux deux divisions de cavalerie, fortes de 44 escadrons, qu'il avait à sa disposition, le Maréchal porta en avant, vers Wissembourg, c'est-à-dire à une distance assez considérable, une division d'infanterie isolée. » (*Ibid.*, t. I, p. 179.)

(1) Général Bonnal, *Frœschwiller*, p. 132.

(2) Colonel Henry, p. 259. — Capitaine Brackenbury, p. 18.

(3) *La Tactique des Trois armes*, par G. Mazel, ancien officier d'infanterie; Paris, Berger-Levrault, 1880; p. 147.

(4) Général Bonnal, *Frœschwiller*, p. 114. — *Section historique*, V, p. 104.

Il s'en est tenu aux présomptueuses assurances de son chef, M. Ducrot! Jamais service de renseignements fut accompli plus absurdement. Le général Ducrot croit se tirer d'affaire en disant que la brigade de Septeuil avait été mise, par lui, sous les ordres du général Douay. Assurément, « la subordination directe de cette brigade au général Douay était absolument logique, mais il n'en appartenait pas moins au commandant des 1re et 2e divisions, de prescrire l'envoi de reconnaissances d'officiers sur les points où le service de renseignements (pardon! le sous-préfet de Wissembourg) avait signalé des rassemblements ennemis (1) ». Si le chef ne doit pas être à l'extrême avant-garde, où il risque d'être enlevé, il ne doit pas, non plus, se placer à l'arrière-garde où il ne voit, n'entend rien. « La journée du 4 août était une période de crise pour les 1re et 2e divisions; elle nécessitait un service de sûreté et de reconnaissances particulièrement actif et il semble même que le général Ducrot eût dû se tenir, dès le matin, sinon à Wissembourg, du moins au Pigeonnier (2). » C'est parler d'or et nous n'avons jamais dit autre chose.

PREMIERS COUPS DE CANON

Donc, sur la foi du colonel Dastugues, nos troupiers se mettent à laver leur linge, à faire la soupe, à nettoyer leurs fusils, en un mot, à expédier toutes les opérations de ménage dans lesquelles ils excellent. Tout à coup, vers 8 heures, les obus bavarois tombent sur Wissembourg. Une batterie

(1) *Section historique*, V, p. 159.
(2) *Ibid.*, p. 160.

a gravi les hauteurs de Schweigen et commence le bombardement (1). Le premier moment de stupéfaction passé, la défense s'organise rapidement. Le général commandant la 2e division se trouve alors à son quartier général près d'Oberhofen ; il monte aussitôt à cheval avec son état-major et télégraphie immédiatement à Strasbourg pour avertir le Maréchal. En effet, à 8 heures 25 minutes, le chef de gare de Wissembourg envoie la dépêche suivante : « J'ai fait arrêter le train n° 20-39 à Soultz ; on tire en ce moment sur la ville ; les boulets arrivent jusqu'à la gare (2). » Puis, le général se dispose à combattre vigoureusement, bien qu'ayant détaché le 78e de ligne au Pigeonnier, un bataillon du 50e à Seltz et le 16e bataillon de chasseurs à Soultz ; il n'a donc, sous la main, que 8 bataillons fournissant, avec la compagnie du Génie, un effectif de 4 900 hommes, plus 18 bouches à feu, en trois batteries. Quant à la cavalerie, le terrain ne lui permet pas de combattre (3).

Le général Pellé, à la tête du 1er régiment de tirailleurs algériens et d'une batterie d'artillerie,

(1) « Quand, à 8 heures du matin, une batterie bavaroise ouvrit le feu sur Wissembourg, la surprise fut générale. » (Edgar Hepp, p. 63.) — Cependant, la veille, le général Douay avait été averti de la présence des Allemands. Après une tournée d'avant-postes avec le lieutenant-colonel Girgois, le colonel du 78e de ligne « était rentré au camp vers 11 heures du soir ; il avait aperçu devant lui, en arrière de Wissembourg, à 4 kilomètres environ, autant qu'on peut en juger la nuit, des feux nombreux de bivouac dessinant une grande ligne courbe sur les hauteurs de l'autre rive de la Lauter. Son appréciation faisait monter à une trentaine de mille hommes le corps ennemi qui était devant nous. Il rentrait dans sa tente, voisine de celle du général Pellé, quand celui-ci l'appela. Le colonel lui rendit compte de ce qu'il avait vu ». (Lettre à nous adressée, le 27 octobre 1895, par le général de Belleman, ancien colonel du 78e.)

(2) Le Faure, t. I, p. 99. — Au cours du combat, cet « infortuné chef de gare, M. Schott, fut tué ». (Edgar Hepp, p. 69.)

(3) Général Ducrot, *Wissembourg*, p. 25. — *Section historique*. V, p. 106.

protège la ville et la gare ; nos artilleurs établissent leurs pièces à 200 pas en avant de cette gare et répondent au feu des Bavarois. La brigade de Montmarie et deux batteries couronnent le Geissberg que les Prussiens vont nous arracher avec tant de peine (1).

A dire vrai, les troupes « sont engagées ou marchent au feu à l'improviste, sans qu'aucune disposition générale de combat puisse être utilement adoptée (2) ».

Aussi bien, le combat de Wissembourg ne montre pas l'état-major prussien sous un très beau jour; les combinaisons du commencement de l'affaire n'y sont pas plus profondes qu'elles le seront, le surlendemain à Frœschwiller (3). Soit que la pluie ait complètement détrempé les chemins, soit que les embarras se soient produits en route, toujours est-il qu'à 8 heures et demie du matin (4), quand la division Bothmer salue inopinément à coups de canon le réveil des bourgeois alsaciens et des soldats français, elle se trouve presque aussi éloignée des autres divisions allemandes que le général Douay l'est du général Ducrot. En effet, à cette heure, le gros du Ve corps prussien passe seulement à Oberhausen (14 kilomètres de Wissembourg). L'avant-garde du XIe corps n'a atteint la Lauter qu'à 7 heures du matin. Elle a trouvé les ponts du moulin et des cabines du Niederwald

(1) *Section historique*, V, p. 106. — Alfred Duquet, *Frœschwiller, Châlons, Sedan*, pp. 34 et 35.

(2) Edgar Hepp, p. 63.

(3) Alfred Duquet, *Frœschwiller, Châlons, Sedan*, p. 37. — « Sur notre continent, *les Prussiens, seuls, se sont montrés chercheurs* et ont fait servir la guerre à de grands desseins politiques; *mais il y a peu d'art dans leurs campagnes*; ce sont des leçons bien apprises, ce sont des improvisations étudiées pendant cinquante ans et parfaitement récitées. » (*Abrégé de l'art de la guerre*, par L. N. Rossel; Paris, Lachaud, 1871; p. XVI.)

(4) Général Bonnal, *Frœschwiller*, p. 94.

absolument intacts, Ducrot et Douay n'ayant pas jugé à propos de les couper. Les Allemands se hâtent de construire trois autres ponts malgré les balles que leur envoient, au sud de la rivière, de braves gens, en vêtements civils, qui font la besogne de nos soldats et s'efforcent de réparer les négligences des lieutenants du duc de Magenta (1).

« Tant que mon cœur battra, a écrit un témoin, le capitaine Alfred Quesnay de Beaurepaire, je me souviendrai des horreurs de Wissembourg et du patriotisme de ses habitants. On nous dit que les Allemands font une enquête pour connaître ceux qui ont pris part à la lutte; ils désigneront sans doute de nouvelles victimes, mais ils en trouveront un grand nombre tombées sur les remparts, et, parmi celles-là, je n'oublierai jamais un jeune homme de seize ans qui a combattu depuis le matin à nos côtés. Les cheveux au vent, la chemise ouverte, les manches retroussées jusqu'aux coudes, il tirait fièvreusement et montait à chaque instant sur le talus pour mieux diriger ses coups : c'est là qu'il fut mortellement frappé, et je le vois toujours brandir une dernière fois son chassepot en criant : «« Vive la France (2)! »»

Mais que peuvent quelques patriotes contre les armées qui vont écraser le 1er corps à Frœschwiller! Ils blessent trois hussards ennemis, et, vers 10 heures du matin, l'avant garde du XIe corps est à Schleithal, petit village situé à deux lieues de Wissembourg : ce ne sera qu'à 11 heures que le général de Bose, commandant le XIe corps,

(1) *La Guerre franco allemande*. 1re partie, p. 178. — *Section historique*, V, p. 108. — Alfred Duquet, *Frœschwiller, Chalons, Sedan*, pp. 36 et 37.

(2) *De Wissembourg à Ingolstadt*, 1870-1871, par Alfred Quesnay de Beaurepaire ; Paris, Firmin-Didot, 1891 ; pp. 8 et 9.

dirigera ses troupes de Schleithal sur le Geissberg (1).

La seule division Bothmer est donc engagée, et la canonnade n'est nullement désavantageuse aux Français. Le terrain, couvert de vignes, est très défavorable aux batteries bavaroises; de plus, le petit nombre de nos ennemis ne les enhardit pas, aussi se tiennent-ils sur une défensive prudente, se contentant de tirailler contre nos avant-postes et d'envoyer du côté de la ville quelques obus qui y allument plusieurs incendies (2). « Les premiers coups de canon produisent, à Wissembourg, l'effet d'une pierre lancée dans un nid de guêpes. Instantanément le rempart nord se garnit de défenseurs et la fusillade éclate intense. Ce début des Bavarois n'est pas heureux (3). » Nos tirailleurs inquiètent continuellement les artilleurs bavarois et leur font éprouver des pertes sensibles (4). L'infanterie allemande cherche alors à dégager ses pièces et parvient à nous refouler de quelques pas, lorsque, tout à coup, une batterie française gravit les hauteurs sud de la ville, se met à tirer avec un rare bonheur et jette le désordre au milieu des Bavarois. L'artillerie ennemie, composée de trois batteries, fait converger tous ses feux vers ce redoutable adversaire, mais rien n'arrête nos obus, et les artilleurs allemands, décimés aussi par les balles de

(1) Rüstow, *Guerre des frontières du Rhin*, t. I, p. 196. — Général Bonnal, *Frœschwiller*, pp. 97 à 101. — « Si la conception première de l'Etat-major allemand fut audacieuse, l'exécution fut timide et malhabile. » (*La guerre de masses*, p. II.)

(2) Le général de Bothmer se contentait d'entretenir le combat, en attendant l'arrivée de la division de Walther. (*La Guerre franco-allemande*, 1re partie, p. 180.) — Alfred Duquet, *Frœschwiller. Châlons, Sedan*, p. 38.

(3) Général Bonnal, *Frœschwiller*, p. 94.

(4) *Ibid.* — « La position de la division Bothmer, à ce moment (après 9 heures un quart), était rien moins que brillante. » (*Ibid.*, p. 97.)

nos soldats, sont forcés de se retirer derrière Schweigen : la lutte n'est plus soutenue que par la batterie Kirchhoffer à laquelle vient se joindre bientôt la batterie Hérold (1).

Cependant, comme nous l'avons raconté tout à l'heure, de courageux habitants et l'armée tiennent bon à Wissembourg et rien n'annonce que la ville soit sur le point d'être emportée d'assaut. L'infanterie bavaroise essaie de surprendre la porte de Landau; à deux reprises le major de Feilitzsch, à la tête de deux compagnies et d'un bataillon, s'élance en avant : les Bavarois sont criblés de balles, abattus, dispersés, avant d'avoir pu seulement aborder les ponts-levis et les portes barricadées (2).

Tout à coup, le général de Bothmer, ayant aperçu des troupes françaises du côté du Pigeonnier, se croit sur le point d'être tourné par les Vosges; il fait partir, à la hâte, un bataillon pour Weiler, donne l'ordre à un autre d'occuper le château Saint-Paul, à deux kilomètres au nord de Wissembourg, et envoie même un dernier bataillon jusqu'aux ruines de Guttemberg, à plus de trois kilomètres au-dessus de Saint-Paul. Il ne lui reste plus guère que 2 bataillons pour entretenir l'attaque : on comprend qu'elle ne soit pas, tout d'abord, victorieuse (3).

Il est 11 heures passées, la situation ne change pas; pas le moindre Prussien à l'horizon, le

(1) « Au Windhoff, la batterie bavaroise Kirchhoffer avait été rejointe par la batterie Hérold, mais les batteries Bauer et Wurm, très exposées au feu de l'infanterie et manquant de munitions, se retirent par échelons au nord de Schweigen. » (*Section historique*, V, pp. 117 et 118.)

(2) A. Quesnay de Beaurepaire, p. 6.

(3) Général Bonnal, *Frœschwiller*, p. 95. — « L'engagement de la IVe division bavaroise devant Wissembourg, le 4 août, au matin, les dispositions prises par le général de Bothmer afin de garantir son flanc droit pendant l'action, enfin la timidité, pour

général Bothmer est le seul assaillant et les Français sont parfaitement maîtres du terrain (1). Il n'y a pourtant pas de temps à perdre. En effet, dès le commencement de l'affaire, le Prince royal, commandant de la IIIe armée, s'était établi sur une hauteur, au nord-est de Kapsweyer; il y était resté, jusqu'à midi passé (2), suivant avec anxiété les phases de la lutte, car ses troupes ne venaient point au secours de la division engagée et il redoutait l'apparition probable des régiments de la division Ducrot qui n'auraient pas manqué d'écraser ou de refouler désastreusement les Bavarois déjà si peu en train de se battre. Aussi le Prince royal s'empressait-il « d'envoyer des officiers à l'avant-garde du Ve corps et au XIe corps pour leur prescrire de se rabattre promptement sur Wissembourg (3) ».

Mais le Ve corps arrive à marches forcées et va dépasser Altenstadt; le XIe accourt par la route de Schleital; il est l'heure de se décider à la retraite puisque les renforts ennemis s'amoncellent, menaçants, autour de la petite division française et que le maréchal de Mac-Mahon, le général Ducrot ne se préoccupent pas plus de leur lieutenant que s'il n'existait pas. Ne veulent-ils apparaître qu'en cas de victoire et se laver les mains de la défaite si les Allemands sont vainqueurs?

ne pas dire la mollesse, d'une infanterie qui n'ose pas quitter les roues de son artillerie, tout cet ensemble tend à démontrer que chefs et soldats de Bavière n'avaient, au début de la Guerre de 1870, qu'une valeur des plus médiocres. » (*Ibid.*, p. 96.)

(1) Le récit de l'Etat-major français donne l'heure de 10 heures et demie comme celle de la véritable attaque par les Allemands. « Vers 10 heures 30 minutes, le combat, jusqu'alors traînant, prend, sur les bords de la Lauter, un caractère très violent. » (*Section historique*, V, p. 116.) Le général Bonnal écrit que c'est « entre 10 heures et demie et 11 heures ». (Général Bonnal, *Frœschwiller*, p. 99.)

(2) *Ibid.*, Atlas, croquis 8 à 11.

(3) Général Bonnal, *Frœschwiller*, p. 97.

Ainsi que nous l'avons déjà dit, au commencement de l'action, les Ve et XIe corps prussiens étaient presque aussi loin de la division Bothmer que les troupes du 1er corps français et surtout la division Ducrot l'étaient de la division Douay. Pourquoi, quand les premiers se hâtent si fiévreusement, les seconds restent-ils immobiles?

Depuis deux heures et demie que gronde la canonnade, le Maréchal et le général Ducrot n'ont-ils donc pris aucune résolution? Le Maréchal est à Strasbourg, c'est vrai, mais le télégraphe ne l'instruit donc pas minute par minute de ce qui se passe, et enfin, pourquoi est-il encore à Strasbourg? Quant au général Ducrot, qui se tient aux environs de Lembach, à quoi pense-t-il (1)?

(1) Il paraît cependant que l'Empereur avait prévenu le maréchal de Mac-Mahon qu'il serait attaqué. En effet, nous lisons dans le journal d'un officier du 1er corps, à la date du 4 août : « *Je sais d'une manière certaine que le Maréchal a reçu cette nuit de l'Empereur une dépêche télégraphique ainsi conçue : «« Vous serez attaqué aujourd'hui ou demain. »» Aussi cet officier s'écrie-t-il le soir de ce jour funeste : «« C'est égal, la dépêche de l'Empereur aurait dû éclairer le Maréchal, nous pouvions facilement, en partant la nuit, arriver à temps pour soutenir la division Douay.* »» (*De Frœschwiller à Sedan*, journal d'un officier du 1er corps; Tours, Hachette et Cie, novembre 1870; pp. 14 et 17.) — « Le Maréchal avait reçu, dans la nuit du 3 au 4, à Strasbourg, une dépêche du Quartier Impérial lui annonçant qu'il allait être attaqué. Il est regrettable que le commandant du 1er corps n'ait pas considéré comme urgente la nouvelle d'une prochaine attaque de l'ennemi, car il n'aurait pas laissé la division Douay à cinq lieues des autres et dans des conditions à être battue. Le Maréchal avait le temps d'envoyer des ordres, de se porter sur Haguenau, de diriger sur Wissembourg ses 3 autres divisions et de prévenir le Quartier Impérial de son mouvement en avant. En agissant ainsi, le duc de Magenta eût évité le double désastre de Wissembourg et de Frœschwiller. En effet, le mouvement que j'indique pouvant être commencé dans la nuit du 3 au 4 août à 2 heures du matin, le 1er corps se fût trouvé en partie à Wissembourg, en partie échelonné au-dessous. La 2e division, prévenue, se fût repliée, en combattant, sur les autres, et le terrain eût été défendu pied à pied. » (*Sedan*, par le général de Wimpffen, pp. 83, 84 et 85.) — Voici la dépêche du maréchal Le Bœuf : « *Le Major général au maréchal de Mac-Mahon à Strasbourg*

Non, rien ne vient à l'infortuné général Douay, ni un ordre ni un renfort; il est contraint de se conformer aux instructions formelles de ses supérieurs; ces instructions de la veille sont, non seulement de demeurer à Wissembourg, mais encore d'y combattre, si les Prussiens attaquent (1). Il ne s'agit donc pas de songer à la retraite, il s'agit de lutter vaillamment en attendant le Maréchal, de n'abandonner la partie qu'après une défense héroïque et lorsqu'il n'y aura plus moyen de prolonger la résistance Nous allons voir que l'intrépide division soutint jusqu'au bout ce glorieux et imprudent programme (2).

ARRIVÉE DES Ve ET XIe CORPS

A 11 heures, la bataille prend une nouvelle face; le Ve corps se masse autour d'Altenstadt et dégage les Bavarois. Le général de Kirchbach décide que la division de Sandrart marchera droit au Geissberg pendant que les régiments du XIe corps, se reliant à sa gauche, s'efforceront de tourner la position par le sud-est.

Le général de Sandrart tente aussitôt d'enlever la gare du chemin de fer et jette sur elle deux

(D. T.). Metz, 4 août, 2 h. 1/2 du matin. On donne comme certaine la sortie de Trèves de 40 000 hommes marchant sur Thionville ou sur Sarrelouis. Nous espérons une affaire sérieuse aujourd'hui ou demain matin. Tenez-vous sur vos gardes; il est possible que les troupes qui sont devant vous fassent un mouvement offensif. Le général Douay vous a télégraphié, en même temps qu'à moi, les bruits qui courent sur un passage du Haut-Rhin par l'ennemi. L'Empereur vous laisse libre des dispositions à prendre. » (*Section historique*, V, p. 231.)

(1) Camille Farcy, p. 41. — *La Guerre franco-allemande*, 1re partie, p. 177. — Voir, *suprà*, pp. 102 à 113.

(2) Alfred Duquet, *Frœschwiller*, *Châlons*, *Sedan*, pp. 39 à 49.

compagnies et un bataillon. Heureusement, nos troupes, abritées derrière les vieux épaulements des lignes de Wissembourg, prennent l'ennemi de front, de flanc et à revers et le couvrent d'une grêle de balles. Les Prussiens reviennent plusieurs fois à la charge et se retirent toujours en laissant le sol jonché de leurs blessés et de leurs morts (1).

A la suite de ce petit succès, le général Pellé « s'empresse de faire occuper un vaste enclos entouré de murs et situé à quelques centaines de mètres de la gare. Quelques groupes de turcos essayent même de déborder la gauche des tirailleurs prussiens, mais leurs tentatives sont arrêtées par les feux de fractions ennemies établies derrière le remblai du chemin de fer (2) ».

Une autre attaque, venue de Windhof, contre la porte de Landau, n'a pas été plus heureuse. Malgré la simultanéité des deux mouvements en avant, malgré les forces bien supérieures dont il disposait, l'élan de l'ennemi avait été rompu et les turcos, là comme à la gare, avaient conservé leurs positions, grâce à leur extraordinaire énergie (3).

Oui, nous luttons heureusement contre des forces supérieures; une batterie de mitrailleuses, placée entre le Geissberg et trois peupliers poussant à 400 pas du château, renverse de longues files d'Allemands; de la ville et des hauteurs part une nuée de projectiles et la petite troupe française sème le ravage au milieu de ses nombreux adversaires. Vainement trois batteries s'établissent à la levée du chemin de fer et cherchent à ralentir notre

(1) Sur l'ordre du général Pellé, les turcos se précipitent, à la baïonnette, sur la XVIIIe brigade prussienne et « à trois reprises différentes, la rejettent en désordre ». (*Historique de la 2e division*; cité par la *Section historique*, V, p. 117.)

(2) *Section historique*, V, p. 117.

(3) *Ibid.*

feu, l'ardeur des soldats ne se dément pas un instant et leur tir, bien dirigé, cause aux Prussiens des pertes effrayantes. Pourtant les canons ennemis s'alignent maintenant de tous côtés; plus de 40 bouches à feu crachent sans relâche leurs obus sur les défenseurs de la ville et du Geissberg; des masses ennemies noircissent les prairies de la Lauter, encombrent toutes les routes, mais les Français ne plient nulle part (1).

Malheureusement, l'artillerie allemande s'en prend à notre batterie de mitrailleuses qui, bien dirigée, bien manœuvrée aurait pu rendre tant de services : elle est réduite au silence. « Cet insuccès est dû, en grande partie, à une insuffisance dans l'instruction du personnel chargé de l'utiliser. Celui-ci ne put connaître le mécanisme et le mode d'emploi de cet engin que peu de jours avant d'avoir à s'en servir sur le champ de bataille (2). » — « Inventées pour centupler le tir de l'infanterie, on a voulu faire remplir aux mitrailleuses le rôle de canons dont elles ne pouvaient avoir ni la puissance ni la portée (3). »

Ce serait alors, si l'on voulait en croire le récit

(1) *La Guerre franco-allemande*, 1re partie, p. 184. — Alfred Duquet, *Frœschwiller*, *Châlons*, *Sedan*, pp. 42 à 43.

(2) *Les Mitrailleuses*, conférence faite, le 3 mars 1907, par le chef d'escadron Gautreau; Paris, imprimerie Chaix, 1907; p. 13.

(3) *Ibid.*, p. 24. — « La batterie de mitrailleuses ne semble pas avoir donné les résultats qu'on en espérait. A la vérité, elle se démasqua trop tôt, et sur une position où les batteries prussiennes la voyaient nettement et pouvaient faire converger leurs feux sur elle pour la mettre le plus rapidement possible hors de combat. Cette batterie devait éviter soigneusement d'entrer en lutte avec l'artillerie ennemie, chercher des positions échappant à ses vues, et réserver son action pour faire échouer les attaques d'infanterie. Si, par exemple, soigneusement dissimulée derrière le Geissberg, elle eut surgi tout à coup au moment où les premiers bataillons des 50e et 74e de ligne (français) étaient aux prises avec les 80e et 87e (prussiens) elle eut immobilisé ceux-ci et permis à ceux-là de rompre aisément le combat. » (*Section historique*, V, p. 169.)

de la *Section historique*, que le général Douay, reconnaissant la supériorité des forces qui l'attaquaient, aurait prescrit la retraite (1). Nous nous expliquerons, plus loin, sur cette assertion mais nous faisons remarquer, tout de suite, que, si le général Douay fut convaincu de la nécessité de la retraite, s'il la désira, en tout cas il n'osa pas la prescrire formellement, par crainte de voir ses chefs arriver au moment où elle serait entamée. Il se contenta donc d'en parler, d'en émettre l'hypothèse, de faire rétrograder de quelques mètres certains régiments : ce fut tout, et cela résulte bien de la déclaration suivante du général Pédoya : « Lorsque les masses ennemies ont été démasquées, le général Douay ne s'est plus fait illusion sur la gravité de la situation, et il me souvient lui avoir entendu dire, quelques instants avant sa mort, à la vue des colonnes ennemies : «« Nous *serons* obligés de battre en retraite (2). »» Cela résulte encore de la déclaration suivante : « Le capitaine Borelli de Serres se trouvant, un peu avant 10 heures, auprès du général de Montmarie, entendit Douay prescrire de préparer la retraite, l'ennemi étant en forces très supérieures. Il en donnera l'ordre *quand le moment sera venu* (3). »

Du reste, qu'on veuille bien lire l'Historique

(1) *Section historique*, V, p. 119.

(2) Lettre du commandant Pédoya, aujourd'hui général, au général Robert; cité par la *Section historique*, V, p. 119. — Voir *infrà*, p. 143. — « Douay se rend compte, un peu tard peut-être, qu'il ne s'agit pas d'une reconnaissance offensive mais d'une attaque véritable par des forces très supérieures... Ce fait semble ressortir d'une note du général Pellé. (R. H. II, 1901, 189.) Ce dernier, voyant que nous tenions contre des forces dix fois plus considérables, pensa longtemps que cette résistance était justifiée par l'arrivée de nos divisions plus en arrière. » (Général Palat, t. III, pp. 44 et 45.)

(3) Témoignage verbal de M. le colonel Borelli de Serres, recueilli par M. Palat. (Général Palat, t. III, p. 45, note 1.)

du 74e de ligne, et l'on n'y trouvera pas trace d'ordre de retraite. Le régiment recule, petit à petit, d'abris en abris, sous la poussée des masses prussiennes, mais il n'entamera une retraite véritable qu'après la prise du Geissberg (1).

D'un autre côté, que dit le lieutenant-colonel Cauvet, de l'artillerie? « Le 4 août, *à 8 heures du matin*, une vive canonnade se fit entendre : l'ennemi attaquait Wissembourg. L'artillerie, rapidement prête, se porta à la droite de Wissembourg, en avant de la gare (la 9e batterie du 9e seulement; les deux autres restèrent sur les hauteurs du Geissberg), y soutint une vigoureuse lutte contre une artillerie énormément supérieure. Plus tard, lorsque l'ennemi, après avoir descendu (la IXe division prussienne remonta en réalité le cours de la Lauter depuis Altenstadt) le cours de la Lauter, eût franchi cette rivière pour gravir et attaquer les hauteurs du Geissberg, l'artillerie se porta au devant de cette attaque décisive, ouvrit un feu des plus meurtriers sur les masses profondes et serrées de l'ennemi, et aida ainsi notre brave infanterie, le 74e de ligne et le 1er tirailleurs, à arrêter les têtes de colonnes de l'ennemi. Mais il fallut céder devant l'immense supériorité du nombre. La 2e division, *après avoir combattu pendant huit heures une armée entière, battit en retraite*, lentement et en bon ordre, protégée, jusqu'au dernier moment, par le feu de nos batteries (2). » Ce n'est donc pas avant 3 heures de l'après-midi, au plus tôt, que la retraite commença réellement (3).

(1) Voir l'Historique du 74e de ligne, *Section historique*, V, pp. 217 à 219.

(2) *Ibid.*, V, p. 222.

(3) « En réalité, la division Douay a résisté de 8 heures 30 minutes du matin à 3 heures de l'après-midi. » (*Section historique*, V, p. 294.) Non, de 8 heures à 3 heures et demie.

Le général Bonnal, lui-même, reconnaît que, tout au moins, dans les trois premières heures de l'affaire, Abel Douay n'avait pas ordonné la retraite, puisqu'il écrit : « Si le commandant de la division se fût imposé la tâche de mettre le général Pellé au courant de la situation en lui recommandant de rompre le combat devant des troupes très supérieures, il est probable que la 2e division aurait obtenu, sans essuyer de grandes pertes, l'avantage inappréciable de faire déployer devant elle la majorité de la IIIe armée allemande et, par suite, de permettre au maréchal de Mac-Mahon d'être fixé sur l'importance des forces contre lesquelles il allait avoir à manœuvrer (1). » Or, à 11 heures du matin, le général Pellé n'avait pas encore reçu l'ordre de retraite, assure, avec raison, le général Bonnal (2).

Reprenons le récit de la lutte. Notre batterie de mitrailleuses est donc démontée : un obus a fait tout à coup sauter son caisson de munitions, et il s'en est suivi un désordre inexprimable. Un grand nombre de servants sont tués ou blessés, la batterie doit se retirer, et cette explosion nous coûte, de plus, le général Abel Douay, qui est atteint mortellement par des éclats (3).

(1) Général Bonnal, *Frœschwiller*, p. 133.
(2) *Ibid.*, p. 135. — Voir, *infrà*, pp. 141 à 147.
(3) « Le général et son chef d'état-major s'étaient portés, pour observer les mouvements de l'ennemi, sur la colline dite des *Trois-Peupliers*, où se trouvait la batterie de mitrailleuses. Dès qu'il tomba, on le transporta dans la ferme de Schafbusch en même temps que le capitaine d'état-major du Closel, blessé près de lui ; c'est là qu'on fut contraint de les laisser, au moment de notre retraite, *parce que notre division n'avait ni une voiture d'ambulance ni même un seul cacolet.* » (Général Ducrot, *Wissembourg*, p. 20.) — « D'après le médecin inspecteur Dauvé, le général Douay fut blessé, à l'aine droite, par un éclat d'obus, et transporté en charrette à Schafbusch, où il mourut quelques minutes après son arrivée. » (*Section historique*, V, p. 119, note 2.)

En dépit de ce fatal accident, la résistance des Français continue toujours. Le général Pellé, qui dirige la défense de la ville, est instruit de la mort de son chef et prend en main le commandement de toute la division (1). Il est alors 11 heures et demie, au moins (2). Le nouveau commandant en chef ramène le 2e régiment de tirailleurs algériens de la porte de Landau à la gare et se prépare à la disputer longtemps aux épaisses phalanges qui vont chercher à s'en emparer.

Par malheur, après 11 heures (3), les quatre batteries, postées entre le chemin de fer de Landau et le Niederwald, écrasent nos canons et nos mitrailleuses du Geissberg, qui sont obligés de cesser le feu. Quant à notre autre batterie (Didier), celle qui se tient sur la naissance des pentes du Vogelsberg, au sud de la gare, près du cimetière juif, elle est broyée par les cinq batteries, qui s'alignent sur les deux mamelons s'élevant entre Schweigen et Altenstadt.

Néanmoins, la bataille ne s'arrête pas; les Allemands, malgré la mort de notre général en chef, malgré la démolition de notre artillerie, n'ont pu entamer nos positions ; nous avons fait éprouver à l'ennemi des pertes énormes; rien ne serait perdu,

(1) L'ordre de retraite n'est pas encore donné : une dépêche du Maréchal ayant, le matin même, averti l'état-major de la 2e division *de son arrivée prochaine sur le lieu du combat*; le général Pellé compte sans doute aussi sur des renforts que le général Ducrot *peut lui envoyer de Lembach*, où se trouve son quartier général; enfin, il semble impossible d'abandonner le bataillon du 74e, qui lutte intrépidemment à Wissembourg. (A. Le Faure, t. Ier, p. 102.)

(2) « *Vers midi*, les 2e et 3e bataillons de tirailleurs sont refoulés... *A ce moment*, l'aide de-camp du général Pellé lui apprend la nouvelle de la mort du général Douay. » (*Section historique*, V, pp. 121 et 122.) — Alfred Duquet, *Frœschwiller, Châlons, Sedan*, pp. 43 et 44.

(3) Général Bonnal, *Frœschwiller*, Atlas, croquis no 10. — *Section historique*, V, p. 120.

peut-être, si le général Ducrot daignait se souvenir qu'une division française se fait écharper depuis quatre heures, en exécutant ses *ordres*... mais il est dit que cette division périra sans secours ; il ne lui reste plus qu'à compter sur son courage ; pas un régiment ami ne se montre à l'horizon, et les gros anneaux noirs des colonnes allemandes se resserrent de plus en plus et vont certainement broyer les audacieux défenseurs de Wissembourg et du Geissberg sous leur étreinte brutale.

QUESTION DE LA RETRAITE

Encore une fois, que faisait le Maréchal ?

Dès qu'il avait reçu du chef de gare de Wissembourg le télégramme annonçant le bombardement de la ville, il s'était empressé de prévenir le général Raoult, à Reichshoffen :

4 août, 9 h. 45. — Je reçois l'avis d'une attaque sur Wissembourg ; que vos troupes se tiennent prêtes à marcher au premier ordre. Je pars pour Soult, *d'où je me porterai sur la ligne des avant-postes* (1).

Quelques instants après, il lui télégraphiait encore :

4 août, 10 h. 25. — *Je pars pour Wissembourg en chemin de fer.* De Wissembourg, j'irai à cheval visiter les avant-postes jusqu'à Reichshoffen, où je compte vous rencontrer (2).

Le Maréchal persistait dans son projet du matin

(1) Le Faure, t. I. p. 99.
(2) *Ibid.*

qui était, ainsi qu'il l'avait télégraphié, de Strasbourg, au général Abel Douay, à 8 heures 35 minutes, *de partir à 9 heures pour Wissembourg, dans l'intention de faire la tournée des postes des 1re et 2e divisions* (1). Ce télégramme, parvenu au général Robert vers 10 heures du matin (2), modifiait complètement celui que le Maréchal avait adressé deux heures auparavant et dont voici la teneur :

Strasbourg, 5 h. 27 du matin.

Mac-Mahon à Douay.

Avez-vous, ce matin, quelques renseignements vous faisant croire à un rassemblement nombreux devant vous? Répondez immédiatement. Tenez-vous sur vos gardes prêt à vous rallier, si vous étiez attaqué par des forces très supérieures, au général Ducrot par le Pigeonnier. Faites prévenir le général Ducrot, en route pour Lembach, d'être également sur ses gardes.

MAC-MAHON (3).

Or, comme il faut à peine une heure pour aller en chemin de fer de Strasbourg à Wissembourg, le général Pellé continua le combat, ne voulant pas

(1) Général Ducrot, *Wissembourg*, p. 25. — « Dans la nuit du 3 au 4 août, le maréchal de Mac-Mahon avait déjà annoncé par télégramme au général Douay, qu'il se rendrait, «« le lendemain 4 août, à Wissembourg »», et déciderait «« si cette ville devait rester occupée »». (*Enq. sur les actes du Gouvernement de la Défense nationale*, t. I, p. 34.) — *Section historique*, V, p. 102, note 3.

(2) Le général Robert déclare l'avoir reçu, *à 6 heures*, sur le terrain même du combat. Il y a là, évidemment, une faute d'impression; à 6 heures les Français n'étaient plus *sur le terrain du combat*, puisque la gare fut prise à 1 heure et demie et que la retraite commença à 3 heures et demie, 3 heures même pour certaines troupes.

(3) Notes sur les opérations du 1er corps de l'armée du Rhin, dictées par le maréchal de Mac-Mahon, à Wiesbaden, en janvier 1871; citées par la *Section historique*, V, p. 189. — Général Ducrot, *Wissembourg*, p. 17.

ordonner la retraite avant l'arrivée du Maréchal, annoncée d'une façon si précise. M. de Mac-Mahon a donc eu tort d'écrire que le général Douay avait reçu des instructions où il lui était recommandé de « battre immédiatement en retraite en cas de rencontre avec des forces trop supérieures (1) ».

Qu'on ne vienne pas dire que le duc de Magenta ne pouvait pas aller de Strasbourg à Wissembourg par chemin de fer puisqu'il était coupé. Oui, à 10 heures, l'ennemi occupait la voie, mais seulement près de Wissembourg. Mac-Mahon avait donc la liberté de descendre de wagon dès qu'il aurait atteint l'endroit dangereux, de monter à cheval et de s'approcher de la 2e division, soit par Riedseltz, soit par Pfaffenschlick, soit par le Pigeonnier, selon l'heure où il serait parti, selon les télégrammes que les maires des localités menacées lui auraient envoyés.

Tout le monde, à Wissembourg, devait si bien croire qu'il fallait résister jusqu'à son arrivée sur le terrain de la lutte qu'il l'avait dit, qu'il le disait à tout le monde. Ainsi, au commandant du 6e escadron du 11e chasseurs, chargé, par le général Douay, d'aller le prévenir de l'attaque des Bavarois, il donnait, à midi, l'ordre « de retourner de suite sur le champ de bataille dire au général Douay *de tenir le plus longtemps possible* (2) ».

Il est vrai que la *Section historique*, s'appuyant sur un rapport du général Pellé, daté de Lembach, 5 août 1870, et sur l'historique de la 2e division, déclare que ledit général avait reçu, vers 11 heures et demie, du général Douay, l'ordre « de battre en

(1) Notes du maréchal de Mac-Mahon; citées par la *Section historique*, V, p. 188. — Alfred Duquet, *Frœschwiller, Châlons, Sedan*, pp. 11 à 16.

(2) Historique du 11e chasseurs à cheval; cité par la *Section historique*, V, p. 112.

retraite » et que, après la mort de ce dernier, Pellé se décida à continuer le mouvement de retraite (1) ». Malheureusement pour cette hypothèse, il n'y a pas traces d'un commencement de recul dans les mouvements de la première partie du combat : nos troupes ne se retiraient que lorsqu'elles étaient écrasées, ou sur le point d'être débordées, et il est plus probable que, si les généraux Douay et Pellé successivement, effrayés par les masses qui fondaient sur eux, parlaient d'une retraite, ils ne la commencèrent jamais effectivement (2), en raison de leur conviction de voir apparaître bientôt Mac-Mahon ou Ducrot, leurs chefs, en raison de leur appréhension d'être blâmés par eux pour ne pas avoir plus vigoureusement résisté et pour avoir ainsi rendu inutiles ou dangereux les renforts que ces grands généraux leur auraient amenés.

Au reste, nous avons la preuve de ce que nous avançons dans l'aveu suivant, enregistré sous forme de note, à la suite de l'Historique de la 2e division. « Le matin, le général Pellé, voyant que nous étions engagés et tenions contre des forces dix fois plus considérables, pensa, pendant longtemps, que cette résistance était justifiée par l'arrivée de nos divisions qui se trouvaient plus en arrière *et que l'on attendait*. Mais, vers 1 heure, sur le point d'être entouré et ne voyant, de toutes parts, que l'ennemi, il comprit bien qu'il ne pouvait plus compter que sur lui-même et il continua la retraite qu'il avait commencée par ordre du général Douay (3). » Ce ne serait donc pas avant 1 heure que la retraite aurait été entamée. Mais, nous le répétons, nous n'admettons pas l'exis-

(1) *Section historique*, V, pp. 120 et 122.
(2) Voir, *suprà*, p. 135, la lettre du général Pédoya.
(3) Cité par la *Section historique*, V, pp. 199 et 200.

tence d'un ordre de retraite donné par le général Douay (1) et, en cela, nous nous conformons aux mouvements de la bataille et à la thèse merveilleusement exposée par un témoin, officier d'ordonnance du général de Montmarie, le général Pédoya :

« Si le général Douay a accepté le combat, c'est qu'il pensait n'avoir devant lui que des troupes peu nombreuses et il n'a pas voulu battre en retraite devant elles sans savoir devant quel ennemi il reculait. Peu à peu, il a été engrené dans le combat et, lorsque les masses ennemies ont été démasquées, il ne s'est plus fait illusion sur la gravité de sa situation, et il me souvient lui avoir entendu dire, quelques instants avant sa mort, à la vue des colonnes ennemies : «« Nous serons obligés de battre en retraite. »»

« Devait-il refuser le combat dans la situation où il se trouvait ? Non, cent fois non. Qu'il soit regrettable qu'il n'ait pas été renseigné sur les forces ennemies qui se trouvaient en face, c'est certain. Mais, dans les conditions où le combat a été engagé, ne voyant, au début, que peu ou point d'ennemis, si le général avait ordonné la retraite, si même elle avait été ordonnée jusqu'à midi par les chefs qui lui ont succédé, ils auraient certainement été blâmés par tout le monde.

« Qu'avant les premiers coups de feu, qu'avant d'apercevoir les troupes ennemies, on ordonne la retraite, fort bien — les soldats s'égarent sur les motifs qui la font ordonner. Mais se porter en arrière lorsque l'on aperçoit l'ennemi, lorsque le feu a commencé, pour eux c'est *reculer*, et l'effet moral est désastreux.

« Supposons qu'au lieu de l'avancée ennemie, ce n'eût été qu'une simple reconnaissance (il faut

(1) Voir, *suprà*, pp. 135 et suivantes.

se souvenir que le général était sans renseignements), n'aurait-on pas énergiquement blâmé, et avec raison, le général Douay d'avoir fui devant quelques hommes ?

« En guerre, on ne doit quitter une position d'avant-postes que lorsqu'on y est matériellement forcé. Or, lorsque ce moment est arrivé, l'engrenage du combat nous avait pris, il devenait difficile de partir sans combattre. Aurait-on pu faire quitter les magnifiques positions à nos soldats sans les disputer à l'ennemi ?

« Et puis, *on espérait du secours; ce secours pouvait arriver; le canon a certainement été entendu des troupes placées au Pigeonnier et à Climbach.*

« Il fallait donc se battre, se maintenir en position, espérer du secours et conserver la ligne de retraite. C'est ce qui a été fait (1). »

Parmi les renseignements, communiqués par le même général Pédoya, le 17 janvier 1901, on trouve encore la phrase suivante, des plus significatives : « Le général Pellé, qui avait pris le commandement après la mort du général Douay, ne songeait qu'à résister sur le Geissberg, *espérant toujours que le général Ducrot, qui était à proximité, viendrait avec des renforts* — le général Pellé, avec qui j'ai vécu en captivité, me l'a plusieurs fois répété — et c'est lorsqu'il a dû renoncer à tout espoir d'être secouru et qu'il s'est vu menacé d'être enveloppé, que la retraite a été envisagée comme une nécessité (2). »

Aussi le général Robert, sénateur de la droite à

(1) Lettre au général Robert ; citée par la *Section historique*, V, pp. 202 et 203.

(2) *Section historique*, V, p. 205. — Voir, *infrà*, pp. 154 à 168, la discussion approfondie de la question de savoir si, oui ou non, les généraux Douay ou Pellé, ont donné un ordre de retraite avant 3 heures de l'après-midi.

l'Assemblée de Versailles et ancien chef d'état-major du général Abel Douay, tout en semblant admettre que le général Ducrot n'avait pas *expressément* commandé d'accepter le combat, rejette cependant la responsabilité de l'échec sur Mac-Mahon d'abord et sur Ducrot ensuite. Voici en quels termes il s'exprime avec une raison et une clarté singulières :

« *Quant à l'acceptation du combat et à la durée de la résistance*, vous (le général Ducrot) ne nous aviez, à cet égard, ni avant ni pendant la lutte, absolument rien prescrit, mais *elles s'expliquent d'elles-mêmes par les ordres antérieurs du Maréchal et par les circonstances*. En effet, le Maréchal nous avait dit d'abord par son télégramme du 4 au matin : «« Vous vous rallierez au général Ducrot si vous êtes attaqués par *des forces très supérieures* ; »» puis deux heures plus tard : «« *Je pars pour Wissembourg*. »» Dans cet état de choses, le général Douay d'abord, puis, après lui, son chef d'état-major et le général Pellé furent conduits successivement et nécessairement aux résolutions suivantes :

« 1° Accepter un combat qui semblait n'être, d'abord, qu'une forte reconnaissance poussée par l'ennemi sur notre frontière ;

« 2° Défendre, au moins pendant un certain temps, la petite place de Wissembourg qui était pour notre position un utile point d'appui en même temps qu'un obstacle à l'ennemi et que l'honneur nous interdisait d'ailleurs de livrer sans combat (1).

(1) Cette dernière considération est très mauvaise. L'honneur, à la guerre, consiste à ne pas se faire écraser naïvement. Le général Robert aurait pu la remplacer par cette autre : que la manutention de Wissembourg paraissait être indispensable aux troupes du 1er corps. (Voir plus haut la lettre du général Ducrot au général Douay.) — Vingt-sept ans après nous (*Frœschwiller*.

« 3° Défendre, par suite, le passage de la Lauter et la gare du chemin de fer, et, plus tard, utiliser successivement, pour contenir l'attaque des colonnes ennemies, nos bonnes positions du centre et de la droite.

« 4° Maintenir l'excellent moral des troupes dans ce premier engagement des deux armées et en profiter *pour attendre, avant de battre en retraite, le moment où la grande supériorité des forces de l'ennemi* (qui ne montrait que successivement ses têtes de colonnes) *nous serait complètement prouvée*; mais en veillant très attentivement à ne pas laisser couper notre ligne de retraite sur laquelle nous étions assurés d'ailleurs de trouver d'abord *et au moins* le renfort du 78°, *et vous ensuite*.

« 5° *Donner enfin au Maréchal et à vous-même le temps* SOIT DE NOUS ENVOYER DES RENFORTS, SI CETTE MESURE ÉTAIT JUGÉE OPPORTUNE, SOIT DU MOINS DE VENIR RECONNAITRE LES FORCES DE L'ENNEMI et de remédier ainsi aux dangers de cet inconnu fatal sous la pression duquel le grand quartier général nous laissait depuis quelques jours au sujet de la position ou des degrés de concentration de l'armée allemande (1). »

A la bonne heure! voilà qui est parler! voilà qui est net! Les responsabilités sont signalées. Les coupables, nous les connaissons. C'est le Maréchal, qui prescrit l'occupation de Wissembourg et qui, averti par le Quartier Impérial que l'ennemi

Châlons, Sedan, p. 47, note 1), le rédacteur de la *Section historique* reconnaît que « l'honneur de l'armée française n'aurait subi aucune atteinte du fait de l'abandon volontaire d'une ancienne place forte, déclassée depuis trois ans ». (V, p. 166.)

(1) Général Ducrot, *Wissembourg*, pp. 26, 27 et 28. — Il a été mentionné, plus haut, que l'Empereur avait averti le Maréchal qu'il serait attaqué le 4.

s'avance vers le 1er corps, annonce pour 10 heures sa visite à la division engagée, ne part de Strasbourg que vers 9 heures, quand il apprend que Wissembourg est bombardé (1), se rend à Soultz, puis au Pigeonnier sans donner signe de vie aux combattants de Wissembourg durant toute la journée(2). C'est, enfin, le général Ducrot qui oublie de soutenir la 2e division et la laisse écraser après un combat de géants(3).

INERTIE DE MAC-MAHON ET DE DUCROT.

Il est, en effet, véritablement effrayant de penser à la conduite de Mac-Mahon et de Ducrot ce jour-là ! En attendant leurs autres forces, quand ils apprennent quelle lutte inégale soutient leur lieutenant, ils ont, là, sous la main, à 6 kilomètres de Wissembourg, le 78e de ligne qu'ils ont distrait, le matin, de la 2e division, à laquelle il appartenait, et qu'ils ont fait établir, au Pigeonnier, vers 8 heures du matin, juste à l'instant où les Bavarois tirent les premiers coups de feu contre Wissembourg, et ce régiment assiste, impassible et inerte, au drame qui se déroule sous ses yeux. Nous n'inventons rien, nous acceptons le récit de l'Etat-major français, peu enclin à incriminer les grands chefs; voici le texte de ce récit :

« Un escadron du 3e hussards avait été mis à la

(1) *Section historique*, V, pp. 174 et 175.

(2) « Jusqu'à la fin du combat, aucune dépêche, autre que celle annonçant l'arrivée de Mac-Mahon pour 10 heures, ne parvint à la 2e division. » (Le Faure, t. I, p. 99.) — *Sedan*, par le général de Wimpffen, p. 85.)

(3) « Ducrot laisse écraser Abel Douay à Wissembourg. » (Urbain Gohier, p. 39.) — Voir Alfred Duquet. *Frœschwiller, Châlons, Sedan*, pp. 46 à 49.

disposition du chef du 1er bataillon du 78e de ligne. «« A peine le régiment (venant du Vogelsberg) était-il arrivé au sommet du col du Pigeonnier que le canon se fit entendre à Wissembourg; quelques instants après, un hussard annonça l'engagement. Par les éclaircies, ou en montant sur les arbres, on distinguait parfaitement les jets de fumée et, avec la lunette, les mouvements de l'ennemi au delà de la ville... Vers 1 heure, le feu avait à peu près cessé; l'engagement paraissait terminé. Un officier d'état-major de la division, arrivé au Pigeonnier, fait prévenir le général Ducrot de la mort du général Douay et de l'insuccès de nos troupes... Une heure et demie plus tard, la canonnade et la fusillade se font de nouveau entendre avec violence au dessous de Wissembourg. L'attaque ennemie se prononce particulièrement sur la droite et s'étend bientôt sur toute la ligne. On distingue à l'œil nu les mouvements de l'adversaire »» (Historique du 78e de ligne). A ce moment, les 4e, 5e, 6e compagnies du 1er bataillon et tout le 2e bataillon du 78e, rappelés de Climbach par le colonel, reviennent au col. On renforce les avant-postes et différents détachements sont poussés en reconnaissance jusqu'à Roth.

« Le 78e de ligne resta donc immobile pendant que le canon tonnait à Wissembourg et que la division à laquelle il appartenait était fortement engagée (1). On ne songea pas à envoyer au général Douay un officier monté avec quelques hussards d'escorte pour prendre ses ordres. La nouvelle de l' «« insuccès de nos troupes »» ne détermine pas le régiment à se porter en avant pour recueillir tout au moins les colonnes en retraite et ralentir la poursuite de l'adversaire. Si le 78e de ligne,

(1) C'était évidemment sur l'ordre formel du général Ducrot.

laissant au Pigeonnier un demi-bataillon, avait pris le parti de marcher au canon dès 9 heures du matin et s'était dirigé sur Wissembourg par la grande route, il évitait peut-être un échec grave à la 2e division. Il serait arrivé, en effet, à Wissembourg, au plus tard vers 11 heures du matin.

« A ce moment, le général Pellé venait de recevoir du général Douay l'ordre de battre en retraite(1). Mais on a vu qu'il crut devoir attendre, pour s'y conformer, de pouvoir disposer d'une troupe intacte, le 4e bataillon du 1er tirailleurs, destiné à recueillir les 2e et 3e bataillons de ce régiment. De ce fait, il fallut prolonger la résistance sur la Lauter pendant une heure; ce qui obligea la 1re brigade à se maintenir sur les hauteurs du Geissberg jusqu'à ce que la 2e se fût repliée sur le Vogelsberg. Le 78e de ligne serait donc arrivé à Wissembourg très à propos pour permettre au général Pellé de rompre le combat immédiatement sur la Lauter et, peu après, sur le Geissberg, avant que la IXe division et la XLIe brigade prussiennes eussent été en mesure d'engager la lutte rapprochée.

« On ne saurait alléguer, pour justifier l'immobilité du 78e de ligne, l'ordre qu'il avait reçu de relever le 96e sur ses positions (2). En les donnant, le général Ducrot n'avait certainement pas envisagé l'éventualité d'une attaque aussi prochaine (3).

(1) Erreur. Voir, *suprà*, pp. 141 à 147 et 158 à 161.

(2) C'est pourtant à cause de cet ordre, formel, nous le répétons, que le colonel du 78e n'a pas osé quitter une position à lui signalée comme capitale.

(3) Nous ne nous expliquons pas cette phrase du rédacteur de la *Section historique* : Si en envoyant une troupe du côté de l'ennemi on n'a pas envisagé le contact avec lui, on a perdu la tête. Avec des généraux qui donnaient leurs ordres avec cette inconscience des réalités de la guerre, il n'est pas étonnant que nous ayons été battus.

Un événement imprévu — le combat qui se livrait à Wissembourg sous les yeux du 78e de ligne — modifiait complètement la situation générale et devenait le fait prédominant de la journée, celui devant lequel devaient s'effacer toutes les autres considérations. En tout état de cause, l'occupation de Climbach n'avait qu'une importance très secondaire et, à supposer que le 78e n'eût pas voulu dégarnir le Pigeonnier, il lui suffisait d'y maintenir trois compagnies, tout le reste marchant au canon (1). »

Quant au 96e de ligne, qui se préparait à aller occuper le petit Wingen (Neudorfel), et qui se trouvait encore à Climbach au moment où les détonations de l'artillerie parvinrent jusqu'à lui, il ne bougea pas plus que le 78e. Nous prenons encore le récit de l'Etat-major français : Dès qu'il entendit le canon « le colonel suspendit l'exécution du mouvement sur Petit-Wingen, attendit des ordres qui n'arrivèrent pas, et rendit compte à 11 heures au général Ducrot de l'engagement dont on percevait le bruit et que voyaient nettement les postes du Pigeonnier. Il ajoutait qu'il «« faisait ployer ses bagages et lever le camp et ne se mettrait en route qu'à midi »». Ainsi le 96e, pas plus que le 78e, n'avait pris, de sa propre initiative, le parti de se diriger sans tarder sur le théâtre de la lutte (2). »

(1) *Section historique*, V, pp. 171 à 173.

(2) *Ibid.*, V, pp. 173 et 174. — « Pendant que la division Abel Douay est ainsi écrasée, plusieurs fractions de nos troupes, établies à proximité, ne font rien pour lui porter secours. » (Général Palat, t. III, p. 62.) — « Pendant plus de deux heures, deux bataillons du 96e et deux bataillons du 78e restèrent à Climbach, l'arme au pied, pendant que le canon faisait rage à moins de huit kilomètres d'eux. » (Général Bonnal, *Frœschwiller*, p. 142.) — « Les régiments français, qui s'étaient relevés à Climbach, bien que se trouvant à une distance de 8 kilomètres seulement du champ de bataille, ne vinrent nullement au secours des leurs; ils n'es-

Durant ce temps, le général Ducrot entrait à Lembach, à midi et demi, sans avoir, une seule fois, malgré son allure de tortue, entendu le canon (1)! Le rapport du colonel de Franchessin, du 96e de ligne, lui apprend le combat qui se livre. Il prescrit, alors, au gros de sa division, de se porter de Lembach sur Climbach, puis, emmenant avec lui les fractions du 78e, installées dans le village, et le 96e, il se rend, de sa personne, au Pigeonnier (2), mais « ne croit pas devoir, sur l'heure, marcher au canon (3) ».

De son côté, le duc de Magenta, prévenu, à Strasbourg, par le chef de gare de Wissembourg, vers 8 heures et demie du matin, que la station était bombardée et que les trains ne dépassaient plus Soultz, s'était rendu, par le chemin de fer, jusqu'à cette ville où il avait appris que Douay était attaqué par des forces très supérieures. Montant alors à cheval, il avait rattrapé Ducrot au Pigeonnier (4).

Là, que font ces deux héros? Eh bien, ils regardent la tragédie, sans se risquer à y jouer un rôle! De la selle de leurs chevaux, ils voient les vaillants

sayèrent même pas de couvrir la retraite. » (Général de Woyde, t. I, p. 114.) — Capitaine Verdier, t. I, pp. 30 et 31. — *Ibid.*, t. II, p. 324.

(1) Général Ducrot, *Wissembourg*, p. 15, en note.

(2) *Section historique*, V, p. 174.

(3) Général Palat, t. III, p. 63. — Dans une lettre, à nous écrite le 3 novembre 1895, le général de Bellemare, colonel du 78e de ligne le 4 août 1870, s'exprime ainsi : « J'ai rencontré Ducrot sur la route après le Pigeonnier: il pouvait être 11 heures. » On voit que les deux généraux ne sont pas d'accord sur l'heure.

(4) *Section historique*, V, pp. 174 et 175. — « De Soultz, le Maréchal se rendit, à cheval, au col du Pigeonnier, en passant par le col de Pfaffenschlich et le chemin de la crête. » (Général Bonnal, *Frœschwiller*, p. 144.) — « Le général Ducrot fut rejoint au Pigeonnier par le Maréchal. » (*Notes sur les opérations du 1er corps de l'armée du Rhin et de l'armée de Châlons, dictées par le Maréchal, à Wiesbaden, en janvier* 1871; cité par la *Section historique*, V, p. 189.)

du Geissberg se défendre jusqu'à la mort! Quant à leur expédier des instructions, un ordre; quant à leur envoyer une aide, un bataillon, un canon, pourquoi faire? Ils vous le disent eux-mêmes : « L'ennemi présentait des forces si considérables qu'en aucun cas il n'y avait lieu de quitter nos positions pour nous porter dans la plaine (1)! »

Mac-Mahon a-t-il atteint le Pigeonnier en même temps que Ducrot, ou l'y a-t-il simplement rejoint? Dans le premier cas, il est aussi coupable que son subordonné, car, parti de Lembach à midi et demi, celui-ci a dû arriver au col vers 1 heure et demie. A ce moment, certes, la lutte n'était pas terminée, la retraite n'était pas commencée, on se battait encore à Wissembourg et au Geissberg. Le général Ducrot n'a donc pas dit la vérité quand il a affirmé qu'à cet instant les braves de la division Douay, « débordés de toutes parts, avaient été obligés d'évacuer le Geissberg, en se repliant dans les directions de Cleebourg et de Pfaffenschlick (2) ». Non, encore une fois, ce n'est qu'après 3 heures de l'après-midi que les combattants de Wissembourg et du Geissberg déposèrent les armes et le combat se prolongea même quelque temps autour de la ferme de Schafbusch (3).

Mais comment le duc de Magenta serait-il arrivé au Pigeonnier après Ducrot? De fait, parti de

(1) *Souvenirs inédits du maréchal de Mac-Mahon*, 4 août; cité par la *Section historique*, V, p. 175.

(2) Général Ducrot, *Wissembourg*, p. 16.

(3) « Le bataillon se rendit ; il pouvait être 3 heures. » (Général Bonnal, *Frœschwiller*, p. 130.) — *Ibid.*, Atlas, croquis, 14. — « C'est seulement à 3 heures que les défenseurs du Geissberg, après avoir épuisé leurs munitions, entamèrent les pourparlers qui aboutirent à leur reddition. » (*Ibid.*, p. 126.) — Après cette reddition, le combat continua à la ferme de Schafsbuch. (*Ibid.*, pp. 126 et 127.) — « A 3 heures, les défenseurs de Geissberg entamèrent les pourparlers, etc. » (*Section historique*, V, p. 135.)

Strasbourg, par chemin de fer, vers 9 heures (1), parti de Soultz « à vive allure », pour Lembach (2), comment aurait-il mis six heures pour faire ce petit voyage? Mac-Mahon et Ducrot ont dû, quelque mauvaise volonté qu'ils eussent mis à se porter au feu, gagner le Pigeonnier à 1 heure, 1 heure et demie au plus tard. Si le Maréchal a simplement rejoint Ducrot au Pigeonnier, il n'y a pas fait davantage œuvre de général en chef. Les deux vaillants guerriers se sont contentés d'assurer leur sûreté personnelle en étalant, autour de leurs précieuses personnes, les 96e, 78e, 18e, 45e de ligne et le 13e bataillon de chasseurs, sans distraire un homme afin de conjurer la défaite ou de faciliter la retraite des superbes soldats que l'ennemi broyait par la faute de leurs grands chefs. « Le maréchal et le général trouvaient, sans doute, le spectacle intéressant et s'y oubliaient. Le maréchal de Mac-Mahon et le général Ducrot observèrent très longuement les bivouacs de la IIIe armée (3). »

D'après le docteur Sarazin, admirateur de Ducrot, celui-ci et Mac-Mahon ne se contentaient pas, à ce moment terrible, de contempler les combattants : « Nous arrivons vers 3 heures au col du Pigeonnier ; c'est le 96e qui forme les avant-postes,

(1) *Section historique*, V, pp. 174 et 175.
(2) *Ibid.*, V, p. 175.
(3) *Ibid.* — Le combat de Wissembourg « se voyait très distinctement du poste du Pigeonnier ». (Général Bonnal, *Frœschwiller*, p. 142.) — « A Wissembourg, c'est Ducrot qui laisse massacrer, par l'ennemi dix fois plus nombreux, une de ses divisions, la division Abel Douay, et cela pendant six heures, sans lui porter secours, alors qu'il n'est qu'à quinze kilomètres du champ de bataille, alors qu'un de ses régiments n'en est qu'à huit kilomètres et qu'il a donné à son subordonné l'ordre d'accepter le combat. » (*Les généraux de* 1870 *et ceux d'aujourd'hui* : *La Critique*, n° du 5 juin 1877; p. 114.) En réalité, il y a six kilomètres de Wissembourg au Pigeonnier et une lieue du Pigeonnier à Climbach. — « Le maréchal Mac-Mahon n'avait rien tenté pour soutenir la division Douay. » (Colonel Borbstaedt, p. 276.)

sous bois. Là, sur le bord de la route qui commence à descendre, nous voyons un groupe d'officiers et de généraux : je reconnais Ducrot, Mac-Mahon et leurs aides de camp ; ils sont en conférence ; nous attendons, à quelques pas de distance ; une carte est dépliée sur le talus de la route. Ducrot explique quelque chose au Maréchal ; il parle avec animation ; *personne ne lui répond. La figure du Maréchal est remarquablement calme, mais il n'a pas l'air d'écouter* (1). » — « Je demande si on ne va pas se porter au secours des braves gens qui luttent encore dans la ferme du Geissberg, d'où vient la fusillade que l'on entend. Personne ne me répond ; je sens quelque chose se serrer dans ma poitrine (2). »

N'est-ce pas révoltant et peut-on s'étonner du succès des Prussiens, quand on constate à quels piètres adversaires ils avaient à faire ? Mais nous nous sommes laissé entraîner par ce passionnant récit et avons donné libre cours à nos réflexions ; revenons à nos braves soldats qui tiennent toujours à Wissembourg, sous le feu des Allemands, et qui n'ont pas encore perdu un pouce de terrain.

LE MUR DES TURCOS

Un peu après midi, arrive le 47e prussien au secours du 58e, tous les deux de la division de Sandrart. Le colonel de Rex, du 58e, jette ses

(1) Docteur Sarazin, p. 24.
(2) *Ibid.*, p. 25. — « Douay, surpris par des forces supérieures, avait, par obéissance ponctuelle, accepté le combat, lutté sans recevoir un ordre du Maréchal, ni un renfort de Ducrot, cependant avertis tous deux de l'imminence d'une attaque. » (*Les Braves Gens*, par Paul et Victor Margueritte ; Paris, Plon ; p. 167.)

hommes sur la gare. Une belle avenue bordée de peupliers, prolongation de la route de Lauterbourg, conduit à cette gare et au pâté de maisons qui l'environne. Un bataillon prussien s'élance donc d'Altenstadt, au pas de course, par cette avenue, et se heurte contre un jardin, entouré d'une muraille de six pieds de hauteur, bâti en pierres solides, entre la route même et le chemin de fer. Les Français s'y sont retranchés et leurs chassepots exécutent une fusillade meurtrière. Les Prussiens tombent par tas : commandants, capitaines, lieutenants, s'affaissent tués ou blessés ; la majeure partie des anciens officiers est hors de combat ; il ne reste bientôt plus qu'un lieutenant, le lieutenant Spangenberg, pour commander le bataillon (1).

Par malheur, les quatre batteries de Windof enfilent le mur oriental du jardin, celui qui va d'Altenstadt au passage sous la voie ferrée. De plus, des renforts rejoignent les assaillants. Aussi, « les turcos cèdent enfin sous le nombre et sous la violence des feux d'artillerie et se replient vers le faubourg (2) ». Les Prussiens les poursuivent et entrent, avec eux, dans les rues de Wissembourg avoisinant la gare. Les tirailleurs algériens se retournent, furieux, se précipitent à la baïonnette sur leurs agresseurs et un sanglant combat s'engage jusque dans les maisons. Les Allemands ne

(1) *La Guerre franco-allemande*, 1re partie, p. 186. — « L'enclos, entouré de murs, qui s'élève à 500 mètres à l'est de la gare, au sud et contre la route de Lauterbourg, est occupé par une centaine de turcos qui font, là, une défense désespérée, semant la mort dans les rangs ennemis. » (Général Bonnal, *Frœschwiller* p. 118.) — Alfred Duquet, *Frœschwiller, Châlons, Sedan*, p. 19.

(2) *Section historique*, V, p. 121. — « L'artillerie allemande disposait d'une supériorité numérique considérable. » (Général prince de Hohenlohe, aide de camp de l'Empereur et Roi, *Lettres sur l'artillerie*; traduit par Ernest Jaeglé, prof. à l'École de Saint-Cyr; Louis Westhauser, 1886 : p. 72.

brillent pas dans ce corps-à-corps et ils commencent à tourner les talons quand, tout à coup, accourent à la rescousse 2 compagnies et 1 régiment ennemis. Nos intrépides Algériens, devant cette irruption de nouveaux adversaires, appuyés par le feu « de 2000 à 3000 fusils, par les obus de 50 pièces de canon (1) », sont contraints de laisser pénétrer les Allemands dans le faubourg. La gare est prise vers 1 heure et demie (2), mais les Prussiens paient cher leur triomphe : un seul bataillon a perdu 12 officiers, et 165 hommes (3). Le major comte Waldersee, commandant les chasseurs, a été frappé mortellement ; le général de Sandrart a eu un cheval tué sous lui.

Cependant le 4ᵉ bataillon des turcos n'avait pas souffert et se tenait au nord-ouest de la gare, sur la route de Strasbourg, près du cimetière juif. Il recueille facilement les 2ᵉ et 3ᵉ bataillons qui viennent d'évacuer la station et ses environs. La batterie Didier, qui a tonné de son mieux durant ce rude engagement, monte alors jusqu'au Geissberg (4). Mais de nouveaux bataillons de la division prussienne Bothmer, soutenue par les quatre batteries s'alignant entre le Niederwald et Altenstadt, ont gagné la fourche des routes de Lauterbourg et de Fort-Louis : ils s'apprêtent à monter à l'assaut du Geissberg. Menacés d'être tournés sur leur droite, les turcos abandonnent définitivement Wissembourg ; seulement, chose étrange, au lieu de prêter leur appui aux défenseurs du Geissberg, ils quittent simplement le champ de bataille !

Voici comment un des combattants raconte cette retraite : «« Beaucoup de turcos n'avaient plus de

(1) Général Bonnal, *Frœschwiller*, p. 118.
(2) *Ibid.*, p. 123.
(3) *La Guerre franco-allemande*, 1ʳᵉ partie, p. 187.
(4) *Section historique*, V, p. 122.

munitions, dit l'Historique de la 2e division. Tous ceux auxquels il en restait formèrent l'arrière-garde, et ce régiment gagna lentement le sommet du plateau et le camp, en défendant, par des feux bien nourris, la rive droite de la Lauter, que les Bavarois de Bothmer commençaient à franchir. Le colonel Morandy renforça les grand'gardes, déploya des tirailleurs sur leur front, pendant que le reste de la troupe levait le camp et se réapprovisionnait de munitions. Et, ces opérations terminées, il se retira lentement sur Steinseltz, pour gagner le col de Pfaffenschlick. »» L'ennemi pouvait s'élancer à notre poursuite et nous pensions, à chaque instant, voir accourir sa cavalerie, que nous étions prêts, d'ailleurs, à bien recevoir ; notre contenance l'arrêta. Sans doute, en nous regardant marcher d'un pas ferme et dans le plus grand ordre, il comprit que ces hommes-là, sur un signe de leurs officiers, se seraient de nouveau précipités au combat sans hésitation et sans crainte. Il se contenta de nous envoyer quelques obus, quelques boîtes à balles, qui ne parvinrent pas à nous entamer (1). »

Certes, ce régiment avait vaillamment combattu, avait été cruellement éprouvé puisqu'il avait perdu 18 officiers (2) et 518 hommes (3), mais, « le 4e bataillon étant à peu près intact (4) », cette fugue

(1) *Etudes d'histoire militaire*, par Albert Duruy, engagé volontaire au 1er tirailleurs algériens, p. 298 ; cité par la *Section historique*, V, p. 123.

(2) *Guerre de 1870-1871 : Etat nominatif, par affaires et par corps, des officiers tués ou blessés dans la première partie de la campagne* (du 25 juillet au 29 octobre), par A. Martinien ; Paris, Chapelot, 1902 ; pp. 2 et 3. Publié sous la direction de la *Section historique de l'État-major de l'armée.*

(3) *Section historique*, V, p. 123.

(4) « Le 4e bataillon fut très peu engagé et, au 3e bataillon, la 1re compagnie, détachée à Oberhoffen, à la garde du quartier général, ne prit pas part à l'action. » (*Ibid.*, p. 124.) — Voir, aussi, *Ibid.*, p. 126, note 3, *in fine.*

semble peu commune, d'autant plus que nous n'avons pu découvrir trace d'un ordre de retraite donné par le général Pellé.

ENCORE LA QUESTION DE LA RETRAITE

Le rédacteur de la *Section historique* essaie de l'expliquer en avançant, de nouveau, que le général Pellé ne voulait pas résister, au Geissberg, et que c'est lui qui a fait rétrograder les turcos sur Pfaffenschlick, par Steinseltz, au lieu de les rassembler, en réserve, derrière la brigade Montmarie (1), qui défendait le Geissberg. La rédaction officielle de notre Etat-major ajoute que, à midi et demi, moment où le général Pellé se rendit au château du Giessberg, il prescrivit au général de Montmarie de battre en retraite vers le col de Pfaffenschlick (2). Pour soutenir sa thèse, la *Section historique* s'appuie sur deux pièces importantes : l'Historique de la 2e division et, surtout, le rapport du général Pellé, daté de Lembach, 5 août 1870 (3). Discutons la question.

Il est très admissible que le rapport du général Pellé, écrit le lendemain de l'affaire, sous les yeux, probablement sous la dictée de M. Ducrot, ne pouvait constater que les tirailleurs algériens et la brigade Montmarie avaient défendu Wissembourg et le Geissberg jusqu'à la dernière extrémité parce qu'ils attendaient la venue et le secours de Mac-Mahon et de Ducrot. En pareil cas, le général

(1) *Section historique*, V, p. 126, note 3, *in fine*.
(2) *Ibid.*, p. 126.
(3) *Ibid.*, p. 122.

Pellé aurait dressé, contre ses deux grands chefs, le plus accablant des réquisitoires. Ceux-ci, auxquels le rapport était destiné, n'auraient jamais pardonné et n'auraient pas manqué de briser le maladroit à la première occasion offerte. Donc, ce rapport ne prouve rien au sujet de la prétendue retraite.

Quant à l'Historique de la 2e division, la volonté d'y atténuer toutes les fautes, toutes les défaillances de M. Ducrot s'y fait constamment sentir, et il n'y a pas à s'en étonner, car on sait qu'aujourd'hui encore, chez bon nombre de nos officiers, Ducrot est le type du général français, ce qui n'est guère flatteur pour notre patriotisme : ils ne veulent jamais convenir de ses bévues, même à Sedan (1), même à Paris (2) ; ils prétendent qu'il a toujours été impeccable ! De plus, au temps où l'Historique de la 2e division fut composé, le général Ducrot était tout-puissant : le rédacteur aurait risqué gros de ne pas marcher dans le chemin tracé par le vaincu de Wissembourg, de Sedan, de Champigny.

Mais si les deux pièces, invoquées par le rédacteur de la *Section historique* pour affirmer que les généraux Douay et Pellé ont ordonné la retraite, sont ainsi suspectes, en revanche, la déclaration des témoins et l'étude approfondie des phases du combat infirment complètement les dires des défenseurs de M. Ducrot.

Tout d'abord, le général Pédoya, ancien officier d'ordonnance du général de Montmarie, combattant du Geissberg, « dans des renseignements commu-

(1) Alfred Duquet, *La Victoire à Sedan* ; Témoignage préliminaire par M. Jules Claretie, de l'Académie française : Paris, Albin Michel, 1904.

(2) Voir, dans la Bibliothèque-Charpentier, les huit volumes du siège de Paris, par Alfred Duquet.

niqués le 11 janvier 1901, dit le contraire (1). » Si les généraux Douay et Pellé avaient expédié l'ordre de retraite au général de Montmarie, il semble que son aide de camp, qui se trouvait à ses cotés, aurait dû le savoir.

Ensuite, les historiques du 1er tirailleurs, du 50e et du 74e de ligne sont muets sur ces ordres de retraite.

De plus, si le général Pellé avait prescrit cette retraite, celle des tirailleurs algériens aurait-elle revêtu le caractère de fuite qu'elle a eu? Est-ce qu'ils auraient ainsi abandonné les combattants du Geissberg et de Schafbusch? Est-ce que le général Pellé n'aurait pas combiné leur mouvement de recul de manière à dégager la brigade Montmarie, à faciliter le départ de celle-ci, qui subissait, alors, la formidable poussée des Ve et XIe corps prussiens? Si Pellé n'avait pas fait concorder les mouvements de ses deux brigades afin de leur permettre d'effectuer, chacune, plus aisément leur retraite, il eût montré un manque de sens tactique, un manque de sens commun que nous ne lui faisons pas l'injure de lui attribuer quand les faits sont en désaccord avec une pareille accusation (2).

(1) Voir, *supra*, p. 144. — Dans son rapport, le commandant du 1er bataillon du 74e de ligne, qui occupait le Geissberg, ne signale aucun ordre de retraite à lui donné et déclare que c'est de lui-même qu'il a essayé de quitter le château. « C'est alors que j'ai été atteint d'une balle à la poitrine; je tombai de cheval et je suis resté évanoui jusqu'à *3 heures. A ce moment*, j'entendis de grands cris et je vis défiler devant moi ce qui restait de mon pauvre petit bataillon. Plusieurs officiers, sous-officiers et soldats qui me suivaient ont pu rejoindre notre 3e bataillon, les autres ont été refoulés dans la cour du Geissberg, ils ont repris leur poste dans les greniers, *maintenant les Prussiens jusqu'à épuisement des cartouches*; alors seulement, ils furent faits prisonniers. » (Rapport du commandant Cécile; cité par la *Section historique*, V, pp. 220 et 221.)

(2) On ne s'expliquerait pas « qu'avec l'intention de résister au Geissberg, le général Pellé eût fait rétrograder le 1er tirailleurs, dont le 4e bataillon était à peu près intact, sur Pfaffenschlick,

Notons aussi que les Allemands ne se sont pas aperçus des ordres de retraite soi-disant lancés par les généraux Douay et Pellé. On n'en trouve vestige nulle part dans le récit du Grand Etat-major prussien qui ne mentionne, du côté des Français, aucun recul volontaire, sauf l'inexplicable départ des turcos, avant 2 heures, et l'abandon de Schafbusch, par les survivants de la brigade Montmarie, à 3 heures et demie.

Enfin, si l'on suit avec attention les croquis, donnés par le général Bonnal, de la position des adversaires, heure par heure, durant la journée du 4 août, on constate que, même dans le dernier croquis, celui portant le n° 14, à 3 heures, la brigade Montmarie est encore tout entière autour de Schafbusch; le bataillon du 74° de ligne se bat toujours dans Wissembourg : seuls, les turcos ont quitté la place.

Nous savons bien qu'on nous répondra que, dans le texte de *Frœschwiller*, le général Bonnal a admis la version de l'Historique de la 2° division et du rapport du général Pellé; mais, dans ce texte même, il n'est fait mention d'aucun mouvement de la brigade Montmarie l'éloignant du Geissberg et de Schafbusch, et le général, d'accord avec son croquis n° 14, nous montre, à 3 heures, instant où les défenseurs du Geissberg se sont rendus, les Français résistant encore à la ferme de Schafbusch et à Wissembourg (1). Ce n'est qu'aux environs de 3 heures et demie, quand tout était perdu, après la prise de la ferme de Schafbusch, que, débordés

au lieu de le rassembler, en réserve, derrière la brigade Montmarie. » (*Section historique*, V, p. 126, note 3, *in fine*.) Or, Montmarie et Pellé ont résisté, au Geissberg, aussi longtemps qu'ils ont pu : c'est un fait reconnu par tous; donc, Pellé n'a ordonné la retraite à personne, pas même aux turcos.

(1) Général Bonnal, *Frœschwiller*, p. 105.

à droite et à gauche, les débris de la brigade Montmarie, dirigés par Pellé, s'enfoncèrent sous bois, au sud-ouest de Steinseltz, où les Prussiens ne surent pas les poursuivre (1).

La seule trace qui subsiste, d'un ordre de retraite, partiel, est celle de l'avis que le général Pellé adressa au commandant Liaud d'évacuer Wissembourg, après le départ des turcos qui se battaient à la gare. Avec raison, le général Pellé avait pensé que le bataillon occupant Wissembourg allait courir le danger d'être coupé et lui avait expédié le capitaine de Biarre pour lui dire de quitter la ville, mission que celui-ci ne sut pas accomplir. Eh bien! si cet ordre prouve que le général Pellé voulait abandonner Wissembourg, il ne démontre en aucune façon qu'il entendait cesser de combattre au Geissberg, car il ne pouvait s'éloigner de cette dernière position, de sa position la plus forte, qu'à l'heure où ses autres troupes auraient été en sûreté, auprès des grands chefs qui, bien entourés de solides régiments, au Pigeonnier, regardaient se dérouler le drame.

Comme nous l'avons déjà démontré (2), — et nous ne craignons pas d'y revenir une seconde fois, car la chose en vaut la peine, — au cours de cette triste journée, Douay et Pellé, se sentant démesurément inférieurs en nombre à l'ennemi, étaient naturellement obsédés par des désirs, des velléités de retraite; ils en parlaient à chaque instant à leur entourage, sans oser la commencer, parce qu'ils redoutaient d'être accusés de faiblesse, parce qu'ils tremblaient à la pensée d'assumer la responsabilité de la première reculade, du premier

(1) Général Bonnal, *Frœschwiller*, p. 106.
(2) Voir, *suprà*, p. 103.

échec, dont la retraite eût été la preuve indéniable (1).

Le général Bonnal reconnait, lui-même, que les généraux Pellé et de Montmarie ne voulaient pas se retirer puisqu'il écrit : « Le général de Montmarie, encouragé d'ailleurs dans ses dispositions par le général Pellé, a tenu la position du Geissberg plus longtemps que ne le comportait la situation (2). » Seulement, il prétend que cette persistance dans la résistance des deux généraux avait pour but « de permettre aux tirailleurs algériens de regagner leur camp (3) ». Cette raison serait très admissible si, dès la mise en sûreté des turcos, c'est-à-dire vers 1 heure et demie, la brigade Montmarie les avait suivis ou précédés en abandonnant le Geissberg; mais, les tirailleurs hors de vue, par conséquent ne courant plus aucun danger, Pellé continue la lutte au Geissberg, et même à Schafbusch! Voilà ce que le général Bonnal a omis d'expliquer pour faire accepter la cause, bien légèrement apportée par lui, de la prolongation du combat à Schafbusch jusqu'à 3 heures et demie (4).

Non, les mouvements en arrière de toutes les fractions de la division Douay ont eu lieu d'instinct, sous la poussée des masses adverses, aussi bien dans l'intérieur de Wissembourg que du côté

(1) Douay avait reçu l'ordre de résister aux Allemands. (Voir, *suprà*, pp. 97, 102 à 108 et 111 à 114.

(2) Général Bonnal, *Frœschwiller*, p. 135.

(3) *Ibid.*

(4) Voir, *suprà*, pp. 135 à 137 et 141 à 147, la réfutation de l'assertion de la *Section historique* et du général Bonnal, réfutation résultant de l'examen des conditions du combat, d'une lettre décisive du général Pédoya, d'une déclaration du capitaine Borelli de Serres, d'une autre déclaration du lieutenant-colonel Cauvet, de l'Historique de la 2e division, elle-même, qui se coupe sans le vouloir, de la protestation du général Robert, ancien chef d'état-major du général Abel Douay, insérée dans le *Wissembourg* du général Ducrot.

de la gare, qu'à Gutleithof, qu'au Geissberg, qu'à Schafbusch. Voilà la vérité : on s'est battu où l'on était, derrière des murs, des maisons et sur les hauteurs; on s'y est bravement battu, mais c'est tout : pas trace de tactique, pas trace d'ordre de retraite.

NOUVELLE ATTAQUE DE WISSEMBOURG

Reprenons le récit du combat. Vers midi et demi, la division Walther, du IIe corps bavarois, s'installe à Schweigen, ne pouvant se déployer sur les pentes du Wurmberg à cause des vignes qui les couvrent depuis Schweigen jusqu'à Wissembourg. A 1 heure et demie la lutte continue; la ville, qui n'est plus occupée que par le 3e bataillon du 74e de ligne, sous les ordres du commandant Liaud, résiste courageusement; l'ennemi ne gagne que quelques mètres de terrain. Si le général Ducrot envoie deux ou trois régiments, les Allemands ne pourront peut-être pas enlever la position ce jour-là ou ne l'emporteront qu'au prix de sacrifices effroyables. Leurs généraux sentent bien le danger et s'attendent, de minute en minute, à voir apparaître les renforts français; cette pensée les inquiète vivement et, pour brusquer l'affaire, le Prince royal, qui se tient maintenant sur le Wolf-Berg, entre Schweigen et Schweighofen, ordonne de prendre la ville coûte que coûte (1). La porte de Landau essuie de formidables décharges; les murs, les poutres, les parapets s'écroulent petit à petit sous les obus; les défenseurs sont obligés de s'abriter, les Bavarois peuvent s'approcher, baisser

(1) *La Guerre franco-allemande*, 1re partie, p. 157.

le pont-levis et trois régiments se précipitent dans Wissembourg, par la grande rue et les ruelles latérales (1). Telle est la version prussienne, mais il est plus probable que l'abandon de la porte de Landau a été causé par l'ordre donné aux défenseurs de Wissembourg de se rendre sur la Place d'Armes pour la retraite si inopportunément, si étrangement apporté au commandant Liaud (2), comme nous l'expliquerons bientôt.

Cependant le bataillon qui s'est emparé de la gare s'avance péniblement et s'engage sous la porte de Haguenau dont le pont-levis est baissé. Ce point semble inoccupé et voici que brusquement le pont se relève après le passage de quelques hommes, une fusillade terrible renverse un grand nombre d'assaillants et entre autres le lieutenant Spangenberg qui commande le bataillon. Les Prussiens se retirent en désordre derrière la gare (3).

Peu de temps après, le 47e prussien rôde autour de cette porte et la trouve de nouveau inoccupée, le pont-levis baissé. Malgré leur supériorité numérique, les Allemands n'osent plus se hasarder à l'attaquer; c'est à qui n'entrera pas le premier, et, à la suite de cet échange de politesses aussi prudentes que réciproques, les soldats du 47e se mettent d'accord en se repliant tranquillement (4).

A la porte de Bitche, la fusillade ne se ralentit pas. L'héroïque bataillon du 74e de ligne tire sans

(1) *La Guerre franco-allemande*, 1re partie p. 188. — « A Wissembourg, les pièces prussiennes s'avancent jusqu'au rebord même du fossé pour enfoncer, à coups de canon, les portes de la ville. » (Prince de Hohenlohe, *Lettres sur l'artillerie*, p. 111.)

(2) Général Bonnal, *Frœschwiller*. p. 128.

(3) *La Guerre franco-allemande*, 1re partie, p. 188.

(4) *Ibid.*

relâche sur les chasseurs et le 6e régiment bavarois (1).

Au cours de ces sanglants engagements, le commandant Liaud avait été informé qu'un ordre du général Pellé lui enjoignait d'évacuer Wissembourg. Avec raison, le commandant trouve étrange qu'une pareille décision n'ait pas été signifiée à sa personne. Se sentant entouré, au nord, à l'est et au sud, par des forces décuples des siennes, obligé de soutenir la lutte sans un canon alors que les batteries de Schweigen le foudroient presque à bout portant, le brave commandant songe à quitter la place (2). « On vient dire au commandant Liaud qu'un capitaine s'est présenté devant la porte de Haguenau, avec mission de transmettre l'ordre d'évacuer la ville, et que la sentinelle en a reçu verbalement la communication. Le commandant, fort étonné d'une pareille négligence, pense qu'il est peut-être encore temps de sortir et il envoie l'ordre à tout le bataillon de se rassembler sur la Place d'Armes. Les compagnies sont réunies sur cette place vers 1 heure et demie (3). »

Mais il apprend que la route de Haguenau, par laquelle il comptait partir, est barrée par des forces nombreuses; il emmène, alors, les débris de son bataillon à la porte de Bitche; là, encore, la retraite lui est coupée : les Bavarois, appuyés par une section d'artillerie, enfilent le chemin. Ainsi ligotté, bien que la plupart de ses hommes n'aient plus de cartouches, il se résout à combattre jus-

(1) Alfred Duquet, *Frœschwiller, Châlons, Sedan*, pp. 50 à 52.
(2) Rapport du commandant Liaud; cité par la *Section historique*, V, p. 139. — « Le capitaine de Biarre fut envoyé à Wissembourg, pour communiquer au bataillon du 74e l'ordre d'évacuer la ville; il m'a dit qu'il lui avait été absolument impossible d'accomplir sa mission. » (*Renseignements du général Pédoya*; cité par la *Section historique*, V, p. 205.)
(3) Général Bonnal, *Frœschwiller*, p. 128.

qu'à la mort. Et il le fait comme il le dit, disputant le terrain maison à maison, pied à pied.

Malheureusement, le commandant Liaud tombe frappé par un projectile à la jambe; il est contraint de remettre le commandement au capitaine Bertrand. Celui-ci se jette au-devant des masses bavaroises qui arrivent jusqu'à la Place d'Armes. Les Français, n'ayant plus de munitions, se battent à la baïonnette. Tout à coup, le maire, porteur d'un drapeau blanc, se précipite entre les combattants, assurant au capitaine Bertrand que la 2e division n'est plus en vue et que l'ennemi ne réclame que l'évacuation pure et simple de la ville (1). Ebranlé par cette communication, voyant les Allemands se grouper de plus en plus nombreux autour de sa petite troupe épuisée, le capitaine Bertrand, ayant son effectif réduit à 500 hommes, se décide à cesser la lutte.

Il est 3 heures passées. « Les soldats français forment les faisceaux, les officiers conservent leurs armes (2). » Le sacrifice des intrépides qui ont cru en leurs grands chefs est consommé!

Nous adoptons l'heure de 3 heures pour celle de la capitulation, malgré l'assertion du récit du Grand Etat-major prussien, qui donne 1 heure et demie (3). Nous combattons cette prétention, d'abord au moyen du Grand Etat-major lui-même, et notre argument a été repris littéralement par la *Section historique* :

(1) Rapport du commandant Liaud; cité par la *Section historique*, V, p. 142. — « Des conseillers municipaux s'interposent entre les combattants et obtiennent une suspension d'armes. » (Général Bonnal, *Frœschwiller*, p. 130.)

(2) *Section historique*, V, p. 143.

(3) « Les officiers français croyaient devoir entamer des pourparlers à la suite desquels 500 hommes environ, du 74e de ligne, mettaient bas les armes, vers midi et demi. » (*La Guerre franco-allemande*, 1re partie, p. 189.)

« Le rédacteur officiel prussien dit :	« L'Historique du Grand Etat-major prussien dit :
à la page 189,	(2e livraison, page 189),
que la garnison de Wissembourg s'est rendue	que la garnison de Wissembourg mit bas les armes
à midi et demi ;	à midi et demi. Mais d'autre
et, à la page 187,	part (page 187),
il avoue que ce n'est qu'à 1 heure et demie que le lieutenant de Berge parvint	il mentionne que « le lieutenant de Berge (commandant la section de la 3e batterie lourde du 5e régiment d'artillerie) réussit promptement (1 heure et demie de l'après-midi)
à abattre les montants de la porte de Landau. Comment aurait-on éprouvé le besoin d'ouvrir, à coups de canon, à 1 heure et demie, les portes d'une ville dont la garnison se serait constituée prisonnière une heure auparavant (1) ? »	à abattre les montants de la porte de Landau (2). »

On ne saurait trop relever cette étrange contradiction.

Nous constatons, ensuite, que le général Bonnal s'est mis de notre côté et non de celui du Grand Etat-major prussien et du général Ducrot : « Après quelques pourparlers, le bataillon se rendit ; il pouvait être 3 heures (3). » Et, dans son croquis n° 14, le général montre, effectivement, les défenseurs de Wissembourg se battant encore à cette heure.

Qu'on lise, enfin, le rapport du commandant Liaud. Au milieu de ce rapport il écrit : « *A 1 heure et demie*, le bruit se répandit que l'ordre

(1) Alfred Duquet, *Frœschwiller, Châlons, Sedan*, p. 52. (Publié en 1880.)
(2) *Section historique*, V, pp. 143 et 144. (Publié en 1901.)
(3) Général Bonnal, *Frœschwiller*, p. 130.

était arrivé d'évacuer Wissembourg (1). » Puis, il raconte comment il s'aperçut alors que son bataillon avait été abandonné par le restant de la division réfugiée au Geissberg; comment il prépara son évacuation; comment il la tenta par différentes portes; comment il fut arrêté par les masses ennemies; comment les Français « résolurent de défendre la ville à outrance »; comment il alla inspecter toutes les sorties; comment il disposa son monde; comment il fut abordé par des habitants qui avaient « abaissé un pont-levis » pour laisser passer les Bavarois; comment le combat reprit et comment nos soldats reconquérirent la porte de Haguenau et levèrent de nouveau le pont-levis; comment on se battit à toutes les portes; comment les canons bavarois abattirent celle de Landau: comment il fut blessé; comment le capitaine Bertrand le remplaça et résista longtemps à des forces bien supérieures; comment ce fut « sous la pression de la population » que la garnison, sans artillerie, sans cartouches, cernée de toutes parts et « coupée, *depuis plusieurs heures*, de son corps principal » dut se rendre au vainqueur (2).

Or, qu'on veuille bien songer à ce que, d'après ce rapport, les défenseurs de Wissembourg ont fait à partir de 1 *heure et demie*, moment où le bruit d'un ordre de retraite s'est répandu, et l'on pensera que plus d'une heure a dû s'écouler avant la reddition. Du reste, le commandant Liaud écrit que *plusieurs heures* se sont passées depuis l'instant où il a été séparé du corps principal jusqu'à la capitulation. Comme c'est à 1 heure et demie seulement que la gare a été prise par les Allemands (3);

(1) *Section historique*, V, p. 212. — Voir, *suprà*, p. 166, note 2, *in fine*.
(2) *Section historique*, V, pp. 212 à 216.
(3) Voir, *suprà*, p. 156.

comme c'est à cette dernière heure seulement que la batterie Didier a quitté son emplacement tout près de Wissembourg (1); comme c'est quelques minutes plus tard que les turcos ont abandonné les environs de la ville (2); ce n'est donc qu'à 2 heures moins le quart que les vaillants de Wissembourg « ont été coupés » du restant de la 2e division. Par conséquent, si l'on veut être juste, il faut traduire par *une heure et demie*, au moins, les *plusieurs heures* que le commandant Liaud dit s'être écoulées depuis le départ du gros de nos forces jusqu'à la fin de la résistance. Cela donne 3 heures de l'après-midi. La question est vidée.

« Dans la soirée qui suivit le combat du 4 août, les officiers prisonniers reçurent la visite des généraux bavarois de Hartmann, commandant le IIe corps bavarois, et de Bothmer, commandant la IVe division. Ils apprirent que les pertes de l'ennemi avaient été considérables et que l'on avait cru, toute la journée, à la présence d'un corps de troupes beaucoup plus nombreux dans Wissembourg. «« Le général de Bothmer adressa aux officiers les paroles les plus flatteuses »» et leur témoigna sa haute estime pour l'énergie de leur défense, qu'il qualifia d'héroïque. La spontanéité de ce témoignage fait d'autant mieux ressortir la sincérité de l'hommage ainsi rendu à la valeur de nos troupes (3). » — « Les vaincus se consolent par l'idée de leur bravoure et les vainqueurs ne démentent jamais (4). »

(1) Voir, *suprà*, p. 156.
(2) Voir, *suprà*, p. 156.
(3) *Section historique*, V, p. 144; d'après le rapport du commandant Liaud. — Edgar Hepp, p. 60.
(4) Colonel Ardant du Picq, p. 35.

PRISE DU GEISSBERG

Racontons, maintenant, la dernière phase du combat du 4 août, l'attaque du Geissberg. Ce château — bâti, comme nous l'avons déjà écrit, sur une colline qui monte, en pentes assez douces, plus ou moins ondulées, du chemin de fer de Strasbourg aux *Trois-Peupliers*, dont il n'est éloigné que de 400 pas et qui le dominent un peu — se compose d'un bâtiment d'habitation avec jardin et potager à plusieurs rangs de terrasses terminées par un mur flanqué de deux pavillons, à trois fenêtres et à une porte chacun, placés aux extrémités. Ces façades et terrasses dominent les pentes à l'est, du côté du Niederwald et de la maison dite Gutleithof, construite le long de la route de Strasbourg, à quelques mètres de la voie ferrée. Au nord de la propriété, descendant vers le levant, est plantée une houblonnière, hérissée de grandes perches. Quant au château lui-même, c'est une réunion de gros bâtiments solidement construits, avec cours intérieure et extérieure, le tout entouré d'un mur de quinze pieds de hauteur. Les portes sont rares et les fenêtres, rares également, sont très élevées (1). Attenant au château se trouve une ferme composée d'étables et granges et d'un bâtiment à un étage, au centre des étables, percé d'un portail qui permet d'entrer dans la cour du château, remplie elle-même de fumier. Au bout de la cour de la ferme, autre petit bâtiment sans

(1) *La Guerre franco-allemande*, 1re partie, p. 191.

étage et maison d'habitation à un étage et à très haut grenier (1).

« Les pentes du Geissberg et du Vogelsberg sont dénudées, de sorte que les troupes qui défendent ces hauteurs ont le champ de tir le plus libre possible (2). »

C'est donc une forte position, mais « les fermes isolées présentent cet inconvénient que leurs propriétés défensives peuvent être entièrement paralysées par l'action d'une artillerie suffisante (3) ». Et le Geissberg n'y résistera pas. La position eût été presque imprenable si Douay y avait établi des tranchées-abris, mais, en ce temps-là les généraux français songeaient bien à ces bagatelles (4) !

Nous avons déjà vu les divisions prussiennes s'aligner au bas de la colline : nous allons les montrer s'élançant à l'assaut de la position. Ce sont les XIe et V[e] corps prussiens et le IIe bavarois, c'est-à-dire plus de 80 000 hommes (5), qui

(1) *Vues des champs de bataille de Wissembourg et de Frœschwiller*, 4 et 6 août 1870, par H. Famelard, capitaine d'artillerie ; avec lettre-préface du général Bonnal ; Paris, R. Chapelot, 1906 ; planche IX et X. — Alfred Duquet, *Frœschwiller, Châlons, Sedan*, p. 54.

(2) Major Scheibert, p. 32.

(3) *Les Eléments de la Tactique*, par J. Meckel, officier supérieur d'état-major ; traduit de l'allemand par le lieutenant H. Monet ; Paris, Louis Westhauser, 1887 ; p. 388. — Voir, au sujet de la supériorité de l'artillerie allemande à Wissembourg : *L'artillerie allemande dans les combats de Wissembourg et de Wœrth*, par R. Gasselin, capitaine d'artillerie ; Paris, Berger-Levrault, 1877.

(4) « Les ennemis de la fortification passagère peuvent voir de quelle utilité furent les murailles du Geissberg. Ils verront, plus tard, à quoi servirent les tranchées-abris. » (*Guerre franco-allemande : Résumé et commentaires de l'ouvrage du Grand Etat-major prussien*, par Félix Bonnet, capitaine au 3e régiment d'artillerie ; Paris, Dumaine, 1878 ; t. Ier, p. 32.)

(5) Les XIe et V[e] corps prussiens et le IIe corps bavarois comptaient 75 bataillons, 36 escadrons, 264 bouches à feu et 9 compagnies de pionniers. (*La Guerre franco-allemande*, 1re partie, supplément V, pp. 63, 66 et 71.) — M. de Mac-Mahon déclare

s'apprêtent à achever les 4500 hommes de la division Abel Douay.

Une de nos batteries, établie sur les hauteurs sud-ouest de la gare, enfile les pentes septentrionales du Geissberg et abat des rangs entiers d'Allemands. Ceux-ci, furieux de ces pertes, dirigent sur nos habiles artilleurs un feu infernal; aussi, en dépit de la bravoure de leurs servants, nos canons doivent se retirer et se garantir de cette pluie de bombes. Malheureusement une pièce se trouve engagée et ne parvient pas à partir avec les autres. Des troupes du Ve corps prussien tentent de la capturer, mais une compagnie de Français la défend avec autant de courage que de succès et peut-être arriverons-nous à la sauver, quand une fusillade violente prend nos troupiers de flanc et en couche par terre un nombre considérable. Les survivants se hâtent de rejoindre les défenseurs du Geissberg et laissent ainsi, contraints par la multitude des ennemis, ce premier trophée aux mains des Allemands (1).

Le général de Kirchbach, commandant le Ve corps, se décide alors à aborder les hauteurs, et le régiment des grenadiers du Roi, précédé de bataillons

dans ses notes de captivité qu'à Wissembourg les Français luttèrent 4500 hommes contre 60000. (Cité par la *Section historique*, V, p. 188.) — Jules Claretie, t. I, p. 130. — « La division Douay résista pendant plusieurs heures à trois corps d'armée, 7000 hommes contre 80000 hommes. » (*Les Transformations de l'armée française*, par le général Thoumas, t. I, p. 544.) Bien entendu, les 80000 hommes ne donnèrent pas tous. — « La division Abel Douay lutta vigoureusement contre les troupes huit fois plus nombreuses qui l'attaquaient. » (Général Derrécagaix, p. 106.) — « On s'est battu dans la proportion de plus de six fusils contre un, et de cinq canons contre un. » (Edgard Hepp, p. 60, note 1, *in fine*.)

(1) *La Guerre franco-allemande*, 1re partie, p. 190. — « Quand les batteries de la division quittèrent leurs anciens emplacements, la 12e dut laisser sur le terrain une pièce dont l'affût avait été brisé, les chevaux tués, et qui ne put être enlevée avant l'arrivée de l'ennemi. » (*Section historique*, V, p. 128.)

du 47°, du 59° et du 58°, gravit les pentes situées entre la gare et le Gutleithof.

La brigade de Koblinski, du XI° corps, a atteint la tranchée du chemin de fer et a occupé la ferme de Gutleithof. Elle s'ébranle tout entière, monte vers le château par le sud et menace de tourner les Français. Une autre brigade du même corps, la brigade de Thile, la suit; les troupes des trois corps d'armée allemands se déploient de Wissembourg à Oberdorf.

Le combat s'engage d'abord dans la houblonnière, à 200 pas du château; nos soldats sont repoussés, mais après avoir fait souffrir l'ennemi et lui avoir tué le major de Winterfeld. Cependant les masses prussiennes se pressent autour du Geissberg. Profitant des abris que présentent les pentes douces de la colline, « couvertes de champs non encore moissonnés, sans doute aussi grandement facilitée par la supériorité des forces et l'utile préparation de l'artillerie, l'attaque consiste continuellement à rassembler en avant les détachements éparpillés dans la marche, derrière les plus petits abris que présentent fréquemment les plis du sol et les angles morts, à gagner du terrain par bonds et saccades, dispersés en tirailleurs, puis de nouveau groupés (1) ». Sous cet assaut, les bataillons des 50° et 74° de ligne vont être débordés! Une portion gagne les *Trois-Peupliers* et la ferme de Schaffbusch; les autres entrent dans les bâtiments du Geissberg et s'y barricadent, « résolus à s'y défendre jusqu'à la dernière extrémité » (2).

(1) *Mode d'attaque de l'infanterie prussienne, dans la Campagne de* 1870-1871, par le duc Guillaume de Wurtemberg; traduit de l'allemand par M. Conchard-Vermeil, lieutenant au 16° régiment provisoire d'infanterie; Paris, Ch. Tanera, 1871, p. 12.

(2) Historique du 50° de ligne; cité par la *Section historique*, V, p. 130.

Aussi, lorsque les régiments prussiens veulent courir au château, une fusillade meurtrière les arrête net, et les voici obligés d'attendre les grenadiers du Roi. Ils apparaissent. Le major de Kaisenberg les lance à l'assaut; les Français les reçoivent par des décharges successives et les balles de chassepots les broient presque à bout portant. Le drapeau prussien est renversé, celui qui le porte est tué, les chefs tombent les uns sur les autres. Le major de Kaisenberg essaye de reprendre les tronçons de la hampe brisée : trois balles le renversent foudroyé. Le lieutenant Semon reçoit des mains du major ce fatal étendard; à peine l'a-t-il élevé en l'air, qu'il s'affaisse à son tour mortellement blessé. Presque tous les officiers sont hors de combat, et des bâtiments du château part toujours une grêle de projectiles (1).

Quelques ennemis se sont introduits, néanmoins, par le côté sud, dans la cour intérieure, mais, exposés au feu plongeant des Français, ils n'ont que le temps de se retirer derrière les premiers abris qu'ils aperçoivent, et les Prussiens sont décidément repoussés avec des pertes énormes.

Bientôt trois batteries, qui sont accourues se placer à bonne portée, se mettent à battre le château que les Allemands ont vainement tenté d'incendier au moyen de bottes de paille enflammées; à ce moment une balle blesse grièvement au cou le général de Kirchbach et l'éloigne de l'action; il est remplacé par le lieutenant général de Schmidt (2).

Sur ces entrefaites, les masses prussiennes ont délogé nos petits détachements d'une colline au sommet de laquelle se dressent trois grands peupliers, colline qui domine complètement le Geiss-

(1) *La Guerre franco-allemande*, 1re partie, p. 192.
(2) *Ibid.*, p. 193.

berg; cette position est immédiatement occupée par une section d'artillerie, et les intrépides défenseurs du Geissberg se trouvent sous les coups de toutes ces batteries qui les environnent et les écrasent de leurs obus (1). « Les tirailleurs prussiens, postés sur le mamelon des *Trois-Peupliers*, dominent l'intérieur de la cour et en rendent le séjour intenable. Plusieurs batteries prussiennes viennent s'établir à 300 mètres des portes et les démolissent à coups de canon. Quelques fractions d'infanterie rampent jusqu'aux murs de la ferme et s'introduisent dans la cour par les brèches ainsi faites. Elles sont presque aussitôt obligées de s'enfuir sous le feu des défenseurs postés aux fenêtres et jusque dans les greniers. En outre, l'artillerie prussienne ne discontinue pas de bombarder le château (2). »

Il est 3 heures; toutes les munitions sont épuisées; le restant de la division Douay a quitté le terrain ou s'est retranché dans la ferme de Schaffbusch; la résistance n'est plus possible. En face de cette situation, les héros du Geissberg se décident à capituler : 200 hommes et quelques officiers se constituent prisonniers (3).

Pour couvrir leur retraite, les Français opposent encore une certaine résistance derrière la ferme de Schaffbusch, mais quels courages et quels efforts pourraient empêcher 500 hommes d'êtres brisés par 30 000 !

(1) « 66 pièces de canon balayent, avec leurs obus, les abords du château. » (Général Bonnal, *Frœschwiller*, p. 124.) — Alfred Duquet, *Frœschwiller, Châlons, Sedan*, pp. 55 et 56.

(2) Général Bonnal, *Frœschwiller*, pp. 125 et 126.

(3) *La Guerre franco-allemande*, 1re partie, p. 194. — « Vers 3 heures, après avoir brûlé leurs dernières cartouches, ces braves gens, au nombre de 450 environ, consentirent à se rendre. » (Général Bonnal, *Frœschwiller*, p. 105.) Remarquons que les Prussiens disent n'avoir fait que 200 prisonniers.

APRÈS LA DÉFAITE

La poursuite est molle, même nulle ; les ennemis sont fatigués. La IVe division de cavalerie n'est pas encore sur les lieux et le Prince royal ne peut disposer que du 4e dragons. Il lui donne l'ordre de suivre les Français sur la route de Haguenau, mais officiers et soldats se soucient peu de cette besogne ; ils voient des masses d'infanterie dans chaque village et, sous le coup de cette prudente hallucination, entendant, près de Soultz, quelques balles siffler à leurs oreilles, ils se hâtent de rebrousser chemin (1). Nos troupes gagnent donc facilement l'abri du Hochwald et la retraite s'opère en bon ordre sur Cleebourg, Pfaffenschlich et Climbach ; une faible partie de notre aile droite, celle qui vient de soutenir le dernier choc autour du Geissberg et à Schafbusch, est obligée de se retirer dans une direction la portant vers Soultz et la route de Haguenau, où elle arrête les poursuivants, comme nous l'avons expliqué (2).

Est-il besoin de constater que la brigade de Septeuil n'avait pas attendu la prise du Geissberg pour galoper du côté opposé à l'ennemi (3)? Du reste, qu'aurait-elle pu faire contre les masses qui pressaient les braves de Wissembourg, du Geissberg et de Schafbusch (4)? C'était le matin, que nos cavaliers auraient eu l'occasion de rendre d'immenses services, au lieu de se livrer à des

(1) Général Bonnal, *Frœschwiller*, p. 106.
(2) Général Ducrot, *Wissembourg*, p. 28.
(3) *Section historique*, V, p. 136.
(4) *La Vie militaire du général Ducrot*, t. II, p. 355.

reconnaissances d'opérette, sans même franchir la frontière !

Les pertes étaient terribles pour une pareille rencontre. Les Allemands ont avoué 91 officiers et 1 460 hommes mis hors de combat. Le seul régiment des grenadiers du Roi comptait 10 officiers et 80 hommes tués, 13 officiers et 249 hommes blessés (1).

Les Français ont été moins éprouvés à cause de leur petit nombre et à cause des positions défensives qu'ils occupaient. « Sur les 4500 hommes d'infanterie de la division Douay qui combattirent, ce jour-là, 1 000 environ furent tués ou blessés et 1 000 faits prisonniers, soit à Wissembourg, soit au Geissberg (2). » Dans ce nombre, on relève 21 officiers tués, 3 disparus et 36 blessés (3).

L'effet de cet échec fut immense. La France demeura consternée, l'Europe étonnée, l'Allemagne ravie et effrayée tout à la fois. Chacun comprit à cet éclat de tonnerre la folie du gouvernement de l'Empereur et l'insuffisance de nos hommes de guerre; il n'y avait plus à se bercer d'illusions, à se leurrer d'espoirs trompeurs, 200 000 Français allaient avoir à soutenir le choc de 800 000 Allemands; des généraux braves et incapables en usaient à l'égard des Prussiens comme ils s'étaient comportés en présence des Arabes; le hasard allait se mesurer avec des combinaisons, non pas de génie, mais néanmoins avec des combinaisons longuement méditées. Tout manquait : les soldats, les approvisionnements, les munitions, et pas un grand capitaine ne se levait pour suppléer à tout ce qui manquait.

(1) *La Guerre franco-allemande*, 1re partie, p. 197.
(2) Général Bonnal, *Frœschwiller*, p. 108.
(3) A. Martinien, pp. 1 à 3.

Nous nous rappellerons toujours l'étreinte affreuse qui nous a serré le cœur à le broyer quand on nous annonça ce premier revers qui devait être hélas! suivi de tant d'autres désastres. Il était bien peu important en comparaison de Frœschwiller, de Sedan et de Metz, et cependant ces catastrophes ne nous atteignirent pas aussi profondément que le combat de Wissembourg, car il avait été la lumière sinistre qui, d'un seul coup, les avait éclairées par avance (1).

De leur côté, les Allemands n'étaient pas tout à la joie. Se réunir 80 000 et ne réussir qu'à grand'-peine et au prix de sacrifices effrayants à battre 4 500 adversaires ne devait pas être considéré comme une brillante victoire, quoi qu'en dise le bulletin du roi Guillaume. Du reste, ce bulletin laissait percer l'inquiétude des Allemands :

« Brillante mais sanglante victoire aujourd'hui, sous les yeux de Fritz. Prise d'assaut de Wissembourg et de la montagne du Geissberg. Les corps engagés étaient les Ve et XIe prussiens et le IIe bavarois. L'ennemi est en fuite. Cinq cents prisonniers sans blessures, un canon entre nos mains. Le général de division Douay tué. De notre côté, le général de Kirchbach légèrement atteint. Mon

(1) « La nouvelle de l'échec que nous avions subi à Wissembourg souleva une grande émotion dans l'armée du Rhin. «« Décidément nous inaugurons mal la campagne »», s'écriait-on partout dans nos camps. «« Il n'est que temps de marcher résolument en avant »», disaient hautement officiers et soldats. Au Grand Quartier général où rien, dans la correspondance du maréchal de Mac-Mahon, n'avait pu faire pressentir un si triste événement, ce fut une véritable stupéfaction, suivie, tout aussitôt d'un besoin irrésistible de prendre sur-le-champ une offensive décidée sur la Sarre. Il n'y avait plus à temporiser, proclamait-on, il fallait immédiatement prendre, par un coup d'audace, une revanche éclatante. » (Général Lebrun, *Souvenirs militaires*, 1860-1870; Paris, Dentu, 1895; pp. 247 et 248.) — « La journée de Wissembourg a, peut-être, décidé du sort de la guerre. » (Général Ambert, t. I, p. 27.)

régiment et le 58e fortement éprouvés (1). »

« Il y a lieu de remarquer, dit le général de Woyde, que le succès obtenu par la IIIe armée, à Wissembourg, ne répondit pas, à beaucoup près, aux forces employées et aux sacrifices subis. Un faible détachement français... soutint un combat de plus de six heures (de sept heures) contre l'armée allemande qui lui était infiniment supérieure en nombre... Malgré cela, le détachement français, non sans éprouver, il est vrai, des pertes sensibles, quitta le champ de bataille sans être inquiété et alla occuper, avec une partie de ses troupes, une nouvelle position qui ne se trouvait qu'à sept kilomètres des Allemands. Etant donnée leur supériorité numérique écrasante, les Allemands auraient dû, sans aucun doute, envelopper le faible détachement français et l'anéantir complètement... (2). »

Mais le combat de Wissembourg, comme celui du surlendemain, à Frœschwiller, avaient été des rencontres de hasard, non prévues par M. de Moltke qui n'y attacha pas, tout d'abord, l'importance qu'ils méritaient et qu'il n'apprécia que plus tard (3). Ce combat était cependant des plus importants au point de vue moral et même au point de vue matériel : « Le Prince royal avait acquis, du coup, l'entrée de l'Alsace avec le chemin de fer de la rive gauche, sur Haguenau, et bon nombre d'excellentes routes, au sud, vers Strasbourg, à l'est, vers Bitche. L'effet moral de ce combat, où Bavarois, Prussiens, Hessois, Nassoviens avaient si heureusement débuté côte à côte, secondés par les Wurtembergeois et les Badois, plus à gauche,

(1) Alfred Duquet, *Frœschwiller, Châlons, Sedan*, pp. 57 à 59.
(2) Général de Woyde, t. I, p. 113.
(3) Prince de Hohenlohe, *Lettres sur la Stratégie*, t. I, p. 287.

avait été grand dans son armée ; il donna des jambes à tout le monde (1). — « L'affaire de Wissembourg fut utile aux vainqueurs parce qu'elle donna à leurs armes ce crédit et cette espérance de succès si précieux au début d'une campagne (2). »

La dépêche française annonçant la défaite était ainsi conçue :

Trois régiments de la division du général Douay et une brigade de cavalerie légère ont été attaqués, à Wissembourg, par des forces très considérables massées dans les bois qui bordent la Lauter. Ces troupes ont résisté pendant plusieurs heures aux attaques de l'ennemi, puis se sont repliées sur le col du Pigeonnier qui commande la ligne de Bitche. Le général Douay (Abel) a été tué. Un de nos canons dont les chevaux avaient été tués et l'affût brisé, est tombé au pouvoir de l'ennemi. Le maréchal de Mac-Mahon concentre sur les lieux les forces placées sous son commandement (3).

Il était certes bien temps ! Que ne les avait-il donc concentrées auparavant ? Que n'avait-il pris soin de se renseigner touchant la force et la marche des Prussiens ? La division Douay n'aurait pas été sacrifiée et l'effet moral d'un premier échec, si dangereux pour des troupes françaises, n'aurait pas plané, comme un oiseau funeste, sur toute la suite de cette néfaste campagne (4) !

(1) Colonel Ferdinand Lecomte. t. I, p. 250.
(2) *Campagne de* 1870, traduit du *Times*, p. 29.
(3) *Journal officiel*, n° du 6 août 1870.
(4) « Toute l'armée n'assistait pas à ce combat, mais elle en ressentit le choc. » (Henri Haslan, pp. 24 et 25.)

AVANT FRŒSCHWILLER

LE MOUVEMENT DUCROT

Examinons, d'abord, la position des Français à la suite de la défaite de Wissembourg.

Le 4 août, dans la matinée, lorsque le général Raoult, commandant la 3e division du 1er corps d'armée, apprit, à Reichshoffen, l'engagement de Wissembourg, il n'eut plus qu'une idée : quitter ce campement, dominé de toutes parts, et gagner des hauteurs. En cela, il n'avait pas tort, mais d'autres précautions élémentaires étaient aussi à prendre ; on va voir que les généraux français les oublièrent. « Les camps furent donc levés vers midi et la 3e division continua sa marche sur Wœrth pour s'arrêter sur le plateau, à l'est de Frœschwiller, où elle bivouaqua (1) », sans installer le moindre avant-poste (2). En faisant ces 6 kilomètres, le général Raoult marchait un peu au canon, en attendant des ordres. Il est vrai qu'il y allait lentement, puisqu'il ne s'établit à Frœschwiller qu'à 5 heures et demie (3). C'était tout ce que ce pauvre

(1) Général Bonnal, *Frœschwiller*, p. 144.
(2) *Ibid*, p. 145.
(3) Journal de marche de la 3e division, cité par la *Section historique*, V, pp. 223 et 224.

Raoult avait pu faire pour « venir en aide » à Ducrot.

Aussi, quand le duc de Magenta, revenant de son excursion au Pigeonnier, arriva le soir, pour dîner, au château de Reichshoffen, tout ahuri par ce qu'il avait vu, il déclara au comte de Leusse que « nous étions battus, mais que peu de troupes étaient engagées, qu'il faisait opérer la retraite sur Frœschwiller et que, là, il comptait arrêter l'ennemi (1) ».

C'est donc au hasard, parce que le général Raoult s'y trouve déjà, que Frœschwiller est choisi par l'illustre incapable pour « arrêter l'ennemi », et nous en avons la preuve dans le fait curieux « qu'aucun de ses ordres ne mentionne aux 1re, 2e et 4e divisions la position de Frœschwiller comme zone de concentration (2) » !

Mais, le matin du 5, quand le Maréchal va retrouver le général Raoult à Frœschwiller, cette position séduisante lui paraît de premier ordre, il se raffermit dans son intention de la veille au soir, lors de son retour du Pigeonnier, et, de là à décider d'y tenter la fortune il n'y a qu'un mot à prononcer : il le dit ! En effet, le 5, il envoya cette dépêche à l'Empereur :

Reichshoffen, 5 août, 10 h. 30 matin.

Je suis concentré avec mon corps d'armée à Frœschwiller, étendant ma droite jusqu'à la forêt de Haguenau. Si l'ennemi, se voyant menacé sur sa droite, ne dépasse pas Haguenau, je suis en bonne position ; s'il dépasse Haguenau, je suis obligé de prendre position plus au sud pour garder les défilés de la Petite-Pierre. et de là à Saverne. S'il vous est possible de disposer

(1) Journal inédit du comte de Leusse, cité par la *Section historique*, V, p. 226.
(2) Général Bonnal, *Frœschwiller*, p. 146.

d'un des corps d'armée de la Moselle, venant me rejoindre par le chemin de Bitche ou par la route de la Petite-Pierre, je serai en état de reprendre l'offensive avec avantage (1).

Dans l'après-midi, sa résolution de se battre où il était devenait plus ferme, car il expédiait ce télégramme :

5 août, 3 h. 20. Reichshoffen à Strasbourg. Maréchal de Mac-Mahon au général commandant la 6e division à Strasbourg. — J'ai été obligé de me replier, cette nuit, sur les positions de Frœschwiller *que je compte défendre* ; mais comme l'ennemi veut couper le chemin de fer entre Haguenau et Reichshoffen, je vous prie de donner l'ordre à l'intendant du 1er corps, ou à tout autre, de nous envoyer, par un convoi, le plus de vivres possible, la 1re division n'ayant déjà plus de pain (2).

Mac-Mahon se détermina d'autant plus aisément à combattre tout de suite et sur le terrain où il se trouvait que le maréchal Le Bœuf, à la nouvelle de la défaite de Wissembourg, lui avait immédiatement télégraphié qu'il se rendait à ses désirs, que les 5e et 7e corps étaient placés sous son commandement. Se sentant ainsi le grand chef de trois corps d'armée, il se crut en état de résister aux attaques des Allemands, qu'il ne croyait pas prêts à prendre l'offensive dès le surlendemain du combat de Wissembourg, et il donna l'ordre à toutes les divisions du 1er corps de se concentrer aux alentours de Frœschwiller.

Quant aux troupes des 7e et 5e corps, le Maréchal

(1) Cité par le général Bonnal, *Ibid.*, p. 180. — *Ibid.*, p. 182. — *Section historique*, VI, pp. 137 et 138. — L'Empereur avait reconnu la nécessité de la concentration du commandement. (*Ibid.*, VI, p. 16.)

(2) Alfred Duquet, *Frœschwiller, Châlons, Sedan*, pp. 65 et 66.

espérait bien s'en servir, mais le 7 seulement, et, encore, il ne pouvait compter que sur une division du 7ᵉ corps, celle du général Conseil-Dumesnil, qu'il avait appelée à lui par chemin de fer, le 4, à l'annonce de l'écrasement du général Abel Douay (1).

Il ne devait pas en aller de même pour le 5ᵉ corps, que le duc de Magenta aurait pu avoir sous la main, le 6, de bonne heure, s'il lui en avait, à temps, donné l'ordre. Nous examinerons la question un peu plus loin et allons continuer de narrer les gestes de Mac-Mahon dans cette journée du 5 août, si mal employée par nous, si bien par nos ennemis. Nous avons expliqué que le Maréchal avait résolu de livrer bataille à Frœschwiller et d'attendre les Prussiens si menaçants qu'ils fussent. Mais le général Ducrot, sous le cauchemar de Wissembourg, « estimait téméraire d'accepter la bataille sur la position de Frœschwiller avec des forces aussi disproportionnées. Selon lui, on devait battre en retraite sur Lemberg, pour joindre le corps de Failly et tenir la crête des Vosges, défiant toute attaque dans les positions formidables qu'il avait depuis longtemps étudiées, en liaison avec l'armée de l'Empereur, en situation d'agir contre les communications de l'armée qui avait envahi l'Alsace, si elle continuait sa route vers Strasbourg, ou de déboucher sur le flanc de l'autre masse allemande, si elle franchissait la Sarre (2) ».

Le général Bonnal blâme ce plan. Selon lui, la IIIᵉ armée pouvait aisément barrer les quelques routes qui descendent des Vosges, et le massif des

(1) Général Bonnal, *Frœschwiller*, p. 175.
(2) *La Vie militaire du général Ducrot*, t. II, p. 360. — *Ibid.*, p. 362. — « Entre Bitche et Phalsbourg, dans les montagnes abruptes, grossis de Failly, nous serions inexpugnables. » (*Ibid.*, p. 364.)

montagnes n'était pas une base d'opérations pour une armée de 8 ou 10 divisions (1). Le général Bonnal semble aussi penser que Ducrot voulait concentrer toute l'armée d'Alsace à Lemberg (2). Et le général ajoute : « L'esprit de la guerre, au XVIIIe siècle, *attribuant une valeur propre aux points géographiques*, inspirait, en 1870, les idées militaires du haut commandement français (3). » Nous avons, trop rarement, l'occasion d'être d'accord avec M. Ducrot pour ne pas déclarer que, dans l'espèce, c'était lui qui avait raison, et nous ne nous expliquons pas la critique du général Bonnal (4).

Tout d'abord, selon nous, le général Ducrot n'a jamais eu l'intention de concentrer toute l'armée d'Alsace à Lemberg. Sans doute, c'est autour de cette petite ville que le gros de nos forces eût été rassemblé, mais des fractions importantes auraient gardé les passages des Vosges, de manière que l'armée ne fût pas tournée dès le lendemain.

Ensuite, qu'aurait fait la IIIe armée devant Strasbourg ? Un siège ? C'est entendu, mais ce siège aurait demandé du temps et les Prussiens se seraient morfondus, en Alsace, arrêtés à la fois, et par Strasbourg et par la barrière des Vosges d'où, à chaque instant, auraient pu déboucher des forces supérieures à celles qui barraient la route choisie par les Français pour tomber sur l'ennemi.

A cette hypothèse, le général Bonnal réplique :

(1) Général Bonnal, *Frœschwiller*, p. 183. — Dans le même sens : *Section historique*, VII, pp. 1 et 2 ; général Palat, t. III, pp. 145 et 146.

(2) Général Bonnal, *Frœschwiller*, p. 183. — M. A. Grouard partage l'opinion de M. Bonnal : « Sans doute, le général Ducrot indiquait une mauvaise direction (Lemberg). » (P. 31.)

(3) Général Bonnal, *Frœschwiller*, p. 183. — *Ibid.*, p. 181.

(4) Voir *Le Spectateur militaire*, 5e série, t. XXIV, pp. 54 et 55.

« En raison du petit nombre de routes traversant le massif et des longs défilés qu'elles forment, il suffisait de quelques détachements et d'un corps de réserve pour empêcher les Français de déboucher en Alsace (1). » A merveille, seulement le raisonnement du général ne peut se scinder et si, à cause du petit nombre de routes, les Français auraient eu de grandes difficultés à déboucher en Alsace, les Allemands en eussent éprouvé de plus insurmontables encore à déboucher en France, car il faut ajouter, à la rareté des voies de communication, « les longs défilés » de ces chemins, qui étaient en notre pouvoir et non en celui de nos ennemis. Oui, les Vosges étaient une digue à l'invasion, un véritable obstacle à la marche des Allemands : il eût été bon de s'en servir puisque, pendant ce temps, l'armée française se serait organisée, ravitaillée, reconnue et n'aurait pas présenté à l'ennemi, ainsi qu'elle l'a fait à Frœschwiller et à Forbach, des troupes aussi braves que peu prêtes à affronter le feu sous les ordres de généraux ne sachant pas ce qu'ils voulaient.

Et les Vosges pouvaient jouer ce rôle d'écran provisoire protecteur, même de bouclier, nous permettant de vaincre ; le général Bonnal le confesse lui-même quand il écrit : Il est naturel d'admettre que « Mac-Mahon et Ducrot aient songé à contrebalancer la supériorité numérique de l'adversaire, en attirant celui-ci dans un pays montagneux et boisé, comme les Vosges septentrionales, où nos troupes vives, alertes et très mobiles, étaient susceptibles de prendre l'avantage sur les grosses et lourdes colonnes allemandes, empêchées, par les difficultés du sol, de mettre en jeu tous leurs moyens de lutte (2) ».

(1) Général Bonnal, *Frœschwiller*, p. 183.
(2) *Ibid.*, p. 70.

Et Clausewitz apprend à ceux qui ne veulent pas le savoir, qu'une chaîne de montagnes n'est pas un moyen négligeable à la guerre. « On doit considérer une chaîne de montagnes, de même qu'un fleuve, comme une barrière qu'on ne peut franchir qu'en certains endroits et qui, par cela seul qu'elle oblige les forces de l'attaque à se diviser et à n'avancer que par un nombre limité de chemins, donne à la défense l'occasion de livrer des combats heureux (1). » En somme, il résulte du chapitre de Clausewitz, où il traite de l'attaque des chaînes de montagnes, que des barrières comme les Vosges, les Alpes, ne peuvent être forcées qu'en les tournant (2).

Au cas où la IIe armée, par le nord des Vosges, et la IIIe, par le sud, auraient donc tourné la barrière protectrice, avertis immédiatement, par la cavalerie postée aux deux extrémités de la ligne de défense, les 5e, 1er et 7e corps avaient le temps de battre alors en retraite sur une position où ils auraient été rejoints par le restant des renforts que ces journées de répit eussent permis de leur

(1) « Les difficultés sans cesse renaissantes que présente la marche des grandes colonnes dans les pays montagneux et la force extraordinaire qu'acquièrent les petits postes, lorsqu'ils sont couverts sur leur front par un terrain escarpé et appuyés, sur chacun de leurs flancs, à des ravins profonds, sont certainement les deux principaux motifs qui ont fait, partout et de tout temps, attribuer une efficacité et une puissance si grandes à la défense des montagnes. » (Général de Clausewitz, *Théorie de la Grande Guerre*; traduction du lieutenant-colonel de Vatry; Paris, Baudoin, 1886; t. II, pp. 139 et 140.) — Il est certain qu'un petit poste, placé en pays montagneux sur une position judicieusement choisie, acquiert par cela même une puissance de résistance extraordinaire. » (*Ibid.*, t. II, p. 141.) — « Se tenir sur la défensive, suppose qu'on défendra les lignes et positions dont on peut se servir, les Vosges, la Sarre, la Moselle, par exemple. » (L. Dussieux, t. I, p. 96.) — *Ibid.*, t. I, p. 108. — Enfin, au sujet de la guerre de montagnes que l'on devait faire dans les Vosges, voir : Général Bonnal, *Frœschwiller*, p. 71.

(2) Général de Clausewitz, t. III, p. 47 à 51.

expédier. Aussi bien, il est peu probable que la IIe armée se serait risquée, ayant l'armée de Metz dans les flancs, à contourner les Vosges septentrionales. Par conséquent, le plan Ducrot adopté, c'était plusieurs jours de retard pour les Allemands, c'était, pour les Français, qui n'étaient pas prêts, un immense résultat obtenu.

Notre maître et ami Alfred Mézières, qui nous semble comprendre fort bien les questions de tactique et de stratégie, bien qu'il soit simplement de l'Académie française, a merveilleusement exposé le problème :

« Que de fois n'avons-nous pas entendu répéter par nos généraux, par les officiers étrangers, que les Vosges offriraient à une armée française une ligne de défense admirable, que quelques milliers d'hommes pourraient y disputer le terrain pied à pied contre des masses ennemies! Il suffit, en effet, de parcourir cette chaîne de montagnes pour voir tout de suite combien il est facile de la défendre : des bois profonds où peuvent se cacher des nuées de tirailleurs, des ravins, des rochers, d'étroits défilés! Aucun pays ne se prête mieux à la guerre espagnole, aux combats de détail, aux escarmouches qui harcèlent une armée, à la défense opiniâtre, acharnée, où l'on ne laisse à l'ennemi que le coin de terre qu'il occupe, où l'on se reforme partout, sur ses flancs, devant lui, derrière lui; où l'on coupe ses convois, ses communications; où on l'isole de ses renforts sans lui accorder un moment de repos, en tombant sur lui à toute heure par des sentiers où le nombre devient inutile, où la connaissance des lieux, le courage et l'adresse suffisent aux combattants. C'est cependant cet admirable champ de bataille, ce rempart naturel, que les débris de l'armée de Mac-Mahon et les 35 000 hommes du général de

Failly ont abandonné dès le premier jour, sans même essayer l'ombre d'une résistance, depuis Bitche jusqu'à Belfort. Si ces 50 000 soldats s'étaient maintenus dans la montagne, on eût pu organiser la résistance, armer les populations autour d'eux, derrière eux, empêcher l'ennemi de cerner Bitche, Phalsbourg, Strasbourg, garder des communications avec Metz, circonscrire le théâtre de la lutte, *retarder tout au moins l'invasion de la Meurthe, de la Meuse, de la Champagne, donner le temps à une nouvelle armée de se former, soit à Châlons, soit à Paris* (1). »

Et comme tout cela eût été plus facile encore si cette défense des Vosges avait été organisée avant la défaite de Frœschwiller, avec les 1er, 5e et 7e corps intacts (2)!

« En Alsace, quand le Rhin ou la Lauter sont

(1) *Récits de l'Invasion, Alsace et Lorraine*, par Alfred Mézières, de l'Académie française; Paris, Emile Perrin, 1884; pp. 5 à 7. — *Ibid.*, pp. 3, 4 et 47. — Au lieu de « choisir une position défensive (Frœschwiller et Elsasshausen) entre la vaste forêt de Haguenau et les Vosges, si, réellement, nous devons avoir en face de nous des forces très supérieures, est-ce qu'il ne serait pas plus sage, plus rationnel de gagner la montagne et de défendre les passages? » (*De Frœschwiller à Sedan*, p. 17.) — « Deux dates montrent l'hésitation que les troupes allemandes mirent à s'engager dans les défilés des Vosges. » Le 7 août la voie était coupée à Brumath, « trois jours après seulement, le 10 août », ils entraient dans la gare de Vasselonne. « Pendant cet intervalle, ils acquéraient la certitude que tous les passages des Vosges étaient libres. » (Jacqmin, p. 134.) Donc, M. de Moltke attribuait des vertus défensives aux Vosges. — (*Histoire des chemins de fer français pendant la Guerre franco-prussienne*, par le baron Ernouf; Paris, Librairie générale, 1871; p. 21. — Jacqmin p. 316.

(2) Malgré la grande supériorité numérique de l'ennemi, « du moment où l'on avait laissé passer le moment de prendre l'offensive, il n'y avait pas d'autre parti (défendre les Vosges) à adopter pour les 1er, 5e et 7e corps. Avec l'appui de l'armée de Metz et une activité analogue à celle de Bonaparte en 1796, le succès était encore possible ». (Général Derrécagaix, p. 119.) — Général Iung, *Stratégie, Tactique et Politique*, p. 223. — Capitaine Gilbert, p. 16.

franchis, il n'y a plus qu'une ligne de défense, celle des Vosges, ligne excellente, difficile à traverser, et que la tradition nationale, aussi bien que les lois de la stratégie, font un devoir de défendre à outrance. C'était, par conséquent, sur les Vosges et autour de leurs passages que le 1er corps français devait se placer, ralliant les 5e et 7e corps, et se bornant à empêcher l'ennemi de franchir cette barrière (1).

Alors, nous ne saisissons pas pourquoi, dans la critique de la lettre adressée par le duc de Magenta au général de Failly, le 6, au matin, lettre dont nous donnons plus bas le texte littéral, le général Bonnal reproche au premier d'attribuer des vertus qu'ils n'ont pas aux crêtes, cols et défilés (2). Certes, nous entendons bien que les positions n'ont pas des vertus irrésistibles et qu'il faut savoir s'en servir, sinon en artiste, comme le veut le général Bonnal (3), du moins en homme de bon sens; néanmoins, ce ne sont pas des quantités négligeables et si le maréchal de Mac-Mahon avait su profiter de celles à lui offertes par la chaîne des Vosges, au lieu d'attendre ses adversaires dans un

(1) Général Derrécagaix, p. 118. — « En gagnant les Vosges, Mac-Mahon pouvait y barrer le passage; là, avec ses trois corps d'armée, il était inexpugnable. » (Paul et Victor Margueritte. *Les Braves Gens*, p. 167.) — « A quelques kilomètres de Frœschwiller, sur la gauche, on trouvait, dans les défilés, des postes inexpugnables et le 5e corps d'armée. » (Général de Winpffen, p. 89.) — *Ibid.*, p. 88. — Voir, *infrà*, p. 248, note 3. — Alfred Duquet, *Frœschwiller*, *Châlons*, *Sedan*, p. 165. — « On n'avait pas su se replier sagement et défendre les passages des Vosges où dix mille hommes en auraient arrêté cent mille. » (*La Débâcle*, par Emile Zola, p. 64.) — Commandant de Missy, p. 43. — A. Grouard, p. 51. — Urbain Gohier, p. 60. — *Ibid.*, p. 102. — Colonel Fabre, pp. 32 et 33. — Paul Martin, p. 95. — Arthur Chuquet, p. 31. — Général Ambert. t. I, p. 52. — Voir, *infrà*, pp. 193 à 195. — Voir, aussi, *infrà*, p. 219, note 2.

(2) Général Bonnal, *Frœschwiller*, pp. 186 et 187.

(3) *Ibid.*, pp. 71 et 84.

vallon permettant *à une armée nombreuse et bien pourvue d'artillerie* de manœuvrer à son aise, il aurait singulièrement gêné les envahisseurs.

Et le général Bonnal, dans la même page, fournit la réponse à sa proposition quand il écrit, à propos de l'hypothèse émise par Mac-Mahon dans sa lettre du 6 et relative à l'attaque des Allemands dans les « défilés » des Vosges : « C'était bien mal connaître les conditions de la grande guerre que de supposer une armée *nombreuse et bien pourvue d'artillerie*, comme l'était l'armée allemande, abandonnant, sans y être forcée, les avantages de la tactique générale pour se jeter dans des montagnes escarpées où les têtes de colonnes, seules, pouvaient combattre » (1), et où il serait impossible de mettre des canons en batterie sans que leurs servants fussent immédiatement abattus par les balles des tirailleurs adverses, cachés sous bois ou derrière des rochers.

Donc, il y a des positions; donc, les défilés, les crêtes, les cols sont des positions; donc, les généraux peuvent se servir des montagnes, comme des forêts, des fleuves et des rivières, pour arrêter, plus ou moins longtemps, une armée d'invasion; donc, il est difficile de comprendre la pensée stratégique du général Bonnal émise au sujet de la fameuse lettre du 6 et, aussi, au sujet du projet, émis par M. Ducrot, de profiter du massif des Vosges afin de disputer les passages à la IIIe armée.

La *Section historique*, qui a adopté l'opinion du général Bonnal (2) que nous combattons, apporte également des armes en faveur de notre thèse et reconnaît, reprenant les expressions textuelles du général Bonnal (3), qu'il était aisé de barrer les

(1) Général Bonnal, *Frœschwiller*, p. 187.
(2) VII, pp. 1 et 2.
(3) Général Bonnal, *Frœschwiller*, p. 187.

gorges vosgiennes, puisqu'elle écrit, à propos du danger de voir les 1er et 5e corps coupés l'un de l'autre par une portion de la IIIe armée arrivant par la trouée de Rohrbach : « Il était bien peu probable que le Prince royal se décidât, en raison de la supériorité numérique de son armée et de l'artillerie nombreuse qu'elle possédait, à se jeter dans les montagnes où, *seules, les têtes de colonnes peuvent combattre*. Si, d'ailleurs, — contre toute vraisemblance, — le Prince adoptait cette résolution, *il suffisait de lui opposer des avant-gardes qui auraient laissé au gros de l'armée d'Alsace* (dans l'hypothèse du général Ducrot devenue l'armée de Lorraine) une entière liberté de manœuvres (1) ».

Et le Grand État-major prussien ne laissait pas de redouter le massif vosgien, se demandant comment il le franchirait, puisque le récit officiel contient cette phrase significative : « Dès le début de la campagne, les Vosges apparaissent comme un obstacle remarquable pour les deux partis belligérants (2). »

Maintenant, l'armée d'Alsace était-elle capable de soutenir tous ces combats défensifs? La *Section historique* répond pour nous : « Il n'est pas douteux que les combats en retraite exigent, de la part du chef et des troupes, des qualités supérieures, mais n'était-ce pas le cas du 1er corps, et les batailles de Wissembourg et de Frœschwiller n'ont-elles pas démontré qu'il était capable de tous les efforts (3)? »

(1) *Section historique*, VII, p. 3. — « Quelle raison, pour l'ennemi, de se jeter entre Bitche et Reichshoffen, au risque d'annuler sa supériorité numérique, puisque, dans ces défilés, ses têtes de colonnes, seules, pouvaient agir? » (Général Palat, t. III, p. 172.)

(2) *La Guerre franco-allemande*, 1re partie, p. 125.

(3) *Section historique*, V, p. 271. — Général Bonnal, *Frœschwiller*, pp. 71 et 72. — En l'espèce, nous ne partageons pas

Le capitaine Brackenbury a parfaitement résumé la question : « C'était un tort (de la part de Mac-Mahon) de livrer une bataille quelconque du côté est des Vosges, le principe vrai pour défendre un défilé (une chaîne de montagnes) étant de le défendre de son côté à soi, non du côté de l'ennemi, afin de pouvoir, avec des masses déployées, écraser ses têtes de colonnes dès qu'elles se laissent voir sur un front resserré. Si la retraite devient nécessaire, on a derrière soi, dans ce cas, le terrain ouvert. Lorsqu'on se bat, comme le fit Mac-Mahon, du côté le plus avancé du défilé, l'ennemi peut déployer et vous opposer une ligne égale (dans l'espèce, supérieure) à la vôtre, et, si la victoire est pour lui, il vous chasse dans des défilés où la retraite est très difficile (1). »

On dira bien que les Allemands, ayant le nombre pour eux, auraient débordé les Vosges par le nord et par le sud et coupé la retraite aux 1er, 5e et 7e corps français? Tout est possible, à la guerre, et, quelques pages plus haut, nous avons discuté cette hypothèse (2), seulement ce gigantesque enveloppement aurait demandé des journées, et c'est quand il aurait été accompli qu'il eût fallu faire ce que Mac-Mahon a tenté, à Frœschwiller, c'est-à-dire se battre en désespéré et vendre chèrement sa vie. Mais sans y être forcé, descendre en plaine, comme nous le fîmes, le 6 août, le long de la Sauër, quand on peut tenir la montagne, aller présenter sa poitrine à l'ennemi, quand on peut l'attendre derrière

l'avis du général Bonnal et de la *Section historique* et pensons que de bonnes et même de mauvaises troupes se battront mieux abritées qu'à découvert, en se défendant qu'en attaquant, si les obstacles opposés à l'assaillant sont de réelle valeur, comme c'était le cas dans les Vosges.

(1) Henry Brackenbury, p. 62.

(2) Voir, *suprà*, pp. 188 et 189.

des rochers, des talus et des torrents, dans les cols et défilés, voilà ce que nous ne saisissons point.

Le général Frossard, dont l'Empereur avait adopté le plan de campagne, n'avait pas eu l'idée de se servir des Vosges; « il n'avait pas songé, lui, le merveilleux ingénieur du siège de Sébastopol, que la chaîne des Vosges pouvait se transformer, sous sa main, en une barrière infranchissable pour les troupes allemandes et capable d'intercepter toute communication entre les armées d'invasion d'Alsace et de Lorraine. Il a vu notre infériorité numérique et, au lieu d'ajourner les actions décisives, de gagner du temps pour réunir des forces, — car, après tout, la France avait autant de ressources que l'Allemagne, — il a couru à la bataille (1) » !

LE RÔLE DU GÉNÉRAL DE FAILLY

Quoi qu'il en soit, « l'opinion du général Ducrot, appuyée par le général Raoult et par le comte de Leusse, maire de Reichshoffen, finit par prévaloir et, le 6 au matin, vers 6 heures, le Maréchal venait de dicter des ordres pour la retraite lorsqu'éclata le premier coup de canon (2) ». Ne nous en occupons

(1) *La guerre de masses*, 2e partie, p. 60.

(2) Général Bonnal, *Frœschwiller*, p. 182. — « Après une assez longue discussion entre le Maréchal et les deux généraux, il se rangea à leur avis et décida que le général Raoult commencerait la retraite de suite. » (Journal inédit du comte de Leusse, *La Vie militaire du général Ducrot*, t. II, p. 365.) — *Section historique*, VII, p. 10. — Général Palat, t. III, p. 173. — Général de Wimpffen, p. 87. — « La nécessité de décamper était incontestable. » (A. Grouard, p. 31.) — « Après une longue discussion, le Maréchal se décida enfin à donner des ordres pour la retraite. Mais, avant que ces ordres eussent été transmis aux troupes, la canonnade éclata, et il n'en fallut pas davantage pour amener le Maréchal à changer de résolution. Il s'arrêta au parti à jamais funeste d'accepter la bataille et il allait se laisser entraîner à la

donc plus. Mais ce revirement, cet abandon du projet de livrer bataille à Frœschwiller explique fort bien la lettre que, le 6, de grand matin, le duc de Magenta écrivait au général de Failly. On y remarquera l'absence de tout ordre prescrivant au commandant du 5e corps de se rendre à Frœschwiller et l'on comprendra pourquoi le Maréchal a expédié cette lettre par estafette au lieu de l'envoyer par chemin de fer ou d'en résumer le contenu par dépêche, comme il n'aurait pas manqué de le faire s'il avait voulu s'assurer le concours du 5e corps pour le jour même. Examinons la question en la serrant de près.

Tout d'abord voici la pièce officielle, la lettre contenant les instructions détaillées qui furent adressées, le matin même de la bataille, par le duc de Magenta au général de Failly.

ARMÉE DU RHIN

1er corps d'armée.

Le Maréchal commandant.

Camp de Frœschwiller, le 6 août.

Mon cher Général,

Vous avez été mis sous mes ordres par l'Empereur. Il est de la plus grande importance que nous concertions ensemble nos opérations.

lutte jusqu'à l'épuisement de ses troupes. » (*Ibid.*) — « Au point de vue stratégique, la position était défectueuse et Mac-Mahon avait tort de la défendre. » (Henry Brackenbury, p. 61.) — « Reichshoffen, 6 septembre 1900, Cher ami, dans le moment, je suis chez un ami, le comte de Leusse, dont vous connaissez certainement le nom, lié à celui de la bataille de Reichshoffen. J'ai visité avec lui le champ de bataille et il m'a confirmé qu'il avait supplié le Maréchal de se retirer sur les Vosges, connaissant, par des renseignements personnels (il était député du pays et avait organisé un service d'exprès), le nombre des forces allemandes opposées à la petite armée française. » (Lettre à nous adressée par M. Georges Poignant.)

Attaqué avant-hier près de Wissembourg par l'armée du Prince royal, qui m'était très supérieure, j'ai été obligé de me retirer jusque près de Reichshoffen. Il est urgent que nous combinions nos opérations. D'après les renseignements dans lesquels on doit avoir confiance, l'ennemi ferait un mouvement pour se porter vers les crêtes des Vosges et nous séparer. Si ce mouvement se confirme, nous devons les attaquer dans les défilés. Si au contraire, ils occupent seulement les positions de Wissembourg à Lembach, ayant le gros de leurs forces dans la plaine, nous combattrons ensemble pour leur enlever leurs positions.

Mettez donc en route immédiatement une de vos divisions. Il serait à désirer qu'elle pût coucher ce soir à Philippsbourg, occupant sur sa gauche les positions qui commandent la route de Neunhoffen ; si la première hypothèse se réalise, cette division se porterait d'abord sur Neunhoffen et de là sur Ober-Steinbach, qui serait attaqué le même jour par quatre brigades arrivant par des routes différentes du camp de Reichshoffen.

Prévenu de l'exécution de ce mouvement, vous enverriez une autre division par la grande route de Bitche à Wissembourg sur Sturtzelbronn, poussant en avant si elle rencontrait l'ennemi, qui se trouverait ainsi pris en flagrant délit et enveloppé de toutes parts.

Une brigade de la dernière division se porterait à Lemberg, qui est la clef des Vosges de ce côté, elle aurait avec elle une batterie d'artillerie. L'autre brigade resterait à Bitche, prête à se porter sur Sturtzelbronn, soit sur Philippsbourg, suivant les événements. Il serait prudent que la brigade de Lemberg se retranchât. Il y a des outils à Lichtenberg et à la Petite-Pierre, 1 500 dans chaque place, qui permettraient de faire ce travail.

Si au contraire l'armée du Prince royal est concentrée dans les environs de Lembach et dans la plaine du Rhin, la division qui viendra la première ne sera pas arrêtée à Philippsbourg. Vous feriez marcher par la même route la 2e division et une brigade de la 3e, la dernière brigade serait dirigée vers Lemberg d'où elle pourrait gagner la Petite-Pierre, si elle était obligée de battre en retraite.

Répondez-moi par plusieurs voies différentes, je vous adresse la présente par trois voies différentes.

Le maréchal commandant le 1er corps,

MARÉCHAL DE MAC-MAHON.

P.-S. Maintenez, s'il est possible, vos communications avec Philippsbourg.

P.-S. En résumé, envoyez le plus tôt possible votre 1re division à Philippsbourg et tenez les deux autres prêtes à marcher.

M. le général de Failly, commandant le 5e corps (1).

Avant de discuter à fond cette lettre, nous tenons à reproduire les observations suivantes, faites par Certans, dans *Le Spectateur militaire* :

« Pas un des militaires qui ont écrit sur la guerre de 1870 n'a indiqué où ils avaient pris cette lettre si importante. Pas un n'a dit que M. Alfred Duquet l'avait publiée, le premier, dans *Frœschwiller, Châlons, Sedan*. Comme l'histoire de cette publication est intéressante, nous allons la raconter, en quelques lignes, d'après une conversation dont nous avons noté tous les termes, conversation que nous avons eue, à ce sujet, avec M. Duquet.

« Celui-ci n'avait pas trouvé, dans les pièces officielles et dans les livres des généraux, l'explication des marches du général de Failly avant Frœschwiller et pendant cette journée; ce général, dans sa brochure : *Opérations et marches du 5e corps*, n'avait fait que transcrire certaines phrases laissant deviner une longue lettre à lui adressée par le Maréchal, mais, cette lettre, on ne la connaissait pas. Or, M. Duquet voulait l'avoir sous les yeux.

(1) Alfred Duquet, *Frœschwiller, Châlons, Sedan*, pp. 416 à 418.

« Mis en rapport avec un aide de camp du commandant du 5e corps, il avait, *péniblement*, appris, de cet officier, que des ordres précis avaient été donnés par le duc de Magenta. Mais quels étaient ces ordres? L'aide de camp restait muet. Alors M. Duquet s'adressa au général lui-même et alla le trouver à son domicile, rue Matignon. La réception fut froide, et le général encore plus muet que son aide de camp. Néanmoins, de certaines paroles, M. Duquet conclut qu'une lettre avait été écrite. L'historien estima qu'il était de son devoir d'affronter une seconde fois le général afin de lui arracher son secret : il fut presque mis à la porte. On aurait donc pu croire que la vérité ne serait pas connue quand un commandant d'infanterie, général aujourd'hui, lui conseilla de s'adresser, non au général, mais à Mme de Failly. M. Duquet profita du conseil.

« Guettant l'heure où le général sortait, il sonna et fit passer sa carte à la générale. Celle-ci le reçoit très bien, toutefois sans dire mot de la fameuse lettre : les discours les plus persuasifs semblent ne produire aucun effet, et M. Duquet, désespérant de rien savoir, va se retirer, quand, tout à coup, Mme de Failly s'écrie : «« Après tout, il s'agit de l'avenir de nos enfants! Il n'est pas admissible que le maréchal de Mac-Mahon laisse dire, depuis six ans, que le général a été la cause de la défaite de Frœschwiller, alors que, ce jour-là, mon mari n'a fait qu'obéir aux ordres écrits qu'il avait reçus le matin; alors que, d'un mot, porté par le télégraphe, par le chemin de fer, ou par une estafette, le Maréchal pouvait les modifier et l'appeler à lui! Eh bien, moi, je vous le dis : le matin de Frœschwiller, le Maréchal a écrit une lettre de quatre pages au général; cette lettre est la justification de mon mari; sinon pour lui, du moins pour ses enfants, il est temps de la faire connaître, puisque le Maréchal laisse accabler, sans le défendre, un vieux compagnon d'armes; attendez, Monsieur, le général va revenir; il vous remettra la lettre! »

« Mme de Failly était vibrante d'indignation; on sentait que la mère défendait ses fils avec toute son âme. M. Duquet attendit donc.

« Quand le général rentra et qu'il le vit dans le salon, il fronça le sourcil; mais, sans lui donner le temps de prononcer une parole, la générale se précipita vers lui, et, avec une éloquence irrésistible, lui persuada qu'il devait à ses enfants, à l'armée, à la France, la divulgation de la lettre du duc de Magenta. «« Venez, Monsieur, dit M. de Failly d'un ton bourru. Vous copierez la lettre; je ne veux pas m'en dessaisir. »» M. Alfred Duquet passa dans le cabinet du général, qui se dirigea vers une sorte de chiffonnier, en tira une liasse de papiers et remit la fameuse lettre, en disant : «« Installez-vous sur mon bureau; voici du papier, écrivez. »» Et pendant que M. Alfred Duquet copiait les quatre pages sur l'original écrit, en entier, de la main du duc de Magenta, le général allumait une longue pipe de terre blanche et la fumait sans dire un mot.

« Voilà comment une pièce si capitale a échappé probablement à l'oubli, à la destruction; et, de fait, comment oserait-on affirmer que le silence gardé si longtemps par les intéressés, eût été rompu plus tard? C'est à M. Alfred Duquet qu'on doit de la connaître : le rappeler eût été de la plus vulgaire probité littéraire et historique (1). »

(1) *Le Spectateur militaire*, 5e série, t. XXIII, pp. 432 à 434. — Le général Palat, qui reproduit le texte de l'Historique du 5e corps, publié en 1899, fait correctement remarquer que ce dernier texte « n'est pas rigoureusement conforme » au nôtre. (Général Palat, t. III, p. 170, note 1, *in fine*.) Or, nous affirmons

Quoi qu'il en soit, les termes de cette lettre sont si clairs qu'ils annulent les instructions, les ordres donnés par le maréchal de Mac-Mahon au général de Failly dans la journée du 5 août (1). Aussi bien, quels étaient ces ordres? Prescrivaient-ils au commandant du 5e corps d'abandonner la trouée de Rohrbach et d'accourir à Frœschwiller? Nous ne possédons pas la première dépêche et n'en connaissons que le résumé donné par le général de Failly : « Le maréchal de Mac-Mahon fait connaître que, par ordre de l'Empereur, le 5e corps passe sous son commandement et l'invite *à le rejoindre aussitôt que possible* (2). »

Résulte-t-il de cette dépêche que la division qui occupe les environs de Bitche doit se mettre en route avant l'arrivée des deux autres, qui sont en marche, et qu'elle doit ainsi dégarnir la voie ferrée et le passage des Vosges que, du reste, la

que nous avons copié littéralement le document sur l'original. « A notre connaissance, il n'y a pas trace des autres expéditions de cette lettre. » (Général Palat, t. III, p. 171, note 2.) Donc, le texte donné par la *Section historique* (VII, pp. 5 à 7), n'est pas exact et nous serions curieux de savoir où elle l'a pris, d'autant mieux que, contrairement à son habitude, elle n'indique pas de référence. — La lettre suivante nous a été adressée par Madame de Failly, en 1903 : « 24 juillet, Monsieur, La lettre dont la copie vous a été remise en 1879 (que nous avons copiée), écrite de la main même du Maréchal, au général de Failly, le matin même de la bataille de Frœschwiller, *est toujours entre mes mains*. Je ne connais pas le général Bonnal et ne puis donc vous donner aucun renseignement sur les sources et documents dont il se sera appuyé; la lettre authentique est celle que vous possédez, et dont vous pouvez garantir l'authenticité. Cette lettre, comme je vous disais, est entre mes mains, et ni mon fils ni moi ne nous en dessaisirons jamais. Je vous en remercie donc, monsieur, et vous affirme que vous êtes en droit de soutenir la vérité de votre premier travail. Recevez, Monsieur, l'assurance de toute ma considération. Générale comtesse de Failly. »

(1) « Ces recommandations contredisent ouvertement celles de la veille et même du corps de la lettre; il ne s'agit plus de venir «« au plus vite »» à Reichshoffen. » (Général Palat, t. III, p. 172.)

(2) *Opérations et marches du 5e corps jusqu'au 31 août*, par le général de Failly; Bruxelles, Lebègue; p. 11.

forteresse défendait dans une certaine mesure? Non, à notre avis, ce télégramme signifie seulement que le commandant du 5e corps doit se préparer à partir. C'est tellement vrai que la deuxième dépêche, reçue peu de temps après la première, est ainsi conçue : « Faites-moi connaître *quel jour et par où* vous me rallierez. Il est indispensable que nous réglions nos opérations (1).

Puisque le duc de Magenta demande à son subordonné quel jour il le rejoindra, c'est qu'il ne l'attend pas immédiatement. « Le Maréchal diminuait la portée de l'ordre », invitant le général de Failly à venir le plus tôt possible, en lui demandant « quel jour il comptait le rejoindre (2) ».

Au reste, avec raison, le duc lui dit qu'il faudra régler leurs opérations et décider des chemins que prendra le 5e corps pour se diriger vers le 1er, dont le Maréchal ne donne même pas les emplacements. Tout cela implique quelques heures de réflexion et un échange de correspondances : avant de partir, il est indispensable, à la guerre comme ailleurs, de savoir où l'on va et quel chemin on prendra.

(1) Général de Failly, p. 11. — La *Section historique* prétend que ce télégramme, « atténuation sans doute à l'ordre formel de venir à Reichshoffen le plus tôt possible », a été envoyé le 6 août. (VII, pp. 5 et 4.) Assurément, ce serait une nouvelle preuve que Mac-Mahon n'attendait pas de Failly, le 6 août, si, comme on peut le lire, dans le récit de la *Section historique*, cette dépêche avait été expédiée, ce jour-là, à 5 h. 14 du matin (VII, p. 4). En effet, elle annulerait le télégramme reçu, la veille, à 11 heures du soir, par le commandant du 5e corps. lui prescrivant de venir à Reichshoffen le plus tôt possible (Voir, *suprà*, p. 201). Seulement ce télégramme n'a pas été expédié le 6 mais le 5, ainsi qu'il résulte de la déclaration de M. de Failly (pp. 11 et 12) et du récit de la *Section historique* elle-même qui, dans l'exposé des faits et gestes du 5 août, écrit que le général de Failly l'a reçu à 5 h. 30 du soir (VI, p. 19). Il est vrai que, dans les considérations sur la bataille de Frœschwiller, la *Section historique* admet que Mac-Mahon a envoyé le même télégramme et le 5 et le 6 (VII, p. 258). C'est possible, mais bien peu probable.

(2) Général de Woyde, t. 2, p. 129. — *Ibid.*, p. 182. — Général Palat, t. III, p. 160.

Que répond le général de Failly à son chef? Cette réponse est des plus correctes, des plus raisonnables : « La division de Lespart est seule à Bitche et partira le 6 au matin pour vous rejoindre ; les autres divisions suivront aussitôt leur arrivée successive à Bitche (1). » Comme il nous l'a déclaré, en le quittant, le jour où il nous a communiqué le texte littéral de la lettre de Mac-Mahon, le commandant du 5e corps pensait que, dans la nuit, de nouveaux télégrammes permettraient de déterminer et le but à atteindre et les routes à prendre.

A 4 heures, le maréchal Le Bœuf lui fait comprendre qu'il faut aider le duc de Magenta dans le mouvement qui se prépare, mais dont on ne lui a pas encore révélé les dispositions : « Le maréchal de Mac-Mahon télégraphie, de Reichshoffen, à l'Empereur, qu'avec votre aide il serait en mesure de prendre l'offensive. L'Empereur vous renouvelle la recommandation de vous mettre immédiatement en communication avec le Maréchal et de vous conformer à ses ordres (2). »

Deux heures après la réception de cette dépêche, vers 6 heures du soir, les instructions attendues par le général de Failly lui arrivent par deux voies différentes. En 1879, quand nous écrivions notre *Frœschwiller*, *Châlons*, *Sedan*, personne ne connaissait ces deux dépêches et nous les eussions ignorées si le général de Failly ne nous avait pas communiqué l'une d'elles, dont nous prîmes copie :

(1) Général de Failly, pp. 11 et 12.
(2) Cité par le général Palat, t. III, p. 130, d'après la *Revue d'histoire*, II, 1901, 901.

Sarreguemines, 5 août, 5 h. 20 s.

Le sous-préfet à M. le général de Failly, Bitche.

Une dépêche que le maréchal Mac-Mahon vous adresse par le chemin de fer, vous dit d'occuper le poste de Lemberg, s'il est possible, qu'il y a grande urgence.

L'employé (signé) : *Illisible* (1).

La situation change : il ne s'agit plus d'aller rejoindre le 1er corps, il n'en est même pas question dans le télégramme, mais d'occuper Lemberg, gare du chemin de fer de Sarreguemines à Haguenau, le long des Vosges, au sud-ouest de Bitche; au lieu d'aller vers l'envahisseur, vers Wissembourg, sur le versant oriental de la montagne, il faut s'en éloigner et se tenir sur le versant occidental. M. de Failly pense qu'il y a erreur, qu'il s'agit de Lembach, où le général Ducrot se trouvait, la veille, lors du combat de Wissembourg. Il télégraphie donc au duc de Magenta pour lui demander des explications et lui annonce le mouvement de concentration du 5e corps qui s'opère autour de Bitche (2).

En dépit de certaines inexactitudes contenues dans cette dépêche, il est encore possible d'admettre que le général de Failly craint une erreur matérielle du télégraphiste et que l'idée de laisser complètement vides l'espace s'étendant de Niederbronn à Sarreguemines et les passages des Vosges, devant les vainqueurs de Wissembourg, fasse frémir le commandant du corps chargé de défendre

(1) Alfred Duquet, *Frœschwiller, Châlons, Sedan*, p. 94, note 1. — *Section historique*, VI, p. 100.
(2) *Ibid.*, pp. 100 et 101.

les trouées et de relier les armées de Metz et d'Alsace (1).

La même crainte, à la même heure, s'emparait du général Ducrot. « Au point de vue tactique, la situation des 1er et 5e corps, le 5 août 1870, était détestable : en effet, ils ne pouvaient se prêter aucun appui sérieux, et, comme il existait, précisément à leur point de contact, une trouée naturelle très praticable, l'ennemi pouvait y arriver en masse et s'interposer entre les deux corps (2). »

Mais, à 11 heures du soir, une nouvelle dépêche — que M. de Failly n'a pas mentionnée dans sa brochure et dont il n'a pas jugé à propos de nous parler quand il nous a communiqué la lettre du 6 et le télégramme du sous-préfet de Sarreguemines — parvient à Bitche. Cette fois, le Maréchal est clair, il faut se préparer à partir, dès le jour, avec toutes les forces disponibles; le commandant du 5e corps n'a plus qu'à obéir; voici la

(1) Le 5, le IIe corps bavarois, venant de Wissembourg, avait pris la route de Bitche. (*La Guerre franco-allemande*, 1re partie, pp. 198 et 200.) — « Si, dans la matinée du lendemain (le 6), le canon se faisait entendre à Wœrth, le IIe corps bavarois devait faire en sorte de jeter une division contre la gauche de l'adversaire (les Français), *le reste demeurant face à Bitche.* » (Ordre du Prince royal. *La Guerre franco-allemande*, 1re partie, p. 214.) — « Pour rester en communication, autant que possible, avec le 2e corps, ainsi qu'il en a reçu l'ordre formel, le général de Failly, tout en cherchant à se conformer aux instructions du maréchal de Mac-Mahon, croit qu'il est de son devoir de rester maître de Bitche où il s'attend à être attaqué d'un moment à l'autre, et aussi d'attendre l'arrivée de la division de l'Abadie et de l'artillerie de réserve qu'il ne peut abandonner. » (Journal de marche du 5e corps, rédigé par le colonel Clémeur et approuvé par le général de Failly. Cité par la *Section historique*, VI, p. 25.) — De plus, il y a grandement à craindre que l'ennemi « débouche sur les derrières de l'armée française qui va livrer bataille sur le Sauerbach ». (A. Grouard, p. 16.) — *Ibid.*, p. 17. — Il est vrai que la forteresse de Bitche aurait gêné le passage des troupes bavaroises (*Ibid.*, p. 19) ; néanmoins, le 9, elles tournèrent la place. — Lire, sur cette question, général de Woyde, t. I, p. 184, et *La Guerre franco allemande*, 1re partie, p. 378.

(2) *La Vie militaire du général Ducrot*, t. II, p. 373.

dépêche : « Venez à Reichshoffen, *avec tout votre corps d'armée*, le plus tôt possible. . Vos troupes viendront par la grande route et j'espère que vous me rallierez dans la journée, demain (1)... »

Eh bien, quand nous avions défendu le général de Failly, avec notre énergie habituelle, dans *Frœschwiller, Châlons, Sedan* (2), nous ne connaissions pas cette dépêche, arrivée à Bitche à 11 heures du soir. Le général avait commis l'incorrection de ne pas nous la signaler, et nous le comprenons de reste, car son inaction de la matinée du 6 n'a plus de justification. Certes, l'attitude de Mac-Mahon pendant toute la bataille ne saurait être excusée : il eût dû, dès le premier coup de canon, confirmer ses ordres de la veille, et nous dirons pourquoi il ne le fit point; mais le commandant du 5e corps, qui ne reçut la lettre qui l'aurait mis hors de cause qu'à 2 heures de l'après-midi, n'en est pas moins coupable d'avoir attendu la confirmation des derniers ordres reçus.

Non pas que l'exécution littérale des prescriptions du Maréchal eussent changé quoi que ce fût au résultat. Pour sauver le 1er corps, qu'aurait dû faire le général de Failly ? A la réception de la dépêche dont nous venons de transcrire les termes pressants, il eût fallu faire monter en wagon et partir pour Reichshoffen l'infanterie de la division Guyot de Lespart d'abord, celle de la division Goze ensuite. Pendant ce temps, débarrasser la route de tous encombrements, en interdire l'usage ; une heure après ces ordres, mettre en marche l'artillerie et la cavalerie. De cette façon, par un transport et une marche de nuit, le gros du 5e corps pouvait être à quelques pas de Frœsch-

(1) *Section historique*, VI, p. 100.
(2) Alfred Duquet, *Frœschwiller, Châlons, Sedan*, pp. 94 à 99.

willer avant 9 heures du matin. Mais il fallait abandonner les passages des Vosges aux Allemands, enfreindre l'ordre formel de Mac-Mahon, qui disait de prendre la grande route. Un jeune général aurait probablement exécuté dans ce sens la prescription du chef d'armée. Il ne fallait pas demander une telle initiative à M. de Failly (1).

Autrement, elle ne pouvait qu'arriver après le drame, et nous en fournissons comme preuve le temps mis par l'exprès du Maréchal, chargé de porter au général de Failly la fameuse lettre du 6 au matin : le commandant du génie Moll, parti de Reichshoffen à 5 heures et demie du matin, ne put arriver à Bitche qu'à 2 heures, soit huit heures et demie de galop (2). « Le 6, dans la journée (et même le matin) il n'était plus temps d'aller au secours de Mac-Mahon, en partant de Bitche. C'était au point du jour, ou plus tôt (oui), qu'il eût fallu partir (3). »

Il est vrai que le commandant Moll a pris un chemin plus long, « par Ingwiller et la route de Rohrbach (4) », mais, monté sur un bon cheval, il n'en a pas moins couru pendant huit heures. Et la

(1) Nous faisons remarquer, de nouveau, que les passages des Vosges, tout en n'étant pas négligeables, n'étaient guère utilisables puisque les Bavarois, après la bataille de Frœschwiller, ne purent tourner Bitche, qui commandait le bon chemin, que le 9 au plus tôt. (*La Guerre franco-allemande*, 1re partie, p. 378.) — Bitche a prouvé qu'il pouvait se défendre tout seul. (Général Palat, t. III, p. 155.)

(2) Général de Failly, p. 12. — *Section historique*, VII, p. 7. — Le général Palat, t. III, p. 171, note 1, prétend, sans en apporter de preuves suffisantes, que le commandant Moll ne serait parti qu'entre 6 et 7 heures. Nous tenons donc pour 5 heures et demie. Dans le sens du général de Failly, voir le journal du capitaine, depuis ce temps, général de Piépape.

(3) *Journée du 6 août* 1870, par un Lorrain ; Paris, Dentu 1887 ; p. 19.

(4) *La Vie militaire du général Ducrot*, t. II, p. 377. — Colonel Borbstaedt, p. 286, note 1.

route de Niederbronn à Bitche était bien plus encombrée que celle prise par M. Moll. Du reste, parti à 6 heures du matin, le général de Lespart n'est apparu « devant Niederbronn que vers 4 heures, ayant consacré plus de huit heures à parcourir 22 kilomètres, quoique l'ennemi ne l'ait gêné en rien(1) ». Qui n'a pas vu les chemins aboutissant à une armée en campagne ne peut imaginer leur encombrement et leur dégradation!

Aussi, ne saurions-nous adopter les conclusions de la *Section historique* qui déclare que la division Guyot de Lespart aurait pu partir de Bitche à 3 heures du matin, et la division Goze, à la suite, à 5 heures du matin. Alors, affirme la *Section historique*, « la distance de Bitche à Reichshoffen étant de vingt-quatre kilomètres, la tête de la division de Lespart arrivait sur le champ de bataille le 6 août, à 9 heures du matin, la réserve d'artillerie à 10 h. 30, la tête de la division Goze à 11 heures. A 1 heure de l'après-midi, le 5e corps tout entier, moins la division de de l'Abadie, et le 3e régiment de lanciers pouvait être rassemblé, à Reichshoffen, à la disposition du maréchal de Mac-Mahon (2) ».

C'est du roman, ce n'est pas du raisonnement : des corps d'armée ne font pas six lieues en six heures, sur une route étroite, encombrée de piétons et de voitures. Il eût fallu que, dès la réception de la dépêche arrivée à 11 heures du soir, le com-

(1) Général Palat, t. III. p. 312. — « L'exemple d'une division du 5e corps, le 6 août 1870, montre la nécessité de connaître les procédés pour se garder tout en marchant. La division mit neuf heures à franchir avec sa tête les vingt-cinq kilomètres qui séparaient Bitche de Niederbronn; son chef, ayant des craintes sur son flanc gauche, arrêtait sa colonne au croisement de chaque route qui débouchait de ce côté, envoyait reconnaître, et ne reprenait le mouvement qu'après le retour des reconnaissances. » (Colonel Maillard, p. 338.)

(2) *Section historique*, VI, p. 29.

mandant du 5e corps donnât les ordres que nous avons énumérés plus haut.

Donc, encore une fois, si le télégramme, arrivé à 11 heures du soir, n'avait pas été expédié, le général de Failly aurait eu raison de ne pas se presser de quitter Bitche, surtout après 2 heures, après la réception de la lettre de Mac-Mahon qui lui détaillait ce qu'il aurait à faire et qui ne l'appelait plus à Reichshoffen(1). Et c'est ici qu'il faut exposer la phénoménale incapacité du duc de Magenta qui envoie à son subordonné dépêches et lettres contradictoires, l'appelant tantôt un jour, tantôt un autre, tantôt à l'ouest, tantôt au sud, tantôt à l'est, ne le prévenant pas que la bataille est commencée, qu'elle continue, qu'elle est dans toute sa furie(2)!

(1) « La lettre du Maréchal prouve qu'il n'attachait plus autant d'importance que la veille à l'arrivée immédiate du 5e corps à Reichshoffen. » (*Ibid.*, VII, p. 8.) — « Le commandant de l'armée d'Alsace n'a pas persisté dans sa résolution première (celle du 5 août, au soir) et n'a plus considéré, dans la matinée du 6 août, la concentration immédiate des forces comme une nécessité urgente. » (*Ibid.*, VII, p. 9.)

(2) « Malheureusement, les ordres du maréchal de Mac-Mahon au général de Failly ne furent ni assez *pressants* ni assez *formels*; ils laissaient *trop de latitude* au commandant du 5e corps, sur *le temps à employer* et sur les moyens d'exécution. » (*La Vie militaire du général Ducrot*, t. II, p. 376.) — Le 5 août, « lorsque le général Ducrot, en présence du sous-chef d'état-major, le général Faure, insistait pour que l'on fît venir, le lendemain, l'infanterie du 5e corps par la voie ferrée, ce qui aurait rendu la grande route libre pour la cavalerie, l'artillerie et les voitures, le Maréchal repoussa cette idée en alléguant pour unique raison l'ennui des réquisitions de chemin de fer, l'embarras des embarquements et débarquements. *Une autre preuve du peu d'importance qu'attachait encore, le 5, le Maréchal à l'arrivée immédiate du 5e corps et du manque de précision des ordres qu'il avait donnés*, c'est que... etc. ». (*Ibid.*, t. II, p. 377.) — « Les ordres du maréchal de Mac-Mahon au général de Failly n'étaient pas suffisamment explicites. » (Général de Woyde, t. I, p. 129.) — Colonel Fabre, p. 32. — Général Derrécagaix, pp. 110 et 117. — Eugène Véron, p. 116. — Charles de Mazade, t. I, p. 97. — Arthur Chuquet, p. 35. — Pour donner une idée de l'ahurissement stratégique du duc de Magenta, nous ferons remarquer, parmi les

Certes, il est sûr que le commandant du 5e corps éprouvait la plus grande répugnance à quitter une position qu'il considérait comme capitale. Mais pourquoi le Maréchal le laissa-t-il ainsi dans l'incertitude pendant la journée entière? Parce que, tout d'abord, il ne croyait pas à la bataille pour ce jour-là, sa lettre le montre clairement : « En résumé, envoyez, le plus tôt possible, votre 1re division à Philippsbourg, et tenez les deux autres prêtes à marcher. » Par conséquent, en raison de ces ordres, le Maréchal ne comptait sur aucun concours de la part du général de Failly. L'autre cause du silence de Mac-Mahon est « qu'il ne croyait pas à la réalité des masses ennemies et que, quand il se vit harcelé par les premières troupes allemandes, il pensa pouvoir en venir à bout sans l'assistance du 5e corps(1). »

Le général de Failly a été relié au duc de Magenta et par la route, et par le télégraphe et par le chemin de fer, les fils électriques et la ligne n'ayant été coupés que le 6 au soir(2). Non seulement le

dépêches adressées, le 5 août, par cet étrange général à M. de Failly, celle de 8 heures du soir, lui prescrivant « d'occuper immédiatement Lemberg; c'est de la dernière urgence », et celle de 8 h. 10 du soir, lui ordonnant de « venir à Reichshoffen avec tout le 5e corps, le plus tôt possible ». (*Section historique*, VI, p. 100.) En dix minutes, sans l'ombre d'une raison pour changer d'avis, deux ordres absolument contradictoires! — Après Wissembourg, quand on attirait l'attention de Mac-Mahon sur le danger de rester à Frœschwiller, il « ne répondait qu'un mot : «« M...e! »» (*La Vie militaire du général Ducrot*, t. II, p. 362.)

(1) Alfred Duquet, *Frœschwiller, Châlons, Sedan*, p. 94. — *La Campagne de 1870 jusqu'au 1er septembre*, p. 40. — « Le Maréchal ne prévoit pas une action pour cette journée; il croit fermement qu'il pourra, dans sa forte position, arrêter un ennemi très supérieur en nombre. » (Général Palat, t. III, p. 173.) — A. Grouard, p. 21.

(2) « Jusqu'à 5 heures du soir, je ne cessai d'être en relation télégraphique avec le maréchal de Mac-Mahon et le général de Lespart et aucun ordre ne me fut envoyé. » (Général de Failly, p. 14.) — « Le maréchal de Mac-Mahon n'a télégraphié aucun

Maréchal n'a adressé ni lettre, ni dépêche au commandant du 5e corps, mais il a négligé, pareillement, d'informer la division Guyot de Lespart, qui venait à son secours par la route, du danger couru par le 1er corps; il ne l'a pas fait connaître, bien qu'il eût été en communication normale avec cette division qui côtoyait souvent la voie de fer (1).

Si le commandant du 5e corps n'avait pu se décider à rejoindre Mac-Mahon et s'était contenté de lui envoyer, tardivement, une de ses divisions sur trois, toutes ses hésitations avaient cessé et il avait résolu d'attendre les événements à Bitche, quand, à 2 heures, il reçut la lettre du Maréchal, et, surtout, quand, à 2 heures et demie, on lui remit ce télégramme que nous avons copié sur l'original, à nous communiqué par le général :

Metz, 6 août, 2 h. 20 m.

Le Major-général au général de Failly, Bitche.

Le chemin de fer est coupé entre Sarreguemines et Bitche. C'est à Strasbourg que les troupes d'Alsace doivent se réapprovisionner. Le général Frossard et le maréchal Bazaine sont attaqués. Tenez-vous sur vos gardes (2).

Dans ces conditions, comment aurait-il pu, sans espoir d'arriver à temps sur le lieu du combat,

ordre, n'a réclamé aucun secours à Guyot de Lespart et à de Failly. » (*Les Braves Gens*, par Paul et Victor Margueritte, p. 169. A. Grouard, p. 21. — Alfred Duquet, *Frœschwiller, Châlons, Sedan*, pp. 96 et 97.

(1) « Pendant toute la journée du 6 août, le Maréchal pouvait appeler à lui le 5e corps soit par le télégraphe, soit par le chemin de fer. » (Général Ambert, t. I, p. 55.) — Le Faure, t. I, p. 118. — Arthur Chuquet, p. 35. — Paul Martin, p. 183. — Paul et Victor Margueritte, *Histoire de la Guerre de 1870-1871*, p. 30. — Colonel Borbstaedt, p. 286, note 1.

(2) Alfred Duquet, *Frœschwiller, Châlons, Sedan*, p. 97.

quitter la garde des Vosges et du chemin de fer(1)?

Quant au Maréchal, s'il ne l'a pas demandé le 6, avant et pendant la bataille, c'est que, d'abord, nous le répétons, il pensait vaincre tout seul; c'est que, ensuite, il a compris qu'il était trop tard pour faire venir le 5ᵉ corps.

« Le Maréchal s'est cru, sans doute, assez fort pour vaincre; là a été son erreur, erreur d'autant plus grave qu'elle a eu les conséquences les plus désastreuses sur toutes les opérations postérieures. Je sais de source certaine que deux des généraux du 1ᵉʳ corps, dont un homme de guerre consommé, le regrettable Raoult, ont essayé, par tous les moyens, d'empêcher le duc de Magenta de livrer bataille en présence de forces trop considérables, et que le Maréchal ne voulut écouter ni eux ni son hôte, le comte de Leusse, qui lui parla dans le même sens, sous l'instigation du brave Raoult (2). »

Il est facile, maintenant, d'apprécier le degré de responsabilité du général de Failly dans la défaite de Frœschwiller. Même, s'il avait exécuté, *à la lettre*, les ordres à lui donnés par la dépêche reçue, le 5, à 11 heures du soir, la seule qui l'appelât à Reichshoffen, il n'eût pu amener ses deux divisions au duc de Magenta qu'au milieu et à la fin de la bataille. Cette arrivée tardive aurait-elle

(1) Voir général Palat, t. III, pp. 355 et 356. — « Le général de Failly avait appris, vers 3 heures, que les 2ᵉ et 3ᵉ corps étaient attaqués; sa perplexité dut être extrême. » (Général Bonnal, *Frœschwiller*, p. 454.) — « De Failly entendait le canon dans deux directions divergentes. Très sagement, il a fait marcher une division sur Forbach, une autre vers Reichshoffen. Ces divisions sont arrivées sur les deux champs de batailles entre 3 et 4 heures du soir et elles ont assuré la retraite en tenant en respect l'ennemi avec des troupes non entamées. » (Henri Haslan, pp. 51 et 52.)

(2) *Sedan*, par le général de Wimpffen, p. 87. — « Mac-Mahon s'est cru assez fort pour remporter, seul, la victoire. » (Général Ambert, t. I, p. 55.) — « Mac-Mahon se croyait victorieux. » (Arthur Chuquet, p. 38.)

conjuré le sanglant échec des Français? Nous en doutons.

Donc la culpabilité du Maréchal est évidente. « Vers 3 heures du matin, le général de Failly lui avait envoyé une dépêche ainsi conçue en réponse à son ordre de mouvement sur Reichshoffen : « Je ne puis disposer que d'une division (1) ». C'était la confirmation du télégramme, arrivé, la veille, dans la soirée, au château de M. de Leusse, où se tenait Mac-Mahon, annonçant le départ de la seule division Guyot de Lespart (2). « Il était donc impossible au duc de Magenta de compter sur le 5e corps entier avant le 7 août et, dans ces conditions, la prudence commandait de ne pas accepter la bataille le 6 (3). »

« Si le 5e corps ne s'est pas trouvé en temps opportun sur le champ de bataille de Frœschwiller, la responsabilité ne saurait en incomber au général de Failly; elle pèse, en réalité, sur le maréchal de Mac-Mahon (4). »

Nous ne saurions, alors, mettre en parallèle les deux culpabilités, celle du général de Failly et celle du vaincu de Frœschwiller, le péché véniel et le péché mortel, *a fortiori* accabler le « misérable » au profit du « puissant », car nous ne prononçons jamais des « jugements de cour » et rendons à chacun selon ses œuvres; le maréchal de Mac-Mahon est le *vrai* responsable de la perte de la bataille de Frœschwiller!

Un dernier mot. Dans l'hypothèse de la jonction du 5e corps au 1er, par la route de Bitche à Nieder-

(1) *Section historique*, VI, p. 24.
(2) Voir, *suprà*, p. 203.
(3) *Section historique*, VI. p. 141.
(4) *La Vie militaire du général Ducrot*, t. II, pp. 377 et 378. — « Le maréchal de Mac-Mahon est seul responsable du désastre de son armée. » (A. Grouard, p. 51.) — *Ibid.*, p. 50.

bronn, il faut donc reconnaître que Mac-Mahon n'a pas fait grand'chose pour sa réalisation. Mais un mouvement tout autre aurait été conçu par un véritable homme de guerre, un mouvement dont les conséquences, en dépit de l'infériorité des forces françaises devant les masses allemandes, eussent été prodigieuses et assuré la victoire à nos troupes. Cette opération était d'autant mieux à exécuter que le général de Failly tremblait à l'idée d'abandonner les défilés des Vosges à l'envahisseur, d'autant mieux qu'en cas de résistance, de la part des Allemands, il n'y avait qu'à se retirer tranquillement sur Bitche, puisqu'il était si facile de contenir l'ennemi qui eût voulu nous suivre dans la montagne. Ce mouvement, le voici rapidement exposé :

Si le 5e corps s'était avancé, tout entier, vers Lembach, par Sturzelbronn et Steinbach, il serait tombé sur la queue ou le flanc des Bavarois avançant, avec peine, à travers les débandés de tous les corps allemands, à travers les voitures de munitions et de vivres se dirigeant du côté de Wœrth. Cette attaque imprévue, que les généraux ennemis n'avaient aucunement parée, eût forcément jeté le trouble, même la terreur, dans les rangs de la IIIe armée.

En tout cas, si le IIe corps bavarois avait résisté au 5e corps français, il n'eût pas concouru, comme il l'a fait, à la prise de Frœschwiller, en attaquant et en tournant la position par la gauche (1).

Mais le général de Failly, en débouchant avant midi, sur Lembach, n'aurait trouvé que de faibles forces devant lui. En effet, le Grand Etat-major

(1) « Vers 11 heures un quart, le Ve corps fait connaître qu'il a résolu l'attaque des hauteurs de Wœrth et qu'il compte sur la coopération des Bavarois contre la gauche française. » (*La Guerre franco-allemande*, 1re partie, p. 225.) — *Ibid*, p. 242.

prussien avoue que le IIe corps bavarois, chargé de contenir M. de Failly, avait quitté son poste de garde afin d'aller au secours du Ve corps prussien : « le 6 août, de très grand matin, la IVe division était à Mattstall (1) ». Vers 7 heures du matin elle occupait Langensulzbach, se rapprochant toujours de Frœschwiller (2). « A 8 heures un quart », le général de Hartmann, commandant cette division, fait partir les armes spéciales de Lembach et tous ses régiments se dirigent du côté de Frœschwiller (3). « Vers 10 heures, la IVe division occupait, avec 10 bataillons, une ligne (4) » s'étendant de Nechwiller à Langensulzbach (5), s'en prenant à la gauche de notre position de Frœschwiller. A ce moment, seule, la IIIe division bavaroise demeurait en observation devant la route de Bitche. Quant au Ier corps bavarois, il se hâtait dans la direction de Soultz, par Ingolsheim (6); il était, par conséquent, hors d'état d'appuyer le IIe corps bavarois. « Vers 11 heures un quart, le général de Hartmann appelle, de Lembach, une brigade de la IIIe division (7). » — A 1 heure, le Prince royal décide que le IIe corps bavarois (tout entier) agira contre le flanc gauche des Français, de manière à venir s'établir au delà, dans la direction de Reichshoffen (8). »

Donc, si le général de Failly était alors apparu sur le versant oriental des Vosges, il n'eût rien trouvé devant lui, car le VIe corps n'avait pas dé-

(1) *La Guerre franco-allemande*. 1re partie, p. 220.
(2) *Ibid.*, combinaison des pages 219 et 221.
(3) *Ibid.*, p. 221.
(4) *Ibid.*, p. 223.
(5) *Ibid.*
(6) *Ibid.*, p. 224.
(7) *Ibid.*, p. 225.
(8) *Ibid.*, p. 242.

passé Landau (1), et ne se trouvait par conséquent pas en mesure de venir en aide aux autres corps de la IIIe armée.

Oui, sous les coups de Failly, tombant sur les derrières des Bavarois, la panique se serait propagée jusqu'aux troupes qui combattaient le long de la Sauër, car rien n'abat les plus solides courages comme la pensée de se savoir tourné, de sentir l'ennemi derrière soi. C'était le sauve-qui-peut des soldats se voyant coupés et privés de munitions ; c'était la victoire éclatante pour les Français !

Voilà quelle était la véritable manœuvre à essayer ; c'était sur une des lignes de communication des Allemands qu'il fallait se jeter, et non se hâter de rejoindre le 1er corps pour l'appuyer par derrière. Voilà ce que n'auraient pas manqué de faire Hoche ou Bonaparte ; hélas ! en l'an de disgrâce 1870, nous n'avions même pas la monnaie de cuivre de ces généraux-là !

MOUVEMENTS DES ALLEMANDS

Passons, maintenant, dans le camp ennemi et voyons ce que nos adversaires avaient fait depuis Wissembourg, ce qu'ils essayaient de faire.

Le soir du 4 août, l'état-major de la IIIe armée était fort embarrassé. Les reconnaissances les plus audacieuses n'avaient pu lui indiquer les positions des Français. Il savait bien que la division Douay ne s'était pas retirée vers Haguenau, puisque le XIe corps avait barré la route de Wissembourg à Soultz, mais avait-elle gagné Bitche, s'approchait-

(1) Capitaine Patry ; Journée du 6 août 1870.

elle de Wœrth? Voilà ce que l'on ne connaissait pas. Et cette ignorance avait une grande importance, car par la direction des vaincus on aurait facilement appris où se massaient les forces françaises. La présence à Soultz de nombreux détachements de notre infanterie épaississait encore les ténèbres au milieu desquelles se perdaient les officiers d'état-major ennemis (1).

« En raison de cette incertitude (2) », le Prince royal se contenta d'adresser à ses chefs de corps des instructions, assez vagues, poussant ses divisions du côté de Wœrth, par Haguenau, Soultz et Lembach (3).

Aussi la journée du 5 fut-elle tout entière employée à tâcher de jeter un peu de lumière et à sortir de l'incertitude où l'on se débattait. A cet effet, la IVe division de cavalerie se mit en marche vers 5 heures du matin, et se forma en trois partis. Le premier, composé d'une brigade de uhlans et d'un régiment de hussards, poussa droit vers Soultz; le deuxième, formé d'un escadron de hussards, suivit la route de Roppenheim; le troisième, fort de deux autres escadrons de la même arme, explora les abords de la haute Sauër, à la droite de Soultz (4).

La première colonne put parvenir jusqu'aux environs de Haguenau sans être trop inquiétée, mais, là, elle trouva un pont coupé et l'infanterie qui gardait la Sauër. Ayant essayé de forcer cet obstacle, les cavaliers ennemis furent accueillis par une fusillade très vive et ils s'empressèrent de

(1) *La Guerre franco-allemande*, 1re partie, p. 197. — Général de Woyde, t. I, p. 123. — *Etude historique et tactique de la cavalerie allemande pendant la Guerre de* 1870-1871, par Jules de Chabot, major au 3e chasseurs; Paris, Berger-Levrault, 1887; 1re partie, p. 21.
(2) Général de Woyde, t. I, p. 122.
(3) *Ibid.*
(4) *La Guerre franco-allemande*, 1re partie, p. 19[illegible].

rebrousser chemin. Nos soldats les poursuivirent à coups de chassepots, Dans cette exploration, les uhlans avaient entendu les nombreux sifflets des locomotives, le sourd roulement des trains, et en avaient conclu que des forces considérables passaient à Haguenau et se massaient peut-être autour de cette ville.

Un autre escadron se heurta, du côté d'Ober-Betschdorf, à des abatis qui couvraient la forêt de Haguenau et qui l'empêchèrent d'aller plus loin.

Quant au détachement de Roppenheim, il s'était rencontré, à Suffelnheim, avec un gros d'infanterie française qui l'avait immédiatement obligé à la retraite.

Les reconnaissances de la haute Sauër fournissaient malheureusement des renseignements plus précis. Un escadron de uhlans se hasarda à franchir la Sauër à Gunstett et aperçut un rassemblement de troupes qui couronnait les hauteurs de la rive droite. Les uhlans voulurent marcher de nouveau en avant et essuyèrent bientôt une décharge de chassepots qui renversa un homme et huit chevaux. Après cette réception, ils jugèrent bon de se replier, ce qu'ils firent au grand galop. Deux escadrons de hussards essayèrent, de leur côté, de gagner Reichshoffen, mais, arrivés à Wœrth, ils virent que le pont de la Sauër était démoli. Au même instant des obus étaient lancés des collines de la rive droite sur lesquelles se distinguaient parfaitement de grands mouvements militaires. Les hussards se retirèrent après la découverte de notre concentration (1).

Avant de continuer notre récit, voyons la position des armées le 5 août, au soir.

Le IIe corps bavarois (aile droite des Allemands)

(1) *La Guerre franco-allemande*, 1re partie, pp. 198 et 199.

avait suivi la route de Lembach et le parcours, rempli des blessés de la division Douay, lui démontra clairement que c'était là le chemin pris par les vaincus après leur échec. A Mattstall, les Bavarois tiraillèrent avec nos avant-postes et ne doutèrent plus du passage des Français à Langensulzbach (1). Ce IIe corps s'établit autour de Lembach.

Le Ve corps prussien (centre) traversait Bremmelbach et Lobsann pendant que son artillerie défilait sur la route de Soultz. La marche de ce corps était très pénible, car le XIe l'avait précédé et il se produisait partout un certain encombrement. A Preuschdorf, le général de Kirchbach fut informé que Wœrth était fortement occupé par nous; Elsasshausen et Frœschwiller étaient garnis de nos soldats; les bords de la Sauër cachaient des sentinelles qui tiraient sur tout uniforme allemand (2). En somme, le Ve corps se déploya entre Wœrth et Lampertsloch.

L'aile gauche de l'armée ennemie, se composant des divisions badoise et wurtembergeoise (général de Werder), se dirigeait vers Aschbach, après avoir occupé Lauterbourg et laissé un parti d'éclaireurs du côté de Seltz. Les Français opposèrent une certaine résistance aux environs de Munchhausen, à deux pas du Rhin, et finirent par évacuer Seltz. Cinq ennemis furent blessés dans ce petit engagement. Un bataillon de grenadiers badois atteignit Roppenheim et n'y trouva plus nos soldats qui avaient déjà regagné Suffelnheim. Enfin les Badois se concentrèrent à Eberhof, à huit lieues de Frœschwiller. La division wurtembergeoise, partie également de Lauterbourg, avait dépassé Keiden-

(1) *La Guerre franco-allemande*, 1re partie, p. 200.
(2) *Ibid.*

bourg, envoyé une brigade à Ober-Rödern, et, dans l'après-midi, le général de Werder avait définitivement établi ses deux divisions à Aschbach, à cinq lieues de Frœschwiller (1).

Le XIe corps prussien, que nous avons vu tout à l'heure mêlé au Ve, avait installé ses bivouacs à Soultz (trois lieues et demie d'Elsasshausen). Quant au Ier corps bavarois, qui formait réserve, ce n'était qu'à 6 heures du soir qu'il campait à Ingolsheim, village placé à près de cinq lieues du champ de bataille du lendemain. La IVe division de cavalerie ennemie se tenait en avant de Shonenbourg, à une lieue de Soultz. Enfin une division allemande se trouvait à Landau (2).

La ligne des avant-postes ennemis passait donc par Seltz, Nieder-Rödern, Hatten, Betschdorf, suivait le bras gauche de la Sauër, traversait Gunstett, Dieffenbach, Gorsdorff, Liebfraubourg, Mattstall, Lembach et Hirschtal (3).

« Par suite de l'extrême chaleur, les troupes allemandes étaient, en général, très fatiguées, tout particulièrement celles du Ier corps bavarois, qui s'étaient heurtées, à Wissembourg, aux bivouacs du Ve corps, et avaient dû, en conséquence, attendre inutilement quelques heures sur place. L'une des divisions du Ier corps bavarois n'atteignit le but assigné à sa marche qu'à 11 heures du soir; l'artillerie de corps n'y arriva qu'à minuit; dans les bivouacs on manquait, en outre, d'eau, à un tel point qu'on ne put pas même faire la soupe (4). »

(1) *La Guerre franco-allemande*, 1re partie, p. 201.
(2) *Ibid.*
(3) *Ibid.*, p. 202, 2e livraison, planche n° III.
(4) Général de Woyde, t. I, p. 124.

PROJETS DE MAC-MAHON

Le maréchal de Mac-Mahon était-il en état de refouler les Allemands qui s'avançaient en colonnes profondes? Evidemment non. Hélas! le duc de Magenta n'envisagea pas la situation d'une façon bien juste. Il donna, trop tard, des ordres dont l'exécution ne pouvait plus ralentir la marche des Prussiens, et nous avons exposé, plus haut, combien les instructions envoyées au général de Failly étaient contradictoires.

A l'inspecteur des forêts de Haguenau, le commandant du 1er corps prescrivait de multiplier les abatis d'arbres, de faire sauter les ponts et de détruire, autant que possible, une partie des chemins de fer au bord de la forêt. Au chef de gare, ordre était donné d'enlever les rails et de casser les coussinets de la voie, depuis Walbourg. Les tabliers des ponts de la Sauër étaient détruits, des obstacles étaient créés sur toutes les routes. Dès le lendemain, le Maréchal était instruit par le commandant Corbin que ces travaux avaient été inutiles; un corps nombreux de cavalerie allemande occupait Soultz (1).

Dans ces conditions, il n'y avait plus que deux partis à prendre : ou se retirer sur les Vosges, ou accepter la bataille à Frœschwiller en jetant le 5e corps, par Lembach, sur la ligne de communication allemande. M. de Mac-Mahon ne sut pas choisir, à temps, l'un ou l'autre de ces partis, parce qu'il s'effarait à la pensée d'abandonner l'Alsace sans combat, et n'était pas assez intelli-

(1) Le Faure, t. I, p. 105.

gent pour trouver et faire exécuter le mouvement tournant de M. de Failly.

Nous avons déjà exposé que, le 5, le duc de Magenta, selon ses désirs, avait été nommé commandant en chef des 1er, 5e et 7e corps, charge bien trop lourde pour son entendement, et, le 6, au matin, il allait pouvoir disposer des forces suivantes :

La division Ducrot avait quitté Climbach aux premières lueurs du jour, le 5, et, après avoir passé par Lembach et Mattstall, était venue s'installer, vers 11 heures du matin, sur les hauteurs entre Neehwiller et Frœschwiller. Une partie de la division Pellé, très maltraitée, s'était hâtée d'évacuer Pfaffenbronn et, par la route qui longe la rive gauche de la Sauër, avait, à la suite de la légendaire brigade de Septeuil, gagné Wœrth et poussé jusqu'aux collines boisées dominant la vallée, au sud de Frœschwiller, entre Reichshoffen et Elsasshausen. Les diverses fractions de cette division ne se rejoignirent que le 5 au soir, assez tard. La division Raoult s'était installée auprès d'Elsasshausen. La division de Lartigue, partie de Haguenau, finit, dans la soirée, par s'établir entre Morsbronn et Elsasshausen. La réserve d'artillerie se tenait à l'est de Gundershoffen ; la brigade de cavalerie Michel et quelques lanciers campaient derrière les troupes du général de Lartigue. La division de cavalerie de Bonnemains s'était placée au nord-est de Reichshoffen. Quant aux brigades Nicolaï et Maire, de la division Conseil-Dumesnil, elles n'arrivèrent dans cette petite ville que durant la nuit du 5 au 6 (1).

Les troupes des 5e et 7e corps n'avaient pas été touchées par la défaite : elles n'avaient même pas

(1) Général Palat, t. III, pp. 130 à 132.

aperçu l'ennemi. Au 1er corps, il n'y avait que la division Pellé de désorganisée par le rude combat du 4 ; cependant elle n'avait pas mauvaise contenance.

« Le 5 août, il fit un temps superbe. Le matin, les régiments, au bivouac, sur la lisière est et sud du bois de Frœschwiller, virent déboucher, par le chemin de l'Alte-Mühle à Frœschwiller, des groupes du 50e et du 74e, puis le 1er tirailleurs, en très bon ordre, sac au dos, l'artillerie de la 2e division, enfin des fractions de la brigade légère de Septeuil. *Ces troupes n'étaient nullement démoralisées* : elles considéraient l'échec de Wissembourg comme un simple accident réparable à bref délai. Les soldats de la 3e division, rangés au bord du chemin, échangeaient quelques paroles de vengeance, parfois aussi des lazzis avec leurs camarades revenant de Wissembourg. Un assez grand nombre de petits blessés marchaient à leur rang, surtout dans le 1er tirailleurs, et le spectacle de ces soldats couverts de sang, chez lesquels pas un muscle ne trahissait la souffrance, faisait passer un frisson d'orgueil parmi les spectateurs plus émus qu'ils ne voulaient le paraître (1). » On voit que l'héroïsme de ces soldats et de leurs officiers était à la hauteur de l'incapacité de leurs grands chefs !

Cependant l'état de désorganisation et de fatigue où se trouvait la division Pellé ne laissa pas de frapper douloureusement les fractions du 1er corps qui la virent défiler sous leurs yeux. Et, de fait, ces malheureux vaincus de Wissembourg, brisés par les marches du 3 et du 5, par la lutte du 4, n'avaient pas mangé depuis deux jours

(1) Général Bonnal, *Frœschwiller*, p. 206.

et marchaient comme dans un rêve tragique (1).

Enfin, le 5 août, le ciel était d'un bleu sans nuages, une chaleur douce vivifiait les troupes au bivouac où chacun, malgré la cruelle leçon de la veille, s'occupait des détails du ménage, sans penser à l'approche de l'ennemi. Oui, les Français n'avaient pas de grand'gardes ; « nos soldats allaient et venaient à leur guise, un certain nombre poussaient jusqu'à Wœrth pour acheter du tabac, de la bière, voire même s'attabler dans les auberges. Les chevaux de l'artillerie étaient conduits, en bridon et à nus, à la Sauër transformée pour la circonstance en abreuvoir (2) ».

Pourtant, vers midi, on avait vu, ainsi que nous le racontions tout à l'heure, des hussards prussiens, des uhlans descendre, de Dieffenbach, vers la Sauër et suivre le chemin de Gœrsdorff à Gunstett, sur la hauteur. On découvrait même, près de Gœrsdorff, un officier allemand en train d'inspecter nos campements avec sa jumelle et de prendre des notes (3). Ces promenades n'avaient pas le don d'émouvoir Mac-Mahon : c'étaient incidents négligeables ! A 3 heures, les hussards prussiens parvenaient jusqu'à la rivière et se précipitaient sur une centaine de nos chevaux que leurs conducteurs faisaient boire : sauve-qui-peut général, puis une batterie se mettait en position et tirait sur les hussards qui s'éloignaient au galop sans que le moindre escadron de notre cavalerie se mît à leur

(1) A nous déclaré par notre ami l'intendant général Maurin, qui sortait de Saint-Cyr à cette époque et avait été envoyé dans un régiment de tirailleurs algériens qu'il rejoignit, la veille de Wissembourg, et dans lequel il combattit jusqu'à Sedan, sous son uniforme de Saint-Cyrien qu'il n'eut pas le temps de changer contre celui de sous-lieutenant de turcos.

(2) Général Bonnal, *Frœschwiller*, pp. 206 et 207.

(3) *Ibid.*, p. 207.

poursuite (1). Voilà bien le service de sûreté de la porte ouverte ! En somme, une formidable avalanche d'Allemands allait tomber sur la petite troupe française.

Le Maréchal ne jugea pas la situation aussi grave qu'elle l'était, car il se contenta de la division Conseil-Dumesnil et ne réclama pas d'autres renforts à Félix Douay ; de plus, le 6, au matin, tout en donnant l'ordre au général de Failly de venir le rejoindre, il ne lui assigna que le 7 pour faire cette jonction et marcher en avant. Cependant l'annonce de sa nomination comme général en chef des 1er, 5e et 7e corps l'avait rempli de joie, et il avait tellement confiance dans ses combinaisons qu'à la nouvelle de cette nomination il s'écria : « Messieurs les Prussiens, je vous tiens (2). »

Ce qu'il y a de singulier, c'est que l'état-major prussien avait également donné un ordre de marche en avant pour le 7. « Le commandant de la IIIe armée résolut de concentrer ses troupes le 6 août et d'attaquer l'armée française le 7 avec toutes ses forces (3). »

En conséquence, il expédia, dans l'après-midi, les ordres suivants :

« 1° L'armée exécutera, demain, un changement de front, en restant concentrée autour de Soultz.

« Le IIe corps bavarois et le Ve corps prussien conserveront leurs positions actuelles à Lembach

(1) Général Bonnal, *Frœschwiller*, p. 207. — Voir, *suprà*, p. 218.

(2) *La Campagne de 1870 jusqu'au 1er septembre*, p. 39. — « La force morale, emmagasinée en quelque sorte par les campagnes précédentes, toutes glorieuses pour nos armes, donnait à nos régiments une assurance, un mépris de l'ennemi, que l'on ne reverra probablement pas de sitôt. Il y avait même excès de présomption de notre part, et vraiment, l'on ne peut que rougir en songeant aux rodomontades qui se débitaient naïvement dans notre armée avant qu'elle eût fait connaissance avec l'ennemi. » (Général Bonnal, *Frœschwiller*, p. 205.)

(3) *Section historique*, VI, p. 153.

et à Preuschdorf; 2° le XIe corps prussien, conversant à droite, viendra bivouaquer à Hœlschloch, lançant des avant-postes vers la Sauër. Il occupera Sarbourg et gardera la route de Haguenau; 3° le Ier corps bavarois se portera jusqu'aux environs de Lobsann et de Lampertsloch, poussant ses avant-postes à travers le Hochwald vers la Sauër, 4° la IVe division de cavalerie, tout en demeurant dans ses bivouacs, fera face à l'ouest; 5° le corps Werder gagnera Reimerswiller et fera front vers le sud, grand'gardes vers la forêt de Haguenau. De forts avant-postes garderont la route à Kuhlendorf et la voie ferrée à Hoffen.

« Le quartier général restera à Soultz (1). »

Il résulte bien, de cet ordre, que le Prince royal, « de même que le duc de Magenta, ne voulait livrer bataille que le 7 août (2) ».

« Les deux affaires du 6 août (Frœschwiller et Forbach), sont des batailles de rencontre qui n'étaient prévues ni d'un côté ni de l'autre (3). »

Quoi qu'il en soit, l'ordre du Prince royal que nous venons de transcrire littéralement, « est clair, court, mais incomplet. Il ne dit rien de l'ennemi

(1) *La Guerre franco-allemande*, 1re partie, p. 213.

(2) Arthur Chuquet, p. 36. — « Des deux côtés, on avait l'intention d'employer la journée du 6 août à préparer l'offensive projetée pour le 7. » (Général de Woyde, t. I, p. 129.) — Colonel Borbstaed, p. 283. — Major Scheibert, p. 41. — Colonel Lecomte, t. I, p. 258. — Général Palat, t. III, p. 168. — Général Bonnal, *Frœschwiller*, p. 211. — A. Grouard, p. 26. — Prince de Hohenlohe, *Lettres sur l'artillerie*, p. 29. — J. Meckel, p. 289.

(3) Prince de Hohenlohe, *Lettres sur la stratégie*, t. I, p. 313. — « De part et d'autre, les généraux en chef n'avaient l'intention de procéder à l'attaque que le lendemain. » (*Mémoires du maréchal de Moltke*, p. 18.) — Charles de Mazade, t. I, p. 99. — Charles Malo, p. 42. — *Journée du 6 août 1870*, par un Lorrain, p. 8. — *La bataille de Frœschwiller*, d'après un article du colonel du génie Lonsdale Hale, de l'armée anglaise, par le commandant de Missy; Paris, Baudoin, 1898; p. 11. — Prince de Hohenlohe, *Lettres sur l'infanterie*, p. 161.

(par la raison que l'état-major de la IIIe armée ne sait guère où il est ni ce qu'il veut faire), rien des motifs du mouvement prescrit et ne donne aucune heure de départ aux corps ayant à marcher (1) ».

Mais ce qu'il y a surtout à remarquer, dans cet ordre, c'est la faute grave de ne pas nous pousser l'épée dans les reins et de retarder l'attaque d'une journée. « Les Allemands, en ouvrant la campagne, s'étaient portés au-devant de l'adversaire ; ils avaient été prêts et concentrés plus tôt que les Français... C'est précisément pour cette raison que le grand quartier général avait insisté sur la nécessité, pour la IIIe armée, d'entamer aussi vite que possible les opérations. Du moment où elles étaient commencées, chaque jour avait sa valeur pour les Allemands. Différer l'attaque équivalait à renoncer, en faveur de l'ennemi, à des avantages essentiels (2). » — « A retarder l'attaque d'un jour, on laisserait peut-être au maréchal de Mac-Mahon la faculté d'appeler à Frœschwiller le 5e corps et deux divisions du 7e ; on exposerait la IIIe armée à livrer bataille à des forces presque doubles de celles qui étaient signalées sur la Sauër, le 6 août (3). »

Aussi, nous est-il impossible de ne pas conjecturer que le Prince royal se trouvait fort empêché pour faire mouvoir et nourrir ses régiments ; il faut chercher là, seulement, la cause de la remise de la bataille au 7 (4). A la vérité, des doc-

(1) Général Bonnal, *Frœschwiller*, p. 165.
(2) Général de Woyde, t. I, p. 173.
(3) *Section historique*, VI, p. 156. — Général de Woyde, t. I, p. 129.
(4) « La marche du Ve corps était très pénible, il y avait encombrement ; le XIe corps se mêlait au Ve ; le Ier corps bavarois n'avançait pas. » (*La Guerre franco-allemande* ; 1re partie, p. 200 et 201.) — « On veut inquiéter l'armée de Mac-Mahon, mais on n'a pas l'intention de lui infliger une défaite décisive. Bref, le

teurs ès sciences militaires nous feront observer que cette bataille a été livrée, le 6, et que les Allemands l'ont gagnée. Rien de plus exact, mais nous ferons remarquer, à notre tour, que les troupes ennemies ont marché plus vite que leur chef n'était en droit de l'espérer; que, en outre, elles se sont trouvées en présence non de trois corps d'armée, comme le Prince royal avait raison de le supposer, mais simplement d'un seul, qui eut même la complaisance de les attendre afin de faciliter leur besogne.

Alors, nous persistons à penser que c'est la difficulté de transporter les masses allemandes par les contreforts des Vosges, et non « le manque d'initiative et d'audace (1) » de la cavalerie prussienne, qui a déterminé le commandant de la IIIe armée à ne préparer le grand choc que pour le 7 août ; car il craignait de faire aborder une centaine de mille hommes, en bonnes positions, par de longues colonnes fatiguées, affamées, sans réserve de munitions, arrivant, les unes après les autres, à la rescousse et se faisant écraser à tour de rôle par des forces supérieures. Il nous faut signaler aussi les instructions envoyées au IIe corps bavarois par le Prince royal, parvenues au général de Hartmann dans la soirée du 5, et « l'invitant, en substance, à porter son attention non seulement sur la route de Bitche, mais encore sur les environs de Langensulzbach. *Si, dans la matinée du lendemain, le canon se faisait entendre à Wœrth, ce corps devait faire en sorte de jeter une division*

commandant en chef de la IIIe armée se trouvait encore, au moment où fut donné l'ordre pour le 6, dans une irrésolution complète, et il se voyait, dès lors, dans l'impossibilité absolue de prendre des résolutions claires et fermes. » (Général de Woyde, t. I, p. 174.)

(1) Général Palat, t. III, p. 168. — *Section historique*, VI, p. 158,

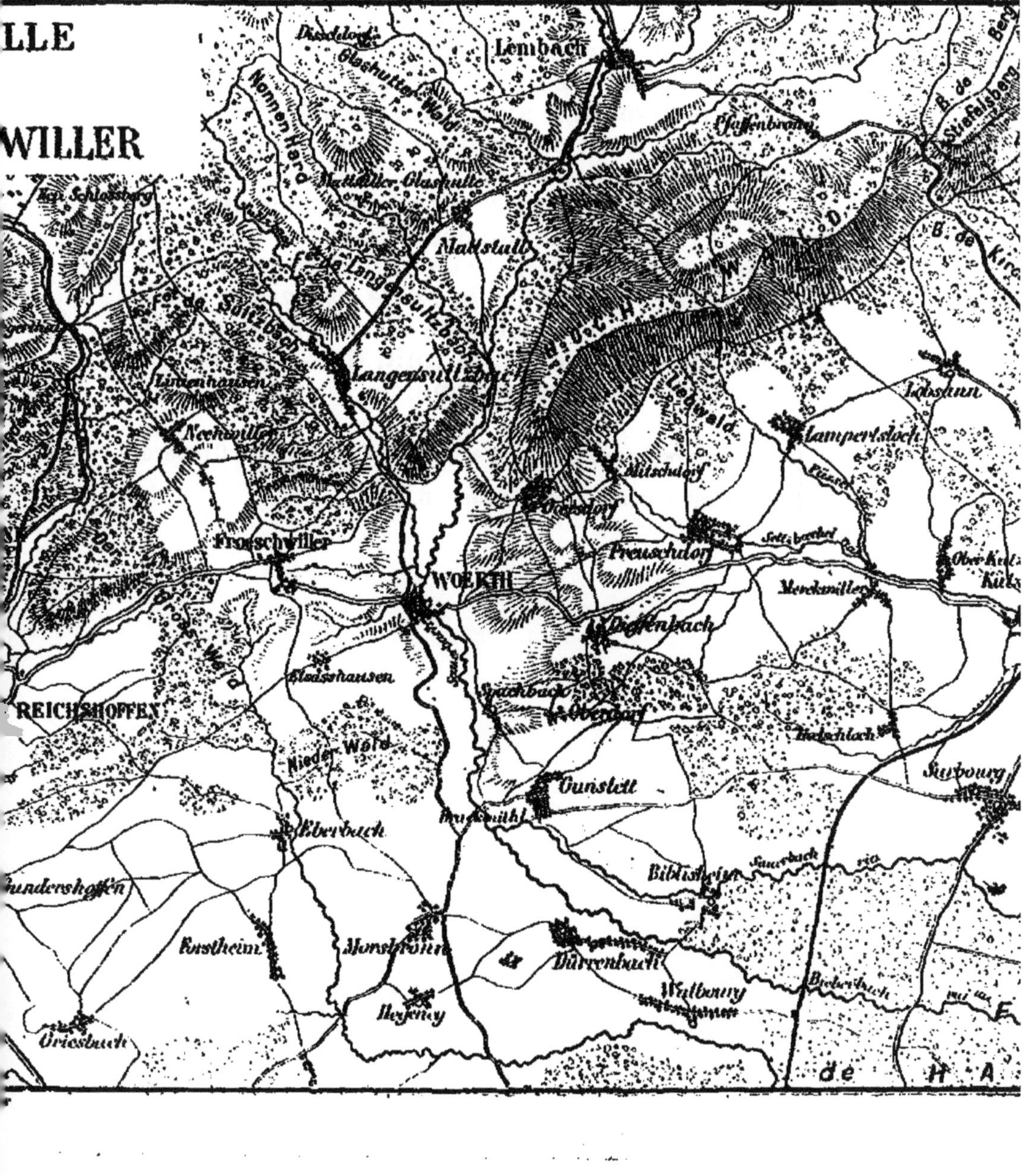

LLE
WILLER
Lembach
Mattstall
Langensultzbach
Froeschwiller
WOERTH
REICHSHOFFEN
Elsasshausen
Nieder Wald
Gunstett
Eberbach
Preuschdorf
Lampertsloch
Lobsann
Surbourg
Mitschdorf
Merkwiller
Diefenbach
Spachbach
Biblisheim
Morsbronn
Dürrenbach
Forstheim
Walbourg
Hegeney
Griesbach
Gundershoffen
de H A

contre la gauche de l'adversaire (1er corps), le reste demeurant face à Bitche (1) ».

Enfin, pour en finir avec cette journée du 5 août, nous ne saisissons pas pourquoi le général Bonnal l'a appelée la « *Veillée des armes* (2) », puisque ni l'un ni l'autre des adversaires ne songeait à se battre le lendemain, puisque tous les deux vaquaient aux soins du ménage militaire comme en pleine paix (3), puisque la *veille des armes* était, autrefois, la garde solennelle et religieuse que le futur chevalier montait, la nuit, dans l'attente de la cérémonie où il serait armé.

(1) *La Guerre franco-allemande*, 1re partie, p. 214. — A. Grouard, p. 26.
(2) Général Bonnal, *Frœschwiller*, p. 205.
(3) *Ibid.*, pp. 206 et 207.

FRŒSCHWILLER (1)

LE CHAMP DE BATAILLE

Le terrain, où la sanglante lutte va s'engager, peut avoir huit kilomètres dans sa plu grande longueur, sur une profondeur moyenn de cinq kilomètres. Il embrasse les villages de Gunstett, Oberdorf, Spachbach, Dieffenbach, Wœrth, Langensulzbach, Frœschwiller, Elsasshausen et Morsbronn ; il serait peut-être bon d'y comprendre aussi Reichshoffen, bien que ce bourg n'ait joué qu'un rôle secondaire dans la bataille et qu'on s'y soit borné à échanger les derniers coups de canon qui ont inquiété ou protégé la retraite de notre armée.

Un vallon verdoyant, rafraîchi par un ruisseau bordé d'arbres, décrit un arc de cercle ; dans le fond se trouvent la ferme et le moulin du Brüch-Mühle, bâtis sur la Saüer, petit cours d'eau presque à sec en été, mais que les pluies des jours précé-

(1) Nous avons inséré, sous notre initiale D, dans *Le XIXe Siècle*, numéro du 20 novembre 1877, quelques considérations sur cette bataille. Pour en écrire le récit, en 1879, nous nous sommes surtout servi du travail du Grand Etat-major prussien. Le général Bonnal a fait comme nous ; la *Section historique* et le général Palat ont suivi le général Bonnal.

dents et l'orage de la nuit du 5 au 6 avaient grossi démesurément ; plus loin, on aperçoit le village de Wœrth dont le clocher, orné de faïences vertes, étincelle au soleil ; sur les versants de l'est, perdus dans les ondulations des coteaux de la rive gauche du torrent, se cachent, sous les vergers et les vignes, Gunstett, Oberdorf, Spachbach et Dieffenbach ; sur le versant de la rive droite, plus large et plus élevé, on distingue Morsbronn, Gundershoffen, Elsasshausen et Frœschwiller.

Le paysage est gai, plein de fraîcheur et d'horizons charmants ; le fond du vallon est coupé de prairies et de champs labourés ; les collines de l'est sont garnies de vignes en échalas et de vergers ; les ondulations qui s'élèvent en pente douce vers Morsbronn et Frœschwiller sont émaillées de champs de tabac, de houblonnières, de champs de lin et, près des sommets, de bouquets de bois de hêtre et de chêne. A l'horizon, les collines se succèdent, déclinant graduellement dans un moelleux brouillard ; au delà, on rêve les flots bleus du Rhin et c'est le beau fleuve, en effet, qui coule à quelques lieues derrière le rideau mystérieux et menaçant qu'étale la forêt de Haguenau (1).

La nuit du 5 au 6 se passa en fusillades insignifiantes, échangées des deux rives de la Saüer. Les Allemands ne s'attendaient à aucune affaire pour le 6, et croyaient se tenir simplement dans une situation défensive, en raison de l'ordre du Prince royal que nous avons donné plus haut (2).

En somme, ce matin-là, vers 6 heures, les Allemands occupaient à peu près les mêmes positions que le 5 au soir ; comme nous les avons déjà indi-

(1) Emile Delmas, *De Frœschwiller à Paris* ; Paris, Alphonse Lemerre, 1871 ; p. 37.
(2) Voir, *suprà*, pp. 225 et 226.

quées avec beaucoup de soin (1), nous nous contenterons, ici, de rappeler que le corps le plus rapproché des Français, le Ve, se tenait entre Wœrth et Dieffenbach, à l'ouest de Preuschdorff, et derrière les habitations orientales de ce dernier bourg ; que le XIe corps bivouaquait entre Kurzenhausen et Hohwiller ; que le IIe corps bavarois entourait Lembach ; que la IVe division de cavalerie était à Retschwiller, un peu au nord de Soultz ; que le Ier corps bavarois s'était arrêté entre Riedseltz et Ingolsheim ; que les divisions wurtembergeoise et badoise (corps Werder) avaient seulement pu atteindre Aschbach, avec deux détachements à Bühl et vers Hatten (2).

Le maréchal de Mac-Mahon n'avait pas, de son côté, modifié ses bivouacs de la veille ; nous écrivons *bivouacs*, car ses troupes étaient disposées non en vue de la défensive, mais en vue de l'offensive, ainsi que nous l'ont assuré tous les officiers que nous avons consultés et ainsi que le prouve la lettre du Maréchal au général de Failly que nous avons donnée plus haut *in extenso*. Ce qui le démontre encore, c'est la dépêche suivante, qu'il avait adressée à l'Empereur, de Reichshoffen, le 5 août, à 10 heures 50 minutes du matin :

Je suis concentré avec mon corps d'armée à Frœschwiller, étendant ma droite jusqu'à la forêt de Haguenau. Si l'ennemi, se voyant menacé sur sa droite, ne dépasse pas Haguenau, je suis en bonne position ; s'il dépasse Haguenau, je suis obligé de prendre position plus au sud pour garder les défilés de la Petite-Pierre et de Saverne (3). S'il vous est possible de disposer d'un des

(1) Voir, *suprà*, pp. 218 à 220.

(2) Général de Woyde ; carte de la bataille de Wœrth-Reichshoffen.

(3) Pourquoi le Maréchal n'a-t-il pas suivi cette dernière et excellente inspiration ?

corps d'armée de la Moselle venant me rejoindre par le chemin de Bitche ou par la route de la Petite-Pierre, je serai en état *de reprendre l'offensive avec avantage* (1).

Or, comme le Maréchal avait appris, dans cette journée du 5, que l'Empereur lui confiait le 5e et même le 7e corps, il comptait prendre l'offensive le 7 août, au matin.

Enfin, s'il avait su que les ennemis fussent si proches et que la bataille fût si imminente, il n'aurait pas manqué de se fortifier sérieusement sur les hauteurs de Frœschwiller, d'Elsasshausen, de Gunstett, sur les deux pitons s'élevant entre Eberbach et l'Albrecthshäuserhof, et, alors, qui sait si l'armée allemande aurait pu l'en déloger ! En effet, la position, assise sur les ondulations couvertes de vignes que les Vosges étendent entre la Saüer et Eberbach, était relativement bonne, quoique moins sûre, que les défilés mêmes de la montagne. Les 35000 hommes de Mac-Mahon garnissaient les hauteurs, de Frœschwiller à Eberbach, sur une longueur d'une lieue. La rivière de la Sauër défendait nos approches, ne pouvant guère, en temps de crue, être franchie qu'au moyen de ponts. De plus, pour arriver à la naissance des collines, il fallait, après avoir traversé la Sauër, s'engager, à découvert, dans une prairie d'une largeur de 900 mètres et s'exposer au tir direct des Français. La Sauër était surtout franchissable à Wœrth, où plusieurs ponts avaient été jetés, mais ils avaient été détruits, et ce bourg était sous le feu de Frœschwiller et d'Elsasshausen : si nous avions eu de bons canons, les Prussiens n'auraient pas pu s'y aventurer.

Le Maréchal avait donné l'ordre de démolir le

(1) *Enquête parlementaire sur les actes du Gouvernement de la Défense nationale*, déposition du maréchal Le Bœuf, pp. 53 et 54.

pont du Brüch-Mühle, à l'ouest de Gunstett. Le génie le mina, le 5 août; seulement, grâce à l'admirable prévoyance des hauts chefs, quand on voulut le faire sauter, on s'aperçut qu'on manquait de poudre! Il fallut le laisser intact (1). Il en fut de même pour le pont du Vieux-Moulin, en amont de Wœrth, au-dessous de Gœrsdorff, ce qui permit à l'ennemi de passer aisément la rivière et d'occuper le haut promontoire boisé enserré par le Sulzbach et la Sauër, dont on ne put le déloger, de la journée. Enfin, demeurèrent pareillement debout les deux petits ponts, l'un, sur la Sauër, au sud de Gunstett, l'autre, tout près, sur le Bieberbach, à quelques mètres au nord de Dürrenbach. Tous ces passages furent singulièrement utiles aux Prussiens, car l'orage, qui inonda les deux armées pendant la nuit, avait grossi torrents et rivières et rendu fort difficile la traversée à gué de ces dernières. « Le Maréchal voulait une bataille défensive, — qui n'exclut nullement l'offensive à un moment et sur un terrain choisis, — parce qu'il savait l'ennemi très supérieur en nombre. Il fallait donc faire de la Sauër un obstacle sérieux, et, par suite, détruire les moyens de passage depuis le Huhbrücke (à deux kilomètres en amont du Vieux-Moulin) jusqu'à Gunstett inclus. Il était même nécessaire de détruire les quelques constructions de Wœrth bâties sur la rive gauche (2). » Enfin, les Français auraient dû « se couvrir par une tranchée et on laissa intacts les points qui ouvraient à l'ennemi les voies directes sur la position (3) ».

(1) Général Bonnal, *Frœschwiller*, pp. 200 et 288. — Commandant de Missy, p. 21.
(2) Général Bonnal, *Frœschwiller*, p. 201.
(3) Général Lamiraux, commandant de l'Ecole supérieure de Guerre, *Etudes pratiques de guerre*; Paris, Charles-Lavauzelle; p. 170, note 1.

C'est entendu. Seulement le Maréchal ne « voulait pas une bataille défensive », il ne voulait pas de bataille du tout, ce jour-là, et une *bataille offensive*, le lendemain ; mais il s'était péniblement rallié aux idées de retraite sur les Vosges que lui prêchaient, depuis la veille, les généraux Ducrot et Raoult : il rêvait toujours d'une marche en avant, nous l'avons démontré plus haut (1). Quant à « l'offensive à un moment et sur un terrain choisis », c'est une vérité éblouissante ! Enfin, il n'aurait pas fallu détruire les ponts du Brüch-Mühle, il aurait même fallu en jeter plusieurs autres, en bois, sur la rivière, au cas où nous aurions disputé Gunstatt à l'ennemi, sauf à les faire sauter après notre retraite sur la rive droite.

Enfin, les villages de Frœschwiller et d'Elsasshausen, clefs de la position, ne pouvaient être emportés qu'au prix des plus grands efforts. Frœschwiller, dominant un plateau ondulé, s'élevant audessus de tous les environs, à l'embranchement de plusieurs routes qui descendent dans la vallée de la Sauër, constituait, avec sa grande église et d'autres maisons solides, une sorte de place forte derrière la ligne de défense. Elsasshausen protégeait, au sud, les abords de Frœschwiller, et la possession de ce petit hameau, très bien disposé pour la résistance, devait être payée bien cher par les Allemands. C'est là qu'aura lieu le choc suprême, la mêlée fatale ; nous allons voir quel héroïsme y fut déployé par les deux armées.

Pour nous, le vice de la position, de Frœschwiller à Eberbach, consistait dans la facilité avec laquelle les innombrables pièces de canon allemandes pouvaient s'aligner, sur les collines de la rive opposée, de Gœrsdorff à Gunstett, et bom-

(1) Voir, *suprà*, pp. 184 et 185, 195, 232 et 233.

barder nos rares et poussives batteries de la rive droite en même temps que nos superbes combattants de Frœschwiller et d'Elsasshausen. Rien qu'à cause de cette immense supériorité d'artillerie, un vrai militaire n'aurait pas livré bataille, où l'écervelé de Magenta n'a pas craint de défier la Fortune en Alsace, et aurait cherché, facilement trouvé des obstacles naturels lui permettant de compenser son accablante infériorité en hommes et en canons.

Réduit à son seul corps d'armée, Mac-Mahon pouvait-il compter sur la victoire? Oui, il aurait dû vaincre, affirme M. de Moltke. « Les forces dont disposait le maréchal de Mac-Mahon étaient largement suffisantes, même sans l'adjonction du 5e corps, pour occuper et défendre vigoureusement la position choisie; puis, celle-ci était si particulièrement forte que, même en présence d'un ennemi bien supérieur, elle pouvait permettre de compter sur le succès. La disproportion numérique se trouvait compensée par une artillerie respectable, par la supériorité d'action du Chassepot et par l'avantage du terrain. La balance pouvait même pencher en faveur des armes françaises, si le 5e corps venait à entrer en ligne (1). »

En d'autres termes : des Prussiens ne se seraient pas laissé enlever la position et, sans aller jusqu'à dire que les Français n'ont pas été braves, il est permis d'avancer qu'ils ont été maladroits.

Eh bien, non, il n'était guère possible aux défenseurs de s'opposer à la poussée des Allemands : 40 000 hommes n'avaient pas la vertu d'en arrêter 130 000. Qu'une pareille résistance dure six ou sept heures, c'est admis, mais plusieurs jours, non, mille fois non. Dès le moment où la position est

(1) *La Guerre franco-allemande*, 1re partie, pp. 215 et 216.

tournée, à droite ou à gauche, la retraite ou la capitulation s'impose. Nos troupes ont lutté jusqu'au bout, trop longtemps même; elles ont fourni la plus grande somme de bravoure à demander à des soldats, en situation aussi critique; les Allemands n'auraient pas mieux fait, il s'en faut de beaucoup, et jamais, durant toute la guerre, on ne les a vus à semblable épreuve, puisqu'ils ont toujours combattu deux et trois contre un, contre un commandant en chef ne voulant pas les vaincre, ou contre des conscrits, des mobiles et des mobilisés qui tenaient un fusil en main pour la première fois. Aussi, sommes-nous de l'avis du général Bonnal quand il attribue l'étrange proposition de M. de Moltke au désir de faire valoir le courage tudesque; « Suivant leur procédé habituel, les rédacteurs de l'Historique ont exagéré les mérites (la force) de la défense uniquement afin de pouvoir faire mieux ressortir, dans le cours du récit, l'héroïsme allemand (1). »

Néanmoins, il ne faut rien affirmer catégoriquement à ce sujet, et nous exposerons plus loin (2) qu'à 10 heures, si le Maréchal avait été un véritable général en chef, le Ve corps aurait pu être mis en déroute, comme le IIe corps bavarois l'était déjà, comme le XIe corps, arrivant brigade par brigade, n'aurait pas manqué de l'être, après la défaite des deux premiers. Nous avons la conviction que l'armée allemande aurait été prise de panique à Frœschwiller, comme elle l'eût été à Rezonville et à Saint-Privat, si, après l'écrasement d'une de ses grosses unités, les vainqueurs fussent résolument allés de l'avant. De même, à 1 heure, au moment

(1) Général Bonnal, *Frœschwiller*, p. 205. — Général Palat, t. III, pp. 178 et 179.
(2) Voir, *infrà*, pp. 245 à 247.

de l'arrivée du Prince royal sur le champ de bataille, le Ve corps n'était pas loin de la débandade, et, en ce cas, les 200 pièces de canon, que, seul, il protégeait, se fussent trouvées dans une piteuse situation (1). Mais tout cela n'est que dissertation, hypothèse; revenons aux faits, à la réalité.

PREMIÈRE CANONNADE

A 4 heures du matin, le général-major de Walther, exécutant en personne une reconnaissance sur la Sauër, crut distinguer chez nous des mouvements et un bruit annonçant des projets de départ. Ce fut la cause de la bataille, car le général ordonna une forte démonstration du côté de Wœrth, afin de s'assurer de nos intentions, et cette démonstration fut le commencement d'une série d'engagements partiels qui amenèrent la conflagration générale que les deux états-majors n'avaient pas eu la pensée de provoquer ce jour-là. Le général de Walther avait commis une « heureuse faute » puisque, seul, le commandant en chef a le droit de faire tirer le canon tant que l'ennemi reste au repos (2).

A 7 heures, le général de Walther tente donc sa reconnaissance et jette un certain nombre d'obus sur Wœrth où des incendies se déclarent immédiatement. Mais les bruits perçus dans Wœrth n'avaient pas eu pour cause un projet de retraite, comme le pensait le général de Walther; ils prove-

(1) Voir, *infrà*, pp. 263, note 2.
(2) Général Bonnal, *Frœschwiller*, p. 227. — *Aperçus sur la tactique de demain*, par le commandant Coumès; Paris, Baudouin, 1892; p. 493. — Commandant de Missy, p. 16.

naient d'une tout autre cause. « En effet, bien avant le réveil (général), nombre de soldats français avaient quitté leurs bivouacs pour aller à Wœrth, dans l'intention de se réconforter. Les cabarets et auberges regorgeaient de soldats au moment où les premiers obus, tombant sur le bourg, provoquèrent un sauve-qui-peut (1). » Nos grand'-gardes et reconnaissances n'avaient découvert rien d'anormal; la présence du Ve corps, à quelques mètres de Wœrth, avait passé inaperçue pour elles! Aussi les officiers donnèrent-ils l'ordre de nettoyer les armes, de laver le linge, de faire boire les chevaux dans la Sauër; les soldats flânaient insouciants et gais (2).

Les Prussiens, avançant, trouvent les ponts détruits et le bourg inoccupé. Les Français voyant apparaître quelques tirailleurs, qui ont passé la rivière à gué, les balles sifflent de tous côtés; au même moment quatre de nos batteries canonnent l'ennemi et engagent avec les artilleurs prussiens un duel retentissant qui ébranle les échos des Vosges.

Le général de Walther, bien certain de la force de nos positions, ordonne la retraite et attend les événements (3). La vérité est que, « vers 8 heures, un ordre sévère, émanant du général von Kirchbach, fut envoyé au général von Walther, lui prescrivant de cesser immédiatement le feu, lui rappelant que la mission des avant-postes n'était pas

(1) Général Bonnal, *Frœschwiller*, p. 227. — Général Palat, t. III, p. 180.

(2) *Ibid.* — « L'artillerie n'a pas ses chevaux; tout à l'heure, ils sont partis, en longues files, pour aller boire, et il paraît que l'eau est très loin. » (Ludovic Halévy, p. 18.)

(3) Alfred Duquet, *Frœschwiller, Châlons, Sedan*, pp. 75 et 76. — *La Guerre franco-allemande*, 1re partie, p. 219. — Général Bonnal, *Frœschwiller*, pp. 225 et 226. — *Section historique*, VII, pp. 17 à 19. — A. Grouard, p. 29. — Général de Woyde, t. I, p. 134.

d'entreprendre une reconnaissance en force (1) ».

A la même heure, un autre engagement avait lieu devant Gunstett : l'artillerie du général de Lartigue bombardait ce village et le Brüch-Mühle, haut bâtiment à plusieurs étages, entouré de maisons basses, granges et étables, bâtis sur la Sauër. Les flammes s'élancèrent bientôt de ce moulin et de ses dépendances, « provoquant chez ses défenseurs un commencement de panique (2) »; sans le ralentissement de notre feu, les Prussiens auraient été contraints d'évacuer la place, car ils n'avaient, à ce moment, de ce côté, que 2 bataillons à opposer à la division de Lartigue; mais on sait que, des deux parts, on n'entendait pas engager d'action sérieuse ce jour-là (3). Et puis, quel eût été le résultat de notre succès si nous n'avions pas occupé la hauteur de Gunstett?

Dès la chute des premiers obus sur Wœrth, sur Frœschwiller, sur les villages et hameaux environnants, la plus grande partie des paysans, tirant leurs bestiaux ahuris derrière eux, suivis de leurs femmes et de leurs enfants qui poussaient des cris de terreur, se sauvaient du côté de Reichshoffen et de Niederbronn pendant que nos soldats se réunissaient sous bois, à l'abri des maisons, des murs, des haies, d'où ils engageaient le feu avec les Bavarois et les Prussiens. Quelle pitoyable procession de malheureux que l'incendie, la canonnade, la fusillade chassaient de leurs demeures où ils laissaient leurs meubles, récoltes et provisions que les

(1) Commandant de Missy, p. 16.

(2) Général Bonnal, *Frœschwiller*, p. 288.

(3) Alfred Duquet, *Frœschwiller, Châlons, Sedan*, p. 76. — A. Grouard, p. 29. — Une batterie de la division de Lartigue, établie près du saillant médional du Niederwald, jette, vers 7 heures et demie, « quelques obus sur le moulin qui brûle bientôt et d'où l'on voit s'enfuir de l'infanterie prussienne ». (Général Palat, t. III, p. 183.)

Allemands allaient piller ou brûler! « Dans la campagne, autour de nous, dit un chasseur à pied présent à la bataille, de tous les côtés nous voyons s'élever de lourdes colonnes de fumée noire. Ce sont des fermes qui brûlent. Les habitants affolés s'enfuient, traversent nos rangs, conduisant des charrettes, portant de grands sacs sur les épaules. Une femme passe près de nous, le visage baigné de larmes, un enfant sur chaque bras et trois petites filles accrochées à ses jupes (1). »

ÉCHEC DU IIe CORPS BAVAROIS

Au nord, la division de Bothmer, du IIe corps bavarois, s'était, dès le matin, établie à Mattstall, et le général faisait bientôt entrer un bataillon de chasseurs dans Langensulzbach, qu'il avait trouvé libre. De ce point, les ennemis apercevaient très distinctement les Français réunis autour de Frœschwiller et, quand les roulements du canon commencèrent à gronder du côté de Wœrth, le général de Hartmann, commandant le IIe corps bavarois, prescrivit au reste de ce corps d'armée de marcher de Lembach à Mattstall, pendant que la division de Bothmer se dirigeait vers Frœschwiller et que les deux artilleries se canonnaient inutilement.

C'est en exécution des ordres du Prince royal que le général de Hartmann lançait ainsi ses troupes contre la gauche française. D'après ces ordres, datés du 5, « si, le lendemain matin, le canon se faisait entendre du côté de Wœrth, une division du IIe corps bavarois devait marcher aussitôt dans le flanc droit (gauche) des Français, par Langen-

(1) Ludovic Halévy, p. 19. — Docteur Sarazin, p. 33.

sulzbach (1) ». Or, le général de Walther ayant, à 7 heures du matin, commencé le bombardement de Wœrth, sans se préoccuper de savoir quelle influence cette canonnade aura sur le sort de la journée et si elle ne contrariera pas les desseins du général en chef, le commandant du IIe corps bavarois se croit, avec raison, en présence des éventualités prévues par l'ordre de la veille et jette sa IVe division contre Ducrot. « Mais ce qu'il y a de plus extraordinaire, c'est que l'état-major allemand avait omis de communiquer cet ordre aux chefs des Ve et XIe corps, de telle sorte qu'ils ignoraient que la moindre fusillade, qu'une simple escarmouche entreprise pour leur compte personnel serait le signal d'une attaque effective par une autre portion de leur armée... L'erreur commise par von Walther paraît insignifiante comparativement à la terrible bévue de l'état-major allemand dans la première bataille réelle de la guerre (2). » A 8 heures un quart, 4 bataillons gravissent la colline, couverts par le bois de Langensulzbach, et, à la faveur de ces fourrés, dans lesquels ils se perdent d'abord, finissent par gagner la lisière méridionale, devant les taillis de Frœschwiller (3). Mais, dès que les Français aperçoivent l'ennemi, ils le reçoivent à 300 pas, par un feu de chassepots, de mitrailleuses et de canons qui foudroie les assaillants. C'est une grêle

(1) Général Bonnal, *Frœschwiller*. pp. 231 et 243. — *Section historique*, VII, pp. 20 et 21. — Général de Woyde, t. I, p. 135.

(2) Colonel anglais Lonsdale Hale, cité par le commandant de Missy, p. 18. — « Le général Walther de Montbarry avait commis, sans le savoir, une grave imprudence en faisant tirer le canon sur Wœrth, puisque, à ce bruit attendu comme un signal d'exécution, la IVe division bavaroise s'engageait à fond, contrairement aux intentions formelles du commandant en chef de ne pas livrer bataille ce jour-là. » (Général Bonnal, *Frœschwiller*, p. 255.)

(3) *La Guerre franco-allemande*, 1re partie, pp. 221 et 222.

de mort. « Toutes les tentatives des Bavarois pour déboucher de la forêt demeurent infructueuses » (1). Ils se le tiennent pour dit et exécutent une retraite précipitée en se cachant derrière les arbres (2).

Pendant ce temps, deux bataillons du général de Bothmer étaient venus se heurter à des détachements du 2e tirailleurs algériens qui se tenaient sur le mamelon boisé, s'élevant entre le Vieux-Moulin, sur la Sauër, et la Scierie, sur le Sulzbach. On se fusille sous bois et les combattants traversent ce torrent du côté de la Scierie. Mais, alors, la scène change; sous la vigoureuse impulsion du colonel Suzzoni, du lieutenant-colonel Colonieu et du commandant Jodosius, les turcos du 2e régiment se sont précipités, à la baïonnette, contre les Bavarois. Le commandant Jodosius est tué, mais rien ne résiste à l'impétuosité des tirailleurs algériens, les Bavarois sont rompus sous cette poussée furieuse; forcés de retraverser le Sulzbach, ils disparaissent dans le bois, du côté du Vieux-Moulin (3), sans que le colonel Suzzoni songe à les poursuivre. Au contraire, il arrête l'élan de ses hommes et les réinstalle sur la lisière orientale des bois de Frœschwiller, rive droite du Sulzbach (4).

Les régiments du général de Hartmann sont ainsi, à 9 heures un quart, dans le plus complet désarroi (5). La situation n'est pas très bonne pour

(1) Historique du 9e régiment d'infanterie bavaroise, p. 106; cité par la *Section historique*, VII, p. 36.

(2) *La Guerre franco-allemande*, 1re partie, p. 221. — Alfred Duquet, *Frœschwiller, Châlons, Sedan*, p. 77. — *Section historique*, VII, p. 35. — Commandant de Missy, p. 19.

(3) *La Guerre franco-allemande*, 1re partie, p. 222. — *Section historique*, VII, p. 39. — Général Bonnal, *Frœschwiller*, pp. 239 et 240. — Général Palat, t. III, p. 193.

(4) *Section historique*, VII, p. 39. — Général Palat, t. III, p. 195.

(5) Général Bonnal, *Frœschwiller*, p. 240. — La division Bothmer « fut repoussée avec de grandes pertes ». Général de Woyde, t. I, p. 133.)

l'ennemi qui a bien de la peine à repousser les faibles attaques du général Ducrot. Il n'y a guère de changements jusqu'à 10 heures et demie; les Bavarois, fusillés, mitraillés, bombarbés, essuient de grosses pertes : une de leurs batteries, la batterie Kirchoffer, tâche d'ouvrir son feu : elle est immédiatement forcée de se replier au delà de Langensulzbach, protégée, dans sa retraite, par la batterie La Roche, qui accourt de Mattstall (1).

Un bataillon du 1er zouaves était entré dans le bois de Langensulzbach, à la suite des Bavarois en déroute, l'avait traversé de l'ouest à l'est, chassant devant lui les quelques tirailleurs qui n'avaient pas encore détalé, et avait débouché devant le village même de Langensulzbach (2). C'était bien la déroute de l'ennemi. « Nous avons encore, aujourd'hui, écrit le général Bonnal, qui se trouvait au nombre des combattants, la vision très nette de petits groupes se tenant, vers 10 heures, auprès des pommiers qui parsèment la croupe découverte au sud de Langensulzbach. Les Bavarois qui les composaient se tenaient debout, serrés les uns contre les autres, derrière les pommiers en question, et n'avaient même plus le courage de tirer (3). Il suffisait d'avancer pour les capturer ou les disperser! »

Ainsi, les 10000 hommes du général de Hartmann n'avaient pu venir à bout des 6000 soldats de Ducrot postés dans les vergers de Frœschwiller et enfilant de leurs feux le vallon qui sépare les

(1) Alfred Duquet, *Frœschwiller, Châlons, Sedan*, p. 77.
(2) Général Bonnal, *Frœschwiller*, p. 244. — *Section historique*, VII, p. 41.
(3) Général Bonnal, *Frœschwiller*, p. 244. — « Pour les Bavarois, établis sur la croupe découverte à l'est de la forêt, la position n'était plus tenable; ils prirent la fuite et ne revinrent plus. » (*Ibid.*)

bois de Langensulzbach et de Frœschwiller. Pourquoi? Parce que « le défenseur, non ébranlé par des feux d'infanterie et d'artillerie très supérieurs, ne se laisse pas intimider par les préparatifs, ou même, la marche d'une grande attaque. Plein de confiance dans l'efficacité de son arme, il se réjouit, tout au contraire, de voir l'ennemi s'offrir en holocauste. Et, si l'attaque a lieu dans ces conditions, il se produit une hécatombe comme la Garde prussienne en a offert un exemple mémorable sur le glacis de Saint-Privat... En réalité, les Bavarois n'exécutèrent que des attaques partielles. Chaque fois qu'un millier de leurs soldats, tantôt plus, tantôt moins, quittaient l'abri du couvert, ils étaient en butte aux feux de toute la défense. A ce jeu d'attaques partielles repoussées par le feu, le moral de l'assaillant se déprime tandis que celui du défenseur s'exalte. Que celui-ci prononce ensuite un vigoureux retour offensif (en l'espèce, une vigoureuse attaque), la déroute de l'adversaire est certaine (1) ».

Jusqu'alors la division de Bothmer a seule été engagée; la IIIe observe la route de Bitche (2); quant au Ier corps bavarois, il n'a pas encore dépassé Ingolsheim; enfin le Ve corps prussien n'a pu franchir la Sauër (3).

Les soldats de la division Ducrot se battent donc en héros, mais on ne distingue point l'action du commandement. Ni Mac-Mahon ni Ducrot ne donnent les ordres exigés par les circonstances du

(1) Général Bonnal, *Frœschwiller*, pp. 247 et 248. — « C'était le moment de foncer sur ces avant-gardes flottantes, de les rejeter sur le gros, d'écraser le IIe corps bavarois; Mac-Mahon n'y songe pas. » (*Histoire de la Guerre de* 1870-1871, par Paul et Victor Margueritte, p. 30.)

(2) Donc les Allemands redoutaient l'apparition du corps de Failly sur leurs derrières. (Voir, *suprà*, pp. 213 à 216.)

(3) Alfred Duquet, *Frœschwiller, Châlons, Sedan*, p. 77.

combat (1). Le général Bonnal est contraint de le reconnaître :

« Si la contre-attaque du 3e bataillon du 1er zouaves eût été soutenue et poussée jusqu'à Langensulzbach, ce point d'appui serait tombé presque sans coup férir entre nos mains et son occupation aurait amené l'évacuation, par les Bavarois, de la Scierie, du mamelon adjacent (boisé) et du Vieux-Moulin, sans compter l'avantage de diviser l'attention et les forces du Ve corps prussien. Chose étonnante, la retraite de la division de Bothmer ne fut nullement inquiétée par les bataillons français déployés à la lisière nord du bois de Frœschwiller. L'ennemi s'en allait; on le laissa partir sans même le faire suivre pour savoir où il s'arrêterait. Cette négligence, *imputable au commandement supérieur* et au manque d'initiative des officiers français, était la conséquence de notre ignorance des règles les plus élémentaires de la tactique, comme aussi de la situation d'ensemble et des projets du Maréchal. A 11 heures, la division Bothmer, à l'exception des défenseurs de la Scierie et du Vieux-Moulin, est en pleine déroute (2). »

La *Section historique* constate également l'inqualifiable apathie de Mac-Mahon et de Ducrot : « La retraite des Bavarois ne fut nullement inquiétée par les bataillons français déployés à la lisière nord du bois de Frœschwiller, qui se contentèrent de conserver leurs positions, sans même faire suivre, par des patrouilles, l'ennemi qui se retirait devant eux (3). »

Et le Grand Etat-major prussien l'avoue :

(1) Alfred Duquet, *Frœschwiller, Châlons, Sedan*, pp. 77 à 81.
(2) Général Bonnal, *Frœschwiller*, pp. 248 et 249. — Général Palat, t. III, p. 218
(3) VII, p. 42

« L'ennemi se montrant peu pressant, à 11 heures et demie, on avait réussi à retirer du combat la majeure partie des troupes et à les amener en arrière de Langensulzbach (1). »

Pourtant le général Ducrot était auprès de ses troupes et, « dès les premiers engagements à son aile gauche, Mac-Mahon s'était porté sur ce point (2) ». Mais ils n'ont pas su faire acte de commandant de corps, de général en chef; ils se sont exposés aux projectiles, donnant l'exemple, ne donnant pas d'ordres!

Aussi bien, voici qu'à cet instant de la lutte, 10 heures et demie, le Prince royal envoie au général de Hartmann la prescription formelle de ne pas renouveler ses attaques :

« N'acceptez pas le combat et évitez tout ce qui pourrait en amener la reprise (3). »

Ce n'est pas chose facile, car les troupes sont dispersées et une certaine confusion règne de tous côtés; cependant les Bavarois se retirent tant bien que mal, grâce à la mollesse passagère du général Ducrot et surtout grâce à celle du maréchal de

(1) *La Guerre franco-allemande*, 1re partie, pp. 224 et 225. — Voir, *suprà*, p. 243, l'attitude plus que réservée du colonel Suzzoni, commandant le 2e régiment de turcos. — Général Palat, t. III, pp. 195 et 218. — *Ibid.*, pp. 196 et 197. — « L'absence de but amène la suppression du service de sûreté et la passivité..... Quel but avait l'armée française sur la frontière, en 1870?.... Nul ne saurait le dire. Quel était le service de sûreté? Il n'existait pas. Quelle a été notre attitude? La passivité. » (Colonel Maillard, 1re partie, p. 189.)

(2) *Section historique*, VII, p. 45.

(3) *La Guerre franco-allemande*, 1re partie, p. 235. — *Mémoires du maréchal de Moltke*, p. 20. — D'après la relation officielle prussienne, cet ordre aurait été remis par erreur au général de Hartmann : il était destiné au général de Kirchbach. » *La Guerre franco-allemande*, 1re partie, p. 235. — « L'Etat-major prussien a perdu son aplomb; on y discute pour empêcher la bataille, et les ordres qui partent de tous côtés témoignent assez de l'embarras des chefs. » (Général Ambert, t. I, p. 53.) — Colonel Fabre, p. 37.

Mac-Mahon. Si le général en chef français profitait du désordre de ses adversaires pour « achever l'écrasement des Bavarois, rien ne lui serait plus facile que de se replier tranquillement vers les Vosges » (1). — « Les Français pouvaient profiter des succès qu'ils avaient obtenus pour se retirer dans le meilleur ordre. Mais le maréchal de Mac-Mahon en jugea autrement; il se tint prêt à recevoir une nouvelle attaque, avec l'espoir de la repousser (2). »

Oui, mille fois oui, s'il s'était éclairé, il saurait quelle avalanche de combattants s'ébranle pour l'écraser; il s'empresserait d'abandonner la position de Frœschwiller et de gagner les passages des Vosges, si faciles à défendre, d'autant mieux que le lendemain ou le surlendemain, ce n'est plus avec 35000 hommes qu'il pourra faire face aux envahisseurs, mais avec les 1er, 5e et 7e corps, dont il a maintenant le commandement en chef, c'est-à-dire avec une masse de 80000 soldats (3).

La relation officielle prussienne le reconnaît quand elle écrit, afin de justifier le retrait de l'ordre envoyé par le Prince royal au général de

(1) « Peut-être eût-il été possible de profiter de l'inaction relative des deux corps prussiens pour tenter un vigoureux mouvement offensif contre le IIe corps bavarois et chercher à se dérober, après ce succès, à une lutte trop inégale. » (Le Faure, t. I, p. 112.) — *La Vie militaire du général Ducrot*, t. II, p. 378.

(2) A. Grouard, p. 38. — Charles de Mazade, t. I, p. 101.

(3) « Lorsqu'on n'est pas le plus fort, surtout lorsqu'on ne peut absolument pas, dans une position, lutter contre un ennemi très supérieur et lorsqu'un devoir impérieux n'exige pas qu'on se sacrifie, l'on doit se retirer savamment, prendre des positions meilleures et marcher au-devant des troupes de renfort. Ici, c'était le cas plus que partout ailleurs, puisque, à quelques kilomètres sur la gauche, on trouvait, dans des défilés, des postes inexpugnables et le 5e corps d'armée. » (*Sedan*, par le général de Wimpffen, pp. 88 et 89.) — Ce jugement du général se trouve confirmé par cette phrase du général de Failly : « J'espérais alors que la réunion des 1er et 5e corps, appuyés du 7e, permettrait d'occuper assez fortement Phalsbourg et Saverne pour maintenir l'ennemi et reprendre l'offensive. » (Général de Failly, p. 17.)

Kirchbach de ne pas engager d'affaire ce jour-là, que « l'on devait s'attendre à ce que le Maréchal, reconnaissant le danger de sa situation, mit à profit, pour évacuer sa position, le premier temps d'arrêt qui viendrait à se produire dans les vigoureuses attaques que le Ve corps principalement ne cessait de diriger contre lui (1) ». Non, il ne sent rien, il ne sait rien et adresse des instructions qui témoignent de son complet aveuglement (2).

(1) *La Guerre franco-allemande*, 1re partie, p. 242.

(2) Voir, *suprà*, pp. 196 à 198, la lettre du maréchal de Mac-Mahon. — « On assure, dans notre état-major, que l'Empereur a fait dire au Maréchal d'attaquer. J'espère que le brave de Mac-Mahon a trop le coup d'œil militaire pour prendre l'offensive s'il n'a pas chance de battre l'ennemi; deux écrasements bêtes en trois jours, ce serait trop... Pourvu qu'on ne s'engage pas contre des forces trop considérables, trop disproportionnées. Nous sommes si maladroitement vaniteux en France! » (*De Frœschwiller à Sedan*, journal d'un officier du 1er corps, pp. 17 et 18.) — « Le Maréchal était-il bien inspiré en prenant la résolution de livrer bataille à Frœschwiller? Il n'y avait pas de but stratégique important : c'était, il est vrai, la clef du chemin de fer de Sarreguemines, mais cette ligne est très courte, se dirige extérieurement et non intérieurement, et il était facile de la rendre complètement impraticable à l'ennemi. Certes, la position par elle-même avait de quoi séduire, mais n'était-il pas à craindre qu'en cas d'insuccès l'armée fût obligée d'évacuer, sans pouvoir les défendre, les positions qui se trouvaient en arrière et qu'un seul combat livrât à la fois tous les passages des Vosges, celui de Saverne surtout, de beaucoup le plus important en raison des grandes voies de communication qui le traversent ? (Ce n'est pas notre avis, on pouvait les défendre même après une défaite.) N'eût-il pas mieux valu sacrifier les avantages tactiques de cette position aux considérations stratégiques que je viens de signaler? Les Vosges, défendues par l'armée de Mac-Mahon, qui s'y serait méthodiquement établie, ne pouvaient être forcées qu'au prix des plus grands sacrifices. Dans tous les cas, le Maréchal en jugea autrement; il crût qu'il pourrait, dans cette forte position, arrêter un ennemi très supérieur en nombre et son plan n'eût pas été blâmable *s'il eût pris, en même temps, l'inébranlable résolution de ne pas compromettre sa retraite par une résistance trop prolongée.* » (*La Campagne de 1870*, par un officier d'état-major de l'armée du Rhin, pp. 39 et 40.) — « Lorsqu'il fut informé, vers 7 heures, par le général Ducrot, de l'attaque de l'ennemi, après s'être porté du côté de son aile gauche pour

Le général de Hartmann, charmé de la lenteur que l'on met à le poursuivre, a réussi, vers 11 heures et demie, à retirer du combat la majeure partie des troupes et à les ramener en arrière de Langensulzbach. Son aile gauche conserve toujours le mamelon boisé qui s'élève entre le Sulzbach et la Sauër (1), mais il n'en est pas moins vrai que la lutte nous a été favorable et que les Allemands ont éprouvé un échec (2).

Du reste, la confusion règne aussi au sein de l'état-major prussien. Nous savons déjà qu'il ne voulait pas livrer bataille le 6, et pourtant elle s'engage à son insu: de là, des marches inutiles, des contre-ordres dangereux, une position fausse dont n'aurait pas manqué de profiter un adversaire expérimenté. A peine le général de Hartmann a-t-il accompli si péniblement sa retraite qu'on l'invite à renouveler l'agression contre notre gauche (3). C'est le Ve corps qui, se voyant sérieusement aux prises

observer ce qui se passait, le Maréchal déclara que les Allemands ne pouvaient s'être déjà autant avancés, que c'était évidemment une simple démonstration, que la bataille ne serait que pour le lendemain et. séance tenante, *il fit rédiger les instructions dans ce sens pour le général de Failly.* » (*Ibid.*, pp. 40 et 41.)

(1) *La Guerre franco-allemande*, 1re partie, pp. 224 et 225.

(2) « L'échec de la division Bothmer avait été si complet que, pendant le reste de la journée, pas un de ses bataillons ne revint prendre part à l'action. » (Général Bonnal, *Frœschwiller*, p. 249.) — *Ibid.*, p. 218. — Les troupes du général de Hartmann étaient en retraite sur Lembach. » (*Section historique*, VII, p. 59.) — Voir ce que nous en pensions, dès 1879, *Frœschwiller, Châlons, Sedan*, p. 81. — Commandant de Missy, p. 32.

(3) *La Guerre franco-allemande*, 1re partie, p. 225. — « La bataille s'engagea prématurément, contre la volonté du commandant supérieur de l'armée allemande et se déroula dès le 6 août. Il faut avouer qu'elle fut dirigée avec un désordre assez complet par les Allemands. Ils achetèrent la victoire au prix de sacrifices exorbitants. Le succès fut loin d'être aussi complet que les Allemands devaient le désirer et ne fut pas tel qu'il était parfaitement possible de l'obtenir, vu leur supériorité numérique considérable. » (Général de Woyde, t. I, p. XVIII.) — *Ibid.*, t. I, p. XIX. — *Ibid.*, t. I, p. 183. — Général Palat, t. III, p. 330.

avec nous, lui demande du secours. Partout la fusillade éclate, partout l'artillerie tonne; en dépit des deux états-majors, la journée fatale s'est levée, les destins de la France sont en jeu, le dénouement s'approche.

A la réception du nouvel ordre d'attaque, le IIe corps bavarois tente de regagner le terrain perdu; plusieurs régiments cherchent à escalader les pentes de la rive occidentale du Sulzbach, mais ils sont accueillis de la belle façon et contraints de se retirer jusqu'à Gœrsdorff (1). Voici ce qui s'était passé :

Après la fuite de la division de Bothmer, le général de Kirchbach, afin d'appuyer un peu les Bavarois échaudés, fit partir pour le Vieux-Moulin, au nord-ouest de Gœrsdorff, quelques compagnies de chasseurs qui rallièrent, en chemin, 2 compagnies du 37e prussien gardant la rive gauche de la Sauër, sous Gœrsdorff. Faisant honte aux Bavarois de leur marche en arrière, les nouveaux venus avaient entraîné 3 bataillons du corps Hartmann à l'assaut de l'extrémité orientale du bois de Frœschwiller. Reçus comme il le convenait, entraîneurs et entraînés repassent en toute hâte le Sulzbach et regagnent, en courant toujours, la Scierie, la Sauër et les pentes de Gœrsdorff (2).

Un mot seulement sur une tentative des Bavarois pour déborder notre gauche. Aux environs de midi, alors que ses troupes avaient été si malmenées par les régiments de Ducrot, le général de Hartmann avait prescrit à un de ses bataillons de chasseurs, réfugié non loin de Langensulzbach, de se porter, à travers bois, sur Nœhwiller, avec

(1) Alfred Duquet, *Frœschwiller, Châlons, Sedan*, p. 82.
(2) Général Bonnal, *Frœschwiller*, pp. 250 et 251. — Général Palat, t. III, p. 499.

l'appui d'un escadron de chevau-légers et d'une batterie d'artillerie. A peine la petite troupe a-t-elle débouché des fourrés de Langensulzbach qu'une grêle de balles, partant de Nechwiller, la refoule instantanément dans les hauts taillis où quelques compagnies du 1er zouaves et du 45e de ligne, enlevées par le général du Houlbec, poussent les infortunés Bavarois, baïonnette aux reins, dans les chemins de la forêt, jusqu'à Langensulzbach. Emportés par leur admirable élan, les zouaves vont s'emparer de Langensulzbach, dont les Bavarois déguerpissent comme lapins devant chasseurs, quand le général Ducrot leur envoie l'ordre de revenir sur le plateau (1)!

Quant à Mac-Mahon, « après la retraite des Bavarois (2) », il s'était porté du côté d'Elsasshausen, où se produisait la poussée du Ve corps prussien : il s'était installé près d'un gros noyer, planté sur la colline, entre Elsasshausen et Wœrth (3). Ce noyer, appelé, depuis la bataille, « arbre du Maréchal », a été entouré d'une grille en bois afin de le préserver des emprunts que les visiteurs y faisaient, trop abondamment, comme souvenirs. Il pousse à l'extrémité d'une hauteur d'où l'on découvre Wœrth et la Sauër, en amont, jusqu'au Vieux-Moulin, mais d'où il est impossible de saisir ce qui se passe de Wœrth à Gunstett, ce qui se passe à Elsasshausen, à l'Albrechtshauserhof et à Morsbronn. L'écran du *Calvaire* et la partie orientale du Niederwald (4) cachent la partie du champ de bataille où l'on s'est le plus battu, où le sort de la journée s'est décidé. C'est avec ce coup d'œil tac-

(1) Général Bonnal, *Frœschwiller*, pp. 249 et 250. — *Section historique*, VII, p. 45. — A. Grouard, p. 36.
(2) *Section historique*, VII, p. 45.
(3) Arthur Chuquet, p. 37. — Masson-Forestier, p. 298.
(4) Général Bonnal, *Frœschwiller*, p. 357.

tique que le Maréchal savait choisir la place du commandant en chef; poste de combat, certes, mais non poste de direction (1).

C'est pourquoi, lorsqu'au cours de la mêlée, les divisionnaires envoyaient demander des instructions ou des secours au général en chef, Mac-Mahon répondait au hasard, sans se rendre compte de la situation générale; c'est pourquoi aucun ordre réfléchi ne fut expédié par lui, durant ce jour lamentable. « La vérité est que, pendant toute cette fatale journée, chaque divisionnaire a combattu sur place, sans recevoir aucun ordre précis, sans connaître le but de la lutte, ni l'objectif en avant, ni la ligne de retraite en arrière (2). »

PREMIÈRE ATTAQUE DU Ve CORPS PRUSSIEN

Examinons, maintenant, ce qui s'était passé à notre centre et à notre droite.

A 8 heures et demie, quand la reconnaissance prussienne sur Wœrth fut terminée, le colonel von der Esch, chef d'état-major du Ve corps, s'avança près du bourg et, à l'aspect des hauteurs qui s'enflammaient du côté de Langensulzbach et de Gunstett, il arrêta le mouvement en arrière de ses troupes, désirant empêcher les Français de se porter en masses sur les deux ailes de l'armée allemande. Il recommença donc immédiatement le

(1) « Le duc de Magenta, ayant sous les yeux le terrain au nord et à l'ouest de Wœrth, a été entraîné par son ardeur guerrière à diriger la lutte qui se déroulait à ses pieds, oubliant un peu (tout à fait) qu'un général en chef doit être moins un conducteur qu'un directeur de troupes. » (Général Bonnal, *Frœschwiller*, p. 357.)

(2) *La Vie militaire du général Ducrot*, t. II, p. 378.

feu, après avoir vu ses dispositions approuvées par le commandant en chef du Ve corps (1).

L'artillerie donne seule; aucune attaque n'est risquée contre nos positions, mais les canons ennemis s'alignent rapidement et, à 9 heures et demie, 24 pièces du XIe corps se joignent à l'artillerie du général de Kirchbach : 108 bouches à feu, établies au-dessus de Wœrth, entre Gœrsdorff et Spachbach, écrasent nos héroïques artilleurs qui répliquent de leur mieux et soutiennent fermement ce duel inégal. Nous avons à peine 50 canons et mitrailleuses pour répondre aux batteries prussiennes braquées à une distance variant de 2400 à 4000 pas de la ligne des pièces françaises. Bientôt les mitrailleuses sont démontées; de plus, nos rares projectiles ne font pas grand mal aux Allemands, car la plupart tombent sans éclater (2). Les Prussiens suivent le conseil du colonel Ardant du Picq : « Il est de simple prudence que le canon prépare

(1) « Pas d'interruption ni de défaillance dans le commandement. Le général en chef (le chef de corps) n'est pas sur les lieux : son chef d'état-major supplée sans retard à son absence. L'armée où règne un tel esprit est sur le chemin qui mène à la victoire. » (Général Bonnal, *Frœschwiller*, p. 257.) — « Les officiers de l'État-major allemand aident le commandement de leur connaissance de la guerre; ils *invitent*, font *remarquer*; et les commandants de troupes défèrent à leur invitation; le colonel d'Esch décide la reprise du combat à Frœschwiller... » (Colonel Maillard, 1re partie, p. 460.) — Général de Woyde, t. I, p. 136.

(2) *La Guerre franco-allemande*, 1re partie, pp. 226 et 227. — Alfred Duquet, *Frœschwiller, Châlons, Sedan*, pp. 82 et 83. — « Les mitrailleuses, si meurtrières lorsqu'on peut les employer à bonne distance sont impuissantes contre l'artillerie. » (*Les Transformations de l'armée française*, par le général Thoumas, t. II, p. 554.) — « 108 pièces tiraient avant même que l'infanterie eût passé de la formation de marche à celle de combat. » (Prince de Hohenlohe, *Lettres sur l'artillerie*, p. 29. — *Mémoires du maréchal de Moltke*, p. 19. — « Les mitrailleuses produisaient, sur certains points, de véritables ravages, jusqu'au moment où le tir de l'artillerie, contre lequel elles ne pouvaient pas naturellement lutter, les eût réduites à se taire et à se retirer. » (Colonel Borbstædt, p. 123.) — Commandant de Missy, p. 27. — *Les Transformations de l'armée française*, par le général Thoumas, t. II, p. 589.

l'action de l'infanterie par un moment de conversation avec l'artillerie de l'infanterie adverse (1). »

A 10 heures et demie, le général de Kirchbach se décide à emporter Wœrth, — resté, de 8 heures et demie à cet instant, sans un soldat français ou prussien (2) — en lançant la brigade Walther de Montbary contre ce bourg et les premiers mamelons situés en arrière. Les Prussiens construisent des ponts fragiles au moyen de perches à houblon et de charpentes arrachées aux maisons ; une partie des Allemands passe la rivière sur ces ponts, une autre partie la traverse à gué et les voici qui se précipitent naïvement et inutilement à l'assaut des collines. Ce bel entrain ne dure pas longtemps, car notre feu plongeant renverse le bataillon d'avant-garde comme une trombe courbe les blés à terre. Ceux qui ont le bonheur d'échapper à la mort se rallient derrière les bâtiments de Wœrth et recommencent un tir inoffensif.

D'autres groupes essaient de se porter au delà de la route de Haguenau ; leur téméraire tentative ne réussit pas et, à leur tour, ils se retirent, en désordre, à l'abri des maisons de Wœrth (3).

Les Prussiens ne se lassent pas de recommencer ces assauts meurtriers et infructueux que nos généraux français chérissent si particulièrement. Deux bataillons avaient franchi la Sauër, entre Wœrth et Spachbach ; ils dépassent la route de Haguenau, abordent les croupes d'Elsasshausen et gagnent un bois où des troupes appartenant au XIe corps viennent les rejoindre. Mais les Français

(1) Colonel Ardant du Picq, p. 165.

(2) Alfred Duquet, *Frœschwiller, Châlons, Sedan*, p. 83. — Général Bonnal, *Frœschwiller*, p. 265. — « Wœrth n'était pas occupé par les Français. » (*Mémoires du maréchal de Moltke*, p. 19.)

(3) *La Guerre franco-allemande*, 1re partie, pp. 228 et 229. — A. Grouard, p. 37.

marchent en avant et culbutent les assaillants jusqu'aux fossés de la grande route (1).

Malheureusement notre artillerie ne permet pas de poursuivre ce succès réel; elle demeure presque silencieuse pendant que les pièces allemandes vomissent sans interruption leurs projectiles sur notre admirable infanterie. Malgré cette fatalité, à 11 heures et demie, l'ennemi a été repoussé le long de toute la ligne de bataille. De Morsbronn à Neehwiller, les Allemands n'ont pu occuper une seule hauteur; leurs efforts ont été superflus, puisque leur unique conquête, Wœrth, n'en a pas été une, le bourg ne leur ayant pas été disputé. En outre, si notre artillerie restait muette, nos chassepots crépitaient toujours; leurs terribles balles venaient fouiller les haies, les fossés, les maisons où se tenaient les ennemis qui éprouvaient de minute en minute des pertes horribles. Pendant que la plupart de nos soldats tiraient si heureusement, un grand nombre d'autres élevaient des palissades, creusaient de petites tranchées, crénelaient les murs, les bâtiments des fermes, et, chaque fois que l'assaillant s'approchait, il reculait immédiatement, fauché par les salves de chassepots.

« Sur aucun point les Allemands ne parvenaient à s'avancer au delà de Wœrth; ils payaient par des pertes nombreuses chacune de ces inutiles tentatives et surtout les retraites qui les suivaient (2). »

En réalité, l'échec des 5 bataillons de la brigade de Montbary, qui se jetèrent contre Elsasshausen et ses environs, n'a pas eu pour cause, comme

(1) *La Guerre franco-allemande*, 1re partie, p. 229. — Alfred Duquet, *Frœschwiller, Châlons, Sedan*, pp. 83 et 84. — Général Palat, t. III, p. 206.

(2) *La Guerre franco-allemande*, 1re partie, p. 230. — Alfred Duquet, *Frœschwiller, Châlons, Sedan*, pp. 84 et 85. — A. Grouard, p. 37.

l'avance le récit du Grand Etat-major prussien, la supériorité de notre feu mais simplement la valeur des soldats de l'armée française de 1870, surtout des zouaves. Les Prussiens n'ont pu soutenir la contre-attaque de nos fantassins, soit 3 bataillons de la brigade Lhériller. Puisque le bataillon français était de 700 hommes et le prussien de 950, on est autorisé à faire remarquer que 2100 Français ont mis en déroute et poursuivi jusqu'à la Sauër 4750 Prussiens. C'est un résultat glorieux (1).

Le général Bonnal fait observer encore que, si le général de Kirchbach a eu raison de choisir Elsasshausen comme but de sa reconnaissance offensive, à cause des couverts qui permettaient d'en approcher, il fit, néanmoins, un mauvais calcul puisque, de ce côté, sa nombreuse artillerie, perdant de vue les bataillons chargés de l'assaut, fut condamnée, de peur de les atteindre, à une grande réserve et d'un piètre secours, tandis qu'elle aurait ouvert le chemin à l'infanterie prussienne et écrasé l'infanterie française au cas où l'attaque eût été dirigée contre Frœschwiller (2). L'observation nous semble juste, seulement y avait-il besoin de se porter en si petit nombre contre des positions fortement occupées alors que le gros de l'armée se trouvait encore loin de la lutte? N'eût-il pas été préférable d'attendre l'arrivée des renforts en canonnant à outrance, et à son aise, les villages ou réduits boisés où se tenaient les régiments de M. de Mac-Mahon?

A midi, les Français prennent l'offensive et courent sur Wœrth qu'il était peut-être bon de ne pas abandonner dès le matin. En effet, si, alors, le Maréchal désire s'emparer de ce bourg, c'est qu'il

(1) Général Bonnal, *Frœschwiller*, p. 279.
(2) (*Ibid.*), pp. 281 et 282.

juge que l'on peut s'y maintenir, et, s'il est possible d'y rester à midi, *à fortiori* l'était-ce le matin (1) ! Ces assauts ne sont pas heureux ; de même que nous repoussions les efforts des Prussiens, de même ils arrêtent notre élan et, chaque fois, nous échouons devant les maisons de Wœrth. Un instant, pourtant, le général Lhériller, à la tête du 2e zouaves, enlève quelques habitations ; il ne peut les conserver, bien que les zouaves accomplissent des prodiges et essuient des pertes terribles puisqu'une compagnie entière se fait anéantir plutôt que de reculer (2).

Les attaques des Français, aussi mal préparées, aussi mal exécutées que celles des Prussiens, avaient eu le même sort ; elles avaient échoué sous les coups d'une artillerie qui trouvait en nos bataillons marchant à l'assaut, des cibles superbes ; d'autre part, les balles de nos chassepots avaient cruellement troué les colonnes de Kirchbach qui s'étaient essayées à gravir les pentes d'Elsasshausen (3).

Cependant le général de Kirchbach, inquiet de notre opiniâtreté, avertit précipitamment le général de Hartmann et le général de Bose de la situation critique du Ve corps et leur demande assistance.

(1) Alfred Duquet, *Frœschwiller. Châlons. Sedan*, p. 85. — *Ibid.*, p. 103. — Après nous, le général Bonnal, dans son *Frœschwiller*, écrit : « La présence du Maréchal, près de Wœrth, dans la zone de la fusillade a été la cause déterminante des efforts dépensés, depuis 11 heures du matin jusqu'à 2 heures du soir, pour s'emparer de haute lutte, sans préparation possible par l'artillerie, *d'un bourg, organisé défensivement et bondé de troupes, qu'il eût été possible d'occuper la veille, ou même le matin, sans coup férir.* » (Pp 357 et 358.)

(2) Le Faure, t. Ier, pp. 111 et 112. — *La Guerre franco-allemande*, 1re partie, p. 230. — Alfred Duquet, *Frœschwiller, Châlons, Sedan*, pp. 85 et 86. — « Le retour en arrière des zouaves fut pénible et sanglant. » (Général Bonnal, *Frœschwiller*, p. 275. — *Section historique*. VII, p. 51 — Général Palat, t. III, pp. 207 et 208. — A. Grouard, p. 37.

(3) Général Bonnal, *Frœschwiller*, pp. 283 à 28

Nous savons que le premier, qui venait d'effectuer sa retraite, s'empressa de se rendre aux désirs de son collègue menacé; quant au commandant du XIe corps, il promit également son concours, tout en prévenant le général de Kirchbach, qu'après avoir franchi la Sauër, son avant-garde avait été rejetée sur la rive gauche, à la suite d'un engagement fort vif. Mais il est temps de parler de notre aile droite et des prouesses qu'elle prodigue de son côté.

Le maréchal de Mac-Mahon avait commis la faute immense d'évacuer Gunstett, comme il avait délaissé Wœrth : il avait toujours le temps d'abandonner l'un et l'autre. Le premier de ces villages, bâti sur le flanc méridional d'une colline élevée, prenant naissance au bord de la Sauër, était singulièrement propre à la défense; on avait la liberté d'y retenir longtemps les troupes envahissantes et, lorsque la résistance eût été jugée impossible, rien n'était plus facile que de repasser la rivière et de recommencer, à Eberbach et à Elsasshausen, une lutte d'autant plus heureuse que l'ennemi aurait plus souffert à l'assaut de Gunstett.

Certes, les 108 pièces de canon, braquées entre Gœrsdorff et Spachbach, nous gênaient beaucoup, mais le terrain ne leur était pas propice et les batteries établies sur la colline de Gunstett nous firent plus de mal que tout le reste de l'artillerie allemande. C'est que, de là, on enfilait à loisir et Eberbach et Wœrth et Elsasshausen et Frœschwiller, c'est que là était le point qui assurait la victoire; et cela est tellement vrai, qu'apprenant les ravages de l'artillerie de Gunstett, le Maréchal autorisa l'enlèvement de ce maudit village; hélas! il était alors trop tard : comme à Wœrth, nous étions condamnés à tenter inutilement de reprendre des positions qu'il était si simple de conserver la veille ou le matin, et, malgré les pertes sanglantes que nous coûtèrent ces vains retours offensifs, nous ne pûmes rien arracher des mains tenaces des Allemands (1). Aussi bien, commençons le récit des événements qui se passèrent à notre droite.

SITUATION CRITIQUE DU Ve CORPS

Le général de Bose, commandant du XIe corps, exécutait tranquillement, le 6, au matin, les ordres de concentration qui lui avaient été adressés du quartier général, ordres que nous avons transcrits plus haut et qui consistaient à quitter Soultz pour gagner le petit village de Hœlshloch, à l'ouest de Surbourg. Le canon grondait sourdement pendant ces mouvements, qui avaient commencé à 6 heures du matin, et préoccupait le général prussien

(1) Alfred Duquet, *Frœschwiller, Châlons, Sedan*, pp. 86 et 87. — « L'ennemi établit en batterie sur les auteurs de Gunstett un nombre de pièces si considérable qu'il nous fit éprouver des pertes sensibles, ce qui nous obligea à rester sur la défensive. » (*Enquête parlementaire sur les actes du Gouvernement de la Défense nationale*, déposition du maréchal de Mac-Mahon, p. 35.) — « Des nuées de tirailleurs, appuyées par des masses considérables d'infanterie et protégées par plus de 60 pièces de canon placées sur les hauteurs de Gunstett, s'élancèrent sur la 4e division... » (*Journal officiel*, n° du 12 août 1870, rapport du maréchal de Mac-Mahon.) — « Le Maréchal eût peut-être bien fait de continuer à occuper la colline de Gunstett, au risque d'étendre un peu sa ligne de bataille. » (Camille Farcy, pp. 46 et 47.) — « Il est certain, telle que se présenta la bataille, qu'avec 10 000 hommes de plus à son centre et 20 000 de plus à sa droite, *dont une forte partie sur le plateau de Gunstett*, Mac-Mahon pouvait ou vaincre ou au moins maintenir ses positions. » (*Ibid.*, p. 49.) — « La position défensive de la rive droite de la Sauër, en partie dominée par le plateau de Gunstett et d'Oberdorf, perdait beaucoup de son mérite. » (Colonel Lecomte, t. I, p. 253.) — Capitaine Gasselin, pp. 26 et 27. — Capitaine Félix Bonnet, t. I, p. 51. — Général Derrécagaix, p. 114. — *Journée du 6 août*, par un Lorrain, p. 9. — Voir, *infrà*, p. 289.

lorsque, *tout à coup*, ses *roulements* diminuèrent et l'orage parut s'apaiser : le calme se fit bientôt. Les soldats, débarrassés de l'angoisse qui ne manque jamais de serrer le cœur des plus braves à ce bruit de mort, s'installèrent dans leurs bivouacs et s'apprêtèrent à se reposer des rudes marches des jours précédents.

Le calme si bien accueilli ne fut pas de longue durée; vers 9 heures, les détonations retentirent de nouveau du côté de Wœrth; la tempête, un instant endormie, se réveilla plus furieuse et plus menaçante. Des forces furent immédiatement dirigées vers Gunstett afin de soutenir les troupes du Ve corps qui occupaient le village et la colline (1).

Aux environs de 8 heures, les Français avaient gravi les hauteurs de Gunstett sous la protection de cinq batteries placées sur les éminences de la rive droite, en face du Brüch-Mühle. Heureusement pour nos ennemis, leur artillerie était déjà en position au sommet de la colline. De cet admirable terrain, elle avait foudroyé nos mitrailleuses et nos canons et réussi à les réduire au silence; puis, elle s'en était prise à notre infanterie, qui s'avançait, résolue, et l'avait couverte de ses nombreux obus. Cette canonnade avait donné aux troupes du XIe corps le temps d'accourir, en petits partis à Spachbach et à Gunstett, dont la conquête devenait désormais impossible pour nous (2).

Après un moment de répit, les Prussiens prennent l'offensive; 6 compagnies de la brigade de Koblinski franchissent la Sauër, à Spachbach, traversent la prairie, dépassent la grand'route et

(1) Alfred Duquet, *Frœschwiller, Châlons, Sedan*, pp. 88 et 89. — Général Bonnal, *Frœschwiller*, pp. 291 et 292. — Général Palat, t. III, p. 211.

(2) Alfred Duquet, *Frœschwiller, Châlons, Sedan*, pp. 88 et 89. — Général Bonnal, *Frœschwiller*, p. 292.

entrent dans la partie orientale du bois du Niederwald en poussant devant elles les tirailleurs français. De nouvelles troupes ennemies accourent à leur aide pendant que, de notre côté, un bataillon du 56e de ligne se précipite au secours du 3e zouaves; le colonel Bocher, de ce régiment, jette tout son monde contre les bataillons de la brigade de Koblinski : une mêlée horrible s'engage au milieu des buissons et des taillis. Ce genre de combat est trop familier à nos soldats pour que nous ne soyons pas victorieux; manœuvrant leurs sabres-baïonnettes avec une dextérité et une adresse que les Allemands n'acquerront jamais, les Français écharpent les lourds Prussiens, égorgent les officiers et les rejettent hors du bois en pleine déroute. *Emportés par les tirailleurs qui évacuent le bois en désordre, tous refluent pêle-mêle sur la Sauër; ce n'est qu'à Spachbach qu'il devient possible de remettre un peu d'ordre parmi ces troupes* (1).

A 10 heures, nous obtenions un autre succès au Brüch-Mühle : 7 compagnies prussiennes des XIe et Ve corps passaient la rivière sous ce moulin, franchissaient la prairie, mais, comme elles arrivaient à la route de Haguenau, les Français tombaient sur elles à la baïonnette et les précipitaient à la rivière où elles étaient recueillies dans le plus piteux état par les troupes de la rive gauche; les ennemis ne se ralliaient qu'à Spachbach (2).

Le général de Lartigue veut alors, à toute force, poursuivre son succès *et s'emparer du plateau de Gunstett, qui, par sa position dominante, assure la supériorité à l'artillerie allemande* (3).

(1) *La Guerre franco-allemande*, 1re partie, p. 234. — Alfred Duquet, *Frœschwiller, Châlons, Sedan*, pp. 89 et 90. — Général Bonnal, *Frœschwiller*, pp. 298 et 299. — Général Palat, t. III, p. 215.
(2) *La Guerre franco-allemande*, 1re partie, p. 234.
(3) Le Faure, t. I, p. 112.

Des bataillons de chasseurs à pied, du 3e turcos, du 56e de ligne bravent les obus des quatre batteries prussiennes établies au sommet de la colline de Gunstett, traversent la rivière au Brüch-Mühle et abordent les hauteurs; ils se heurtent à la brigade de Koblinski et, deux fois renouvelée, cette tentative, quoique bien préparée et bien menée, est deux fois repoussée (1).

Néanmoins, l'ennemi était battu sur toute la ligne et, à Wœrth, « il ne se maintenait plus qu'avec peine contre les énergiques attaques des Français » (2).

« L'offensive prise par les Allemands sur quatre points différents a partout échoué, pour des raisons identiques : absence de direction qui entraîne un défaut d'ensemble allant jusqu'à l'incohérence; préparation insuffisante ; mise en mouvement d'effectifs trop restreints, non soutenus par des échelons en arrière. Chacun des trois corps d'armée (IIe bavarois, Ve corps, XIe corps) est engagé pour son compte (sauf le XIe qui ne va au feu que pour dégager le Ve), sous l'impulsion de la camaraderie de combat et surtout de l'esprit offensif que nos adversaires ont pris soin de cultiver chez leurs chefs de tout grade. Le commandement suprême n'exerce aucune action (puisqu'il ignore la bataille). De notre côté, les efforts sont non moins décousus. On se défend sur place, chacun pour soi, comme on est attaqué. On ne cherche pas à tirer

(1) *La Guerre franco-allemande*, 1re partie, p. 234. — Alfred Duquet, *Frœschwiller, Châlons, Sedan*, p. 90. — Général Bonnal, *Frœschwiller*, p. 303. — « Vu la configuration du terrain, celui des deux adversaires qui prenait l'offensive se trouvait chaque fois avoir le dessous. » (*Mémoires du maréchal de Moltke*, p. 20.)

(2) *La Guerre franco-allemande*, 1re partie, p. 235. — A Wœrth, les Allemands « se trouvèrent tout près de la défaite ». (Général de Woyde, t. I, p. 197.) — « Le Ve corps se trouvait dans une position des plus critiques. » (Major Scheibert, p. 58.) — Charles de Mazade, t. I, p. 100.

parti des échecs de l'adversaire afin de les rendre plus complets. Pourtant, à notre gauche surtout, la division Ducrot n'avait pas de peine à refouler les Bavarois sur Lembach et à les mettre en déroute, tant leur attaque a été hésitante et mal conduite. Visiblement, la défensive est l'idéal caressé; nous prêtons aux positions une valeur excessive et, bornant notre ambition à les garder, nous laissons passer l'heure fugitive où il serait possible de refouler, sur le gros de la IIIe armée, les avant-gardes qui se sont aussi imprudemment risquées à nous attaquer (1). »

Le général de Kirchbach sent toute la gravité de la situation et frémit à la pensée de cesser une bataille si sérieusement engagée. D'un autre côté, les instructions du Prince royal sont formelles; il ne faut pas se battre ce jour-là. Que va décider le général? La droite allemande est en retraite derrière Langensulzbach, le centre se maintient à peine, l'aile gauche a été refoulée jusqu'au delà de la Sauër (2).

Le général ennemi comprend trop bien la situation, il passe outre aux ordres de son chef et donne

(1) Général Palat, t. III, pp. 217 et 218. — Voir, *infrà*, pp. 266 et 272.

(2) *La Guerre franco-allemande*, 1re partie, p. 235. — « Si la difficulté de rompre le combat, que le général de Kirchbach a fait valoir, n'était pas une raison sérieuse, il y en avait d'autres qui méritaient d'êtres prises en considération. D'abord, il ne voulait pas laisser ses troupes sous l'impression d'un échec qui pouvait avoir une fâcheuse influence sur leur moral; en outre, le mouvement des trains, que l'on entendait sur la voie ferrée de Haguenau à Niederbronn, faisait craindre l'arrivée d'importants renforts (ce n'étaient pas des trains de soldats, mais de provisions, qui roulaient, à cette heure, sur cette ligne), et, par suite, il y avait avantage à précipiter l'action. » (A. Grouard, p. 38.) — « Cesser le combat en ce moment était chose impossible. » (Commandant de Missy, p. 34.) — « Le maréchal de Saxe pensait que l'audace favorise le succès et que la timidité engendre les revers. » (*Réflexions et Souvenirs du chevalier de Ray*, classés et annotés par Lucien Mouillard; Paris, Charles-Lavauzelle, 1895; p. 135.)

le signal d'une nouvelle attaque. Le général de Bose, qui vient d'arriver, vers 11 heures, sur le sanglant théâtre, et qui voit ses soldats si maltraités, hésite davantage à violer les instructions reçues et craint l'effroyable responsabilité d'une défaite en de telles conditions (1); pourtant, lui, aussi, (loin de faire ce que fait Bazaine, le même jour, qui abandonne Frossard à Forbach, ce que fera, le 19 janvier, Ducrot, qui abandonnera Vinoy à Buzenval) se rend aux raisons du commandant du Ve corps et lui promet son concours. Nous avons déjà vu que le général de Hartmann, malgré les cruelles meurtrissures du matin, avait également promis le sien (2).

Ainsi donc le général de Kirchbach prend la résolution hardie de continuer la lutte, bien que le XIe corps ne soit pas encore en état de l'appuyer de toutes ses forces, bien que les Bavarois ne se trouvent guère en mesure de se porter immédiatement en avant, car, comme nous l'avons vu plus haut, « une partie de l'infanterie, ramenée en désordre du combat de Langensulzbach, s'était ralliée derrière ce village, au sud duquel le reste combattait encore afin de couvrir la retraite (que Ducrot lui laissait toute liberté d'opérer). L'épuisement de la plupart des hommes (leur frayeur d'une nouvelle lutte) et la grande consommation des munitions exigeaient un moment de répit » (3).

(1) « Le général von Bose n'avait aucun désir d'agir contrairement aux ordres donnés, lesquels fixaient la Sauër comme limite de sa marche en avant. » (Commandant de Missy, p. 29.)

(2) *La Guerre franco-allemande*, 1re partie, pp. 235 et 236. — Alfred Duquet, *Frœschwiller, Châlons, Sedan*, p. 91. — Général Palat, t. III, p. 221. — A. Grouard, p. 38.

(3) *La Guerre franco-allemande*, 1re partie, p. 237. — Alfred Duquet, *Frœschwiller, Châlons, Sedan*, pp. 91 et 92. — « Toute cohésion tactique avait disparu et les différentes unités combattaient dans un mélange inextricable. » (Commandant de Missy,

Si les généraux français avaient, à ce moment de la journée, jeté toutes leurs forces, qu'ils avaient sous la main, contre l'ennemi, depuis Langensulzbach jusqu'à Gunstett, il est probable que les Allemands eussent été mis en déroute car, en raison des ordres contradictoires reçus par les chefs de corps, en raison de la défense de se battre ce jour-là, en raison de l'imprudence et de la désobéissance des sous-ordres, l'anarchie s'installait parmi les troupes au feu, et il est facile de constater qu'il régnait « chez un grand nombre de généraux allemands une angoisse et un trouble *qui se sont manifestés surtout lors de nos tentatives d'offensive* » (1).

Mais, en ce temps-là, les généraux français estimaient que le propre d'une position défensive était d'être défendue, sans permettre d'en profiter pour achever la défaite de l'adversaire qui venait de se faire abîmer en l'attaquant; donc, il ne fallait s'en écarter que juste pour repousser les assaillants. Aussi le général de Bose put-il, à son aise, décider que son corps d'armée « prononcerait une double attaque de front : la première contre les défenseurs du secteur boisé oriental du Niederwald, en partant de Spachbach; la deuxième contre les troupes qui

p. 35.) — « Les 10 compagnies, sauf quelques hommes, se dérobèrent et, dans une panique indescriptible, les 2200 Prussiens qui les composaient, ne cessèrent leur course précipitée qu'après avoir mis la rivière entre eux et les zouaves triomphants. » (Colonel anglais Lonsdale Hale, *Ibid.*, p. 36.)

(1) Général Bonnal, *Frœschwiller*, pp. 306 et 307. — « Le 6 août, la direction stratégique (prussienne) avait passé aux généraux de brigade; l'excès d'initiative chez les subalternes, le défaut d'énergie et de précision en haut lieu concouraient à créer une situation véritablement critique. » (Capitaine Gilbert, p. 158.) — « Le maréchal de Mac-Mahon n'avait pas su profiter du vrai moment où il avait encore la supériorité numérique sur quelques points pour prononcer un mouvement sérieux. » (Colonel Borbstædt, p. 289.) — Capitaine Félix Bonnet, t. I, pp. 53 et 55. — Général de Woyde, t. I, p. 143. — Paul Martin, pp. 209 et 210. — Karl Bleibtreu, p. 142.

faisaient face au pont et au village de Gunstett. Ces deux attaques devaient être bientôt soutenues, indirectement, par la manœuvre enveloppante dirigée de Dürrenbach sur Morsbronn » (1).

C'est cette dernière détermination qui nous fit perdre la partie. A ce propos, le général Bonnal présente ces très justes commentaires : « Si le commandant du XIe corps se fût borné à entretenir le combat de front en conservant son infanterie sur la rive gauche de la Sauër, le général de Kirchbach n'aurait pas osé prendre l'offensive avec le gros de ses forces contre un ennemi qui tenait sous son feu les débouchés de Wœrth. Le commandant en chef de la IIIe armée n'était pas encore arrivé sur le champ de bataille quand le général de Bose prit la résolution de transporter le combat de son infanterie sur la rive droite. L'historique allemand attribue au Prince royal de Prusse un ordre pour la bataille, daté de 1 heure, qui distribue les rôles aux divers corps de la IIIe armée. Nous démontrerons que cet ordre est apocryphe. C'est au général de Bose que doit être attribué l'honneur d'avoir discerné le point sensible de l'armée française, celui où la résistance serait moindre que partout ailleurs. Les réserves de l'armée française étaient au centre, par conséquent à l'ouest de Wœrth. Le Ve corps se fût brisé contre elles sans le succès remporté par les troupes du général de Bose (2). »

La seule objection à faire à ces considérations est

(1) Général Bonnal, *Frœschwiller*, p. 311.

(2) (*Ibid.*) pp. 312 et 313. — Le général Palat prétend que le général de Bose n'a pas eu cet éclair de bon sens tactique et que c'est « plus ou moins consciencieusement qu'il a discerné le point faible du Maréchal ». (T. III, p. 221.) Le fait certain est qu'il a expédié des ordres qui ont entraîné la victoire des Allemands, ce qui ne nous empêche pas d'être de l'avis du général Palat.

que Mac-Mahon aurait pu distraire quelques forces de sa gauche et de son centre pour appuyer sa droite (1), que la brigade de cavalerie Michel aurait pu être employée intelligemment contre l'extrême gauche des Allemands (2); enfin que le duc de Magenta aurait dû avoir le bon sens de ne pas s'obstiner dans une défensive absurde et de se retirer à temps en prenant son premier appui de retraite à Forstheim (3). Auxquels cas tout le bénéfice du mouvement tournant du XIe corps était perdu.

Ainsi, dans cette bataille à jamais regrettable, chaque division d'infanterie française eut à combattre un *corps d'armée* allemand. D'une part, le duc de Magenta disposait des divisions Ducrot, Pellé, Raoult, de Lartigue, Conseil-Dumesnil; d'une autre part, le Prince royal engageait les Ier et IIe corps bavarois, les Ve et XIe prussiens, le corps Werder, ce qui fait bien cinq corps d'armée au grand complet (4).

« Mac-Mahon avait assigné aux soldats français une tâche impossible en acceptant la bataille avec 40 000 hommes contre 80 000 (5). » Même contre plus de 100 000 hommes dans l'après-midi (6).

(1) A. Grouard, p. 39. — Voir, *suprà*, p. 263.
(2) Général Bonnal, *Frœschwiller*, pp. 329 et 330. — Voir, *infrà*, pp. 287 et 288.
(3) A. Grouard, pp. 44 et 45. — Voir, *infrà*, pp. 269 à 271. — « Le Maréchal a eu le tort de résister trop longtemps dans sa position; ainsi qu'Abel Douay à Wissembourg, il s'est battu jusqu'à ce que la retraite ait été compromise. » (Henry Brackenbury, pp. 61 et 62.) — « Le parti la plus sage eût été d'effectuer une retraite méthodique quand le mouvement enveloppant commençait à se dessiner aux ailes (à l'aide droite) et d'aller occuper les défilés des Vosges, où, avec le secours du 5e corps, nous aurions pu nous opposer à la marche en avant de la IIIe armée allemande. » (Commandant de Missy, p. 43.)
(4) Alfred Duquet, *Frœschwiller, Châlons, Sedan*, p. 106.
(5) A. Grouard, p. 43.
(6) « Mac-Mahon allait rester, avec 45 000 hommes, en face de la IIIe armée allemande qui en avait 140 000. » (*Ibid.*, p. 21.)

C'est pourquoi si, « à 11 heures, la retraite était nécessaire, à 1 heure, elle était impérieusement commandée (1) ». Voici comment le colonel Grouard pense que la manœuvre aurait dû être exécutée :

« Le Maréchal avait tous les moyens de mener une pareille entreprise à bonne fin, et le terrain s'y prêtait admirablement.

« Pour cela, il fallait, tout d'abord, occuper la position de Forstheim, à droite et en arrière d'Eberbach, et en deçà du ruisseau du même nom. On y aurait porté la 1re division (Conseil-Dumesnil) du 7e corps, prolongeant sa droite jusqu'au bois de Sang, et, avec cette division, le gros de la cavalerie du 1er corps. On pouvait soutenir ces troupes avec la 2e division (Pellé), du 1er corps, l'artillerie de réserve et la division de cuirassiers de Bonnemains, postés préalablement en arrière d'Eberbach. On portait ainsi toutes les réserves en arrière de la droite de la division du général de Lartigue.

« La position choisie était très avantageuse, et l'on pouvait la renforcer encore par quelques travaux rapides de fortification passagère. Les 1ère (Ducrot), 3e (Raoult) et 4e (de Lartigue) divisions restaient sur la Sauër, mais avec l'ordre, dès que l'ennemi déploierait des forces supérieures, et après lui avoir opposé une énergique résistance, de se retirer, en combattant, la 4e par Eberbach, de manière à venir appuyer sa droite à Forstheim, la 3e par Elsasshausen, pour venir s'établir d'Eberbach au Grosswald, dont elle aurait occupé la lisière vis-à-vis d'Elsasshausen, la 1ère par Frœschwiller et Neehwiller dans la direction de Reichs-

(1) A. Grouard, p. 21. — « La retraite serait honorable, indiquée, nécessaire. » (*Histoire de la Guerre de* 1870-1871, par Paul et Victor Margueritte, p. 30.) — « Mac-Mahon aurait pu se retirer sans être inquiété jusqu'au pied des Vosges pour y attendre ses renforts. » (Général Thoumas, *Causeries militaires* (3e série) ; Paris, Plon, 1891 ; p. 59.)

hoffen, mais en vue de s'arrêter au Gross-Wald. En somme, il s'agissait de constituer, à droite et en arrière de la position primitive, un solide *pivot de manœuvre* sur lequel le gros de l'armée se serait appuyé en se retirant successivement de la droite à la gauche.

« Il est certain qu'avec ces dispositions l'armée française aurait pu tenir jusqu'au soir sans se laisser désorganiser, car l'ennemi, déjà désarmé par la première résistance qu'il aurait eu à surmonter, n'aurait pas eu le temps de déborder la droite de la nouvelle position, et il n'aurait pas réussi à l'enlever par une simple attaque de front. En outre, en reculant, on se rapprochait des secours attendus et, à 4 heures, l'arrivée de la division de Lespart, ralliant la division Ducrot, aurait permis un vigoureux retour offensif de la gauche qui aurait complètement refoulé les Bavarois. Ensuite, le Maréchal, après avoir laissé reposer ses troupes, serait parti, la nuit suivante, à 2 heures du matin, pour venir s'établir à hauteur d'Ingwiller; bien entendu, pour compléter ces dispositions, et en les faisant connaître au commandant du 5e corps (de Failly), il fallait lui prescrire de venir, le lendemain, rejoindre le 1er, par Lemberg et Ingwiller.

« Voilà, croyons-nous, ce que le maréchal de Mac-Mahon aurait dû prescrire à partir de 11 heures du matin, mais il devait le faire au moins deux heures plus tard, et quoique, à ce moment, sa droite fût déjà bien menacée, il était encore temps de protéger la retraite, non pas en portant des renforts jusqu'à Morsbronn, mais, par Eberbach, sur Forstheim. De la position qu'occupait la brigade Maire, entièrement disponible, il ne fallait pas beaucoup plus d'une heure pour exécuter le mouvement, par conséquent il aurait été terminé vers 2 heures; le reste de la division du 7e corps aurait suivi ainsi que la division Pellé et les cuirassiers. Par suite, la manœuvre enveloppante du XIe corps aurait été complètement arrêtée et la division de Lartigue aurait pu se retirer par Eberbach, sans être désorganisée.

« En voulant prolonger la lutte, le Maréchal ne pouvait éviter la destruction de son armée. Autant on doit admirer l'héroïsme des troupes françaises, autant on doit blâmer l'obstination de leur chef (1). » — «« C'est en perdant la tête qu'on perd les batailles »», disait le maréchal de Saxe (2). »

Alors, pourquoi Napoléon III a-t-il donné, en 1870, le commandement d'un corps d'armée, d'abord, de trois corps, ensuite, d'une armée, enfin, à l'incapable qui avait failli le faire battre, en 1859, le jour de Magenta, au maréchal qui s'était stupidement laissé surprendre à Wissembourg, écraser à Frœschwiller? Alors, pourquoi M. Thiers a-t-il confié à cet homme la direction de l'armée de Versailles contre la Commune? Alors, pourquoi l'Assemblée nationale de 1871 l'a-t-elle nommé président de la République? Alors pourquoi le nom de cette « introuvable » nullité militaire jure-t-il sur les plaques d'une des plus belles avenues de

(1) A. Grouard, pp. 44 et 45. — Nous avons cité et citerons quelquefois le lieutenant-colonel Grouard, bien que ce soit un stratège et un tacticien sujet à caution, tant il est inégal, pour employer une expression polie. Cependant, par hasard, il défend une idée juste; c'est alors que nous la reproduisons, comme dans la présente citation où il a exposé comment la retraite aurait pu se faire au cours de la bataille. — « Si l'armée du maréchal de Mac-Mahon fut battue complètement et mise en déroute, il faut l'attribuer moins à la valeur des mesures prises par les Allemands qu'à la trop grande ténacité avec laquelle les Français cherchèrent à se maintenir sur leurs positions. » (Général de Woyde, t. I, p. 168.) — « Si une retraite en bon ordre fut possible, ce fut certainement à ce moment-là. » (*Relation de la bataille de Frœschwiller* (par le colonel Le Blois); Paris, Berger-Levrault, 1890; p. 167.)

(2) *Réflexions et Souvenirs du chevalier de Ray*, p. 128.

Paris, aboutissant à l'Arc de Triomphe? Il n'y a que notre beau pays où il soit possible d'observer semblables monstruosités dont la politique, la criminelle et désastreuse politique, d'extrême-droite ou d'extrême-gauche, est la seule cause, car les Français savent fort bien juger un homme, militaire ou civil, et lui assigner sa véritable place !

Retournons à Frœschwiller. « Vous blâmez Mac-Mahon, dira-t-on, d'avoir tenu jusqu'à épuisement de toutes ses forces, cependant les Allemands «« se trouvèrent tout près de la défaite (1) »». Oui, mais à la condition de ne pas se borner à la défensive, comme l'ont fait, durant toute la journée, Mac-Mahon et Ducrot, à la condition de marcher en avant. Et, encore, si ce succès n'eût pas été négligeable, il ne faudrait pas pourtant le transformer en victoire décisive car (et, ici, nous sommes toujours de l'avis du colonel Grouard), après le passage de la Sauër par les Français, « à supposer que les avant-gardes allemandes aient été obligées de reculer, elles auraient rapidement trouvé l'appui du gros des Ve et XIe corps et celui du Ier corps bavarois (2) ». Nous ne croyons donc pas que l'effet moral de ce succès, de cette retraite eût été de nature à entraîner la déroute des régiments allemands qui n'avaient pas encore combattu. L'effet eût été tout autre si les troupes du Prince royal s'étaient senties tournées par le 5e corps, sur leurs lignes de communication, du côté de Lembach et de Soultz (3).

(1) Voir, *suprà*, p. 263, note 2.
(2) A. Grouard, p. 37.
(3) Voir, *suprà*, pp. 213 à 216.

ARRIVÉE DU XIe CORPS

Nous avons raconté, tout à l'heure, l'échec de l'avant-garde du XIe corps prussien, montré avec quel entrain les admirables soldats de la division de Lartigue avaient tenté l'assaut de la colline de Gunstett, d'où partaient les mortelles décharges de l'artillerie allemande, signalé l'arrivée du général de Bose sur le champ de bataille, ses hésitations, bien naturelles, enfin sa résolution de désobéir aux ordres du chef d'armée et de soutenir son camarade, le général de Kirchbach, qui poursuivait une lutte au cours de laquelle il avait déjà tant souffert.

Quand le général de Bose atteignit Gunstett, l'artillerie de la division de Schachtmeyer était installée au sommet de la colline depuis quelques minutes : il était 11 heures environ. Bientôt l'artillerie de corps apparaissait à son tour et s'alignait sur le même mamelon. Enfin, à 11 heures et demie, l'artillerie de la division de Gersdorff se joignait aux deux autres déjà en batterie (1). C'est dire que tous les canons du XIe corps tonnaient contre les régiments d'une division d'infanterie qui ne disposait pas d'une seule pièce pour leur répondre! « Les hauteurs complètement dénudées de la rive gauche permettaient à l'artillerie allemande, supérieure en nombre, d'occuper une position avantageuse, de sorte qu'elle pouvait tirer, avec une

(1) *La Guerre franco-allemande*, 1re partie, pp. 232, 236 et 249. — Alfred Duquet, *Frœschwiller, Châlons, Sedan*, p. 106. — Général Bonnal, *Frœschwiller*, p. 305. — Voir les positions et les lignes de tir des 29 batteries allemandes, qui, de Gœrsdorff à Gunstett tonnaient contre les Français au moment de l'entrée en ligne du XIe corps. (Capitaine Gasselin, figure 5, p. 35.)

efficacité complète, par-dessus son infanterie, qui se portait à l'attaque (1). »

Mais, vers midi et demi, le commandant du XIe corps commence à pouvoir disposer de ses 2 divisions d'infanterie et le chef de l'une d'elles, la XXIIe, général de Gersdorff, ordonne au 32e régiment de marcher, par Dürrenbach, sur Morsbronn, et au 95e de rejoindre la division de Schachtmeyer, dont la XLIe brigade, de Koblinski, était complètement désorganisée par les combats soutenus devant Gunstett (2).

C'est alors que le général de Schkopp, commandant la XLIVe brigade, division de Gersdorff, arrive en vue de Gunstett. « Il juge, non sans raison, que, en débordant la droite française, on fera tomber la résistance, qui dure, depuis le matin, en face de Gunstett et de Spachbach (3). » Il fait donc suivre le 32e régiment, qui se dirige vers Dürrenbach, par la tête de colonne de sa propre brigade. « Déjà, la majeure partie du 94e est engagée dans cette direction lorsque arrive au général de Schkopp l'*ordre formel* d'amener toute la XLIVe brigade derrière Gunstett, en réserve (4). »

La situation est grave : d'un côté, le général de Schkopp est persuadé que le sort de la bataille dépend de la réussite de la prise de Morsbronn, et de l'Albrechtshäuserhof, formant l'extrémité de la droite française, et qu'il n'y aura jamais trop de combattants pour cette rude besogne; d'un autre côté, son chef direct est sur les lieux et lui

(1) Général de Woyde, t. I, p. 131.

(2) *La Guerre franco-allemande*, 1re partie pp. 249 et 250. — « Le XIe corps porta au Ve corps un secours ardemment désiré. » (Major Scheibert, pp. 57 et 58.)

(3) Général Bonnal, *Frœschwiller*, p. 308.

(4) *Ibid.* — *La Guerre franco-allemande* 1re partie, p. 251.

prescrit de se porter à Gunstett! Alors, il prend un moyen terme : pendant que son 83ᵉ régiment se dirige vers Gunstett, il entraîne, lui-même, son 94ᵉ sur Dürrenbach. Cette désobéissance va donner la victoire à l'ennemi (1). « Nouvel exemple d'une initiative qui touche à l'indiscipline; elle aura néanmoins les résultats les plus heureux pour les Allemands, grâce à notre passivité et surtout à notre infériorité numérique (2). »

Tout est bien qui finit bien, mais, à notre avis, avec de pareilles mœurs militaires, il n'y a plus de commandement, plus de direction de la bataille, et les désastres ne peuvent manquer de couronner ces fantaisies de subordonnés. A propos des « abus d'initiative » dont firent preuve, le 6 août, à Frœschwiller, les sous-ordres prussiens, le colonel anglais Lonsdale Hale fait excellement observer que « lorsqu'elle s'exerce sans réflexion sérieuse et sans nécessité, elle peut avoir des conséquences désastreuses en annihilant les plans et les combinaisons des autorités supérieures, et même en plaçant un chef d'armée à la merci d'un simple commandant de compagnie, occupé à mettre en pratique une petite stratégie pour son compte personnel (3) ».

(1) Général Bonnal, *Frœschwiller*, pp. 308 et 309. — *La Guerre franco-allemande*, 1ʳᵉ partie, pp. 251 et 252. — « C'est le mouvement de conversion exagéré qui, malgré l'enchevêtrement et la désunion des unités tactiques, a décidé de la bataille de Frœschwiller. » (Général Lamiraux, p. 170.) — « Les Allemands, malgré l'énormité de leur supériorité numérique n'ont pu, à Wœrth, nous faire reculer d'une semelle tant qu'ils se sont bornés à nous attaquer de front. » (G. Mazel, p. 50.) — *Ibid.*, p. 63 — « L'attaque de front ne pouvait guère aboutir que si on exécutait en même temps une attaque de flanc. » (*Mémoires du maréchal de Moltke*, p. 20.) — Charles de Mazade, t. I, p. 103. — Capitaine Bonnet, t. I, p. 56.

(2) Général Palat, t. III, p. 226. — Capitaine Gilbert, pp. 116 et 153.

(3) Commandant de Missy, p. 17. — « A quels désastres une telle manière d'agir ne donnerait-elle pas lieu en présence d'ad-

En somme, à midi, le général de Schkopp, selon la très juste expression de M. Bonnal, avait « accaparé » et réuni au nord de Biblisheim : 2 bataillons et 3 compagnies du 32e régiment, 3 bataillons du 94e, 1 compagnie de pionniers, 3 escadrons de hussards. A midi, le 32e régiment passait la Sauër sur le pont bâti entre Gunstett et Biblisheim. A midi et midi, c'était le tour du 94e (1), et toutes ces forces allaient être jetées contre les 2 compagnies de turcos qui occupaient Morsbronn !

Donc, selon la décision, prise par le général de Bose, aux environs de midi et demi, les deux mouvements en avant du XIe corps commencent à se dessiner (2). L'un, fort de 18 compagnies, part de Spachbach, sous la protection des batteries de Gunstett, qui tonnent sans interruption, traverse rapidement la Sauër sur des passerelles improvisées avec des chevrons de toits, des perches à houblon, escalade les pentes du Niederwald, refoule le

versaires égaux en force et énergiquement commandés ? » (Général Thoumas, *Causeries militaires* (3e série), p. 64.) — Général Iung, *Stratégie, Tactique et Politique*, p. 138. — « Un fait remarquable qui mérite d'être signalé est le suivant : bien que le feu eût commencé à 7 heures du matin, à partir de ce moment jusqu'à 10 h. 30 m., il n'est venu à l'idée d'aucun des officiers d'état-major des trois corps d'armée de se renseigner, auprès de ceux des corps voisins, de ce qui se passait sur leur front. Aucun officier ne fut envoyé du corps bavarois au XIe (Ve) corps pour demander des explications au sujet de l'escarmouche de Wœrth. L'état-major du Ve corps ne chercha pas non plus (avant 11 heures) à demander aux chefs des deux autres corps quel était leur objectif ou leurs intentions. Quant au Prince royal, commandant la IIIe armée, aucun des trois chefs de corps ne se mit en communication avec lui. L'indépendance poussée à cette limite réduit le haut commandement à une nullité complète. » (Colonel anglais Lonsdale Hale, *Ibid.*, p. 28.) — *Ibid.*, p. 29.

(1) Général Bonnal, *Frœschwiller*, p. 310. — *La Guerre franco-allemande*, 1re partie, p. 252.

(2) « Jugeant la droite française en l'air, sans appuis, le général de Bose ordonne une attaque dérivée par Dürrenbach et Morsbronn et lance deux attaques directes, l'une par le pont de Gunstett, l'autre par Spachbach. » (Général Bonnal, *Frœschwiller*, p. 219.)

3e zouaves, qui lui barrait le chemin, pénètre sous bois où un combat acharné s'engage entre Prussiens et zouaves qui sont revenus à la rescousse. Un bataillon du 56e de ligne vient à l'aide des zouaves; aussi l'ennemi ne fait plus de progrès de ce côté où nos braves soldats, malgré leur petit nombre, opposent aux masses prussiennes une résistance indomptable.

L'autre mouvement en avant du XIe corps contre la division de Lartigue, fort de 20 compagnies, débouche du Brüch-Mühle. Les Prussiens courent à toutes jambes dans la prairie qui sépare la Sauër de la route de Haguenau à Lembach et se terrent derrière le talus occidental de cette route, sans pouvoir aborder les pentes conduisant à la ferme de l'Albrechtshäuserhof occupée par une fraction du 1er bataillon de chasseurs à pied, de la brigade Fraboulet de Kerléadec. Des groupes du 3e zouaves, le 3e régiment de tirailleurs algériens et un bataillon du 56e ne ligne se sont installés le long des pentes et leurs balles, bien envoyées, percent poitrines et têtes dépassant le talus ou émergeant de la petite creusée du chemin qui mène de Gunstett à Gundershoffen, tout près de la route de Haguenau.

Pourtant, petit à petit, quelques fractions des 80e, 87e et 95e régiments s'avancent par bonds et se dissimulent derrière les arbres ou les ondulations de terrain; les Prussiens finissent par quitter les fossés de la route de Haguenau, l'abri de la creusée et par s'approcher de l'Albrechtshäuserhof. Mais, bientôt, ils sont arrêtés, net, par une effroyable fusillade partant de la ferme dont les constructions massives permettent une résistance opiniâtre; les Prussiens sont décimés par les projectiles, car nos soldats visent à leur aise et trouent facilement de leurs balles ces larges cibles noirâtres. Aussi les progrès de l'ennemi sont-ils forts lents, malgré les masses dont il dispose : ce n'est qu'après un pénible et long combat que les Allemands s'emparent des houblonnières qui couvrent la route de Morsbronn à Frœschwiller.

Le général de Lartigue prolonge la résistance de l'Albrechtshäuserhof; malheureusement, les projectiles prussiens, crachés par les centaines de canons de Gunstett, pleuvent sur la ferme et les environs; les explosions se multiplient, les toits sont défoncés, les arbres du verger sont coupés par les éclats d'obus, et le général, pour soustraire ses hommes aux ravages de l'artillerie prussienne, se voit contraint d'évacuer la ferme devant laquelle se sont arrêtées si longtemps les colonnes envahissantes.

Le XIe corps a horriblement souffert; son commandant en chef, le général de Bose, a été blessé à la hanche droite; le colonel de Koblinski a été forcé de quitter le champ de bataille; quant aux troupes, elles sont désunies et leurs officiers s'empressent de recomposer les compagnies et de reformer les rangs abattus ou rompus (1).

Pendant que l'on se massacrait devant l'Albrechtshäuserhof, le général de Schkopp était parvenu à préparer son mouvement tournant par Morsbronn. Ses troupes avaient franchi la Sauër et, vers 1 heure, il avait pu les disposer. Sans perdre une minute, il lance ses escadrons de hussards à l'extrême-gauche, du côté d'Hegeney, puis, alignant ses 2 régiments entre la route de Wœrth à Haguenau et le chemin de Morsbronn à Dürrenbach,

(1) *La Guerre franco-allemande*, 1re partie, pp. 250 et 251. — Alfred Duquet, *Frœschwiller, Châlons, Sedan*, pp. 108, 109 et 110. — Général Bonnal, *Frœschwiller*, pp. 313, 315, 316, 317. — Général Palat, t. III, p. 230. — Arthur Chuquet, p. 37.

il les porte, au pas de course, contre les habitations du sud-est de Morsbronn (1).

Le général de Lacretelle, commandant la 2e brigade de la division de Lartigue, ayant deviné le danger, était monté dans le clocher du village et, de là, il pouvait se rendre compte du mouvement enveloppant entrepris par l'ennemi. Bien que n'ayant que 2 compagnies sous la main, il ne comprend pas que, cachées derrière les vergers, les murs de jardins et maisons de Morsbronn, elles peuvent arrêter d'autant plus longtemps les assaillants que ceux-ci ne sont pas, comme dans l'attaque de l'Albrechtshäuserhof, aidés par les obus de l'artillerie de Gunstett qui ne s'en prend qu'aux défenseurs du plateau de Lansberg, à l'est d'Eberbach. Non, le général fait retirer ses braves turcos et les installe dans un bouquet de bois poussant sur les pentes, entre l'Eberbach et le mamelon méridional du plateau de Lansberg (2).

Libres de leurs mouvements, les bataillons du général de Schkopp tournent Morsbronn à l'ouest, et y entrent par le chemin de Dürrenbach, sans essuyer une seule décharge. Tout de suite, ce bouillant général reconstitue ses colonnes d'attaque et, aux environs de 1 heure un quart, les pousse du côté du petit bois où les turcos se sont réfugiés. Mais, alors, changement d'antienne : des rafales de balles éteignent instantanément l'ardeur des Prussiens qui voient, bientôt, apparaître les escadrons de la cavalerie française, dont les charges absurdes vont tenter d'arrêter la mortelle manœuvre du général de Schkopp (3). Que s'était-il donc passé du côté des Français?

(1) *La Guerre franco-allemande*, 1re partie, p. 252. — Général Bonnal, *Frœschwiller*, p. 319.
(2) Général Bonnal, *Frœschwiller*, pp. 320 et 321.
(3) *La Guerre franco-allemande*, 1re partie, p. 252.

CHARGES A LA MORT

Quand le général de Lartigue avait vu les masses prussiennes l'attaquer, de front, à l'Albrechtshaüserhof, et tourner sa droite, à Morsbronn, il ne s'était pas fait d'illusion sur le sort réservé à sa division, si elle s'obstinait à défendre les deux mamelons du plateau de Lansberg, entre l'Albrechtshäuserhof et Eberbach, alors que Mac-Mahon, « au lieu d'employer ses réserves en avant de Frœschwiller (1) », les conservait, à tort, près de lui et abandonnait sa droite. De lui-même, le brave et intelligent de Lartigue résolut de jeter toutes ses forces contre les masses prussiennes, qui venaient d'emporter l'Albrechtshäuserhof, et de leur faire redescendre les pentes jusqu'à la Sauër. Pour faciliter cette manœuvre désespérée, il lui fallait conjurer le mouvement tournant du général de Schkopp par Morsbronn. A cet effet, « comme le maréchal de Mac-Mahon avait mis la brigade de cuirassiers Michel à sa disposition (2) », il demanda un des régiments de cette brigade qui se dissimulait dans le ravin, près d'Eberbach, afin de charger les régiments prussiens qui débordaient son aile droite (3).

Mais on lui donne plus qu'il n'a demandé : à 1 h. un quart, au lieu d'un régiment, ce sont les 8ᵉ et 9ᵉ cuirassiers, tout entiers, suivis de fractions du 6ᵉ lanciers, qui s'ébranlent en même temps,

(1) A. Grouard, p. 40. — « Le Maréchal, prévenu, n'envoie aucun renfort à la 4ᵉ division (de Lartigue). » (*Ibid.*, p. 39.)
(2) Historique de la 4ᵉ division, rédigé par le colonel d'Andigné; cité par la *Section historique*, VII, p. 75.
(3) *La Guerre franco-allemande*, 1ʳᵉ partie, p. 252.

gravissent la pente vers Morsbronn et surgissent au sommet de la colline qui domine la Sauer et la route de Wœrth à Haguenau.

Par malheur, le terrain n'est guère favorable à une charge de cavalerie : des fossés, des rangées d'arbres, des souches coupées à fleur de terre, désorganisent bientôt les escadrons et ralentissent l'élan de ces beaux cavaliers. De plus, les pentes douces et dépourvues de toute éminence, laissent à l'infanterie un long et commode champ de tir.

La brigade accourt en échelons; au premier rang galopent les géants du 8e cuirassiers, colonel Guiot de la Rochère, en colonne par escadrons; le 9e régiment de la même arme, colonel Vaternaux, apparaît ensuite avec trois escadrons déployés et le quatrième en colonne; derrière se précipitent les lanciers.

Ce tourbillon de 1500 chevaux roule droit vers Morsbronn sans découvrir un seul soldat allemand et « *supportant avec un admirable courage la fusillade que l'infanterie, postée à l'Albrechtshäuserhof dirige contre leur gauche* » (1).

Au moment où les cuirassiers arrivent, bride abattue, sur Morsbronn, les Prussiens se disposent à enlever le Niederwald. Deux régiments sont dans le village ou déjà en marche vers Eberbach : un autre régiment atteint les premières maisons et est en état de leur prêter main-forte. Les bataillons ennemis sortis de Morsbronn aperçoivent tout à coup cette nuée de cavaliers qui s'approche à toute vitesse; sans perdre une minute, ils exécutent un tir rapide contre le 8e cuirassiers qui subit des pertes énormes, mais réussit néanmoins à sabrer de nombreux tirailleurs prussiens et les flancs des bataillons en ligne.

(1) *La Guerre franco-allemande*, 1re partie, p. 253.

Les débris du courageux régiment, emportés dans leur élan, contournent le côté nord du village ou se précipitent dans les rues étroites en renversant tout sur leur passage. Mais les Allemands, postés derrière les fenêtres, fusillent à bout portant nos cavaliers impuissants et superbes, qui tombent les uns après les autres, en brisant inutilement leurs sabres contre ces maisons maudites, remplies d'invisibles ennemis. Pendant ce temps, le 80e régiment prussien reçoit par de nouvelles décharges les cuirassiers qui ont tourné le village, capture le colonel et 17 officiers. « *Bien peu de ces braves cavaliers parviennent à se faire jour et à s'échapper dans la direction du sud-est* (1). »

Le 9e régiment de cuirassiers, obliquant un peu à gauche, fond sur une compagnie de pionniers. Elle le fusille à 300 pas, lui démonte la moitié de ses hommes et le voit nonobstant tomber sur elle comme la foudre, la renverser et la sabrer ! Le 9e cuirassiers suit alors les traces du 8e ; partie s'engage dans les rues de Morsbronn, partie tourne le village, mais un même et fatal destin est réservé aux deux régiments : le 9e comme le 8e, démoli par les feux des maisons, foudroyé par le tir meurtrier du 80e régiment, s'épuise en efforts gigantesques, superflus, et ce qui reste de ces héros disparaît au grand galop du côté de Dürrenbach et de Walbourg.

Les lanciers viennent en dernière ligne et obliquent à droite, à l'instant du choc. Eux aussi rencontrent l'ennemi en bataille et essuient une affreuse décharge, suivie, selon l'horrible expression du narrateur officiel prussien, « *d'un feu ra-*

(1) *La Guerre franco-allemande*, 1re partie, p. 254. — « Les Français chargeaient avec la plus grande intrépidité. » (*Mémoires du maréchal de Moltke*, p. 21.)

pide du meilleur effet » (1). Les survivants dépassent Morsbronn et galopent à la suite des glorieux débris des deux régiments de cuirassiers.

Pourquoi sommes-nous obligé d'achever ce lamentable récit et de gravir jusqu'à la cime ce calvaire patriotique? Oui, nous n'avons pas terminé l'histoire des malheurs de l'héroïque brigade; il reste un douloureux épisode à ajouter.

Pendant que notre cavalerie cherche à se rallier et à rejoindre, par un long détour, notre aile droite et la division Conseil-Dumesnil, les détachements d'infanterie ennemie, arrivant de la Sauër, et le 13e hussards prussiens engagent une nouvelle lutte avec nos cuirassiers et nos lanciers à bout de forces.

Les cuirassiers de la brigade Michel, revenant ainsi vers Hegeney, aperçoivent donc tout à coup les hussards prussiens qui courent dans la même direction. A 300 pas, ceux-ci reconnaissent les cuirassiers français, font un demi-tour par peloton et chargent la vaillante petite troupe, de front, à droite et à gauche. Que peuvent espérer nos soldats exténués et comment soutiendront-ils ce combat inégal? D'un côté quelques hommes et quelques chevaux brisés de fatigue, échappés on ne sait comment à un ouragan de fer, de l'autre un régiment au complet, n'ayant pas encore combattu, plein de confiance en son bonheur. Trois fois cependant les cuirassiers s'élancent en désespérés et s'acharnent à passer sur le corps des hussards pour aller à Laubach rallier leur infanterie, trois fois leurs chevaux épuisés chancellent sous leurs genoux d'acier (2).

(1) *La Guerre franco-allemande*, 1re partie, p. 255. — Cela rappelle le malheureux mot du général de Failly à Mentana : « Les chassepots ont fait merveille. »

(2) Alfred Duquet, *Frœschwiller*, *Châlons*, *Sedan*, pp. 110

La débandade est alors complète; chacun se sauve au hasard, recevant les décharges des régiments allemands qui marchent à la bataille. « *La brigade Michel pouvait être regardée comme anéantie, ainsi que le* 6e *régiment de lanciers; bien peu de leurs cavaliers durent rejoindre l'armée sains et saufs* (1). » — « En fait d'ennemis, les cuirassiers n'avaient vu que de la fumée et des broussailles meurtrières (2) ».

« Le 8e cuirassiers laissait sur le champ de bataille les deux tiers de son effectif, morts, blessés ou disparus ; le 9e avait subi des pertes plus considérables encore. Les 1er et 3e escadrons de lanciers avaient perdu 11 officiers sur 13 et les neuf dixièmes de leur effectif (3). »

Cette charge mémorable sauva la droite de l'armée française et permit aux généraux de Lartigue et Conseil-Dumesnil de replier leur infanterie sur Eberbach et le Niederwald (4). Certes, c'était là un

à 114. — « A Morsbronn, c'est le 13e régiment de hussards prussien qui, frais et dispos, se jette sur les débris de la brigade Michel, épuisée par une longue course dans un terrain coupé d'obstacles de tous genres et réduits à rien par le feu meurtrier de l'infanterie. » (*Les Transformations de l'armée française*, par le général Thoumas, t. II, p. 494.) — *Mémoires du maréchal de Moltke*, p. 21. — Arthur Chuquet, p. 39.

(1) *La Guerre franco-allemande*, 1re partie, p. 256.

(2) Colonel Ferdinand Lecomte, t. I, p. 277. — « Le terrain était absolument défavorable à une charge, étant sillonné de fossés et couvert d'épaisses rangées d'arbres. » (Major Scheibert, p. 59.) — « La configuration du terrain était la plus désavantageuse qu'il soit possible d'imaginer » pour une charge. (*Mémoires du maréchal de Moltke*, p. 21.) — Charles de Mazade, t. I, p. 102. — Colonel Borbstaedt, p. 292. — Arthur Chuquet, p. 39. — Commandant de Missy, p. 38. — Colonel Fabre, pp. 41 et 42.

(3) *Section historique*, VII, p. 89. — Historique du 8e cuirassiers. — Rapport du général Duhesme. — Historique du 6e lanciers.

(4) *La Guerre franco-allemande*, 1re partie, pp. 250 à 256. — Alfred Duquet, *Frœschwiller, Châlons, Sedan*, pp. 110 à 115. — Général Bonnal, *Frœschwiller*, pp. 323 à 327. — *Section historique*, VII, pp. 82 à 89. — Général Palat, t. III, pp. 231 à 237. — A. Grouard, p. 39. — Charles de Mazade, t. I, p. 102. — Jules Claretie, t. I, p. 134.

signalé service et d'une importance immense, mais, malgré ces considérations, on ne peut s'empêcher de déplorer amèrement que de si beaux et si braves escadrons aient été pareillement sacrifiés.

Un coupeur de fil en quatre, M. de Chalus, et un officier allemand, le capitaine Junck, ont prétendu que ces charges n'avaient pas même eu l'utilité de permettre au général de Lartigue d'opérer son dernier retour offensif et sa retraite du côté du Niederwald (1). Nous ne perdrons pas notre temps à réfuter ces amateurs qui soutiennent que la marche des troupes du général de Schkopp n'a pas été retardée d'une minute par le combat qu'elles ont été obligées de livrer, à Morsbronn et aux environs, contre notre cavalerie, pour l'anéantir : nous nous en rapportons à l'avis de ceux qui considèrent le sacrifice de nos héroïques cuirassiers et lanciers comme étant en disproportion, peut-être, avec les résultats obtenus, mais qui se gardent bien de se ridiculiser, militairement et historiquement, en niant ces résultats (2).

Cependant, il faut reconnaître que, si cette charge légendaire permit au général de Lartigue de respirer un moment, elle eut toutefois le grave inconvénient d'arrêter aussi l'effet de notre feu. « Un officier d'infanterie, qui essuya la charge des cuirassiers à Wœrth, écrit le prince de Hohenlohe, me raconta qu'après une attaque malheureuse, notre infanterie descendait une côte en battant en retraite. Une grêle de projectiles lancés par les mitrailleuses et les chassepots l'atteignait sans relâche, et tous les hommes avaient le sentiment

(1) Général Palat, t. III, p. 236, note 3.

(2) *La Guerre franco-allemande*, 1re partie, p. 260. — *Section historique*, VII, pp. 90 et 91. — *Souvenirs inédits du maréchal de Mac-Mahon*, 6 août. *Ibid.*, VII, p. 89, note 4. — Général Palat, t. III, p. 236. — Commandant de Missy, p. 36.

qu'ils n'atteindraient jamais la forêt qui s'étendait au bas de la colline et qui les eût abrités. Exténuée, résignée à la mort, toute cette infanterie gagnait lentement la forêt. Soudain, le feu meurtrier cessa. Saisis d'étonnement, tous les hommes s'arrêtèrent pour voir qui les sauvait ainsi d'une mort certaine. Ils aperçurent alors les cuirassiers français qui, les chargeant, empêchaient leur propre infanterie et leur artillerie de tirer sur l'ennemi. Ces cuirassiers leur apparurent comme des sauveurs. Avec le plus grand calme, chaque homme, restant à l'endroit où il se trouvait, se mit à tirer sur ces cuirassiers qui succombèrent sous ce feu rapide (1). »

Il y a du vrai dans cette version, mais aussi beaucoup d'erreurs et d'exagération. D'abord, il n'y a pas de forêt au bas de la côte où se trouvaient, au moment de la charge des cuirassiers, les troupes du XIe corps dont faisait forcément partie le régiment d'infanterie prussien dont il est question. Ensuite, les cuirassiers ont chargé, non les assaillants de l'Albrechtshäuserhof et des environs mais les troupes du général de Schkopp qui débouchaient de Morsbronn. Enfin, quand la cavalerie française s'est précipitée contre ce village, les Prussiens qui en sortaient pour nous tourner par Eberbach, n'étaient guère battus sous notre feu et, loin de reculer, avançaient.

Il était bon de faire ces réserves, mais, nous le reconnaissons, il y a bien des critiques à formuler contre la manière avec laquelle la charge a été préparée et exécutée. Ainsi ce fut un grand tort de charger, au hasard, sans avoir reconnu le terrain où allaient se précipiter les escadrons. De plus,

(1) Prince Kraft de Hohenlohe-Ingelfingen, général d'infanterie, *Lettres sur la cavalerie*, traduites par Ernest Jaeglé, professeur à l'Ecole de Saint-Cyr; Paris, Hinrichsen, 1885 ; p. 56.

pourquoi avoir envoyé au feu 2 régiments lorsque le général de Lartigue n'en réclamait qu'un? Enfin, pourquoi charger contre un village? C'est fou! Des fantassins ont, déjà, grand'peine à déloger, de jardins, de maisons, des troupes tirant à leur aise, abritées derrière des murs, mais des cavaliers assumer cette besogne (1)!...

Comme absurdité tactique, il n'y a que la charge de lord Cardigan, à Balaklava, le 25 octobre 1854, qui soit de taille à surpasser la chevauchée du général Michel, le 6 août 1870. « La charge de lord Cardigan, célèbre dans les fastes militaires, dont on a justement vanté l'héroïsme, mais pas assez flétri l'ineptie (2) », aurait dû servir de leçon à nos généraux de cavalerie. Hélas! pour profiter d'une leçon, il faut l'avoir apprise; or, en ce temps-là, « l'étude était en défaveur..., les officiers qui seraient restés chez eux, pour travailler, auraient été suspects (3)! »

Comme le fait justement observer le général Bonnal, il eût été préférable, au lieu de jeter les 7 escadrons de cuirassiers et les 2 escadrons de lanciers sur Morsbronn, de leur faire monter les pentes, à l'est de Forstheim, au sud du bouquet de bois où s'étaient installées les 2 compagnies de turcos qui avaient évacué Morsbronn devant la démonstration de la brigade de Schkopp. Alors, quand celle-ci se serait avancée, comme elle l'a fait, contre ce petit bois, ces 9 escadrons la chargeant sur l'excellent terrain pour la cavalerie où

(1) J. Meckel, p. 90.

(2) Général baron Rébillot, *Souvenirs de Crimée*; *La Plume et l'Epée*, numéro du 1er février-1er mai 1908, p. 39. — « Charges plus brillantes, peut-être, que raisonnables. » (Colonel Ferdinand Lecomte, t. I, p. 277.) — « Ces charges sont « d'héroïques folies ». (G. Mazel, p. 145.)

(3) *Les Transformations de l'armée française*, par le général Thoumas, t. II, p. 637.

elle était forcée de s'engager afin d'aborder les turcos, n'auraient pas manqué de sabrer les assaillants et de les anéantir, car, à cette heure, aucun renfort ne pouvait parvenir au général de Schkopp, ni du Ve ni du XIe corps, trop occupés à l'attaque des pentes de l'Albrechtshäuserhof (1).

HÉROÏQUE SURSAUT DE LA DIVISION DE LARTIGUE

Avec une superbe obstination, puisque, le général en chef « qui lui refuse tout secours (2) », ne donne pas l'ordre de battre en retraite, le général de Lartigue veut combattre jusqu'à épuisement de toutes ses forces. A peine les folles et légendaires charges de la brigade Michel se sont-elles terminées par le désastre fatal que le général de Lartigue, réunissant les débris de sa vaillante division : zouaves, turcos, chasseurs à pied, lignards, au feu depuis le matin, les lance contre les occupants de l'Albrechtshaüserhof et le mamelon voisin. Sous la poussée irrésistible de ces soldats, véritables petits-fils des héros de la République et de l'Empire, les Prussiens n'essaient même pas de résister : culbutés en un clin d'œil, ils abandonnent la ferme, les pentes et se sauvent à toutes jambes vers la Sauër. De nouveau, nous sommes maîtres des mamelons de Lansberg et de l'Albrechtshaüserhof : les 20 compagnies prussiennes qui gardaient ces positions n'ont pu arrêter la furie française ; « une fois de plus, il faut constater la supériorité de nos fantassins sur les fantassins allemands dans les combats rapprochés qui excluent

(1) Général Bonnal, *Frœschwiller*, pp. 329 et 330.
(2) Commandant de Missy, p. 38.

l'intervention de l'artillerie (1) ». Hélas! voici justement le triste refrain : si, alors, la funeste artillerie de Gunstett ne nous avait pas de nouveau couverts d'obus, l'avantage de la journée eût sans doute été pour nous, mais, dès que les batteries de Gunstett eurent le champ libre, elles redoublèrent leur feu et préparèrent ainsi le nouvel assaut des troupes du XIe corps (2).

Deux régiments prennent la tête et réussissent à reconquérir le mamelon situé au nord-ouest de la ferme; d'autres renforts lui prêtent leur concours et, après une violente fusillade, les masses ennemies, bien que fauchées par les mitrailleuses et démolies par les chassepots, enlèvent la position et poussent jusqu'à la lisière sud du Niederwald où nous nous retirons en exécutant des feux roulants du plus meurtrier effet (3).

« Ce qui restait de la division de Lartigue avait essayé un retour offensif bientôt arrêté par le flot grossissant des assaillants (4). » Les Français

(1) Général Bonnal, *Frœschwiller*, p. 330. — Voir, au sujet de ce retour offensif : *La Guerre franco-allemande*, 1re partie, p. 257. — Alfred Duquet, *Frœschwiller, Châlons, Sedan*, p. 116. — Général Palat, t. III, pp. 337 et 338. — A. Grouard, p. 43. — Arthur Chuquet, p. 40.

(2) « L'infanterie de l'aile droite française ne put continuer sa marche en avant à cause du feu d'une nouvelle position d'artillerie qu'on venait de démasquer. » (*Mémoires du maréchal de Moltke*, p. 21.) — « Cette bataille présente, de notre côté, le caractère désastreux d'une lutte sans artillerie. » (*Relation de la bataille de Frœschwiller*, p. 58.)

(3) *La Guerre franco-allemande*, 2e partie, p. 257. — Alfred Duquet, *Frœschwiller, Châlons, Sedan*, pp. 116 et 117. — Général Bonnal, *Frœschwiller*, p. 327. — *Réserve d'ex-tirailleurs algériens*, par Salagnac, lieutenant au 1er régiment de zouaves; Paris, Baudoin, 1894; p. 7. — Major Scheibert, p. 60.

(4) A. Grouard, p. 39. — « Par suite de l'entrée en action d'effectifs plus nombreux, la division Lartigue fut tournée à droite par le XIe corps. » (*Les Transformations de l'armée française*, par le général Thoumas, t. II, p. 458.) — « Cette poignée de héros combattit jusqu'à la limite extrême des forces humaines. « (Commandant de Missy, p. 39.)

s'étaient battus comme des lions; la moitié d'un régiment de turcos était couchée dans le sang, tous les bataillons avaient rivalisé de courage et d'énergie, mais que faire un contre dix, alors que des centaines de canons vous foudroient et que l'on ne dispose pas d'une seule pièce pour leur répondre (1)!

« Nos pertes en officiers avaient été si grandes qu'il devenait bien difficile de régulariser la défense. Les tirailleurs algériens ont perdu les commandants Clemmer et Thiénot, le 56e de ligne, les colonels Ména et Souville, le commandant Niel. Le commandant Bureau, du 1er bataillon de chasseurs, est tué. Il manque enfin aux zouaves le lieutenant-colonel Deshorties et les commandants Charmes, Pariset et Morlan. En tout, dix officiers supérieurs sur seize (2). »

Le XIe corps s'est établi le long du Niederwald et s'apprête à s'enfoncer sous ses profondeurs afin de nous en déloger. « A partir de ce moment la bataille est perdue (3). »

Combien, à cet instant suprême, en considérant tout le mal que nous ont fait, que nous font encore les batteries de Gunstett, combien le Maréchal doit regretter de ne pas avoir défendu, au moins quelques heures, cette redoutable position! Nous le répéterons sans cesse : la retraite était commode en cas d'insuccès et enfin, puisque le Prince royal ne voulait pas combattre ce jour-là, qui nous dit que les Prussiens auraient tenté l'assaut? Si Gunstett avait été en notre possession, Wœrth y restait

(1) « La bataille de Frœschwiller montra de quel poids pèse dans la balance la supériorité en artillerie. » (*Les Transformations de l'armée française*, par le général Thoumas, t. II, p. 554.) — *Ibid.*, pp. 555 à 558.)

(2) Historique de la 4e division; cité par la *Section historique*, VII, p. 91.

(3) A Grouard, p. 39. — *Les Transformations de l'armée française*, par le général Thoumas, t. II, p. 458.

aussi, car il était impossible de tenir dix minutes dans ce dernier bourg battu par l'artillerie de Frœschwiller, d'Elsasshausen et de Gunstett ; or, le général de Kirchbach n'aurait pas attaqué s'il n'avait senti derrière lui les canons de Gunstett; alors quelle différence, quels résultats ! La bataille retardée d'un jour, c'était peut-être la victoire le lendemain ; dans tous les cas, ce n'était pas la catastrophe qui a perdu la France, le lugubre éclair annonçant l'effroyable coup de tonnerre de Sedan (1) !

ARRIVÉE DU PRINCE ROYAL

D'après le récit du Grand Etat-major prussien, le Prince royal, le général de Blümenthal, et toute la suite du commandant en chef de la IIIe armée, seraient parvenus, fort tard, sur le lieu du combat. « A 1 heure, le Prince royal arrivait sur la hauteur de Wœrth et prenait, en personne, la direction de la bataille (2). »

« A midi seulement, le Prince royal, tranquillement retiré à Soultz, a commencé à s'émouvoir de la persistance, de la recrudescence de la canonnade et daigné se transporter sur le théâtre de l'action.

(1) Alfred Duquet, *Frœschwiller, Châlons, Sedan*, pp. 117 et 118. — Si le maréchal de Mac-Mahon s'était un peu préoccupé des études faites avant 1870 pour la défense de notre frontière de l'Est, il aurait su que le général de Maureillan réclamait l'élévation d'un fort à Gunstett. « Rien ne fut construit à Gunstett, par où fut tournée notre droite le 6 août 1870, et c'est précisément sur la hauteur dominant le village au nord-ouest et où se seraient forcément étendues les fortifications, que se trouvait la formidable ligne d'artillerie avec laquelle les Allemands appuyèrent leur mouvement offensif. » (*La guerre de masses*, 2e partie, p. 57.) — *La Vie militaire du général Ducrot*, t. II, p. 375.

(2) *La Guerre franco-allemande*, 1re partie, p. 238. — *Ibid.*, p. 241.

Il est bon de remarquer, ici, la légèreté de l'état-major de la IIIe armée. Quand le canon tonne depuis le matin, le général en chef doit constater, *de visu*, l'importance de l'affaire; or, ce n'est qu'à 1 heure de l'après-midi que le Prince royal se rend compte, par lui-même, de la situation (1)! »

Vingt ans après nous, le général Bonnal expose, dans les mêmes termes, notre appréciation touchant l'inaction de l'état-major de la IIIe armée, durant la matinée du 6 août 1870 : « Que penser d'un général d'armée, cantonné à quelques kilomètres du champ de bataille et qui, entendant le bruit d'une canonnade intense depuis 9 heures et demie du matin, reste tranquillement à son quartier général jusqu'à midi? Enfin, le Prince royal, suivi de son état-major, arriva, vers une heure, sur les hauteurs de Dieffenbach, après avoir rencontré en route le major Manché que lui envoyait le général de Kirchbach pour lui démontrer l'impérieuse obligation de continuer la lutte et le supplier d'intervenir personnellement. Le chef de la IIIe armée fut très impressionné par le compte rendu des événements qui venaient de s'accomplir et, d'après la relation allemande (prussienne), il prit aussitôt la direction de la bataille (2). »

Nous laissons à juger comment un général habile aurait balayé les corps allemands agissant au hasard

(1) Alfred Duquet, *Frœschwiller, Châlons, Sedan*, pp. 92 et 93. — « La victoire de Wœrth fut surtout obtenue grâce à l'habileté des chefs supérieurs en sous-ordre, c'est-à-dire des commandants de corps d'armée et de division, qui surent parer aux négligences commises par le commandant en chef de la IIIe armée allemande. » (Général de Woyde, t. I, p. 195.) Oui, mais il faut remarquer, à la décharge du Prince Royal, que, jusqu'à son arrivée *spontanée* sur le champ de bataille, ces « commandants de corps d'armée et de division » n'avaient pas daigné l'avertir qu'ils avaient, contre ses ordres, entamé la lutte. (Commandant de Missy, p. 28.)

(2) Général Bonnal, *Frœschwiller*, p. 332.

et avec des ordres contradictoires. C'est un devoir de reconnaître aux Prussiens de grandes qualités militaires, mais il ne faut pas aller trop loin, tomber dans l'excès et ne pas relever, avec une espérance patriotique, leurs défauts et leurs erreurs (1).

Toujours d'après le récit du Grand Etat-major prussien, à peine arrivé au-dessus de Wœrth, au milieu des innombrables batteries du Ve corps, le Prince royal ou, plutôt, son chef d'état-major, le général de Blümenthal, aurait envoyé aux chefs des corps combattants les instructions suivantes :

« Le IIe corps bavarois agira contre le flanc gauche de l'ennemi, de manière à venir s'établir au delà dans la direction de Reichshoffen. Le Ier corps bavarois, laissant une division en arrière comme réserve et accélérant la marche autant que possible, appuiera entre le IIe corps bavarois et le Ve corps prussien. Le XIe corps se portera vigoureusement contre Frœschwiller par Elsasshausen et le Niederwald. Dans le corps Werder, la division wurtembergeoise suivra, par Gunstett, le mouvement du XIe corps au delà de la Sauër ; la division badoise gagnera provisoirement Surbourg (2). »

Mais le général Bonnal proteste contre l'authenticité de cet ordre. Ici, nous ne saurions donner le résumé de l'argumentation du général ; il nous faut, pour qu'elle soit comprise, la rapporter entièrement :

« Voici l'ordre, pour le Ve corps, transcrit par le capitaine Stieler von Heydekampf, officier d'état-major dans ce corps d'armée :

«« 6 août, 1 heure. — Le Ve corps différera son

(1) Alfred Duquet, *Frœschwiller, Châlons, Sedan*, p. 93. — En face d'adversaires pourvus d'initiative et de mobilité, les Prussiens auraient « aisément couru à un désastre ». (Général Palat, t. III, p. 333.)

(2) *La Guerre franco-allemande*, 1re partie, p. 242.

attaque jusqu'à l'approche du général von der Tann, dirigé au nord de Preuschdorf. Il en est de même de la XXIe division (XIe corps) *qui a l'ordre de marcher sur Wœrth.* Ils ne pourront guère arriver avant une heure ou deux. *Le corps Werder est également appelé*, mais il se passera bien trois heures avant son arrivée. (Signé) von Blümenthal. »»

« Le capitaine de Heydekampf ajoute : «« Cette communication, parvenant au moment précis où l'ennemi entrait en ligne avec de nouvelles troupes, n'était pas faite pour éveiller grand espoir. »» La vérité est que, à 1 heure, l'état-major de la IIIe armée était très perplexe et ne songeait nullement à prescrire au IIe corps bavarois de marcher sur Reichshoffen. La relation du Grand État-major prussien ne dit-elle pas, de la division Bothmer : «« Une partie de l'infanterie, *ramenée en désordre* du combat de Langensulzbach, s'était ralliée derrière ce village, au sud duquel le reste combattait encore, afin de *couvrir la retraite* (page 237). »» Et, plus loin, quand elle apprécie la situation, vers 3 heures, elle ajoute : «« Ces corps (V^e et XIe) s'épuisaient peu à peu dans la lutte qu'ils soutenaient, seuls, contre un ennemi *aussi brave qu'opiniâtre*, qui pouvait jeter sur eux toutes ses forces depuis que *la IVe division bavaroise* (*de Bothmer*) *était rejetée sur la défensive* par l'insuccès de sa tentative sur Nechwiller, et alors que, d'autre part, les troupes du Ier corps bavarois (de Tann) se trouvaient arrêtées par la crue de la Sauër (page 267). (Cette crue n'avait pas arrêté les Prussiens du Ve corps. Le véritable motif de l'arrêt (du retard) du Ier corps bavarois est imputable à d'autres causes d'ordre moral.)

« Le IIe corps bavarois, lorsque le Prince royal arriva sur le champ de bataille, était hors de cause et, s'il a poussé, dans la soirée, des détachements sur Reichshoffen, c'est en vertu d'un ordre particulier, émanant du général de Blümenthal, après 3 heures, c'est-à-dire au moment où l'issue de la bataille n'était plus douteuse.

« L'ordre au Ier corps bavarois de laisser une division en arrière est purement imaginaire. Nous avons démontré, au sujet des opérations de la IIIe armée, le 5 août, que la IIe division bavaroise (Schumacher) se trouvait, par suite de son ordre de marche et de la nature du chemin à parcourir, hors d'état d'arriver, le 6, sur le champ de bataille. Donc, l'ordre transcrit par le capitaine de Heydekampf est le seul vrai. Examinons-le avec un peu d'attention.

« Le général Blümenthal recommande au Ve corps de différer toute nouvelle attaque. C'est que, jusqu'alors (1 heure), celles dirigées contre Elsasshausen ont donné des résultats négatifs. Le chef de la IIIe armée, ou plutôt son chef d'état-major, est tellement impressionné par la gravité du danger, au centre, *qu'il appelle à Wœrth toute la XXIe division* (de Schachtmeyer), du XIe corps. Le Prince royal ignorait donc, à 1 heure, que la majorité de la XXIe division était engagée et que, en particulier, la XXXXIe brigade (de Koblinski) avait subi un échec grave pour avoir débouché prématurément de Spachbach et du pont de Gunstett, à l'ouest de la Sauër.

« Que cet ordre soit exécuté, la bataille restera indécise! Heureusement pour l'armée allemande, le général de Bose, en véritable homme de guerre, s'était rendu compte, mais un peu tard, de la situation, et avait pris, de lui-même, la décision que comportaient les circonstances. Les attaques, dirigées par lui contre la droite française, ont seules permis au Ve corps de se dégager de l'étreinte (trop molle) qui l'étouffait (le serrait) et de changer en succès une série d'engagements qui s'annonçaient tout d'abord comme le prélude d'une défaite.

« La cause réelle du succès de la IIIe armée a été indiquée par le major de Hahnke : «« Le général de Bose, informé de la situation du Ve corps, s'était décidé, *sous sa propre responsabilité*, à agir sur le flanc droit de l'ennemi. »» (*Opérations de la IIIe armée*, par le major de Hahnke, de l'état-major, page 68. — Les citations du capitaine de Heydekampf sont extraites de son ouvrage : *Opérations du Ve Corps prussien dans la guerre contre la France*, 1873.) » (1).

Quoi qu'il en soit, on comprend les inquiétudes du général de Blümenthal, à 1 heure, quand il enveloppa du regard les différents combats qui se déroulaient devant lui, quand il apprit la fuite des Bavarois, les assauts infructueux du Ve corps, quand il vit le pitoyable cortège des milliers de blessés que les ambulanciers s'efforçaient de soustraire aux balles qui les auraient achevés.

A cette heure, Fritz « ne disposait d'aucune réserve proprement dite en arrière de la ligne de bataille de quatre kilomètres s'étendant de Gœrsdorff à Gunstett (2) », et les 200 bouches à feu qui s'alignaient entre ces villages n'auraient pas suffi, quoiqu'en dise la relation prussienne, à arrêter l'élan de nos troupes, bien lancées, dans un corps-à-corps avec les soldats épuisés de Kirchbach et les bataillons essouflés de Bose, débouchant les uns après les autres à Gunstett. Au centre, « la situation était tellement grave que le général de Blümenthal, chef d'état-major de la IIIe armée, envoyait

(1) Général Bonnal, *Frœschwiller*, pp. 383 à 335.
(2) *La Guerre franco-allemande*, 1re partie, p. 211.

l'ordre au XIe corps d'envoyer à Wœrth toute une division d'infanterie (1) ».

Oui, à cette heure de la journée, les Français conservaient, toujours intactes, leurs positions, depuis Neehwiller jusqu'à Morsbronn où le général de Schkopp va entrer dans quelques minutes; les efforts des Allemands étaient venus se briser contre le courage de nos soldats qui suppléaient ainsi à l'incapacité tactique de Mac-Mahon et de Ducrot. La disposition de nos divisions restait la même que celle du matin et nous pouvions nous considérer comme victorieux (2).

ASSAUT D'ELSASSHAUSEN

Mais, à partir de l'arrivée du Prince royal, la situation va singulièrement changer pour les Français; en effet, Fritz a prescrit de faire avancer toutes les forces allemandes; c'est dire que plus de 100 000 hommes et 300 pièces de canon vont broyer nos 35 000 héros sous une étreinte de fer (3).

Et, pourtant, l'état-major de la IIIe armée est dans la plus grande anxiété; il ne se rend pas un compte exact de la situation; il croit ses troupes de renfort plus éloignées qu'elles le sont réellement, tout au moins en ce qui concerne la majeure partie du XIe corps. Aussi, en même temps qu'il

(1) Général Bonnal, *Frœschwiller*, p. 219.

(2) Alfred Duquet, *Frœschwiller, Châlons, Sedan*, pp. 93 et 94. — « Les Français ont eu l'avantage pendant toute cette matinée. » (Général Ambert, t. I, p. 53.) — « Jusqu'à 1 heure, Mac-Mahon combattait des troupes nombreuses agissant au hasard ou exécutant des ordres contradictoires. » (*Ibid.*, t. I, p. 51.)

(3) « Les 35 000 hommes que j'avais sous mes ordres eurent à combattre 140 000 Allemands. » (*Enquête parlementaire sur les actes du Gouvernement de la Défense nationale*, déposition du maréchal de Mac-Mahon, p. 35.)

ordonne au Ve corps de se porter contre notre centre, contre Elsasshausen, il « l'invite à surseoir à l'attaque des hauteurs qu'il a devant lui, attendu qu'il faut un délai d'une ou de deux heures au IIe corps bavarois et au XIe corps, de trois heures au corps Werder, avant qu'ils puissent arriver en ligne (1) ».

Si notre artillerie avait été ou plus nombreuse ou plus redoutable, toutes ces combinaisons, très naturelles de la part des Prussiens et qui ne dénotent pas chez eux une grande imagination tactique, n'auraient pu aboutir. Nos batteries de Frœschwiller et d'Elsasshausen auraient broyé et bouleversé les bataillons du général de Kirchbach, massés le long de la rivière, et auraient rendu la place intenable; hélas! il est inutile et douloureux de répéter toujours que nous avions peu de canons et que ceux que nous avions étaient mauvais (2).

Quoi qu'il en soit, à cause de cette fatalité, le général de Kirchbach « ayant vu l'attaque du XIe corps (contre la division de Lartigue) en bonne voie et appris, de la bouche même du général von der Tann (commandant le Ier corps bavarois), que la division de Stephan, arrivant de Preuschdorff, allait entrer en ligne, à l'est de Gœrsdorff (3) », avait fait passer la majeure partie de son corps d'armée sur la rive droite de la Sauër et soutenait, là, un combat terrible contre nos soldats. Des fractions du 2e zouaves, du 8e bataillon de chasseurs à pied et du 21e de ligne se jetaient, à la baïonnette, sur les régiments ennemis qui tentaient de gravir les pentes du *Calvaire*; sans les ravages que l'artillerie de Gunstett opérait dans leurs rangs, nul

(1) *La Guerre franco-allemande*, 1re partie, p. 242.
(2) Alfred Duquet, *Frœschwiller, Châlons, Sedan*, p. 102.
(3) Général Bonnal, *Frœschwiller*, p. 346.

doute qu'ils eussent précipité leurs adversaires de l'autre côté de la rivière. En effet, la lutte est épouvantable ; si nous perdons de braves officiers, les ennemis voient tomber leurs meilleurs chefs ; un moment, même, deux régiments prussiens, dont les colonels ont été tués, vont être dispersés complètement quand ils sont sauvés par les grenadiers du Roi qui les recueillent et parviennent à rétablir le combat (1). Bientôt, d'autres Allemands accourent de Spachbach, se joignent aux grenadiers et aux fusiliers et les voici qui escaladent la croupe du *Calvaire*, située entre Wœrth et le Niederwald, au-dessus de la route de Haguenau, et qui, grâce à de nouveaux renforts, finissent, vers 2 heures et demie, par couvrir entièrement la position (2).

Le Maréchal, afin de reprendre le *Calvaire*, envoie la brigade Nicolaï, commandée par le colonel Champion, qui ne dispose que de 3 bataillons du 3e de ligne! Le sabre en l'air, le colonel avait enlevé ses hommes électrisés par le drapeau du régiment que leur chef avait fait porter près de lui. Suivi par les défenseurs du *Calvaire* que l'ennemi vient d'en chasser, le 3e de ligne fond sur les Prussiens et les met en fuite; hélas! la valeur de nos soldats se brise contre les troupes fraîches que nos adversaires accumulent sur la colline. Pour comble de malheur, l'ennemi réussit à y établir une batterie qui commence immédiatement le bombardement d'Elsasshausen (3).

A 2 heures, nous avions engagé une nouvelle attaque de Wœrth; ce bourg, que nous avons

(1) *La Guerre franco-allemande*, 1re partie, p. 244. — Alfred Duquet, *Frœschwiller, Châlons, Sedan*, p. 103. — Général Bonnal, *Frœschwiller*, pp. 347 et 348. — Général de Woyde, t. I, p. 158.
(2) Général Palat, t. III, p. 232.
(3) *La Guerre franco-allemande*, 1re partie, p. 245. — Alfred Duquet, *Frœschwiller, Châlons, Sedan*, p. 103. — Général Bonnal, *Frœschwiller*, pp. 358 et 359. — Capitaine Gasselin, p. 37, fig. 8.

délaissé si légèrement le matin, est maintenant l'objet de tous nos efforts (1). Cette sanglante tentative est encore repoussée, et le général de Kirchbach profite de notre mouvement de retraite pour lancer toutes ses forces à l'assaut des hauteurs (2). Cela ne va pas sans peine; les Prussiens ne se soucient guère d'affronter les balles françaises; « les officiers éprouvent les plus grandes difficultés à faire sortir leurs hommes de l'abri des maisons pour les former hors du débouché nord-ouest qui, pourtant, n'est que faiblement battu par les balles (3) ». Ils sont obligés de les frapper à tour de bras. Donc, grâce aux arguments *ad homines* des chefs prussiens, une partie de leurs troupes aborde le monticule escarpé planté au nord-ouest de Wœrth. Les Français couvrent les Allemands de projectiles et les forcent à se retirer précipitamment. L'autre partie gravit les pentes, par la route de Frœschwiller à Wœrth, en s'étendant en plein champ, de chaque côté de la route. Huit bataillons environ traversent la prairie sous une pluie de balles, s'approchent de la pente, mais, là, les morts s'amoncellent, les blessés tombent les uns sur les autres et la crête ne peut être couronnée par les assaillants (4).

(1) *La Vie militaire du général Ducrot*, t. II, p. 375. — Général Thoumas, *Causeries militaires* (3e série), pp. 59 et 60. — Capitaine Félix Bonnet, t. I, p. 51.

(2) *La Guerre franco-allemande*, 1re partie, p. 245. — Alfred Duquet, *Frœschwiller, Châlons, Sedan*, p. 103. — Général Palat, t. III, pp. 266 et 267.

(3) Général Bonnal, *Frœschwiller*, p. 347. — « Quatorze ans après, un habitant de Wœrth nous montrait l'endroit précis où des officiers excitaient les soldats à déboucher, et cet homme nous expliquait avec force gestes leurs moyens de persuasion « « touchants » ». » (*Ibid.*)

(4) Alfred Duquet, *Frœschwiller, Châlons, Sedan*, pp. 103 et 104. — « Les Prussiens sont hachés par les balles lors de cet assaut et plus de 500 tombes allemandes existent, aujourd'hui, sur ce lugubre emplacement. » (Le Faure, t. I, p. 112.)

Pendant que cette action s'engage au centre, l'ennemi s'empare de deux petites éminences couvertes de vignes, s'élevant au nord de la route de Frœschwiller. Nos mitrailleuses fauchent alors des rangs entiers d'Allemands, nos chassepots fusillent sans relâche les longues lignes noires de l'infanterie prussienne; en dépit de cette tempête de bronze et de plomb, nous ne pouvons faire lâcher prise à nos adversaires : des troupes fraîches apparaissent de toutes parts (1).

Au sud-ouest de Wœrth, les masses prussiennes enlèvent également une des croupes et se dirigent lentement vers Elsasshausen. Ces succès des deux ailes de l'attaque permettent au centre de gravir la pente par la route, et l'on voit tout à coup ses tirailleurs garnir les coteaux vineux qui dominent Wœrth.

C'est là un grand échec pour nous, aussi est-ce avec une fureur toute française que nos soldats se ruent à l'assaut des positions que les innombrables bataillons ennemis viennent de leur arracher. Du côté des Allemands, « *il s'agit maintenant*, selon leur propre expression, *de conserver contre les attaques énergiques et réitérées des Français le terrain conquis au prix de si lourds sacrifices* (2). »

Il se passe alors dans Wœrth une scène effroyable. Au milieu des balles et des obus, les renforts allemands remplissent les rues étroites du bourg; les pièces de canon, les caissons d'artillerie, que le Prince royal envoie au secours de ses troupes exténuées, renversent, au milieu d'un pêle-mêle sanglant, les habitants affolés et les soldats prussiens eux-mêmes; les maisons s'enflamment; les morts

(1) *La Guerre franco-allemande*, 1re partie, p. 246. — Alfred Duquet, *Frœschwiller, Châlons, Sedan*, p. 104.
(2) *La Guerre franco-allemande*, 1re partie, p. 247. — Alfred Duquet, *Frœschwiller, Châlons, Sedan*, p. 105.

et les blessés encombrent les rues; les roues des lourds canons creusent, dans cette boue humaine, d'affreuses ornières de pourpre. Les pontonniers, à leur tour, courent à l'aide des régiments qui se battent au sommet des coteaux; il ne reste plus un homme sur la rive gauche; tout le Ve corps, aussi nombreux à lui seul que l'armée entière de Mac-Mahon, écrase une simple division française et l'oblige à abandonner ces crêtes si vaillamment disputées (1).

Après 2 heures, quand le duc de Magenta voit le *Calvaire* au pouvoir des Prussiens, il ne lui est plus possible de rester près du noyer poussant au haut de la terrasse qui domine Wœrth, à l'est d'Elsasshausen, sous la pluie d'obus, au milieu des rafales de balles qui mugissent depuis plus de trois heures; il lui faut reculer jusqu'au village d'Elsasshausen d'où il envoie demander au général Ducrot quelques bataillons pour soutenir une lutte devenue de plus en plus inégale. Ducrot lui expédie le 96e et le 18e de ligne (2).

Le maréchal de Mac-Mahon concentre alors autour d'Elsasshausen les trois divisions Conseil-Dumesnil, de Lartigue et Pellé. Ces troupes en haleine depuis le matin, sont harassées de fatigue; les soldats du général de Lartigue se sont battus sans interruption dès les premiers coups de feu et un grand nombre sont tombés pour jamais au Brüch-Mühle, à l'Albrechtshäuserhof, dans les fourrés sanglants du Niederwald. Ceux du général Conseil-Dumesnil se trouvent à peu près dans la même situation pénible et, quant aux débris du général Pellé, ils n'ont guère eu le temps de se

(1) *La Guerre franco-allemande*, 1re partie, p. 247. — Alfred Duquet, *Frœschwiller, Châlons, Sedan*, pp. 105 et 106.
(2) Général Bonnal, *Frœschwiller*, p. 362.

remettre de leur glorieuse défaite de Wissembourg. En un mot, ce sont trois divisions décimées et incomplètes qui vont disputer vainement aux corps d'armée allemands le village d'Elsasshausen.

« Elsasshausen devient le pivot de la résistance de ce côté, avec l'appui des deux batteries à cheval de la division de Bonnemains qui tirent à mitraille sur le petit bois (1) » au sud du village, petit bois dont le 96e de ligne chasse le 83e prussien.

Les artilleurs du 19e régiment se servent avec une habileté extraordinaire de leurs mauvais canons; les affûts démontés sont réparés, les roues brisées sont remises, les hommes tués sont remplacés; chefs et soldats continuent froidement et sans défaillance la lutte atroce et inégale, qui les abat les uns après les autres. Toujours est-il que nos batteries sapent le Niederwald avec une telle violence « *qu'il ne reste aux troupes prussiennes d'autre alternative que de pousser plus avant ou de renoncer aux avantages achetés au prix de si lourds sacrifices* (2) ».

Ce serait folie, de la part des Prussiens, de vouloir enlever les canons et les mitrailleuses qui balaient ainsi les abords d'Elsasshausen, c'est pourquoi ils s'empressent de les écraser d'obus. Huit batteries allemandes se placent devant le hameau, en arrière d'une allée de cerisiers plantée à l'est de ce hameau et très près d'un chemin bordé de haies, profondément encaissé, qui va de Wœrth à Gundershoffen, chemin derrière lequel se dissimule notre infanterie qui tire sans relâche (3).

(1) Général Bonnal, *Frœschwiller*, p. 363.

(2) *La Guerre franco-allemande*, 1re partie, p. 262. — Alfred Duquet, *Frœschwiller, Châlons, Sedan*, pp. 119 et 120. — *Section historique*, VII, p. 135.

(3) Alfred Duquet, *Frœschwiller, Châlons, Sedan*, pp. 120 et 121. — Général Palat, t. III, p. 274.

En même temps, le général de Schkopp, celui qui a si opportunément désobéi à son chef en marchant quand même sur Morsbronn, tourne encore une fois notre droite et arrête la fuite des Prussiens chassés du petit bois, dont il s'empare. De là, il se jette sur Elsasshausen, suivi par les autres régiments du XIe corps qui attaquent le village par le sud, pendant que le Ve s'y porte par l'est. Toutes nos batteries et les maisons sont démolies par un ouragan d'obus déchainé par les huit batteries amenées de Gunstett sur le *Calvaire* (1).

Le duc de Magenta avait aussi prescrit au colonel de Vassart, commandant la réserve générale d'artillerie, de concentrer ses huit batteries au nord est d'Elsasshausen; afin de battre le Niederwald où les Prussiens se massaient pour courir sur Elsasshausen; il tentait également d'arrêter le torrent de fantassins ennemis s'avançant contre ce village au moyen de la division de cavalerie de Bonnemains (2).

« Vers 3 heures, le Maréchal vient donner, lui-même, au général Gérard (en l'absence du général de Bonnemains), l'ordre de charger l'ennemi qui débouchait d'Elsasshausen. «« Vous allez faire charger votre 1er régiment, lui dit-il, escadron par escadron, pour faire un mouvement offensif qui donnera de la confiance à ces troupes écrasées qui se replient déjà un peu (3). »» Le général Gérard ayant demandé au Maréchal de préciser l'objectif de la charge, car on n'apercevait encore que des tirailleurs, le Maréchal lui répondit : «« Ce que je vous demande, c'est d'exécuter des simulacres de

(1) *Journée du 6 août 1870*, par un Lorrain, p. 9. — Général de Woyde, t. I, p. 144, — Général Bonnal, *Frœschwiller*, pp. 370 et 371.
(2) *Ibid.*, p. 372. — Général Palat, t. III, p. 278, note 2.
(3) Historique du 1e cuirassiers, p. 386.

charge en avant, mais au simple galop, sans les pousser à fond ; je veux gagner seulement du temps (1). »»

La division de cavalerie de Bonnemains se tenait dans un pli de terrain, près de Frœschwiller. Elle se composait de quatre régiments de cuirassiers. Lorsque le Maréchal vit 9 bataillons des Ve et XIe corps, appuyés par huit batteries d'artillerie, s'avancer à l'assaut de Frœschwiller, précédant les corps d'armée tout entiers (2), il tente d'arrêter ces assaillants en jetant sur eux la lourde division de Bonnemains. Malheureusement le terrain d'Elsasshausen est encore plus contraire à la cavalerie que celui de Morsbronn ; des houblonnières dont les perches sont reliées par des fils de laiton, des champs de vigne remplis de trous creusés pour extraire de la pierre, un terrain très en pente rendent le galop impossible pour des chevaux ; de plus, le 1er cuirassiers, colonel Vandeuvre, commençant la charge par escadrons, est arrêté et rompu dès le commencement par un fossé qui le force à faire demi-tour en éprouvant des pertes immenses. A gauche, le 4e régiment, colonel Billet (plus tard assassiné à Limoges), sur l'ordre formel et verbal du duc de Magenta, « parcourant au galop un espace de plus de 1 000 pas pour trouver un terrain favorable, est également dispersé par le feu d'un adversaire qu'il ne lui est même pas donné d'apercevoir (3) ». Le colonel, blessé, reste au pouvoir de l'ennemi.

(1) Historique du 4e cuirassiers, p. 387. — *Section historique*, VII, p. 140.

(2) *La Guerre franco-allemande*, 1re partie, p. 266. — La division de Bonnemains fut reçue par le feu des 94e, 88e, 83e, 82e, 59e, 7e, 58e, 50e, 6e, 46e et 47e régiments d'infanterie. (Major Scheibert, p. 63.)

(3) *La Guerre franco-allemande*, 1re partie, p. 267. — Alfred Duquet, *Frœschwiller, Châlons, Sedan*, pp. 126 et 127. — *Section historique*, VII, p. 140. — *Ibid.*, p. 141. — Général Palat, t. III,

« Formée en ligne de tirailleurs, l'infanterie allemande avait reçu les cavaliers ennemis par un feu rapide des plus destructeurs, tandis que les batteries les accablaient d'une grêle d'obus et de mitraille (1). »

Ces cavaliers « avaient traversé le chemin empierré et encaissé qui conduit de Frœschwiller à Morsbronn et qui était garni de tirailleurs de toutes armes : zouaves, chasseurs, fantassins des 3e, 21e et 4e de ligne, arrivés de tous les points du champ de bataille ; on y comptait aussi au moins une vingtaine de cuirassiers démontés venus de Morsbronn ; ils avaient ceint la giberne d'infanterie par-dessus leurs cuirasses, sans quitter leurs grands sabres, et faisaient le coup de feu (2) ».

L'autre brigade s'élance, à son tour, et ne peut joindre les invisibles bataillons qui, en quelques minutes, démolissent hommes et chevaux. Les survivants se sauvent au hasard, trop heureux d'échapper à cette grêle de balles et d'obus (3).

pp. 280 et 281. — Colonel baron H. Lacour, 4e *cuirassiers*, 1870-1871 ; *En campagne, en captivité, en France* ; Longjumeau, imprimerie J. Bouthier ; pp. 8 et 9. — Charles de Mazade, t. I, p. 104. — Docteur Sarazin, p. 39. — Théodore Duret, t. I, p. 209.

(1) Major Scheibert, pp. 63 et 64. — *Mémoires du maréchal de Moltke*, p. 22. — Général de Woyde, t. I, p. 145.

(2) *Section historique*, VII, p. 141.

(3) Alfred Duquet, *Frœschwiller, Châlons, Sedan*, pp. 126 et 127. — *Section historique*, VII, pp. 139 à 147. — Voir, pour la position des batteries prussiennes pendant la charge de la division de Bonnemains : Capitaine Gasselin, p. 43, fig. 9. — Arthur Chuquet, pp. 41 et 42. — L. Dussieux, t. I, p. 109. — Paul Martin, pp. 212 à 215. — *Les Braves Gens*, par Paul et Victor Margueritte, p. 169. — Colonel Fabre, p. 44. — Le colonel prussien Borbstaedt (p. 292) confond la charge de la division de Bonnemains avec celle de la brigade Michel. Or, les cuirassiers de Bonnemains n'ont jamais été à Morsbronn. Un témoin oculaire de la bataille, M. Albert Duruy, écrit que « le Maréchal profita d'un retour offensif (charge de la division de Bonnemains) pour faire *traverser la Sauër* au reste de ses troupes ». (*Revue des Deux Mondes*, t. XCIII, p. 437.) C'est sans doute le Falkensteinerbach

« Le général Hausmann, commandant l'artillerie du XIe corps, avait fait cesser le feu dans les batteries de gauche, pour préparer le tir à mitraille; il avait laissé approcher les escadrons français à 250 mètres des pièces et donné lui-même le signal d'une salve générale (1) ».

C'en était fait de notre belle cavalerie; elle était exterminée. Si la charge de la brigade Michel, à Morsbronn, avait eu l'avantage de permettre aux généraux Conseil-Dumesnil et de Lartigue de replier leur infanterie sur Elsasshausen et de retarder la marche du XIe corps, cette dernière charge, cet effort absurde et sublime de la division de Bonnemains ne nous avait servi à rien autre chose qu'à disperser inutilement d'admirables cavaliers, qui auraient protégé la retraite à la fin de la journée, manœuvrant sur un terrain quelque peu propre au déploiement des escadrons. En vérité, nous ne saisissons pas la raison qui a décidé le duc de Magenta à sacrifier si naïvement ces quatre beaux régiments (2).

qu'il a voulu écrire, car, depuis le 5 au soir, toute l'armée française s'était transportée sur la rive droite de la Sauër. Pour traverser cette rivière, le 6, à 4 heures du soir, il nous aurait fallu passer sur le ventre de l'armée allemande, c'est-à-dire être vainqueurs. M. Duruy n'avait pas étudié à tête reposée le terrain sur lequel il avait si vaillamment combattu. (Alfred Duquet, *Frœschwiller, Châlons, Sedan*, p. 127, note 2.)

(1) Capitaine Gasselin, p. 42.

(2) Alfred Duquet, *Frœschwiller, Châlons, Sedan*, p. 128. — « Si elle témoigne hautement de la bravoure de nos cuirassiers, cette série de charges n'est pas du ressort de la tactique. Elle constitue un acte de désespoir plutôt qu'une action raisonnée. » (Général Palat, t. III, p. 284.) — « Ce fut un sacrifice héroïque, mais passif. » (*Les Transformations de l'armée française*, par le général Thoumas, t. I, p. 106.) — Général Derrécagaix, p. 115.) — Nous avons adopté, pour le moment de la charge, l'heure du général Bonnal. D'après lui, Elsasshausen n'a été enlevé qu'après cette charge (pp. 374 et 375). — *Contrà : La Guerre franco-allemande*, 1re partie, pp. 264 à 267. — *Section historique*, VII, pp. 132 à 156. — Général Palat, t. III, p. 277, note 1, § 2. — Capitaine Gasselin, p. 43.

Tout à coup de gros nuages noirs, coupés de longs jets de flammes, viennent se mêler à la fumée blanche des canons et des chassepots; les obus prussiens ont incendié le village, qui brûle rapidement sans que les Français songent à l'évacuer. Ces braves déchirent de leurs projectiles les lignes allemandes qui se resserrent; la pluie d'obus brise les arbres du Niederwald, dont les branches éclatées font des trouées sanglantes au milieu des rangs ennemis; mais les régiments succèdent aux régiments et le général de Bose ne craint pas de lancer tout son monde à l'assaut des ruines fumantes et noircies d'Elsasshausen, soutenu qu'il est par des contingents du Ve corps qui a refoulé la vaillante division Raoult (1).

Vers 3 heures un quart, les Français, qui se cramponnent aux haies, aux arbres, aux maisons écroulées d'Elsasshausen, entendent retentir une affreuse clameur germaine, restant de ces cris sauvages que les barbares jetaient autrefois, quand ils allaient incendier une ville ou massacrer leurs prisonniers, puis nous apercevons une foule d'hommes noirs sortir de tous les coins de la forêt et courir droit sur nous en poussant des hurlements de bêtes fauves.

Les balles de nos chassepots sifflent lugubrement et arrêtent dans la gorge les vociférations d'un grand nombre de ces sinistres braillards; malheureusement, rien ne peut retenir cette horrible fourmilière, dont les masses profondes entourent le village et y pénètrent (2).

Du même coup, l'ennemi s'empare de nombreux

(1) Alfred Duquet, *Frœschwiller, Châlons, Sedan*, p. 121. — Les Ve et XIe corps avaient coopéré à l'attaque d'Elsasshausen. (Général de Woyde, t. I, p. 144.)

(2) Alfred Duquet, *Frœschwiller, Châlons, Sedan*, pp. 121 et 122.

canons dépendant de la réserve d'artillerie, qui ont à peine le temps de lancer quelques obus; nos artilleurs et nos cavaliers sont écrasés, on peut les considérer comme n'existant plus (1).

Ce triomphe est chèrement acheté : nous avons laissé comme trophées aux Prussiens canons et mitrailleuses, mais ils doivent compter leurs morts, relever leurs blessés. Si les prolifiques habitants de l'hypocrite Allemagne remplissent plus tard les vides de ces carnages, ils ne ressusciteront toujours pas ceux qui mordent l'herbe rougie, ils ne les rendront pas à leurs vieux parents, à leurs femmes blondes, à leurs enfants que guettent les sanglantes batailles de l'avenir (2).

Les vainqueurs s'agitent au milieu d'une confusion inouïe; les troupes du Ve corps sont mêlées à celles du XIe; plus de bataillons, plus de compagnies, un désordre bien compréhensible mais qui prouve les pertes terribles essuyées par les Prussiens. Avec une activité à laquelle notre impartialité s'empresse de rendre justice, les officiers tâchent de reconstituer leurs régiments débandés et décimés. A l'ouest, le 32e prussien se dirige vers la route de Frœschwiller à Reichshoffen et n'est plus qu'à 1900 mètres de ce dernier bourg (3). L'artillerie ennemie s'avance également et s'établit sur le terrain conquis : deux batteries, entre autres, se postent à 2000 pas de Frœschwiller; plus de cent pièces de canon couvrent les environs d'Elsasshausen et recommen-

(1) Général Bonnal, *Frœschwiller*, pp. 373 et 374. — *Section historique*, VII, pp. 147 à 152.

(2) Écrit en 1879, alors que le vent de lâcheté, qui souffle sur la France depuis 1900, n'avait pas encore desséché les courages et tari les sources de relèvement de notre pauvre pays.

(3) *La Guerre franco-allemande*, 1re partie, p. 263. — Alfred Duquet, *Frœschwiller, Châlons, Sedan*, pp. 119 à 123. — Général Bonnal, *Frœschwiller*, pp. 370, 371 et 372.

cent à faire tomber sur nous leur infernale pluie d'obus.

A ce moment il faut combattre, non plus pour reprendre Elsasshausen aux Allemands, mais pour se retirer en bon ordre vers les défilés des Vosges. Il est évident qu'il est encore facile d'opérer une retraite sérieuse : les Bavarois sont repoussés à l'aile droite ennemie, les Ve et XIe corps sont épuisés et désorganisés, les Wurtembergeois et les Badois ne sont pas encore arrivés, la retraite est tout indiquée et l'avantage sera pour nous puisque nous avons fait subir aux ennemis des pertes épouvantables, cinq fois plus fortes que les nôtres et que nous n'avons laissé en leur pouvoir que 6 ou 7 bouches à feu, un très petit nombre de prisonniers et peu de bagages. Il faut faire évacuer la gare de Reichshoffen où chauffent plusieurs locomotives qui peuvent partir, la voie n'étant pas coupée ; il faut mettre le Falkensteinerbach entre les Prussiens et nous; tous ces mouvements sont possibles avec les vieilles troupes de Crimée et d'Italie. Non, le Maréchal veut naïvement combattre jusqu'au bout, voir sa ligne de retraite compromise et changer une action indécise en désastre irréparable ; or, il n'avait pas ce droit et l'histoire ne lui pardonnera pas cette fatale résolution (1).

(1) Alfred Duquet, *Frœschwiller, Châlons, Sedan*, pp. 123 et 124. — « Je ne puis reconnaître au maréchal de Mac-Mahon le droit de faire écharper son malheureux corps d'armée en le maintenant en ligne contre des forces triples ou quadruples ! » (*De Frœschwiller à Sedan*, journal d'un officier du 1er corps, p. 27.) — « Pourquoi accepter la bataille quand on sait qu'on se battra un contre quatre ou cinq? Pourquoi, quand on voit la bataille perdue, ne pas profiter du reste d'énergie des troupes pour donner. en temps opportun, les ordres nécessaires pour opérer une retraite honorable, pour sauver les bagages, les réserves d'artillerie, la caisse de l'armée? » (Lettre écrite le 10 août par un des officiers généraux les plus distingués de l'armée, au dire de M. de Palikao, qui affirme qu'elle est l'expres-

C'est à ce moment, à 4 heures du soir, quand les XIe et V^{e} corps tout entiers, appuyés par la division wurtembergeoise, commençaient leur gigantesque mouvement contre Frœschwiller, qu'un fait d'armes sans précédent a eu lieu, si peu flatteur pour l'orgueil militaire allemand que M. de Moltke « a eu honte d'avouer que 1500 tirailleurs algériens ont infligé à 10000 ou 15000 soldats prussiens une véritable panique; aussi, plutôt que de raconter une telle défaillance, il a altéré la vérité (1). » Oui, « la *Relation officielle allemande*

sion *vraie* de la situation, sauf un détail relatif à l'intendance. (*Un ministère de la Guerre de 24 jours*, p. 56 et 62.) — « Le Maréchal, en cédant à ses instincts de bravoure et de résistance jusqu'à la dernière extrémité, ne s'était pas aperçu qu'il compromettrait à la fois et ses troupes et les positions en arrière. » (*La Campagne de 1870, jusqu'au 1er septembre*, p. 42.) — Mac-Mahon n'aurait pas dû « compromettre sa retraite par une résistance trop prolongée ». (*Ibid.*, p. 40.) — « Au moment où Mac-Mahon crut enfin à autre chose qu'à des démonstrations, aucun autre parti ne lui restait que de se replier sur Reichshoffen, en se couvrant d'une petite et solide arrière-garde et de quelques canons à sacrifier dans Elsasshausen et Frœschwiller. Les Allemands y eussent été pour leurs frais de convergence; le ralentissement de leur marche offensive eût permis de leur opposer bientôt des forces plus considérables et intactes au passage des Vosges. » (Colonel Lecomte, t. I, p. 334.) — « Peut-on poser le principe qu'on ne doit jamais désespérer du gain d'une bataille tant qu'il reste des soldats aux drapeaux? Je ne le pense pas, car les circonstances peuvent devenir telles, pendant une bataille, que le général n'ait presque plus de chances d'obtenir la victoire et que, *s'il diffère de se retirer pour faire de nouveaux efforts, il s'expose à tout perdre*... Un général qui commande une grande armée, qui épuise tous ses moyens pour obtenir la victoire lorsque les chances sont devenues entièrement favorables à son adversaire, et qui est vaincu, éprouvera de telles pertes que son gouvernement ne pourra les réparer. *L'envahissement et peut-être l'asservissement de son pays seront la suite de sa défaite.* » (Marquis de Chambray, *Physiologie de la guerre*; Paris, 1829.) — « Avec un peu de prévoyance, Mac-Mahon aurait pu éviter une défaite complète et une dispersion totale de ses troupes, d'autant plus que la supériorité de l'adversaire ne se produisit que peu à peu et pendant le cours même de la journée. » (Colonel Borbstaedt, p. 295.) — « Mac-Mahon aurait pu, aurait dû faire sa retraite. » (Arthur Chuquet, p. 40.)

(1) Général Bonnal, *Frœschwiller*, p. 375.

(*prussienne*) n'a pas voulu admettre qu'un régiment de turcos qui, l'avant-veille, à Wissembourg, avait déjà perdu 16 officiers et 600 hommes, ait pu, le soir de la bataille de Frœschwiller, après l'échec de toutes nos contre-attaques d'infanterie, après la retraite de notre artillerie, après la dispersion de nos cuirassiers, mener, à lui seul, une contre-attaque comme jamais troupe à pied n'en a fournie. Alors, la relation allemande a eu soin d'intervertir, dans ce but, la succession des efforts déployés par les régiments français. Suivant elle, les charges des cuirassiers de la division Bonnemains ont suivi la prise d'Elsasshausen et ont fait suite, elles-mêmes, à une contre-attaque d'infanterie tentée contre les nouveaux occupants d'Elsasshausen. L'erreur est manifeste. Nos escadrons pouvaient-ils charger dans la direction de Wœrth, en supposant Elsasshausen occupé par l'infanterie ennemie? Si les cuirassiers ont exécuté leurs attaques principalement contre le gros des forces du Ve corps, marchant directement de Wœrth sur Frœschwiller, c'est qu'Elsasshausen était encore en notre pouvoir à ce moment (1) ».

Voyons ce qui s'est vraisemblablement passé, car nous ne comprenons guère l'attaque des turcos, isolée, avant le premier retour offensif des Français contre Elsasshausen; au contraire, nous nous expliquons ce coup de désespoir quand notre centre et notre droite sont refoulés et broyés par les masses prussiennes. Donc, en raison des pertes terribles qu'avait éprouvées, au combat de Wissembourg, le 1er régiment de tirailleurs algériens, le Maréchal l'avait mis à l'abri pendant la bataille, au nord-ouest d'Elsasshausen. Lorsque, après l'échec des cuirassiers, après la prise d'Elsasshausen, les

(1) Général Bonnal, *Frœschwiller*, pp. 374 et 375.

Prussiens s'emparent du restant de nos canons, les turcos ne peuvent plus être contenus et, instinctivement, les trois bataillons, commandés par MM. de Laumerez, Sermenton et de Coulanges, se jettent sur les vainqueurs. Poussant leur cri de guerre, fous de rage, sans tirer un coup de fusil, ils tombent, à la baïonnette, au milieu des masses prussiennes terrifiées : elles font demi-tour, abandonnent Elsasshausen, se sauvent à toutes jambes devant ces lions de l'Atlas et se cachent à l'intérieur du petit bois, sous le Niederwald. Dans cet élan, les turcos ont repris 6 pièces que les Prussiens n'ont pas encore eu le temps d'emmener, puis ils traversent le petit bois, en lardant les fuyards de coups de baïonnettes et apparaissent devant le Niederwald.

Là, hélas! les régiments qui viennent de fuir ont trouvé de nouveaux bataillons, dissimulés et retranchés derrière les arbres et les fossés, et ont un peu repris courage à la constatation de leur immense supériorité numérique. Dès que les turcos sortent du petit bois, la fusillade crépite le long du Niederwald et, en quelques minutes, 800 hommes s'affaissent tués ou blessés : il faut battre en retraite (1).

D'après le Grand Etat-major prussien, nous avons, dans notre premier récit de la bataille de Frœschwiller écrit en 1879, ainsi résumé ce glorieux épisode de cette funeste journée.

Tout d'abord, les troupes allemandes sont culbutées par la fougue suprême de nos fantassins dont

(1) Général Bonnal, *Frœschwiller*, pp. 375 et 376. — Livre d'or du 1er régiment de tirailleurs algériens, cité par le général Bonnal, p. 376. — *Section historique*, VII, pp. 152 à 154. — Général Palat, t. III, pp. 289 à 291. — Arthur Chuquet, p. 42. — Paul et Victor Margueritte, *Histoire de la Guerre de 1870-1871*, p. 33. — Paul Martin, pp. 211 et 212. — *Les Braves Gens*, par Paul et Victor Margueritte, p. 169.

les chefs surexcitent l'ardeur en courant au premier rang, selon leur habitude. Les Prussiens se sauvent donc à toutes jambes jusqu'au Niederwald, entraînant dans cette déroute leur 3e batterie à cheval (1). Nous avançons toujours, poussant l'ennemi la baïonnette aux reins : encore 150 pas et nous nous emparons des terribles batteries qui nous écrasent depuis la matinée, mais nous sommes instantanément pris en flanc par le feu de nouvelles pièces de canons qui s'enflamment de chaque côté et joignent leur tempête de projectiles à la mitraille que nous crachent les batteries dont nous allions nous rendre maîtres. Aucune armée humaine ne serait en état de soutenir une semblable trombe : le sol tremble, la fumée aveugle, les obus sillonnent l'espace, retournant en l'air hommes, arbres et maisons, au milieu d'une poussière épaisse et d'un vacarme assourdissant... Nous battons en retraite (2) !

« Ainsi que les autres contre-attaques qui l'ont précédée, celle-ci n'a pas été soutenue. Nous les avons opérées en une seule ligne déployée ou en ligne de colonnes. Derrière, rien qui puisse continuer l'impulsion et achever la victoire. De là,

(1) *La Guerre franco-allemande*, 1re partie, p. 265. — Alfred Duquet, *Frœschwiller, Châlons, Sedan*, p. 125. — Les Prussiens prétendent n'avoir pu résister « à l'attaque des masses françaises ». (*La Guerre franco-allemande*, 1re partie, p. 270.) Ces « masses françaises » se composaient d'un régiment de turcos à moitié détruit à Wissembourg.

(2) Alfred Duquet, *Frœschwiller, Châlons, Sedan*, pp. 125 et 126. — « Les fractions allemandes postées à l'est d'Elsasshausen, désagrégées par suite de la lutte violente qu'elles venaient de soutenir, ne purent tenir tête aux assaillants; elles furent en partie refoulées jusque dans le Niederwald ; mais on les rallia vivement pour les ramener derechef en avant. » (*Mémoires du maréchal de Moltke*, p. 22.) — Général de Woyde, t. I, p. 145. — Colonel Fabre, pp. 43 et 44. — Capitaine Gasselin, p. 40. — Nombre de personnes continuent à croire que cette charge des turcos a eu lieu au moment du sursaut de la division de Lartigue, que nous avons raconté plus haut, pp. 288 à 290.

l'obligation de s'arrêter quand la réserve d'énergie est épuisée; on combat sur place, en attendant l'inévitable retour offensif de l'ennemi qui balaie tout (1). »

Quel acte d'accusation plus accablant peut-il être dressé contre les professionnels de l'armée, et comme ils sont mal venus à mépriser les critiques à eux adressées par les civils qui se permettent de constater et de raisonner!

Comme nous nous épuisions ainsi dans un dernier effort contre Elsasshausen, les Wurtembergeois apparaissaient de chaque côté de ce hameau; les deux corps bavarois s'avançaient également sur nous; toute la IIIe armée allemande enveloppait de ses masses lugubres les héroïques débris de Wissembourg, de Wœrth et d'Elsasshausen, confusément rassemblés autour de Frœschwiller. Il était 3 heures passées (2).

PRISE DE FRŒSCHWILLER

Le Prince royal n'avait plus à compter sur les troupes du IIe corps bavarois. Après leur fuite de la matinée, elles se tenaient de Langensulzbach au Vieux-Moulin et c'était déjà beaucoup demander aux 3 bataillons de la division Bothmer, qui en occupaient les environs, de ne pas déguerpir au plus vite, ce qu'ils auraient fait, du reste, sans tarder, s'ils avaient été attaqués. Jusqu'à près de 2 heures de l'après-midi, les Bavarois laissèrent le général Ducrot tranquille.

(1) Général Palat, t. III, pp. 291 et 292. — Général Bonnal. *Frœschwiller*, pp. 389 et 390.
(2) Alfred Duquet, *Frœschwiller, Châlons, Sedan*, p. 128.

Mais le général von der Tann, commandant le Ier corps bavarois, a pris le galop et dépassé son avant-garde ; il arrive à Dieffenbach, où se tient le général de Kirchbach, et les deux généraux décident que, selon l'ordre reçu, le Ier corps bavarois tournera l'aile gauche française en essayant d'entraîner avec lui les atterrés du IIe corps.

Donc, le général von der Tann se dispose, vers 2 heures à l'attaque de Frœschwiller et reforme, près de la Scierie, ses régiments désorganisés par la marche. Les troupes bavaroises montent à l'assaut des collines que nous occupons. Notre 1re division les rejette brutalement au bas des pentes qu'elles viennent d'escalader. A 3 heures, les Français dirigent un tel feu contre leurs adversaires que 3 bataillons prennent la fuite jusqu'à la Scierie; nous les poursuivons vivement, mais, là encore comme sur tous les autres points du champ de bataille, nous nous heurtons à des troupes fraîches qui nous contraignent à rentrer dans nos retranchements (1).

Cependant, vers 3 heures, le maréchal de Mac-Mahon, vivement pressé du côté de sa droite repoussée d'Elsasshausen, et qui vient de voir le général Colson, son chef d'état-major, tué d'une balle au front, dégarnit sa gauche qui, depuis le matin, culbute les guerriers du IIe corps bavarois chaque fois qu'ils se présentent et qui les aurait certainement mis en déroute complète si elle avait quitté les environs de Frœschwiller et profité de ses succès. De fait, « la pusillanimité des Bavarois est telle que, luttant à raison de quatre contre un, et avec l'appui d'une artillerie toute-puissante, ils se sauvent dès qu'un groupe français fait mine de

(1) *La Guerre franco-allemande*, 1re partie, p. 273. — Alfred Duquet, *Frœschwiller, Châlons, Sedan*, p. 129.

les attaquer (1) ». Enfin, à la faveur de cet affaiblissement de notre gauche, les généraux de Hartmann et von der Tann gagnent quelques mètres de terrain, sans toutefois entamer en quoi que ce soit la redoutable division française dont le chef, ce jour là, s'il eut un rôle par trop défensif, le remplit, du moins, avec vigueur et habileté, surtout à la fin de la bataille, non contre le IIe corps bavarois, puisque dès le matin il l'avait réduit à l'impuissance, mais aussi contre le Ier corps, qui était arrivé, intact, apporter son appui à des camarades, déjà si cruellement éprouvés à Wissembourg et au début du combat. Nous rendons d'autant plus facilement cette justice au général Ducrot, comme nous lui avons donné raison plus haut contre le général Bonnal (2), que nous aurons, plus tard, à lui adresser de bien graves reproches (3).

Mais les Prussiens avaient reçu un renfort décisif. Depuis 9 heures, le général de Werder, commandant le corps wurtembergeois-badois, se tenait auprès de la division wurtembergeoise, installée de Schwabwiller à Niederbetschdorf (3 lieues de Gunstett). De là, il entendait la canonnade et se trouvait aussi embarrassé que M. de Failly à Bitche. Vers 11 heures, sur un avis du général de Bose, il faisait marcher ses régiments au canon. Un peu après 4 heures, il amenait ses bataillons au complet à l'aide des brigades épuisées du XIe corps. Quant à la division badoise, à 4 heures seulement elle atteignait Surbourg, à 5 kilomètres de Gunstett (4).

Ainsi donc, quelques minutes après 4 heures, depuis Elsasshausen jusqu'à Langensulzbach, cinq

(1) Général Bonnal, *Frœschwiller*, p. 400.
(2) Voir, *suprà*, pp. 185 et suivantes.
(3) Alfred Duquet, *Frœschwiller, Châlons, Sedan*, pp. 129 et 130.
(4) Général Bonnal, *Frœschwiller*, p. 408.

corps d'armée allemands s'avancent compacts, parfaitement reliés, à l'attaque de Frœschwiller « clef de la position (1) ». Après 4 heures, « 84 bouches à feu, notamment, sont en position près d'Elsasshausen et tirent, à 800 mètres, sur les troupes qui défendent Frœschwiller. Faute d'espace, le reste de l'artillerie des Ve et XIe corps reste en réserve (2) »! Les défenseurs de cet infortuné village, point de mire de toutes les pièces ennemies, sont écrasés d'obus et de boîtes à balles, mais continuent à s'y battre en désespérés (3), en dépit de l'incendie qui dévore même le clocher de l'église, immense et sinistre torche de cette boucherie humaine (4).

Au nord de Frœschwiller, également, la lutte a été épique. Le colonel Suzzoni, le fameux défenseur du bois de Frœschwiller, qui se battait depuis le matin, a repoussé six assauts des Allemands, a combattu jusqu'à la mort, on peut le dire, puisqu'une balle, seule, est parvenue à l'abattre pour jamais.

« Longtemps, dans le bois, on résista autour d'une barricade improvisée avec des havre-sacs et des ballots de couvertures. Ailleurs, des branches coupées par les obus sont amoncelées en abatis. Tirailleurs, chasseurs à pied, fantassins combattent par petits groupes, sans direction d'ensemble, suivant l'inspiration du moment (5). »

Le 2e régiment de tirailleurs algériens a été

(1) J. Meckel, p. 9. — « Environ 100 000 Allemands ont pris part à la bataille. » (Général Bonnal, *Frœschwiller*, p. 442, note 1.) — Voir général Palat, t. III, p. 329, note 1.

(2) Capitaine Gasselin, p. 45.

(3) *La Guerre franco-allemande*, 1re partie, p. 274. — Alfred Duquet, *Frœschwiller, Châlons, Sedan*, p. 130. — Capitaine Gasselin, p. 44, fig. 10 et p. 46, fig. 11. — Général Palat, t. III, p. 303. — Général de Woyde, t. I, p. 133.

(4) Commandant de Missy, p. 45.

(5) Général Palat, t. III, p. 301.

sublime dans sa résistance : sur 76 officiers et 2200 turcos, qui le composaient avant le premier coup de feu, 70 officiers et 1860 hommes furent tués ou blessés (1). Voilà des chiffres glorieux pour une armée; que n'auraient pas fait de semblables héros s'ils avaient été bien conduits!

Jusqu'à 5 heures passées, la lutte continua dans ce bois ensanglanté, envahi de tous côtés par des milliers d'Allemands (2). « Alors, commença une véritable chasse à l'homme. Officiers et soldats français furent traqués et mis à mort par des gens devenus d'autant plus féroces qu'ils avaient tremblé davantage (3). » — « Là, encore, la victoire de l'ennemi ne tint pas à la direction qui lui fut imprimée, à la supériorité de ses procédés tactiques. Ce fut, avant tout, affaire de nombre (4). »

A l'est de Frœschwiller, le général Raoult avait dirigé farouchement la défense. Sombre, désespéré, il voulait arrêter l'ennemi ou mourir. Les brigades prussiennes de Bothmer et de Henning avaient suivi le grand ravin, creusé de la Sauër à Frœschwiller; elles avançaient rapidement vers le village. Avec promptitude, le général Raoult charge le général Lefebvre, commandant la 2e brigade, d'arrêter les assaillants. A 3 heures trois quarts, ramassant les débris de 2 bataillons, un du 18e de ligne et un autre du 78e, Raoult se défend pied à pied contre les masses qui le pressent. Mais la poussée est trop forte, nos pauvres soldats ploient (5). En-

(1) Général Bonnal, *Frœschwiller*, pp. 401 et 405. — *Section historique*, pp. 158 à 164.

(2) Général Palat, t. III, pp. 301 et 302. — Commandant de Missy, p. 47.

(3) Général Bonnal, *Frœschwiller*, p. 403. — Général Palat, t. III, p. 302.

(4) Général Palat, t. III, p. 302.

(5) Général Bonnal, *Frœschwiller*, p. 402. — *Section historique*, VII, p. 155.

tourés de tous côtés, broyés par les projectiles qui pleuvent comme grêle, des officiers supplient Raoult de donner un ordre de retraite. « Non, non, répond-il, je ne donnerai pas d'ordre de retraite. Voyez, je n'ai plus rien, mes deux chevaux tués, mes aides de camp disparus. Je vais rester avec vous. Il faut tenir ici, et, si on ne peut tenir, mourir (1)! » Alors, sans écouter les supplications des officiers et des soldats, le rude général marche à la rencontre de l'ennemi, cherchant la vraie fin de l'homme de guerre habitué à toujours vaincre et qui ne veut pas survivre à la défaite de ses troupes. « C'est là que le général Raoult est mortellement atteint (2). »

Le général Bonnal écrit que le général Raoult était « à cheval et en grande tenue » (3) quand la balle prussienne le frappa. C'est une erreur. D'abord le commandant de Missy, qui l'a vu à ce moment, nous a affirmé que le général était à

(1) Ludovic Halévy, p. 23.

(2) Commandant de Missy, p. 45. — « Le général s'est jeté en avant dans les balles. On n'a pas pu l'empêcher. Il voulait se faire tuer. » (Ludovic Halévy, p. 23.) — Paul Martin, p. 216. — *De Frœschwiller à Sedan*, p. 23. — Le général fut secouru par le commandant Duhousset, qui resta à ses côtés jusqu'à l'arrivée des Allemands. Le général von der Tann avait connu Raoult en Afrique; le trouvant étendu au pied d'un arbre, il fit prévenir le Prince royal qui accourut au galop. L'énergique blessé eut encore la force de lui présenter le commandant Duhousset. « Monsieur le major, dit le Prince à ce dernier, en raison de votre belle conduite, vous êtes libre. » Quant au général, transporté au château du comte de Leusse, il y mourut le 10 août. (*Le Spectateur militaire*, livraison du 15 août 1874, pp. 187 et 188.) — Ancien major de tranchées à Sébastopol, il s'était lié d'amitié avec le fameux général russe Totleben. Quand ce dernier vint en France après la guerre d'Orient, il dit à Napoléon III, en prenant congé de lui, qu'il allait, à Châlons, embrasser son ami le colonel Raoult, l'homme qui lui avait donné le plus de fil à retordre à Sébastopol. L'Empereur nomma immédiatement Raoult chef d'état-major de la Garde. (*Ibid.*)

(3) Général Bonnal, *Frœschwiller*, p. 402.

pied (1). De plus, nous ne voyons pas le brave Raoult « en grande tenue », c'est-à-dire en chapeau à plumes, écharpe autour de la taille, culotte de peau blanche, au cours d'une bataille. Lorsqu'un général part en campagne, il laisse le tricorne chez lui et se coiffe du képi brodé d'or; écharpe et culotte de peau tiennent compagnie au tricorne.

Par malheur, le duc de Magenta n'avait pas imité le général Raoult : il se réservait pour donner Sedan à la France. Enfin, les débris de son armée submergée, se retirent sur Frœschwiller.

« L'ennemi n'est guère moins en désordre que nous. Avant l'assaut «« plus de 50 bataillons prussiens et wurtembergeois »», sont entassés sur un secteur de «« 1500 mètres de corde et 100 mètres de rayon »», aux abords sud et est de Frœschwiller. Il doit y avoir là au delà de 40 000 hommes. En réalité, on ne voit qu'une forte ligne de tirailleurs, soutenue, de loin en loin, par quelques bataillons compacts. C'est que les défaillances ont été nombreuses au cours de cette longue lutte. «« La campagne était semée de soldats qui s'étaient défilés et ne prenaient aucune part au combat. On aurait pu en former des bataillons; d'un regard, on en embrassait des centaines (2). »»

Mais un bataillon wurtembergeois tourne la position par la droite, du côté de la route de Reichshoffen, et s'installe à tirailler à peu de distance des maisons. Au sud, le général de Bose lance ses troupes en avant et tombe grièvement blessé ainsi que la

(1) Le général Raoult « se tenait à pied (son cheval ayant été tué sous lui) à l'entrée de Frœschwiller, entouré des débris des différents corps de sa division ». (Commandant de Missy, p. 45.) — Ludovic Halévy, p. 23.

(2) Général Bonnal, *Frœschwiller*, p. 416. — « Toute proportion gardée, il y a eu, chez nous, moins d'embusqués que dans l'armée allemande. » (*Ibid.*) — *Ibid.*, p. 417.

plupart des officiers de son état-major; en dépit de ces hécatombes, de ces traînées de morts qui noircissent hideusement le sol empourpré, les soldats du XIe corps pénètrent dans l'infernal village. Au même instant, le Ve corps et les Bavarois abordent Frœschwiller par l'est et par le nord, et s'écoulent à notre suite, du côté de Reichshoffen. « Les Français continuent à se battre avec acharnement dans les habitations en flammes, quoique toute retraite leur soit coupée, car le 94e prussien vient d'occuper les issues (1). »

C'est ici qu'il faudrait la plume des grands historiens pour raconter dignement l'agonie gigantesque des régiments qui ne fuient point. Oui, parmi ces décombres fumants, derrière ces haies déchirées, ces murs ébranlés, dans cette église crénelée, remplie tout à la fois de blessés affolés et de combattants furieux, au milieu de Frœschwiller embrasé, s'agite encore, sublime de désespoir, une phalange qui meurt et ne se rend pas. C'est rue à rue, maison par maison, pied à pied, que les Français disputent le terrain, et, lorsque les Allemands ont achevé leur rude besogne, ils savent ce qu'il en coûte, combien il faut sacrifier de bataillons pour coucher à jamais par terre les survivants de Malakoff et de Magenta (2).

(1) Major Scheibert, p. 67. — « Les Français, assaillis de toutes parts, se défendent avec le courage du désespoir. » (Colonel Borbstaedt, p. 293.)

(2) Alfred Duquet, *Frœschwiller, Châlons, Sedan*, p. 131. — « Les Français continuent une résistance acharnée, mais sans espoir, dans les rues du village. » (*La Guerre franco-allemande*, 1re partie, p. 276.) — « La résistance acharnée des Français dans toutes les batailles, même après la surprise de Beaumont, leur fait le plus grand honneur. » (Karl Bleibtreu, p. 157.) — Général de Woyde, t. I, p. 149.

ESSAI DE POURSUITE

La prise de Frœschwiller était le dernier acte de ce drame grandiose et sanglant. Les Français plient de toutes parts et se précipitent en désordre vers la route de Reichshoffen et le Grosserwald.

Quand le général Ducrot eut constaté que la partie était irrémédiablement perdue, que la défense de Frœschwiller se terminait par l'écrasement des vaillants qui s'y obstinaient, il disposa les bataillons les moins éprouvés en vue de la retraite. Après 3 heures et demie, quelques fractions du 50ᵉ de ligne s'installèrent le long de la lisière orientale du Grosserwald, en face de Frœschwiller. Une heure plus tard, le 1ᵉʳ zouaves et deux bataillons du 45ᵉ de ligne se portent du nord-est au sud-ouest de Frœschwiller. De là, les soldats du 45ᵉ se dirigent du côté d'Elsasshausen, mais, à peine ont-ils gravi le monticule s'élevant entre Frœschwiller et Elsasshausen que, broyés par les projectiles, ils tournent sur eux-mêmes, comme les feuilles mortes de l'automne sous la poussée de l'ouragan, et se sauvent à toutes jambes vers le bois ; seul, un bataillon de 1ᵉʳ zouaves, empêche les Allemands d'avancer (1).

(1) Général Bonnal, *Frœschwiller*, pp. 419 et 420. — *Section historique*, VII, pp. 173 à 175. — Général Palat, t. III, p. 309. — « C'est à 4 heures seulement, alors que toute notre droite et notre centre, accablés et débordés par des forces supérieures, fuyaient en désordre, que le Maréchal a fait donner l'ordre au général Ducrot d'utiliser les cinq bataillons dont il disposait encore, pour couvrir la retraite des troupes et des *impedimenta* entassés à l'entrée de la forêt du Grosserwald... encore a-t-on négligé à ce moment d'indiquer au général commandant la 1ʳᵉ division dans quelle direction devait s'opérer cette retraite. » (*La Vie militaire du général Ducrot*, t. II, pp. 378 et 379.)

Quelques réserves tiennent encore au nord de la route; elles se replient bientôt en bon ordre sur Reichshoffen.

Seule, une batterie continue imperturbablement un tir meurtrier contre les vainqueurs. Les 94e et 82e prussiens finissent par s'en emparer après avoir subi de grosses pertes (1). De la lisière du Grosserwald, les Français couvrent tant bien que mal leur retraite, en recommençant le feu sur les poursuivants. Mais, à 5 heures, on n'entend plus, à Frœschwiller, que les cris déchirants des blessés, le bruit affaibli de la fusillade du Grosserwald et les détonations du canon qui suit de ses obus les glorieux vétérans de tant de batailles (2).

Pendant que la IIIe armée reformait, autour de Frœschwiller ses régiments confondus dans un sanglant pêle-mêle, 7 escadrons wurtembergeois et 5 prussiens nous poursuivaient, aidés par le feu de 2 batteries wurtembergeoises, établies, l'une au sud, l'autre à l'est de Reichshoffen, et d'une batterie bavaroise, qui s'était avancée près de Niederbronn, à l'est de l'entrée du bourg, du côté sud (3).

C'était peu, eu égard au nombre des régiments de cavalerie présents. Ils s'avancèrent très prudem-

(1) « Nous admirons sans réserve la batterie française qui a tiré jusque dans la figure des tirailleurs prussiens, préférant abandonner ses canons que de perdre l'occasion d'utiliser une boîte à mitraille. » (Général Bonnal, *Frœschwiller*, pp. 422 et 423.) — « Si, à certains moments, une pièce équivaut à un bataillon, il en est d'autres où elle ne vaut pas la peau d'un cheval. » (*Ibid.*, 423.) — L'observation est juste, sauf l'exagération du dernier terme car un canon vaut toujours plus que la peau d'un cheval, même plus qu'un cheval vivant. — La *Section historique* affirme qu'une pièce de cette batterie (la 7e) fut sauvée par M. Edouard Pistor, élève de l'Ecole polytechnique, qui accourut avec un attelage de la 6e batterie, conduit par un brave nommé Borie, au moyen duquel la pièce fut emportée. (VII, p. 175.)

(2) Alfred Duquet, *Frœschwiller, Châlons, Sedan*, pp. 131 et 132. — Général Bonnal, *Frœschwiller*, p. 420.

(3) Capitaine Gasselin, p. 47, fig. 12.

ment et entrèrent dans Reichshoffen quand il fut presque évacué. Ils y firent prisonniers 2 officiers et 107 hommes. Au château du comte de Leusse, ils capturèrent, dans son lit, le général de Nicolaï, malade depuis la veille, et son officier d'ordonnance. Dans la gare, ils s'emparèrent encore de 2 locomotives, de 100 wagons chargés et d'une bouche à feu (1).

Et ce fut tout! « Voilà des opérations de cavalerie qui ne semblent avoir de la poursuite que le nom. Il y a loin de la conduite de ces cavaliers à celle des cavaliers français, le soir du 14 octobre 1806, et des cavaliers prussiens, après Waterloo (2). »

A la même heure, sur notre gauche, une brigade d'infanterie, 2 batteries, une brigade de uhlans, 2 régiments de chevau-légers, appartenant tous aux Ier et IIe corps bavarois, tentaient de poursuivre les vaincus du côté de Reichshoffen et de Niederbronn, mais ne se risquaient pas à les rejoindre.

On voit que la poursuite des Bavarois avait été « plus timide encore (3) » que celle des Wurtembergeois. Quant à la division du prince Albrecht (IVe), son rôle fut nul (4). Sans l'engager, on la rapprocha de Morsbronn afin que, le lendemain, elle fût en état d'inquiéter la retraite des soldats de Mac-Mahon (5). C'est le comble de la prudence! En fait,

(1) *La Guerre franco-allemande*, 1re partie, p. 183. — Alfred Duquet, *Frœschwiller, Châlons, Sedan*, p. 135. — Général Bonnal, *Frœschwiller*, pp. 426 et 427.

(2) Général Bonnal *Frœschwiller*, p. 427. — *La Guerre franco-allemande*, 1re partie, p. 279. — Alfred Duquet, *Frœschwiller. Châlons, Sedan*, p. 133. — « Il n'y eut, à proprement parler, aucune poursuite. » (Général de Woyde, t. I, p. 150.) — *Ibid.*, t. I, p. 153. — Ce fut « un semblant de poursuite ». (Paul et Victor Margueritte, *Histoire de la Guerre de 1870-1871*, p. 33.)

(3) Général Bonnal, *Frœschwiller*, p. 427.

(4) Alfred Duquet, *Frœschwiller, Châlons, Sedan*, p. 134. — Général Bonnal, *Frœschwiller*, pp. 429 et 430. — Général Palat, t. III, p. 321 et 322. — *Mémoires du maréchal de Moltke*, p. 23.

(5) *La Guerre franco-allemande*, 1re partie, p. 280.

l'ennemi ne s'empara guère, en dépit des amplifications du récit officiel prussien, que des blessés et de quelques traînards ou malades (1).

Aussi bien, quand les ennemis veulent pousser plus avant le long du Falkensteinerbach, ils aperçoivent la division Guyot de Lespart, du 5e corps, dont partie occupe les mamelons sud et nord-est de Niederbronn, qui les fusille et les canonne si vivement que cavalerie et artillerie, étonnées de cet accueil, auquel elles ne sont plus habituées depuis une heure, font volte-face et laissent la malheureuse armée accomplir tranquillement sa retraite. « Cette démonstration suffit à arrêter les Allemands (2) ». La division Guyot de Lespart n'a donc pas été inutile. De quel secours aurait-elle été, à Frœschwiller, si le maréchal l'avait demandée, dès l'arrivée à Bitche, au lieu de la réclamer mollement et de lui indiquer tantôt un point, tantôt un autre comme objectif (3) ! Le général Derrécagaix déclare que, si le 5e corps avait marché au canon, « il n'aurait modifié les conséquences du combat de Wœrth que pour les aggraver (4) ». Nous ne saisissons pas. Est-ce que, plusieurs fois, les Allemands, ce jour-là, n'ont pas été

(1) « La poursuite des Allemands fut à peine esquissée; leur cavalerie s'en prit aux fourgons à bagages. » (Général Bonnal, *Frœschwiller*, p. 439) — « La poursuite a été très mollement conduite. » (Général Palat, t. III, p. 326.)

(2) Général Palat, t. III, pp. 312 et 315. — *Les Transformations de l'armée française*, par le général Thoumas, t. II, p. 402. — Général Derrécagaix, p. 116. — Major Scheibert, p. 68. — Colonel Borbstaedt, pp. 293 et 295. — *Mémoires du maréchal de Moltke*, pp. 22 et 23. — Arthur Chuquet, p. 43. — L. Dussieux, t. I, p. 109. — Paul Martin, p. 220. — *La Campagne de 1870 jusqu'au 1er septembre*, p. 44. — Le Faure, t. I, pp. 116 et 117. — *De Frœschwiller à Sedan*, p. 27. — Théodore Duret, t. I, p. 210. — Colonel Fabre, p. 45.

(3) Alfred Duquet, *Frœschwiller, Châlons, Sedan*, p. 135. — Général Palat, t. III, pp. 312 et 313.

(4) Général Derrécagaix, p. 118. — Henri Haslan, p. 52. — *La Vie militaire du général Ducrot*, t. II, p. 378.

à deux doigts de la déroute? Est-ce que leur victoire n'a pas été longtemps douteuse et ne l'ont-ils pas achetée au prix de pertes effroyables? Est-ce que l'apparition, vers 2 heures, de troupes de renfort n'aurait pas rendu impossible le mouvement tournant du XIe corps ou achevé l'écrasement de l'aile droite allemande? Alors... le général Derrécagaix est coutumier de raisonnements plus solides.

Et les pauvres gens, qui se sont si bien battus, marchent, marchent, marchent. « Nous cheminons, dit un des vaincus, en longues files, la tête basse, livrés aux plus tristes réflexions; tantôt côtoyant les voitures qui tiennent le milieu de la chaussée et dont l'encombrement nous arrête à chaque pas; tantôt, quand le terrain le permet, débordant à droite et à gauche, dans des champs, pour marcher plus à l'aise. Des blessés... les uns à pied, les autres en voiture ou juchés sur des caissons... Des hommes de tous les corps... mêlés, la figure noire de poudre et de poussière, les vêtements en désordre. Dans notre pauvre division (Pellé), deux fois si durement traitée, notre bataillon, seul, ayant échappé à la démoralisation de la défaite, conserve assez d'ordre et de tenue... chaque village est marqué par un temps d'arrêt... La moitié des maisons hermétiquement fermées; une partie des habitants a fui, l'autre se cache... Quelques-uns cependant ouvrent leurs portes et distribuent aux soldats de l'eau, du vin et un peu de pain (1). » « Le Maréchal apparaît au milieu de ce sombre tableau et désigne Saverne comme point de ralliement (2). »

(1) *Vie et Souvenirs d'un officier de chasseurs à pied*; cité par le général Palat, t. III, pp. 318 et 319.

(2) Général Derrécagaix, p. 115. — Henry Brackenbury, p. 62. — Arthur Chuquet, p. 43.

Pendant que les vaincus s'écoulaient en désordre vers l'ouest, M. de Mac-Mahon expédiait, de Niederbronn, le télégramme suivant à l'Empereur : « J'ai été attaqué ce matin, à 7 heures, par des forces très considérables. J'ai perdu la bataille; nous avons éprouvé de grandes pertes en hommes et en matériel. La retraite s'opère, en ce moment, partie sur Bitche, partie sur Saverne. Je tâcherai de gagner ce point où je reconstituerai l'armée. Nos hommes ont perdu la plus grande partie de leurs sacs (1). »

Il y a une erreur grave dans ce télégramme. Bien loin d'avoir été attaqué, le matin, par des forces considérables, le Maréchal n'avait eu devant lui, jusqu'à 11 heures, que des fragments de troupes agissant en petit nombre et au hasard. La seule belle phrase de sa dépêche est celle où il dit, simplement : « J'ai perdu la bataille. »

Le 6, au soir, l'armée allemande bivouaquait sur les positions ci-après : le Ve corps, à Frœschwiller; le XIe, à Elsasshausen et Wœrth; 5 escadrons prussiens et une batterie wurtembergeoise, à Eberbach; le Ier corps bavarois, à Lampertsloch, Preuschdorf, Frœschwiller et Reichshoffen; le IIe corps bavarois, à Lembach, Reichshoffen et Niederbronn; les 1re et 3e brigades wurtembergeoises et la réserve d'artillerie, à Engelshoff; la 3e brigade, à Griesbach et Gundershoffen; la réserve de cavalerie, à Reichshoffen; la division badoise, à Gunstett et Schwaabwiller; la IVe division de cavalerie, près de Forstheim; la XIIe division du VIe corps, à Dahn, entre Wissembourg et Pirmasens, reliant ainsi la IIIe armée à la IIe (2).

La division Guyot de Lespart avait tout d'abord

(1) *Section historique*, VII, p. 177.
(2) *La Guerre franco-allemande*, 1re partie, pp. 284 et 285.

arrêté les escadrons ennemis, et, en réalité, la cavalerie allemande ne put rejoindre le gros de nos forces qui atteignit Saverne dans la journée du 7. Mais cette division ne pouvait songer à barrer le passage au flot des envahisseurs; aussi, la brigade de Fontanges se replia-t-elle sur Saverne pendant que la brigade Abbatucci, suivie d'un millier d'isolés du 1er corps, rétrogradait vers Bitche (1).

Quant au général de Failly, il avait reçu, vers 5 heures du soir, des télégrammes lui annonçant la perte de la bataille. Puis, la dépêche suivante lui fut remise : « Chef de gare, Banstein, à Bitche. 6 août, 6 h. 30 du soir. L'ennemi est à Niederbronn; tout est en déroute. » Enfin, un mot du général Abbatucci lui annonçait les directions prises par sa brigade et par celle du général de Fontanges (2).

« Par suite de ces dépêches et des renseignements recueillis de tous côtés, ayant acquis la certitude que le 1er corps tout entier battait en retraite sur Saverne, un conseil de guerre fut convoqué. Il se réunit à 7 heures du soir pour délibérer sur les deux questions suivantes : 1° Devait-on accepter le combat sous les murs de Bitche? 2° Devait-on suivre les mouvements de retraite du Maréchal en

(1) *La Guerre franco-allemande*, 1re partie, pp. 286. — « La brigade de Fontanges, du 5e corps, se maintint en ligne, sur la route de Reichshoffen à Saverne, contenant, sans trop de difficultés, les quelques uhlans, harassés de fatigue, lancés à la poursuite du 1er corps. Quand parurent les tirailleurs prussiens, une de ses batteries tira quelques coups de canon avant de se remettre en marche sur Saverne. Le 17e et le 68e de ligne restèrent en position jusqu'à 8 heures du soir, essuyant les derniers coups de feu, et ces braves régiments ne suivirent la retraite qu'après avoir vu la route entièrement débarrassée des derniers trainards du 1er corps. » (*Sedan*, par le général de Wimpffen, p. 93.) — Alfred Duquet, *Frœschwiller, Châlons, Sedan*, p. 139. — Général Palat, t. III, p. 314.

(2) Général de Failly, p. 15. — Général Bonnal, *Frœschwiller*, p. 451.

passant par la Petite-Pierre, point de défense du passage des Vosges, au-dessous de Reichshoffen, pour se diriger ensuite sur Phalsbourg et Saverne, autre défilé des Vosges? Après une discussion approfondie, la première question ne fut pas jugée acceptable. Le conseil fut d'avis que, bien que le fort de Bitche pût être considéré par sa position comme inexpugnable, il était impossible aux trois brigades de songer à combattre avec avantage sous ses murs, la plaine étant dominée de tous côtés. On conclut donc à la retraite, dans la crainte bien motivée de se voir fermer la seule route qui fût encore libre, celle de la Petite-Pierre (1) ».

Après avoir laissé comme garnison dans la place une compagnie de douaniers, un bataillon d'infanterie et des artilleurs comme instructeurs, la colonne du 5e corps se mit en marche à 9 heures du soir (2). Le général de Failly agissait sagement en faisant ainsi, car la défaite de Mac-Mahon mettait extérieurement à découvert son flanc droit; sa gauche était également exposée par une défaite essuyée, le même jour, à Saarbrück (Forbach), et il se trouvait isolé et dangereusement placé à Bitche (3).

(1) Général de Failly, p. 16.
(2) *Ibid.*, p. 17. — « La retraite immédiate fut décidée par la seule route restée libre, celle de la Petite-Pierre. » (Général Derrécagaix, p. 117.)
(3) Henry Brackenbury, p. 62.

CONSIDÉRATIONS

Le soir de ce jour fatal, le Prince royal parcourait à cheval le champ de carnage, salué par les hourrahs sauvages de ses Germains tout étonnés d'avoir vaincu ces soldats légendaires, et tout fiers de s'être mis six contre un pour mener à bonne fin cette glorieuse besogne.

Mais il ne fallait pas demander aux vainqueurs un nouvel effort; incapables de poursuivre leurs adversaires en retraite, « les soldats prussiens, à peine rassemblés par bataillon, régiment et brigade, s'étaient laissés tomber sur le sol, n'ayant même plus la force de préparer leur repas (1) ».

Voici, d'après les Prussiens, le résultat matériel de cette terrible boucherie : nous avions perdu 1 aigle, 28 canons, 5 mitrailleuses, 91 avant-trains, 23 fourgons de fusils et d'armes blanches, 158 autres voitures et 1193 chevaux ; nous comptions en outre, 200 officiers et 9000 hommes prisonniers (2); enfin nous avions 4000 hommes hors de combat (3).

Parmi les morts se trouvaient les généraux Colson et Raoult, le général Maire, commandant la 1re brigade de la division Conseil-Dumesnil; les colonels Franchessin, Suzzoni, Lafutsün de Lacarre, Poissonniers (4).

(1) Général Bonnal, *Frœschwiller*, p. 441.
(2) *La Guerre franco-allemande*, 1re partie, p. 284.
(3) *Le Spectateur militaire*, 3e série, t. XXIII, p. 116. — Le général Bonnal donne le même nombre de prisonniers que *Le Spectateur militaire*, mais accuse plus de 10000 tués et blessés (Page 442.) — Voir, sur l'effectif de Mac-Mahon, général Palat, t. III, p. 327, note 1.
(4) Alfred Duquet, *Frœschwiller, Châlons, Sedan*, p. 136.

Du côté de l'ennemi, s'il n'y avait aucune perte matérielle à déplorer, il y en avait d'horribles en hommes. L'état-major prussien avoue 106 officiers, 1483 soldats tués; 483 officiers, 7297 soldats blessés; il ajoute à ces chiffres celui de 1373 sol dats disparus. Cela fournit un total de 10642 hommes hors de combat (1). Deux généraux et quinze colonels avaient été atteints.

Malgré cette disproportion extraordinaire entre les morts et les blessés des deux armées, cette bataille, nous le répétons encore, était la lugubre préface de Sedan; c'était le laissez-passer de l'invasion, puisque le Maréchal ne songeait plus à défendre les Vosges. Un général d'artillerie, ancien aide de camp de l'Empereur, nous affirmait que Wissembourg avait été la cause de la défaite de Forbach; nous ne serons démenti par personne en disant, à notre tour, que Reichshoffen a étendu sur toute la campagne une fatalité désastreuse. Les conséquences de cette déroute furent incalculables, d'autant mieux que le duc de Magenta ne fit rien pour sauver une situation qu'il avait si gravement compromise par son insuffisance stratégique. C'est pourquoi nous terminerons ce récit de la journée du 6 en proclamant bien haut que l'Empereur et surtout le Maréchal sont responsables de ces lamentables catastrophes (2).

Nous n'avons plus rien à écrire sur cette bataille mémorable et nous nous contentons de faire observer que, s'il eût été préférable de se

(1) *La Guerre franco-allemande*, 1re partie, supplément n° 12, p. 129. — « La victoire de la IIIe armée avait été chèrement achetée. » (*Mémoires du maréchal de Moltke*, p. 23.)

(2) Alfred Duquet, *Frœschwiller, Châlons, Sedan*, p. 137.

dérober à toute lutte près de la Sauer et de gagner les Vosges, néanmoins un général digne de ce nom aurait profité de l'anarchie régnant dans le commandement ennemi pour infliger aux Allemands des échecs qui se seraient changés en désastre au cas où nos succès auraient été poussés à fond et, surtout, si le général de Failly avait débouché, par Lembach, sur les derrières de la IIIe armée, à l'instant critique où ses chefs perdaient la tête, vers midi ou 1 heure, même vers 3 heures.

Pareillement, si la division Guyot de Lespart était apparue à Frœschwiller au plus fort de la bataille, « n'eût-elle débouché de Reichshoffen qu'à 2 heures, cette division pouvait jouer le rôle de Desaix à Marengo, car, lorsqu'on a vu à quel degré d'épuisement étaient tombées les troupes allemandes vers 3 heures, on est en droit d'admettre que l'entrée en action, à cette heure-là, d'une division française intacte, aurait modifié du tout au tout la situation (1) ».

Hélas! « dans le camp français on constate l'absence de toute idée militaire et, par suite, de toute combinaison (2) ».

(1) Général Bonnal, *Frœschwiller*, p. 391. — Général Palat, t. III, p. 312. — *Journée du 6 août*, par un Lorrain, p. 10. — *Contrà* : « En admettant que la division Guyot de Lespart fût en ligne une heure ou deux heures plus tôt, il est bien probable que son intervention n'aurait pas changé beaucoup le sort de la journée. » (*La Vie militaire du général Ducrot*, t. II, p. 378.) — Général Derrécagaix, p. 118. — Henri Haslan, p. 52. — Voir, *suprà*, pp. 206 et 207.

(2) Général Bonnal, *Frœschwiller*, p. 445. — « Le commandement français était si incapable en ce temps-là. » (*Ibid.*, p. 451.) — « Nos deux affaires, à nous, 1er corps, Wissembourg et Frœschwiller, pèseront lourdement peut-être sur l'Empereur et le général de Failly, mais bien certainement sur le maréchal de Mac-Mahon. On ne jette pas aussi fâcheusement, sans qu'elles puissent se porter secours entre elles, les fractions de ses troupes en face de l'ennemi. Averti, on vient à leur aide, coûte que coûte,

De quels anathèmes n'avons-nous pas été salué, en 1877 et en 1879, quand, dans notre *Légende de Magenta* et dans notre *Frœschwiller, Châlons, Sedan*, nous avons, le premier, avant M. le général Bonnal et tous les autres, clairement exprimé cette opinion ! Nous insultions nos gloires militaires, faussions la vérité ! Maintenant les généraux de l'Ecole de Guerre eux-mêmes sont forcés de reconnaître le bien fondé de nos accusations, de nos condamnations.

Oui, à Frœschwiller, si les Français avaient été commandés, même ordinairement, en dépit de l'énorme supériorité numérique de leurs adversaires, de la qualité de l'artillerie des Allemands, de la solidarité dont firent preuve leurs grands chefs, de l'instruction des officiers subalternes et de la discipline des soldats, nul doute que la valeur incomparable des troupiers de France aurait

et quand on se voit devant une armée quadruple, lorsqu'on peut en quelques instants faire une retraite honorable, se retrancher dans des défilés où, avec un dixième des forces de l'ennemi, on est assuré de le combattre avantageusement, on le fait. On raconte que l'Empereur a ordonné de livrer bataille ; je dis, moi, que, dans un cas pareil, on n'obéit pas. Les devoirs d'un général en chef ne sont pas ceux d'un simple officier. Il nous était si facile de nous replier sur les Vosges ! On eût laissé à l'ennemi la vallée du Rhin, sans doute, mais on lui eût interdit l'accès des montagnes. On eût pu se concentrer avec les 2e et 5e corps et alors livrer bataille, à forces à peu près égales, au prince de Prusse. » (*De Frœschwiller à Sedan*, journal d'un officier du 1er corps, p. 31 et 32.) — « Cette surprise et cet écrasement de la malheureuse division Abel Douay, cette bataille de Frœschwiller livrée par un homme, ayant le renom de bon tacticien, qui n'hésite pas à jeter 33 000 braves soldats contre une armée de 140 000 hommes, sans même s'assurer s'il sera soutenu par les corps à sa proximité, tout cela me causa un trouble profond. Mes premières illusions de succès étaient passées, et j'étais loin de prévoir alors à quelles extrémités affreuses nous entraînerait une série de fautes sans pareilles dues à l'orgueil des uns, à la nullité des autres. » (*Sedan*, par le général de Wimpffen, p. 71.) — « Mac-Mahon avait fait écharper stupidement son armée, à Frœschwiller, par des forces quadruples. » (Urbain Gohier, *L'Armée nouvelle*, p. 45.)

eu raison des atouts se trouvant dans le jeu des Prussiens et que la victoire n'eût pas déserté nos drapeaux (1).

(1) « Les combattants de l'armée d'Alsace, qui sont revenus de la bataille sains et saufs, ont passé la nuit du 5 au 6 au bivouac sous une pluie torrentielle, ont combattu toute la journée du 6 sans boire ni manger, ont exécuté, du 6 au soir au 7 avant midi, une marche de 45 kilomètres, et, enfin, ont été, dans la soirée du 7, bivouaquer à 10 kilomètres plus loin, autour de Phalsbourg. Les troupes capables de développer de tels efforts ne sont pas ordinaires. » (Général Bonnal, *Frœschwiller*, p. 442.) — Général Palat, t. III, p. 319. — « L'infanterie française s'était signalée par une résistance opiniâtre et la cavalerie s'était fait héroïquement tuer pour dégager l'infanterie enserrée de toutes parts. » (Major Scheibert, p. 68.)

PIÈCES JUSTIFICATIVES

I

ARMÉE FRANÇAISE

Commandant en chef de l'armée : l'Empereur.

Major général : le maréchal LE BŒUF.

GARDE IMPÉRIALE.

Général de division BOURBAKI, ayant sous ses ordres 20 bataillons d'infanterie, 1 bataillon de chasseurs, 24 escadrons, 12 batteries.

Chaque division d'infanterie de la Garde, comme des autres corps, avait trois batteries (dont une, le plus souvent, de mitrailleuses); chaque division de cavalerie, deux batteries; enfin la réserve d'artillerie comptait autant de fois douze pièces qu'il y avait de divisions d'infanterie dans le corps d'armée.

1er CORPS.

MARÉCHAL DE MAC-MAHON, ayant sous ses ordres :

1re division d'infanterie : Général Ducrot.	1re brigade : Général Wolff.	13e bataillon de chasseurs; 18e et 96e de ligne.
	2e brigade : Général de Postis du Houlbec.	45e de ligne; 1er zouaves.

Division	Brigade	Troupes
2e division d'infanterie : Général Abel Douay.	1re brigade : Général Pelletier de Montmarie.	16e bataillon de chasseurs ; 50e et 74e de ligne.
	2e brigade : Général Pellé.	78e de ligne ; 1er tirailleurs algériens.
3e division d'infanterie : Général Raoult.	1re brigade : Général Lhérilier.	8e bataillon de chasseurs ; 36e de ligne, 2e zouaves.
	2e brigade : Général Lefebvre.	48e de ligne ; 2e tirailleurs algériens.
4e division d'infanterie : Général de Lartigue.	1re brigade : Général Fraboulet de Kerléadec.	1er bataillon de chasseurs ; 56e de ligne, 3e zouaves.
	2e brigade : Général Lacretelle.	87e de ligne ; 3e tirailleurs algériens
Division de cavalerie : Général Duhesme.	1re brigade : Général de Septeuil.	3e hussards ; 11e chasseurs.
	2e brigade : Général de Nansouty.	2e et 6e lanciers ; 10e dragons,
	3e brigade : Général Michel.	8e cuirassiers ; 9e cuirassiers.

Total : 48 bataillons d'infanterie, 4 bataillons de chasseurs 28 escadrons, 20 batteries.

2e corps.

Général de division Frossard, ayant sous ses ordres : 36 bataillons d'infanterie, 3 bataillons de chasseurs, 16 escadrons, 15 batteries.

3e corps.

Maréchal Bazaine, ayant sous ses ordres : 48 bataillons d'infanterie, 4 bataillons de chasseurs, 28 escadrons, 20 batteries.

4e corps.

Général de division de Ladmirault, ayant sous ses ordres : 36 bataillons d'infanterie, 3 bataillons de chasseurs, 16 escadrons, 15 batteries.

5e CORPS.

Général de division, DE FAILLY, ayant sous ses ordres :

1re division d'infanterie : Général Goze.	1re brigade : Général Saurin.	4e bataillon de chasseurs ; 11e et 46e de ligne.
	2e brigade : Général Nicolas-Nicolas.	61e de ligne ; 86e de ligne.
2e division d'infanterie : Général de L'Abadie. d'Aydrem.	1re brigade : Général Lapasset.	14e bataillon de chasseurs ; 97e et 84e de ligne.
	2e brigade : Général de Maussion.	49e de ligne ; 88e de ligne.
3e divison d'infanterie : Général Guyot de Lespart.	1re brigade : Général Abbatucci.	19e bataillon de chasseurs ; 17e et 27e de ligne.
	2e brigade : Général de Fontanges.	30e de ligne ; 68e de ligne.
Division de cavalerie : Général de Brahaut.	1re brigade : Général de Bernis.	5e hussards ; 12e chasseurs.
	2e brigade : Général de la Mortière.	3e lanciers ; 5e lanciers.

TOTAL : 36 bataillons d'infanterie, 3 bataillons de chasseurs, 16 escadrons, 15 batteries.

6e CORPS.

Maréchal CANROBERT, ayant sous ses ordres : 48 bataillons d'infanterie, un bataillon de chasseurs, 24 escadrons, 20 batteries.

7e CORPS.

Général de division FÉLIX DOUAY, ayant sous ses ordres :

1re division d'infanterie : Général Conseil-Dumesnil.	1re brigade : Général de Nicolaï.	17e bataillon de chasseurs ; 3e et 21e de ligne.
	2e brigade : Général Maire.	47e de ligne ; 99e de ligne.

2e division d'infanterie : Général Liébert.	1re brigade : Général Guiomar.	6e bataillon de chasseurs ; 5e et 37e de ligne.
	2e brigade : Général de la Bastide.	53e de ligne ; 89e de ligne.
3e division d'infanterie : Général Dumont.	1re brigade : Général Bordas.	52e de ligne ; 79e de ligne.
	2e brigade : Général de Bittard des Portes.	82e ligne ; 83e ligne.
Division de cavalerie : Général Ameil.	1re brigade : Général Cambriels.	4e hussards ; 4e et 8e lanciers.
	2e brigade : Général Jolif du Coulombier.	6e hussards ; 8e dragons.

TOTAL : 36 bataillons d'infanterie, 2 bataillons de chasseurs, 20 escadrons, 15 batteries.

La réserve de cavalerie était formée de trois divisions :

1re division de cavalerie, général DU BARAIL : 1er, 2e, 3e et 4e régiments de chasseurs d'Afrique ; 2 batteries.

2e division de cavalerie, général BONNEMAINS : 1er, 2e, 3e et 4e cuirassiers ; 2 batteries.

3e division de cavalerie, général DE FORTON : 1er et 9e dragons, 7e et 10e cuirassiers ; 2 batteries.

La réserve générale d'artillerie se composait de 16 batteries. La réserve du génie comprenait 3 compagnies de sapeurs et de mineurs et un détachement de sapeurs-conducteurs.

Quatre régiments d'infanterie de ligne et un régiment de cavalerie étaient sur la frontière d'Espagne.

Quatre régiments d'infanterie de ligne, le régiment étranger, 4 régiments de cavalerie, 3 régiments de spahis et 8 batteries restaient en Algérie.

Deux régiments d'infanterie de ligne, 2 escadrons et 2 batteries occupaient toujours Civita-Vecchia.

Ces troupes furent successivement rappelées en France dans le courant de la guerre (1)

(1) A. Le Faure, *La Guerre franco-allemande*, tome 1, pp. 72 à 76.

II

ARMÉE ALLEMANDE

Commandant en chef : le roi de Prusse.

Chef d'Etat-Major général : le général DE MOLTKE.

PREMIÈRE ARMÉE.

Commandant en chef : général de STEINMETZ.

Ier CORPS.

Général de cavalerie BARON DE MANTEUFFEL, ayant sous ses ordres : 24 bataillons d'infanterie, 1 bataillon de chasseurs, 1 bataillon du génie, 1 bataillon du train, 1 régiment d'artillerie de campagne, 2 régiments de cavalerie.

(Le Ier corps ne prit part aux opérations que vers le milieu d'août.)

VIIe CORPS.

Général d'infanterie DE ZASTROW, ayant sous ses ordres : 24 bataillons d'infanterie, 1 bataillon de chasseurs, 1 bataillon du génie, 1 bataillon du train, 1 régiment d'artillerie de campagne, 2 régiments de cavalerie.

VIIIe CORPS.

Général d'infanterie DE GOEBEN, ayant sous ses ordres : 24 bataillons d'infanterie, 1 bataillon de chasseurs, 1 bataillon du génie,

1 bataillon du train, 1 régiment d'artillerie de campagne, 2 régiments de cavalerie.

Deux divisions de cavalerie, la Ire et la IIIe, étaient attachées à la 1re armée, soit 10 régiments de cavalerie.

DEUXIÈME ARMÉE.

Commandant en chef : prince Frédéric-Charles.

CORPS DE LA GARDE.

Général de cavalerie prince Auguste de Wurtemberg, ayant sous ses ordres : le corps de la Garde avec la division de cavalerie (déjà formée en paix), 27 bataillons d'infanterie, 1 bataillon de chasseurs, 1 bataillon de tirailleurs, 32 escadrons, 1 régiment d'artillerie de campagne, 1 bataillon du génie, 1 bataillon du train.

IIe CORPS.

Général d'infanterie de Fransecki, ayant sous ses ordres : 24 bataillons d'infanterie, 1 de chasseurs, 1 du génie, 1 du train, 1 régiment d'artillerie de campagne, 8 escadrons,

IIIe CORPS.

Lieutenant général de Alvensleben II, ayant sous ses ordres : 27 bataillons d'infanterie, 1 bataillon de chasseurs, 1 bataillon du génie, 1 bataillon du train, 1 régiment d'artillerie de campagne, 8 escadrons.

IVe CORPS.

Général d'infanterie de Alvensleben Ier, ayant sous ses ordres : 30 bataillons d'infanterie, 1 bataillon de chasseurs, 1 bataillon du génie, 1 bataillon du train, un régiment d'artillerie de campagne, 8 escadrons.

XIe CORPS.

Général d'infanterie de Manstein, ayant sous ses ordres : 20 bataillons (12 prussiens, 8 hessois), 3 bataillons de chasseurs

(1 prussien, 2 hessois), 1 demi-régiment d'artillerie prussienne et 2 abth. hessoises, 1/4 de bataillon du génie, 1/4 de bataillon du train, 12 escadrons.

Xe CORPS.

Général d'infanterie DE VOIGTS-RHETZ, ayant sous ses ordres : 24 bataillons d'infanterie, 1 bataillon de chasseurs, 1 bataillon du génie, 1 bataillon du train, 1 régiment d'artillerie de campagne, 8 escadrons.

XIIe CORPS (Royal de Saxe).

Le prince royal ALBERT DE SAXE, ayant sous ses ordres : 27 bataillons d'infanterie, 2 bataillons de chasseurs, 1 bataillon du génie, 1 bataillon du train, 1 régiment d'artillerie de campagne, 24 escadrons.

Deux divisions de cavalerie, la Ve et la VIe, étaient attachées à la IIe armée, soit 15 régiments de cavalerie.

TROISIÈME ARMEE

Commandant en chef : le PRINCE ROYAL DE PRUSSE.

Général d'infanterie chef d'état-major général : lieutenant général DE BLÜMENTHAL.

Ve CORPS.

Lieutenant général DE KIRCHBACH, ayant sous ses ordres :

IXe division d'infanterie : Général-major de Sandrart.	XVIIe brigade d'infanterie : Colonel de Bothmer.	58e régiment d'infanterie ; 59e id.
	XVIIIe brigade d'infanterie : Général-major de Voigts-Rhetz.	Régiment de grenadiers du Roi no 7 ; 47e régiment d'infanterie.

Etaient, en outre, affectés à la division : le 5e bataillon de chasseurs et le 4e régiment de dragons.

Division	Brigade	Régiments
Xe division d'infanterie : Général-major de Schmidt.	XIXe brigade d'infanterie : Colonel de Henning de Shonhoff.	Régiment de grenadiers no 6 ; 46e régiment d'infanterie.
	XXe brigade d'infanterie : Général-major Walther de Monlbary.	37e régiment d'infanterie (fusiliers) ; 50e régiment d'infanterie.

Etait, en outre, attaché à la division, le 14e régiment de dragons.

Etaient, en outre, affectés au Ve corps : le 5e régiment d'artillerie de campagne, le 5e bataillon du génie, le 5e bataillon du train.

Total : 24 bataillons d'infanterie, 1 bataillon de chasseurs, 1 bataillon du génie, 1 régiment d'artillerie de campagne, 8 escadrons.

VIe corps.

Général de cavalerie de Tumpling, ayant sous ses ordres :

Division	Brigade	Régiments
XIe division d'infanterie : Lieutenant général de Gordon.	XXIe brigade d'infanterie : Général-major de Malachowski.	Régiment de grenadiers no 10 ; 18e régiment d'infanterie.
	XXIIe brigade d'infanterie : Général-major d'Eckartsberg.	38e régiment d'infanterie (fusiliers) ; 51e régiment d'infanterie.

Etaient, en outre, attachés à la division : le 6e bataillon de chasseurs et le 8e régiment de dragons.

Division	Brigade	Régiments
XIIe division d'infanterie : Lieutenant général de Hoffmann.	XXIIIe brigade d'infanterie : Colonel Gundell.	22e régiment d'infanterie ; 62e id.
	XXIVe brigade d'infanterie : Général-major de Fabeck.	23e régiment d'infanterie ; 63e id.

Etait, en outre, attaché à la division, le 15e régiment de dragons.

Etaient, en outre, attachés au VIe corps : le 6e régiment d'artillerie de campagne, le 6e bataillon du génie, et le 6e bataillon du train.

Total : 24 bataillons d'infanterie, 1 bataillon de chasseurs, 1 bataillon du génie, 1 bataillon du train, 1 régiment d'artillerie de campagne, 8 escadrons.

XIe CORPS.

Lieutenant général DE BOSE, ayant sous ses ordres.

Division	Brigade	Régiments
XXIe division d'infanterie : Lieutenant général de Schachtmeyer.	XLIe brigade d'infanterie : Colonel de Koblinski	Régiment d'infanterie nº 80 (fusiliers) ; Régiment d'infanterie nº 87 (fusiliers).
	XLIIe brigade d'infanterie : Général-major de Thile.	82e régiment d'infanterie ; 88e id.

Etaient, en outre, attachés à la division : le 11e bataillon de chasseurs et le 5e régiment de dragons.

Division	Brigade	Régiments
XXIIe division d'infanterie : Lieutenant général de Gersdorff.	XLIIIe brigade d'infanterie : Colonel de Kontzki.	32e régiment d'infanterie ; 95e id.
	XLIVe brigade d'infanterie : Général-major de Schkopp.	83e id. 94e id.

Etait, en outre, attaché à la division le 13e régiment de hussards.

Etaient, en outre, attachés au XIe corps : le 11e régiment d'artillerie de campagne, le 11e bataillon du génie, le 11e bataillon du train.

TOTAL : 24 bataillons d'infanterie, 1 bataillon de chasseurs, 1 bataillon du génie, 1 bataillon du train, 1 régiment d'artillerie de campagne, 8 escadrons.

Deux divisions de cavalerie, la IIe, lieutenant général comte DE STOLBERG-WERNIGERODE (6 régiments), et la IVe, le prince Albrecht de Prusse, *général de cavalerie* (6 régiments), étaient affectées à la IIIe armée.

Ier CORPS BAVAROIS.

Général d'infanterie baron DE TANN-RATHSAMHAUSEN, ayant sous ses ordres :

Ire division d'infanterie : Lieutenant général de Stephan.	Ire brigade d'infanterie : Général-major Diell.	Régiment du corps ; 1er régiment d'infanterie. 2e bataillon de chasseurs ;
	IIe brigade d'infanterie : Général-major Orff.	2e régiment d'infanterie ; 11e id. 4e bataillon de chasseurs.

Etaient, en outre, attachés à la division : le 3e régiment de chevau-légers, le 9e bataillon de chasseurs, 2 batteries de 6 du 1er régiment d'artillerie, et quelques autres troupes.

IIe division d'infanterie : Lieutenant général, comte de Pappeinheim (par intérim général-major Schumacher).	IIIe brigade d'infanterie : Général-major Schumacher (par intérim colonel Heyl).	3e régiment d'infanterie ; 12e id. ; 1er bataillon de chasseurs.
	IVe brigade d'infanterie : Général-major Rudolph de Tann.	10e régiment d'infanterie ; 13e id. 7e bataillon de chasseurs.

Etaient, en outre, attachés à la division : le 4e régiment de chevau-légers, 2 batteries de 6 du 1er régiment d'artillerie et quelques autres troupes.

	Commandement	Troupes
. . . .	Brigade de cuirassiers : Général-major du Tausch.	1er régiment de cuirassiers ; 2e id. ; 6e régiment de chevau-légers ; 1 batterie de 4 à cheval du 3e régiment d'artillerie.
. . . .	Réserve d'artillerie : Colonel Bronzetti.	6 batteries de 6 à cheval du 3e régiment d'artillerie ; 1 batterie de 4 à cheval du 3e d'artillerie ; 1 colonne de munitions du 1er régiment d'artillerie.

Etaient, en outre, attachés au Ier corps bavarois : la colonne principale de munitions, 1 division du génie de campagne et quelques autres troupes.

TOTAL du Ier corps bavarois : 24 bataillons d'infanterie, 5 bataillons de chasseurs, 20 escadrons, 16 batteries, abtheilung du génie de campagne.

IIe CORPS BAVAROIS.

Général d'infanterie DE HARTMANN, ayant sous ses ordres :

IIIe division d'infanterie : Lieutenant général de Walther.	Ve brigade d'infanterie : Général-major de Schleich.	6e régiment d'infanterie; 7e id. 8e bataillon de chasseurs.
	VIe brigade d'infanterie : Colonel Borries de Wisell, du 7e régiment d'infanterie.	14e régiment d'infanterie; 15e id. 3e bataillon de chasseurs.

Etaient, en outre, affectés à la division : le 1er régiment de chevau-légers, 2 batteries de 6 du 4e régiment d'artillerie, et quelques autres troupes.

IVe division d'infanterie : Lieutenant général comte de Bothmer.	VIIe brigade d'infanterie : Général-major de Thiereck.	5e régiment d'infanterie; 9e id.; 6e bataillon de chasseurs.
	VIIIe brigade d'infanterie : Général-major Maillinger.	1 bataillon des 1er, 5e 7e, 11e et 14e régiments d'infanterie; 5e bataillon de chasseurs.

Etaient, en outre, affectés à la division : le 2e régiment de chevau-légers, le 10e bataillon de chasseurs, 2 batteries de 6 du 4e régiment d'artillerie et quelques autres troupes.

. . . .	Brigade de uhlans : Général-major de Mulzer (plus tard le colonel de Horadam).	1er régiment de uhlans; 2e id.; 5e régiment de chevau-légers. 1 batterie à cheval de 4 du 2e régiment d'artillerie.

....	Réserve d'artillerie : Colonel de Pillement.	6 batteries à cheval de 6 du 2e régiment d'artillerie ; 1 batterie à cheval de 4 du 2e régiment d'artillerie ; 1 colonne de munitions du 1er régiment d'artillerie.

Etaient, en outre, attachés au IIe corps bavarois : la colonne principale des munitions, une division du génie de campagne et quelques autres troupes.

Total du IIe corps bavarois : 23 bataillons d'infanterie, 5 bataillons de chasseurs, 20 escadrons, 16 batteries, 1 division du génie de campagne.

CORPS WUTEMBERGEOIS-BADOIS

Lieutenant général de Werder, ayant sous ses ordres :

Division wurtembergeoise : Lieutenant général d'Obernitz.	Ire brigade d'infanterie : Général-major de Reitzenstein.	1er régiment d'infanterie ; 7e id. ; 2e bataillon de chasseurs.
	IIe brigade d'infanterie : Général-major. de Starkloff.	2e régiment d'infanterie ; 5e id. ; 3e bataillon de chasseurs.
	IIIe brigade d'infanterie : Colonel de Hugel.	3e régiment d'infanterie. 8e id. ; 1er bataillon de chasseurs.
	Division de cavalerie : Général-major de Sheler.	1er régiment de cavalerie ; 2e id. ; 3e id. ; 4e id.

Etaient, en outre, attachés à la Ire division : 1 régiment d'artillerie de campagne, 2 compagnies du génie, 1 escadron de chasseurs de campagne (Feldjæger).

(Par suite des bataillons laissés en Allemagne, cette division ne comptait, en somme, que 12 bataillons d'infanterie, 3 bataillons de chasseurs, 1 régiment d'artillerie de campagne, 2 compagnies du génie, 16 escadrons, 1 escadron de Feldjæger).

Division badoise : Lieutenant général de Beyer.	Ire brigade d'infanterie : Lieutenant général de Laroche du Jarrys.	1er régiment de grenadiers du corps; 2e régiment de grenadiers.
	IIe brigade d'infanterie : Général-major de Degenfeld.	3e régiment d'infanterie; 4e id.
	IIIe brigade d'infanterie : Général-major Keller.	5e régiment d'infanterie; 6e id.
	Brigade de cavalerie : Général-major de Laroche Starkenfels.	1er régiment de dragons du corps; 2e régiment de dragons.

(La division active badoise comptait : 13 bataillons d'infanterie, 1 régiment d'artillerie de campagne, 1 abtheilung du génie, 1 abtheilung du train, 12 escadrons.)

Le corps combiné wurtembergeois-badois fut séparé en deux après la bataille de Frœschwiller.

Pour terminer l'énumération des forces allemandes, il nous reste à dire qu'il existait encore, sur la rive droite du Rhin, la XVIIe division d'infanterie, quatre divisions de landwehr et 9 régiments de cavalerie de la landwehr (1).

(1) A. Le Faure, *Histoire de la Guerre franco-allemande*, t. 1, pp. 77 à 90. — M. Le Faure a pris les ordres de bataille des armées française et allemande dans le travail du Grand Etat-major prussien.

AUTEURS & DOCUMENTS CITÉS OU CONSULTÉS

A

Ambert (général baron), ancien député, ancien conseiller d'Etat. Paris, Plon, 1873.

Andigné (colonel d'). *Historique de la 4e division* cité par la *Section historique*.

Andler (Charles). *Le prince de Bismarck*; Paris, Bellais, 1899.

Ardant du Picq (colonel). *Etudes sur le combat*; préface de M. Ernest Judet; Paris, Chapelot, 1903.

Armée sans chef (L'). Paris, Champion, 1891.

Audiffret-Pasquier (duc d'). Rapport sur les marchés; *Journal officiel*, nº du 5 mai 1872.

B

Barail (*Souvenirs du général* du); cités par le général Palat.

Batifol (Louis). *Un nouvel historien de Rome, M. G. Ferrero*; *La Revue hebdomadaire*, nº du 12 mai 1906.

Benedetti (comte). *Ma Mission en Prusse*; Paris, Plon. 1871.

Benoist (Charles). *Le Prince de Bismarck*; Paris, Perrin, 1900.

Beust (*Mémoires du comte* de), ancien chancelier de l'Empire d'Autriche-Hongrie; Paris, Louis Westhauser, 1888.

Bismarck (*Mémoires authentiques du prince* de). Pensées et Souvenirs, par le prince de Bismarck. Seule édition française autorisée, par E. Jæglé, professeur à l'Ecole spéciale militaire de Saint-Cyr; Paris, Le Soudier, 1899.

Bismarck (*Les Mémoires de*), recueillis par Maurice Busch; Paris, Eug. Fasquelle, 1898.

Bismarck (M. de). Discours prononcé au Landtag prussien, le 16 janvier 1874; *Journal des Débats*, n° du 20 janvier 1874.

Bleibtreu (Karl). *La Légende de Moltke*; traduit de l'allemand par le capitaine Veling; Paris, Charles-Lavauzelle.

Bonnal (général). *Frœschwiller*; Paris, Chapelot, 1899.

Bonnal (Article du général); *Minerva*, n° du 1er octobre 1902.

Bonnet (Félix), capitaine au 3e régiment d'artillerie. *Guerre franco-allemande, Résumé et Commentaires de l'ouvrage du Grand Etat-major prussien*; Paris, Dumaine, 1878.

Borbstaedt (colonel A.). *Opérations des armées allemandes depuis le début de la Guerre jusqu'à la catastrophe de Sedan et la capitulation de Paris*; traduit de l'allemand par E. Costa de Serda, capitaine au Corps d'état-major; Paris, Dumaine, 1872.

Borelli de Serres (colonel). Témoignage verbal recueilli par le général Palat.

Bourelly (général). *Le Service des renseignements en temps de guerre*; *La Revue hebdomadaire*, n° du 26 mai 1906.

Bouvier (Félix), *Bonaparte en Italie*, 1796; Paris, Léopold Cerf, 1899.

Brackenbury (Henry), capitaine de l'armée anglaise, professeur d'histoire militaire à l'Académie royale de Woolwich. *Les Maréchaux de France*; étude de leur conduite de la Guerre de 1870; Paris, Lachaud, 1872.

Busch (D. Moritz), secrétaire particulier de M. de Bismarck. *Le comte de Bismarck et sa suite pendant la Guerre de France*; traduit de l'allemand; Paris, Dentu, 1880.

C

CABANÈS (Dr). *Les Indiscrétions de l'histoire*, Deuxième série; Paris, Albin Michel.

CAMON (chef d'escadron d'artillerie H). *La Bataille napoléonienne*; Paris, Chapelot, 1899.

CAMPAGNE DE 1870 JUSQU'AU 1er SEPTEMBRE (LA), par un officier d'état-major de l'Armée du Rhin; Bruxelles, Rozez, 1871.

CAMPAGNE DE 1870; traduit du *Times* par Roger Allou; Paris, Garnier frères, 1871.

CAPRIVI (Discours du général DE), 23 novembre 1892.

CARETTE (Mme). Citée par le général Palat.

CARNEVILLE (comte DE). *Guerre de* 1870; 1896. Sans nom d'auteur ou d'imprimeur.

CHABOT (Jules DE), major au 3e chasseurs. *Etude historique et tactique de la cavalerie allemande pendant la Guerre de* 1870-1871; Paris, Berger-Levrault, 1887.

CHAMBRAY (marquis DE). *Physiologie de la guerre*; Paris, 1829.

CASSAGNAC (Paul DE). *Le Pays*, nos des 9 et 12 juillet 1870.

CHARMES (Gabriel). *La Réforme de la Marine*; Paris, Calmann-Lévy, 1886.

CHOPPIN (capitaine Henri) [Charles Delacour]. *L'Armée française*, 1870-1890; Paris, Albert Savine, 1890.

CENSEUR (LE), no du 10 août 1907 : *Un Problème d'histoire*.

CHUQUET (Arthur). *La Guerre*, 1870-1871; Paris, Chailley, 1895.

CLARETIE (Jules). *Histoire de la Révolution de* 1870-1871; Paris, Librairie illustrée.

CLAUSEWITZ (général DE). *Théorie de la grande guerre*; traduction du lieutenant-colonel de Vatry; Paris, Baudoin, 1886.

COMPTE-RENDU STÉNOGRAPHIQUE OFFICIEL, Chambre des Députés, séances des 30 juin et 15 juillet 1870.

CORDIER (commandant Amédée). *Du commandement des armées françaises* [par A. C.]; Paris, Baudoin, 1887.

D

De Frœschwiller a Sedan; journal d'un officier du 1er corps; Tours, Hachette et Cie, novembre 1870.

Delbruck (Hans). *Der Ursprung des Krieges von 1870*; Berlin, 1893. Cité par *Le Spectateur militaire*, cinquième série, t. X, p. 100.

Delmas (Emile). *De Frœschwiller à Sedan*; Paris, Alphonse Lemerre, 1871.

Denis (Ernest), professeur d'histoire contemporaine à l'Université de Paris. *La Fondation de l'Empire allemand, 1852-1871*; Paris, Armand Colin, 1906.

Déroulède (Paul). 70-71, *Nouvelles feuilles de route*; Paris, Félix Juven, 1907.

Derrécagaix (général). *Histoire de la Guerre de* 1870 [par V. D***, officier d'état-major]; Paris, à la Direction du *Spectateur militaire*, 1871.

Descaves (Lucien). *Le Prix Berger*; *L'Echo de Paris*, n° du 28 mars 1877.

Ducrot (*Réponse du général*) *à l'Etat-major allemand : Wissembourg*; Paris, Dentu, 1873.

Ducrot (*La Vie militaire du général*), d'après sa correspondance (1839-1871); Paris, Plon, 1895.

Duhesme (Rapport du général).

Duquet (Alfred). *Frœschwiller, Châlons, Sedan*; Paris, G. Charpentier, 1880.

Duquet (Alfred). *Metz, Les grandes Batailles*; Paris, Bibliothèque-Charpentier, dernière édition, 1891.

Duquet (Alfred). *Metz, Les Derniers Jours de l'Armée du Rhin*; Paris, Bibliothèque-Charpentier, dernière édition, 1900.

Duquet (Alfred). *Paris, Le Quatre-Septembre et Châtillon*; Paris, Bibliothèque-Charpentier; 1re édition, 1880.

Duquet (Alfred). *Paris, La Malmaison, Le Bourget et le Trente-et-un-Octobre*; Paris, Bibliothèque-Charpentier, 1893.

Duquet (Alfred). *Paris, Second Echec du Bourget et Perte d'Avron*; Paris, Bibliothèque-Charpentier, 1896.

DUQUET (Alfred). *Paris, La Capitulation et l'Entrée des Allemands*; Paris, Bibliothèque-Charpentier, 1899.

DUQUET (Alfred). *La Victoire à Sedan*; Témoignage préliminaire par Jules Claretie, de l'Académie française; Paris, Albin Michel, 1904.

DUQUET (Alfred). *La Faillite du Cuirassé*; Paris, Chapelot, 1906.

DUQUET (Alfred). *L'Armée allemande et l'Armée française*; *Nouvelle Revue*, t. XVI, p. 20 (1882).

DUQUET (Alfred). *La Légende de Moltke*; *La Revue* (ancienne *Revue des Revues*), nº du 1er janvier 1901.

DUQUET (Alfred). *Trop d'examens*; *La Patrie*, nº du 16 novembre 1904.

DUQUET (Alfred). *La Guerre fatale*; *L'Action*, nº du 15 février 1907.

DUQUET (Alfred). *Question de vie ou de mort*; *La Plume et l'Epée*, nº du 1er août-1er novembre 1907.

DURET (Théodore). *Histoire de Quatre-Ans*, 1870-1873; Paris, G. Charpentier, 1876.

DURUY (Albert), engagé volontaire au 1er tirailleurs algériens. *Etudes d'histoire militaire*; cité par la *Section historique*.

DUSSIEUX (L.), professeur honoraire à l'Ecole de Saint-Cyr. *Histoire générale de la Guerre de 1870-1871*; Paris, Lecoffre, 1881.

E

ENQUÊTE PARLEMENTAIRE SUR LES ACTES DU GOUVERNEMENT DE LA DÉFENSE NATIONALE.

ERNOUF (baron). *Histoire des chemins de fer français pendant la Guerre franco-prussienne*; Paris, Librairie générale, 1874.

F

FABRE (colonel). *Récits de la Guerre franco-allemande*; Paris, Plon, 1875.

Failly (général de). *Opérations et marches du 5e corps jusqu'au 31 août*; Bruxelles, Lebègue.

Famelard (H.), capitaine d'artillerie. *Vues des champs de bataille de Wissembourg et de Frœschwiller*, 4 et 6 août 1870; avec lettre-préface de M. le général Bonnal; Paris, R. Chapelot, 1905.

Farcy (Camille). *Histoire de la Guerre de* 1870-1871; Paris, Dumaine, 1872.

Folard. Cité par le colonel Henry.

Frédéric-le-Grand. Cité par le général Pierron.

G

Gasselin (capitaine d'artillerie R.). *L'artillerie allemande dans les combats de Wissembourg et de Wœrth*; Paris, Berger-Levrault, 1877.

Gautreau (chef d'escadron). *Les Mitrailleuses*, conférence faite le 3 mars 1907; Paris, Imprimerie Chaix, 1907.

Gilbert (capitaine). *Essais de critique militaire* [par G. G.]; Paris, Librairie de la *Nouvelle Revue*, 1890.

Girardin (Emile de). Préface du volume : *Le Dossier de la Guerre de* 1870; Paris, Garnier frères.

Giraudeau (Fernand). *La Vérité sur la Campagne de* 1870; Paris, Amyot, 1871.

Gohier (Urbain). *L'Armée nouvelle*; Paris, Stock, 1897.

Goltz (baron Colmar von der). *Rosbach et Iéna*; traduit par le commandant Chabert; Paris, Hinrichsen, 1890.

Goltz (colonel von der). *La Nation armée*; traduit par le capitaine Monet; Paris, Louis Westhauser, 1891.

Gramont (duc de), ancien ministre des Affaires étrangères. *La France et la Prusse avant la Guerre*; Paris, Dentu, 1872.

Grimal (Jean). *La Guerre de* 1870 *et ses enseignements*, d'après le cours professé au 227e de ligne : *Les causes de nos revers*; Paris, Librairie universelle.

Grouard (A.). *Wœrth et Forbach*; Paris, Chapelot, 1905.

Guerre de masses (La), 1re partie, Paris, Baudoin, 1890;

et 2e partie, Paris, Baudoin, 1893. — L'auteur est le lieutenant-colonel CAMON.

GUERRE FRANCO-ALLEMANDE DE 1870-1871 (LA), rédigée par la Section historique du Grand Etat-major prussien; traduction de M. le capitaine E. Costa de Serda, de l'Etat-major français; Paris, Dumaine, 1874.

GUYMARAIS (F.-Th. DE). *La Dépêche d'Ems*; *Le Spectateur militaire*, 5e série, t. X, p. 97.

H

HALÉVY (Ludovic), de l'Académie française; *L'Invasion, Souvenirs et Récits*; Paris, Calmann-Lévy, 1885.

HASLAN (Henri). *Légendes et vérités, Guerre franco-allemande*; Paris, Société d'éditions littéraires et artistiques, 1902.

HEIMWAH (Jean). *La Dépêche d'Ems*; Paris, Armand Colin, 1894.

HENNEKEN (lieutenant général prussien VON). Cité par le général Pierron.

HENRY (colonel R.). *L'esprit de la guerre moderne d'après les grands capitaines et les philosophes*; Paris, Berger-Levrault, 1894.

HEPP (Edgar). *Wissembourg au début de l'invasion de 1870, Récit d'un sous-préfet*; Paris, Berger-Levrault, 1887.

HISTORIQUE DU 8e CUIRASSIERS.

HISTORIQUE DU 6e LANCIERS.

HISTORIQUE DU 11e CHASSEURS A CHEVAL.

HISTORIQUE DU 50e DE LIGNE.

HISTORIQUE DU 74e DE LIGNE.

HISTORIQUE DU 9e RÉGIMENT D'INFANTERIE BAVAROIS; cité par la SECTION HISTORIQUE.

HOHENLOHE (général prince DE), aide de camp de l'Empereur et Roi. *Lettres sur l'artillerie*; traduit par Ernest Jæglé, professeur à l'École de Saint-Cyr; Paris, Louis Westhauser, 1886.

HOHENLOHE-INGELFINGEN (prince Kraft DE), général d'infanterie. *Lettres sur la cavalerie* ; traduit par Ernest Jæglé, professeur à l'Ecole de Saint-Cyr; Paris, 1885.

Hohenlohe (général prince de), aide de camp de l'Empereur et Roi. *Lettres sur la stratégie*; traduit par un officier d'infanterie; Paris, Louis Westhauser, 1887.

I

Imhaus (capitaine Emile). *Tactique de l'Infanterie*; préface de M. de Mahy, député; Paris, Quantin, 1895.

Intermédiaire des chercheurs et curieux (L'), n^os des 10 octobre 1907, 30 avril et 10 mai 1908.

Iung (général Th.). *M. de Moltke et ses Mémoires sur la Campagne de* 1870; Paris, Charpentier et Fasquelle, 1872.

Iung (général). *La guerre et la société*; Paris, Berger-Levrault, 1889.

Iung (général). *Stratégie, Tactique et Politique*; Paris, Bibliothèque-Charpentier, 1890.

Iung (général), *La République et l'Armée*; Paris, Bibliothèque-Charpentier, 1892.

J

Jacqmin. *Les chemins de fer pendant la Guerre*; Paris, Hachette et Cie, 1872.

Jomini. Cité par le colonel Henry.

Journal officiel, n^os des 16 juillet, 6 août 1870.

Journal des Sciences militaires, octobre 1895.

Journal de marche de la 3e division.

Jouvencel (Paul de). 1870, *Récits du temps*; Paris, Dentu, 1873.

K

Kerbrech (général baron Faverot de). *Mes souvenirs, La guerre contre l'Allemagne*, 1870-1871 ; Paris, Plon-Nourrit et Cie, 1905.

L

La Critique, n° du 5 juin 1877 : *Les généraux de 1870 et ceux d'aujourd'hui.*

Lamiraux, commandant de l'École supérieure de Guerre. *Études pratiques de guerre*; Paris, Charles-Lavauzelle.

Le Blois (colonel). *Relation de la bataille de Frœschwiller*; Paris, Berger-Levrault, 1890 (sans nom d'auteur).

Lebrun (général). *Souvenirs militaires*, 1860-1870 ; Paris, Dentu, 1895.

Lecomte (Ferdinand), colonel fédéral suisse. *Relation historique et critique de la Guerre franco-allemande de* 1870-1871 ; Paris, Tanera, 1872.

Le Faure (Amédée). *Histoire de la Guerre franco-allemande*, 1870-1871 ; Paris, Garnier frères, 1875.

Liebknecht. Discours prononcé au Reichstag, le 2 décembre 1892.

Legrelle (Arsène). *La Prusse et la France devant l'histoire*; Paris, 1874. (Bibliothèque nationale, L^b 57, 1125 *bis*.)

Liaud (Rapport du commandant); cité par la *Section historique*.

Lonsdale Hale, colonel du génie de l'armée anglaise. Cité par le commandant de Missy.

Lorrain (Un). *La journée du 6 août*; Paris, Dentu, 1887.

Leusse (comte de). *Journal inédit*; cité par la *Section historique*.

Lyons (Dépêche de lord), du 14 juillet 1870; citée par le duc de Gramont.

M

Machiavel. Cité par le colonel Henry.

Mac-Mahon (maréchal de). *Notes sur les opérations du 1er corps de l'Armée du Rhin, dictées, à Wiesbaden, en janvier* 1871 ; cité par la *Section historique*.

MAILLARD (colonel L.), ex-professeur de tactique générale à l'École supérieure de Guerre. *Éléments de la guerre*; Paris, Baudoin, 1891.

MALO (Charles). *M. de Moltke*; Paris, Berger-Levrault, 1891.

MANCEAU (commandant Émile). *Notre Armée*; Paris, Bibliothèque-Charpentier, 1901.

MARGUERITTE (Paul et Victor). *Histoire de la Guerre de 1870-1871*; Paris, Chamerot.

MARGUERITTE (Paul et Victor). *Les Braves Gens*; Paris, Plon.

MARTIN (Paul). *Batailles sur la Lauter, la Sauër et sur la Sarre*; Paris, au *Spectateur militaire*, 1891.

MARTINIEN (A.). *Guerre de 1870-1871 : État nominatif, par affaires et par corps, des officiers tués ou blessés dans la première partie de la campagne* (du 25 juillet au 29 octobre); Paris, Chapelot, 1902.

MARCHAL (Gustave). *Le Drame de Metz*; Paris, Firmin-Didot, 1890.

MASSON-FORESTIER. *Forêt noire et Alsace*; Paris, Hachette, 1903.

MAZADE (Charles DE). *La Guerre de France 1870-1871*; Paris, Plon, 1875.

MAZEL (G.), ancien officier d'infanterie. *La Tactique des trois armes*; Paris, Berger-Levrault, 1880.

MECKEL (J.), officier supérieur d'état-major. *Les Éléments de la Tactique*; traduit de l'allemand par le lieutenant H. Monet; Paris, Louis Westhauser, 1887.

MÉZIÈRES (Alfred), de l'Académie française. *Récits de l'Invasion, Alsace et Lorraine*; Paris, Émile Perrin, 1884.

MISSY (commandant DE). *La bataille de Frœschwiller*, d'après un article du colonel du génie Lonsdale Hale, de l'armée anglaise; Paris, Baudoin, 1898.

MOLTKE (*Mémoires du maréchal* DE). *La Campagne de 1870*, par le maréchal comte de Moltke; édition française, par E. Jæglé, professeur à l'École militaire de Saint-Cyr; Paris, Le Soudier, 1891.

N

Napoléon III. *Campagne de 1870 : Des causes qui ont amené la capitulation de Sedan*, par un officier attaché à l'Etat-major général ; Bruxelles, Rozez.

Nouvelle Presse libre (de Vienne), n° du 20 novembre 1892.

O

Ollivier (Emile). *L'Empire libéral ; Etudes, Récits, Souvenirs* ; Paris, Garnier frères, 1895 à 1908.

Ollivier (Emile). Lettre à nous écrite le 29 septembre 1907.

Opinion nationale (l'), n° du 16 juillet 1870.

P

Palat (général) [Pierre Lehautcourt]. *Histoire de la Guerre de 1870-1871* ; Paris, Berger-Levrault et Cie.

Palat (général) [Pierre Lehautcourt]. *Le Premier Déploiement stratégique des Allemands, en 1870* ; Paris, Berger-Levrault, 1903.

Papiers et Correspondance de la famille impériale ; Paris, Imprimerie nationale, 1870.

Patry (Léonce), capitaine adjudant-major au 67e d'infanterie. *Campagne de France de 1870-1871, Etude d'ensemble* ; Soissons, Imprimerie L. Couturier, et Paris, Grand-Rémy Hénon, 1879.

Pays (Le), n° du 13 juillet 1870.

Pédoya (Lettre du général) au général Robert ; cité par la *Section historique*.

Pédoya (général). Renseignements donnés ; cité par la *Section historique*.

Pierron (général). *Les Méthodes de guerre actuelle et vers la fin du XIXe siècle* ; Paris, Baudouin, 1886.

Pressensé (F. de), député. *L'Angleterre pendant la Guerre*

de 1870; *La Revue* (ancienne *Revue des Revues*), n° du 1er juillet 1908.

Plutarque. *Les Vies des hommes illustres*; traduit du grec par Dominique Ricard; Paris, Emler frères, 1829.

Poignant (Georges). *La Guerre de 1870 et son historien*; *Revue de la France moderne*, n° de mars 1895.

Q

Quesnay de Beaurepaire (Alfred). *De Wissembourg à Ingolstadt*, 1870-1871; Paris, Firmin-Didot, 1891.

R

Ray (chevalier de). *Réflexions et souvenirs*, classés et annotés par Lucien Mouillard; Paris, Charles-Lavauzelle, 1895.

Rébillot (général baron). *Souvenirs de Crimée*; *La Plume et l'Épée*, n° du 1er février-1er mai 1908.

Revue d'histoire, II, 1901.

Revue franco-allemande (München, Türkenstrasse, 11), n° du 25 avril 1900.

Rossel (L. N.). *Abrégé de l'art de la guerre*; Paris, Lachaud, 1871.

Rothan (G.), ancien ministre plénipotentiaire. *L'Allemagne et l'Italie* : *L'Italie*; Paris, Calmann-Lévy, 1885.

Rothan (G.), ancien ministre plénipotentiaire. *L'Affaire du Luxembourg*; Paris, Calmann-Lévy, 1882.

Rothan (G.), ancien ministre plénipotentiaire. *L'Allemagne et l'Italie* : *L'Allemagne*; Paris, Calmann-Lévy, 1884.

Rustow. *Guerre des frontières du Rhin*, 1870-1871; traduit de l'allemand par Savin de Larclause, colonel du 1er lanciers; Paris, Dumaine, 1871.

S

Salagnac, lieutenant au 1er régiment de zouaves. *Réserve d'ex-tirailleurs algériens*; Paris, Baudouin, 1894.

SARAZIN (C.), médecin en chef de la 1re division du 1er corps, à Wissembourg et à Frœschwiller. *Récits sur la dernière Guerre franco-allemande*; Paris, Berger-Levrault, 1887.

SCHEIBERT (major). *La Guerre franco-allemande de* 1870-1871; traduit par Ernest Jæglé, professeur à l'Ecole de Saint-Cyr; Paris, Berger-Levrault, 1895.

SCHNEIDER (Louis). *L'Empereur Guillaume*; Souvenirs intimes, revus et corrigés par l'Empereur sur le manuscrit original; traduit de l'allemand par Charles Rabany; Paris, Berger-Levrault, 1888.

SCRUTATOR. *Qui est responsable de la Guerre?*; traduit de l'anglais par Alfred Sudre; Paris, Amyot, 1872.

SECTION HISTORIQUE DE L'ÉTAT-MAJOR FRANÇAIS (RÉCIT DE LA); Paris, Chapelot, 1901.

SOREL (Albert). *Histoire diplomatique de la Guerre franco-allemande*; Paris, Plon, 1875.

SPECTATEUR MILITAIRE (LE); 5e série, t. XXIII, p. 425, t. XXIV et n° du 1er mai 1893.

STOFFEL (*Rapports de M. le baron*) *sur les forces militaires de la Prusse*, adressés au Gouvernement français en 1868, 1869 et 1870; Paris, Lacroix, Verboeckhoven et Cie, 1871.

T

TEMPS (LE), n° du 23 novembre 1892.

THOUMAS (général). *Causeries militaires*, 3e série; Paris, Plon, 1891.

THOUMAS (général). *Les Transformations de l'armée française*; Paris, Berger-Levrault, 1887.

V

VERDIER (capitaine) [Jacques Harmant]. *1870-189.?*; *L'Esprit militaire*; Paris, Société libre d'édition des gens de lettres, 1896.

VÉRON (Eugène). *La Troisième Invasion*; Paris, Librairie d'art, 1876.

W

Wartenburg (colonel comte Yorck de). *Napoléon, chef d'armée*; traduit de l'allemand par le commandant Richert, de l'Ecole supérieure de Guerre; Paris, Baudoin, 1899.

Welschinger (Henri). *Un Problème d'histoire*; *Le Correspondant*; cité par *Le Censeur*, n° du 10 août 1907.

Witte (baron Jehan de). *Quinze ans d'histoire*, 1866-1884, d'après les Mémoires du roi de Roumanie; Paris, Plon, 1905.

Wimpffen (général de). *Sedan*; Paris, Lacroix, Verboeckhoven et Cie, 1872.

Woyde (général de), lieutenant général de l'Etat-major général russe. *Causes des succès et des revers dans la Guerre de* 1870; traduit par le capitaine Thiry; Paris, Chapelot, 1900.

Wurtemberg (duc Guillaume de). *Mode d'attaque de l'infanterie prussienne dans la Campagne de* 1870-1871; traduit de l'allemand par M. Conchard-Vermeil, lieutenant au 16e régiment provisoire d'infanterie; Paris, Ch. Tanera, 1871.

Z

Zola (Emile). *La Débâcle*; Paris, Bibliothèque-Charpentier, 1892.

TABLE

Pages.

Cartes des opérations militaires (hors texte) :

Paris. — L. MARETHEUX, imprimeur, 1, rue Cassette. — 20601.

www.ingramcontent.com/pod-product-compliance
Ingram Content Group UK Ltd.
Pitfield, Milton Keynes, MK11 3LW, UK
UKHW020302230726
13925UKWH00001B/171

9 782013 539166